Witte

Joachim Brambach

Die Borgia

Faszination einer machtbesessenen
Renaissance-Familie

CIP-Titelaufnahme der Deutschen Bibliothek
Brambach, Joachim:
Die Borgia: Faszination e. machtbesessenen Renaissance-Familie / Joachim Brambach. – München: Callwey, 1988
ISBN 3-7667-0906-2

Umschlagentwurf Baur + Belli Design, München, unter Verwendung der Abbildung 8
Lithos Brend'amour, München
Gesamtherstellung Clausen & Bosse, Leck
Printed in Germany 1988
ISBN 3-7667-0906-2

Inhalt

Prolog

Als die »gelungenste Inkarnation des Teufels auf Erden« hat Stendhal den Borgia-Papst Alexander VI. bezeichnet.[1] In der Tat ist es schwierig, ein Verbrechen oder Laster zu finden, das nicht mit diesem Papst oder seinen Kindern Cesare und Lucrezia in Verbindung gebracht worden ist. Der Name Borgia steht gleichermaßen für hemmungslose Macht und Geldgier, Mordlust, Korruption und sexuelle Ausschweifungen. Von Letzterem gibt die Tagebucheintragung des päpstlichen Zeremonienmeisters Johann Burchard vom 31. Oktober 1501 einen Begriff:

»Am Abend des letzten Oktobers 1501 veranstaltete Cesare in seinem Gemach im Vatikan ein Gelage mit fünfzig ehrbaren Dirnen, Kurtisanen genannt, die nach dem Mahl mit den Dienern und anderen Anwesenden tanzten, zuerst in Kleidern, dann nackt. Nach dem Mahl wurden die Tischleuchter mit den brennenden Kerzen auf den Boden gestellt und ringsherum Kastanien gestreut, die die nackten Dirnen auf Händen und Füßen zwischen den Leuchtern durchkriechend aufsammelten, wobei der Papst, Cesare und seine Schwester Lucrezia zuschauten. Schließlich wurden Preise ausgesetzt, seidene Überröcke, Schuhe, Barette u. a. für die, welche mit den Dirnen am öftesten den Akt vollziehen könnten. Das Schauspiel fand hier im Saal öffentlich statt, und nach dem Urteil der Anwesenden wurden an die Sieger Preise verteilt.«[2]

Freilich war diese Orgie in den Räumen des Vatikans eine eher harmlose Angelegenheit im Vergleich zu dem, was den Borgia an Bluttaten und Ausschweifungen sonst noch zugeschrieben worden ist. Ein recht eindrucksvolles Beispiel bietet der mysteriöse Mord an Juan Borgia, dem Lieblingssohn des Papstes:

So sind Jacob Burckhardt und Ferdinand Gregorovius, um nur zwei der bedeutendsten Kenner der Epoche der Borgia zu zitieren, überzeugt, daß Juan von seinem Bruder Cesare umgebracht worden ist und der Papst den Brudermord aus Furcht vor Cesare geduldet habe.[3]

Cesare war freilich nicht der einzige Tatverdächtige aus dem Kreise der Borgia. Joffre, der damals jüngste Sohn des Papstes, wurde der Tat ebenso verdächtigt wie Lucrezias Ehemann Giovanni Sforza, der Graf von Pesaro.

Dem Ruf der Borgia aber erst richtig gerecht wird der Mord, wenn man die Motive betrachtet, die den einzelnen Verdächtigen unterstellt wurden. So wird vielfach angenommen, daß die intimen Beziehungen des Papstes sowie Cesares und Juans zu Lucrezia die Ursache für den Mord gewesen seien. Ein Verdacht, den selbst Ferdinand Gregorovius nicht einfach übergehen zu können glaubte, wenngleich er ihn mit den zweifelnden Worten zurückwies: »Das sittliche Gefühl sträubt sich gegen den Glauben jener verderbten Zeit, daß Lucrezia der Gegenstand der Eifersucht ihrer Brüder, ja noch einer anderen Person gewesen sei...«[4]

Immerhin, zu jenen, die damals glaubten, sogar der Papst habe mit seiner Tochter blutschänderische Beziehungen unterhalten, gehörte auch Martin Luther.[5]

Der französische Biograph Cesares, René Guerdan, glaubt in der Eifersucht Cesares auf Juan wegen der Ehefrau ihres Bruders Joffre, der temperamentvollen Sancia, ein Motiv für den Mord gefunden zu haben.[6] Naturgemäß ließen die Beziehungen von Juan zu Sancia auch Joffre in den Kreis der Tatverdächtigen geraten. Ein Schicksal, das er mit dem damaligen Ehemann Lucrezias, dem Grafen von Pesaro, teilte, dem man den Mord ebenfalls zutraute. Mit Ausnahme des Ermordeten selbst ist bis heute kein männliches Mitglied dieser Papstfamilie, einschließlich des päpstlichen Schwiegersohnes, von dem Verdacht völlig freigekommen, an der Ermordung Juan Borgias schuldig oder zumindest mitschuldig gewesen zu sein.

Da der Ermordete das Amt eines Gonfaloniere, also eines Bannerträgers der Kirche, bekleidet hatte, führte sein Tod zu einem in der Kirchengeschichte einmaligen öffentlichen Auftritt des Papstes. Alexander VI., der höchste Repräsentant jener Kirche, deren Priesterschaft zum Zölibat verpflichtet ist, trat mit den ganzen Insignien seiner päpstlichen Würde vor die in einem Konsistorium versammelten Kardinäle und Botschafter, um mit schmerzerfüllten Worten die Ermordung seines Sohnes zu beklagen.[7] Nicht genug damit: Aufgrund der über den Mord umlaufenden Gerüchte sah sich der Papst gezwungen, mit Joffre einen weiteren Sohn, sowie mit dem Grafen von Pesaro den Ehemann seiner Tochter vor dem Verdacht in Schutz zu nehmen, Juan ermordet zu haben.

In gewisser Weise war dieser denkwürdige Auftritt Alexanders sogar ein Erfolg. Denn sehr bald sollten nur noch wenige in Joffre Borgia oder dem Grafen von Pesaro die Mörder Juans sehen. Vielmehr richtete sich der Verdacht allgemein gegen einen Mann, der an dem Konsistorium als erst 22jähriger Kardinal teilgenommen hatte: den Papstsprößling Cesare.

Es gehört sicher nicht zu den geringsten historischen Denkwürdigkeiten, daß mit dem Herzog Francesco Borgia ausgerechnet ein unmittelbarer Nachfahre der skandalumwitterten Papstfamilie auf dem Konzil von Trient die geplante Aufhebung des Zölibats erfolgreich bekämpfen sollte. Der Enkel des ermordeten Juan und Urenkel Alexanders, der als Herzog von Gandìa einer der reichsten und mächtigsten Männer Spaniens gewesen war, hatte auf sämtliche weltlichen Ehren und Güter verzichtet, um sich Ignatius von Loyola und seinen Jesuiten anzuschließen. Vielen seiner Zeitgenossen galt er schon zu Lebzeiten als Heiliger.[8] Nach seinem Tode hat dann auch die Kirche den Mann heilig gesprochen, dessen Askese Ignatius von Loyola in einem Schreiben vom 20. September 1548 zu der Ermahnung veranlaßte: »Was nun Fasten und Abstinenz anlangt, so wünsche ich, sie würden sich für den Dienst unseres Herrn ihre Körperkräfte gesundhalten und noch stärken, anstatt sie zu schwächen.«[9]

Borgia, ein Name, der für vieles steht. Was aber verbirgt sich hinter den Trägern dieses Namens wirklich?

Die Vielzahl der Versionen über die Hintergründe der Ermordung Juan Borgias durch einen Angehörigen seiner Familie zeigt deutlich, daß es vom Brudermord bis zum Inzest in fast jeder erdenklichen Variante keine Untat gibt, die den Borgia nicht zugetraut worden wäre. Nicht minder deutlich zeigt der Mordfall aber auch, daß den Borgia Verbrechen und verbrecherische Motive unterstellt worden sind, die ihnen jedenfalls in dieser Menge unmöglich angelastet werden können, weil sie sich gegenseitig ausschließen. So dürfte, um nur ein Beispiel zu nennen, nicht Cesare, Joffre und der Graf von Pesaro, sondern allenfalls einer von ihnen der Mörder Juans gewesen sein, es sei denn, man unterstellte ein Komplott der drei, was nach Lage der Dinge völlig unwahrscheinlich ist und zudem noch alle bestehenden Tatversionen widerlegen würde.

Neben der Tatsache, daß die Borgia schon nach den Gesetzen der Logik nicht alle der ihnen nachgesagten Untaten begangen haben können, fällt bei genauerer Betrachtung ihres Rufes ein weiteres auf: Es kann zwar nicht überraschen, daß die Borgia in der Geschichte recht unterschiedlich beurteilt werden. Ungewöhnlich ist allerdings gleichwohl das Maß der Abweichung bei ihrer Beurteilung. Die Kritik an dem landläufigen Geschichtsbild von den verbrecherischen und sittenlosen Borgia, das etwa Alexander VI., um nochmals Stendhal zu zitieren, als die gelungenste Inkarnation des Teufels auf Erden erscheinen läßt, beschränkt sich nicht etwa auf den Versuch, lediglich einen Teil der gegen die Borgia erhobenen Vorwürfe zu entkräften oder zu mildern. Sie versucht vielmehr nachzuweisen, daß dieses Geschichtsbild in seiner Gesamtheit mit den historischen Tatsachen nicht vereinbar ist und die Borgia das Opfer einer Legendenbildung geworden sind. So vertritt etwa Susanne Schüller-Piroli in einem 1963 erschienenen Werk mit dem Titel »Borgia. Die Zerstörung einer Legende« die Auffassung, daß das Bild der Borgia im Laufe der Zeit eine regelrechte Dämonisierung erfahren hat.[10]

Dies ist freilich nur eine von vielen Kritiken an dem herkömmlichen Borgia-Bild. Schon der den Päpsten sicher keine übermäßige Sympathie entgegenbringende Voltaire hat sich über die Verteufelung der Borgia lustig gemacht. Der große katholische Historiker der Päpste, Ludwig von Pastor, distanzierte sich von dem ausschließlich negativen Borgia-Bild ebenso wie der liberale Ferdinand Gregorovius, der nach einem eingehenden Quellenstudium in seiner Biographie über Lucrezia Borgia nachwies, daß diese sicher nicht das giftmörderische Ungeheuer war, als das sie vielfach dargestellt worden ist. Allerdings sieht auch das Bild, welches Pastor und Gregorovius von den Borgia zeichnen, immer noch wenig vorteilhaft aus. Die wohlwollendsten Beurteilungen der Borgia findet man häufig bei protestantischen, angelsächsischen Historikern. Es seien hier nur die Namen von Roscoe, Creighton, einem anglikanischen Bischof, und Garnett genannt. Nicht zu Unrecht meint daher Will Durant in seiner »Kulturgeschichte der Menschheit« etwas skeptisch, daß sich das Urteil dieser Autoren über die Borgia durch große Milde auszeichne. Sein eigenes Urteil über die Borgia unterscheidet sich dann allerdings von dem der eben genannten Autoren wenig. Die wohl leidenschaftlichste Verteidigung der Borgia findet sich in dem fünfbändigen Werk des Paters Peter de Roo »Material for a History of Pope Alexander VI«.

Insgesamt kann man sich jedoch – trotz de Roo – nicht des Eindrucks erwehren, daß die Borgia in der Regel um so milder beurteilt werden, je weniger nah der Beurteilende der katholischen Kirche steht. Bei der Frage, ob dies Zufall ist oder tiefere Gründe hat, sollte man vielleicht eine Tatsache nicht außer acht lassen:

Aus heutiger Sicht scheinen die Borgia römischen Cäsarengestalten wie Caligula und Nero näher zu stehen als unserer Gegenwart. Gleichwohl waren die Borgia-Päpste Calixt III. und Alexander VI. – von einer Ausnahme abgesehen – die letzten nichtitalienischen Päpste der Kirchengeschichte bis zu dem am 16. 10. 1978 zum Papst gewählten Polen Karol Wojtyla. Zugleich waren sie nach dem »Exil« der Päpste von Avignon, an dessen Beendigung Calixt maßgeblichen Anteil hatte, das einzige nichtitalienische Geschlecht, das wie die großen italienischen Häuser der Colonna, Orsini, Conti, Gaetani, Medici, della Rovere als Familie, oder besser als Dynastie, die Macht im Vatikan ausgeübt hat.

Nach den von den Italienern als Maranen – eine Bezeichnung für getaufte, aber ihrem Glauben treugebliebene Juden – bezeichneten Borgia hat es bis zur Wahl von Johannes Paul II. nur einen nichtitalienischen Papst gegeben. Dies war der ehemalige Erzieher Kaiser Karls V., der Holländer Hadrian VI. Er wurde am 9. 1. 1522 zum Papst gewählt, trat sein Amt am 31. 8. 1522 an und verstarb schon ein Jahr später am 15. 9. 1523. Es wurde von Gift gesprochen.

Im Gegensatz zu den Borgia-Päpsten war Hadrian, der als einziger der Renaissancepäpste ernsthaft den Versuch unternommen hat, die Kirche zu reformieren, über jeden moralischen Zweifel erhaben. Gleichwohl oder gerade deshalb zog sich Hadrian den unversöhnlichen Haß der Römer zu. Über seinen Tod berichtet Gregorovius: »Nicht der Tod Alexanders VI. war in Rom mit solcher Freude begrüßt worden. Die ausgelassene Jugend bekränzte die Haustüre des päpstlichen Arztes und heftete darauf die Inschrift: ›Dem Retter des Vaterlandes. Der Senat und das Volk von Rom.‹«[11] Als den vielleicht Einsamsten der Päpste hat ihn der Historiker Heinz Kühner wohl zu Recht bezeichnet.[12]

Der Haß, der diesem völlig integren Papst entgegengeschlagen ist, spricht sicher nicht gegen die Meinung derer, die, wie etwa Susanne Schüller-Piroli, die Auffassung vertreten, der Haß gegen die Borgia sei weniger eine Folge ihrer Sittenlosigkeit als ihrer Herkunft und der Tatsache gewesen, daß sie es unternommen haben, die Macht des römischen Adels im Kirchenstaat zu brechen.

Die Frage, ob der Name der Borgia zu Recht Symbol für die Inkarnation des Teufels auf Erden oder aber Symbol für eine Verteufelung ist, stellt sich jedenfalls dem kritischen Betrachter.

Die Herkunft der Borgia

Folgt man der Darstellung der Borgia, so entstammt ihr Geschlecht dem aragonesischen Königshaus, dessen Doppelkrone sie in ihrem Wappenemblem geführt haben. Als im Jahre 1120 König Alfonso von Kastilien das Gebiet nördlich des Ebros eroberte und das Königreich Aragon bildete, gab er dieses seinem Verwandten Don Pedro de Artarès als Lehen. Von diesem Don Pedro leiten die Borgia ihre königliche Abkunft her. »Trotzdem kann man nicht annehmen, daß das Blut des königlichen Don Pedro in ihren Adern floß, da er allen Quellen zufolge 1151 kinderlos, ohne jede Nachkommenschaft gestorben ist.«[1]

Immerhin gehörten die Borgia jedoch dem kastilischen Adel an. Angehörige ihres Geschlechts begleiteten im 13. Jahrhundert als Caballeros König Jacob I. von Aragon bei der Eroberung des maurischen Königreiches von Valencia. Für ihre Verdienste bei diesem Feldzug erhielten sie im Jahre 1244 in dem südwestlich von Valencia liegenden Jativa ausgedehnten Landbesitz als Lehen. Der Name ihres Geschlechts tauchte in der Folge dann auch öfters in örtlichen Urkunden auf. Besondere Bedeutung scheinen die Borgia aber damals nicht erlangt zu haben.

Auch ohne die Kinderlosigkeit ihres angeblichen Stammherrn königlichen Geblütes wäre eine hocharistokratische Abkunft der Borgia völlig unwahrscheinlich. Zwar gelang es den Borgia auf dem Höhepunkt ihrer Macht, eheliche Verbindungen mit dem französischen und spanischen Königshaus sowie mit dem hochangesehenen Herzogshaus der Este von Ferrara, aus dem später die Häuser Braunschweig und Hannover hervorgegangen sind, anzuknüpfen. Die Verhandlungen, die diesen Verbindungen vorausgingen, zeigen aber eindeutig, daß die Borgia von ihren Verhandlungspartnern keineswegs als auch nur annähernd gleichwertig angesehen worden sind. Kardinalshüte, ungeheure Summen von Geld und Privilegien aller Art waren der Preis, den die Borgia für den so begehrten gesellschaftlichen Aufstieg bezahlen mußten, wobei auch dieser Preis erst zu einem Zeitpunkt genügte, als man die Macht der Borgia fürchtete. Noch zu Beginn der Amtszeit Alexanders als Papst schätzten sich die Borgia glücklich, wenn ihnen ein illegitimer Sproß der Mailänder Sforza oder der Sohn eines spanischen Grafen für eine Ehe mit Lucrezia zur Verfügung gestellt wurde.

Bezeichnend für die angebliche Abstammung der Borgia von dem aragonischen Königshaus ist auch die Vorgeschichte der Heirat Lucrezias mit dem Sohn des Herzogs von Ferrara. Der über die Offerten des Papstes alles andere als glückliche Herzog Ercole d'Este schickte zuerst einmal Gesandte nach Rom mit dem Auftrag, Erkundigungen über die Vorfahren der Borgia einzuziehen. Man darf voraussetzen, daß die für diese Mission Ausgewählten nicht eben zu den schlichtesten Gemütern am Hofe des Herzogs von Ferrara zählten und in Anbetracht der möglichen Ehe Lucrezias mit dem ältesten Sohn des Herzogs größtes Interesse hatten, Erfreuliches über die Dame zu berichten, die eines Tages ihre Landesherrin sein konnte. Gleichwohl endet ihr Bericht mit der lakonischen Feststellung, daß vor Calixt III. kein Borgia besondere Bedeutung erlangt habe.[2]

Den Beweis ihrer königlichen Abkunft sind vor allem aber auch die Borgia selbst schuldig geblieben. Sie wären aber bestimmt die ersten gewesen, die etwaige Hinweise oder gar Beweise ihrer königlichen Abkunft der Öffentlichkeit zugänglich gemacht hätten. Daß sie nichts dergleichen getan haben, spricht für sich.

Vielleicht haben die Borgia aber auch ohne Beweise ganz gerne an ihre königliche Abkunft geglaubt. Ein Hinweis hierfür könnte sein, daß Alexanders Vorname Rodrigo, den auch einer seiner Enkel tragen sollte, nichts anderes als die spanische Form des westgotischen Königsnamens Roderich ist. Wenn man, wie dies Kenner der spanischen Geschichte getan haben, in dem Vornamen des spanischen Nationalhelden »el Cid«, der ebenfalls Rodrigo hieß, ein Indiz für dessen westgotische Abkunft sieht,[3] so müßte man konsequenterweise vermuten, daß sich die Borgia zumindest für Abkömmlinge der Westgoten gehalten haben. Da die Westgoten in Spanien, anders als die Ostgoten in Italien, auch nach dem Untergang ihres Königtums eine starke Rolle in der Geschichte des Landes spielten – die ganze Reconquista ging von dem aus einer Seitenlinie des westgotischen Königshauses stammenden Grafen Pelayo aus –, so ist die Annahme einer zumindest teilweisen westgotischen Herkunft der Borgia nicht mehr oder weniger abwegig als die von Maria Bellonci angedeutete Möglichkeit, daß sie arabisches Blut in sich trugen.[4]

Interessanter als das westgotische oder arabische Blut in den Adern der Borgia ist die Frage, ob sie tatsächlich Maranen gewesen sind. Mit

Maranen bezeichnete man diejenigen Angehörigen des in Spanien stark vertretenen jüdischen Bevölkerungsteils, welcher trotz christlicher Taufe weiter seinem alten Glauben anhing.

Der Verdacht, die Borgia könnten Anhänger einer von der christlichen Kirche bekämpften Religion sein, hat schon die Phantasie ihrer Zeitgenossen stark beschäftigt. Dies um so mehr, als die getauften Juden in Spanien eine sehr bedeutende Rolle spielten. So waren nach Salvadore de Madariaga, dem vielleicht besten zeitgenössischen Kenner der Geschichte der Iberischen Halbinsel, König Ferdinand und Isabella »buchstäblich von getauften Juden umgeben.«[5]

Zu ihnen gehörte auch der äußerst einflußreiche Beichtvater von Isabella: Fray Hernando de Talavera. Gerade dieser Einfluß der getauften Juden in Verbindung mit immer wieder auftauchenden Gerüchten, sie seien in Wirklichkeit ihrem alten Glauben treu geblieben, sollte zu einem wesentlichen Wegbereiter der Inquisition werden, deren bedeutendster Repräsentant ebenfalls Jude war: Torquemada. »Dieser Name, der in der Geschichte der Inquisition zu solcher Berühmtheit gelangte, gehörte zu einem Geschlecht von bekehrten Juden, aus dem ein hochgelehrter Kirchenfürst hervorging: der Kardinal von San Sixto, Johann von Torquemada. Dieser wiederum war ein Verwandter des berühmten General-Inquisitors.«[6]

Zu der Frage, ob auch die Borgia getaufte Juden gewesen sind, hat Klaus Schelle bemerkt: »Einen Beweis haben wir nicht, aber ganz unwahrscheinlich ist die Vermutung nicht, war doch der Adel Kastiliens weitgehend jüdisch durchsetzt...«[7]

Welches Blut auch immer in den Adern der Borgia geflossen sein mag, eines steht mit Sicherheit fest: Die Borgia waren nach ihrer ganzen Mentalität und ihrem Selbstverständnis Spanier, auch als es einen spanischen Nationalstaat noch nicht gab. Sie sprachen untereinander spanisch. Selbst in der Öffentlichkeit unterhielt sich Alexander, besonders wenn er freudig erregt war, mit seinen Kindern auf spanisch. Spanisch war fast die gesamte engere Umgebung der Borgia, von den Leibgarden Alexanders und Cesares über Hauslehrer und Hofstaat bis hin zu Michelozzo, dem berüchtigten Meuchelmörder in Cesares Diensten. Spanisch waren der ausgeprägte Sinn der Borgia für prunkvolle Hofetikette, Lucrezias Vorliebe für spanische Mode und Tänze, ebenso wie ihre Begeisterung für den Stierkampf. Alexander brachte den spanischen Nationalsport nach Rom, Cesare in die Romagna. Es ist nicht ihnen zu verdanken, daß sich dort die Begeisterung für das blutige Kampfspiel bald legte, nachdem einige Amateurtoreros allzu übel zugerichtet worden waren. Cesare selbst war ein begeisterter Stierkämpfer, wenngleich seine Neigung, den Tieren zum Beweis seiner Kraft mit einem Schwertstreich den Kopf abzuschlagen, nicht gerade Ausdruck höchster spanischer Stierkampfkultur ist. Spanisch war letztlich auch die bevorzugte Hinrichtungsart der Borgia, das Erwürgen mit dem Halseisen.[8]

Auf Spanien und das spanische Königshaus von Neapel war zunächst die gesamte Heiratspolitik der Borgia ausgerichtet. Nach Spanien versuchten auch alle Borgia zu gelangen, wenn sie glaubten, aus Italien fliehen zu müssen. Dies ist vielleicht der deutlichste Hinweis auf das Selbstverständnis der Borgia und vor allem auch der eindeutige Beweis dafür, daß sich die Borgia niemals als Angehörige jener von der Inquisition gnadenlos mit Folter, Feuer und Schwert verfolgten Minderheit empfunden haben, die die bedauernswerten Maranen im Spanien jener Zeit waren.

Von Peniscula auf den Papstthron

Begonnen hat der historische Aufstieg der Borgia im Sommer 1429 auf Peniscula, einer gewaltigen, von den Templern errichteten Festungsanlage am Nordende des Golfes von Valencia.

Als der 50jährige valencianische Geistliche Alonso Borgia im Juli 1429 die Festung betrat, um im Auftrag des Königs von Aragon den dort residierenden letzten Gegenpapst des nachavignonesischen Schismas zum Rücktritt zu überreden, dürfte ihn weniger die Zukunft seines Geschlechts bewegt haben, als vielmehr die Frage, ob er nicht Anlaß haben würde, die Übernahme dieser Mission bitter zu bereuen. Gil Sanchez Munoz hatte zwar den Papstnamen Clemens, also der Milde, gewählt. Aber Milde war nicht gerade die hervorstechende Charaktereigenschaft dieses Gegenpapstes. Eher zeichneten ihn eine an Grausamkeit grenzende Härte und aristokratischer Stolz aus. So schreckte er auch nicht davor zurück, Abgesandte der Kurie, die ihn zum Rücktritt bewegen sollten, kurzerhand in seinen Kerkern verschwinden zu lassen, wo schon Kardinäle aus seinem Anhang in Ketten lagen, die das Ungeschick besessen hatten, bei ihrem eigenwilligen Oberhirten Mißtrauen an ihrer Gefolgschaftstreue hervorgerufen zu haben. Alonso Borgia hatte indessen Erfolg mit seiner Mission:

Am 27. Juli 1429 erklärte Gil Sanchez Munoz seinen Verzicht auf das Papsttum und kehrte in den Schoß der römischen Kirche zurück.

Wie es Alonso Borgia gelungen ist, den bislang als unzugänglich erwiesenen Gegenpapst zum Rückzug zu bewegen, wird wohl sein Geheimnis bleiben. Jedenfalls brachte ihm dieser Erfolg die Achtung und Dankbarkeit seiner des Schismas überdrüssigen Zeitgenossen ein. Glücklich war vor allem auch Oddone Colonna, der auf dem Konstanzer Konzil als Martin V. zum Papst gewählte Sohn des Kardinals Agapito Colonna und seiner Mätresse Katharina aus dem alten römischen Adelsgeschlecht der Conti, das nicht nur auf diesem Wege schon einige Familienangehörige auf den Papstthron gehoben hatte.

Zwölf Jahre nach seiner Papstwahl konnte sich Martin V. endlich als unangefochtener Herr der Christenheit fühlen. Martin V. dankte es Alonso Borgia durch dessen Ernennung zum Bischof von Valencia.

Der Papst aus dem Hause der Colonna und Conti konnte damals sicher nicht ahnen, welche Folgen die Förderung dieses Borgia für sein Haus und die anderen römischen Aristokratengeschlechter einmal haben würde.

Insgesamt 15 Jahre übte Alonso Borgia sein Bischofsamt aus, von den Zeitgenossen gleichermaßen geschätzt wegen seines vorbildlichen Lebenswandels, seiner juristischen Kenntnisse und seines diplomatischen Geschicks. Letzteres stellte er unter Beweis, als es ihm gelang, in der erbitterten Auseinandersetzung zwischen Papst Eugen IV. und König Alfons von Aragonien, zu dessen engsten Beratern Alonso Borgia zählte, erfolgreich zu vermitteln. Aus Dank für diese Einigung ernannte ihn der Papst am 2. Mai 1444 zum Kardinal von Valencia und berief ihn an den päpstlichen Hof. Auch in Rom gab es nur eine Meinung über das einfache Wesen, die Rechtschaffenheit, Klugheit und Gelehrsamkeit des Kardinals von Valencia.

Alles in allem wirkte der Kardinal Borgia allerdings eher bescheiden neben seinen den vornehmsten und mächtigsten italienischen Adelshäusern angehörenden Kollegen Colonna, Orsini, Fieschi oder den französischen Kardinälen d'Estaing und dem mit dem Königshaus seines Landes verwandten d'Estouteville. Bei weitem an Einfluß und Ansehen überlegen waren Borgia auch der mächtige venezianische Kardinal Barbo und der kriegerische Scarampo.

Wie fest verankert etwa die in Jahrhunderten gewachsene Macht der Colonna und Orsini war, wird durch die Tatsache deutlich, daß beide Geschlechter schon traditionsgemäß durch einen Angehörigen ihrer Familie im Kardinalskollegium vertreten waren. Die Vorfahren der Colonna, die Grafen von Tusculum, hatten bereits im neunten und zehnten Jahrhundert das Papsttum teilweise in Familienbesitz. So stellten sie beispielsweise von 1012-1045 mit zwei Brüdern und deren Neffen drei Päpste in Folge.[1] Die Geschichte des Geschlechts der Orsini, ihrer großen Gegenspieler, läßt sich weniger klar verfolgen, und es ist »nicht zu erweisen, daß unter Ottonen eingewanderte Sachsen dies mächtige Römerhaus gegründet haben«.[2]

Wie auch immer, als Papst Nikolaus V. in der Nacht vom 24. zum 25. März 1455 verstarb, gruppierten sich die zur Wahl des neuen Papstes im Konklave versammelten Kardinäle nicht etwa nach nationalen Gesichtspunkten, sondern – wie auch schon bei früheren

Papstwahlen – hinter den beiden Kardinälen aus den verfeindeten Häusern der Colonna und Orsini.

Von den 21 Mitgliedern des Kardinalskollegiums waren 15 bei der Wahl anwesend. Die Italiener stellten mit den sieben Kardinälen Colonna, Orsini, Fieschi, Scarampo, Barbo, Calandrini und Capranica die Mehrheit. Nach ihnen waren die Spanier mit den Kardinälen Torquemada, Antonio de la Cerda, Carvajal und Alonso Borgia zahlenmäßig am stärksten vertreten. Die französischen Kardinäle d'Estaing und Alain sowie die Griechen Bessarion und Isidor vervollständigten das Gremium. Da nach einer noch heute gültigen Regel zur Papstwahl ⅔ plus eine der Stimmen der im Konklave anwesenden Kardinäle erforderlich sind, war derjenige zum Nachfolger von Nikolaus V. gewählt, der die Stimmen von elf der 15 im Konklave versammelten Kardinäle auf sich vereinigen konnte.

Nach den Berichten, die über den Verlauf des – offiziell streng geheimen – Konklaves vorliegen, scheint zunächst Kardinal Latino Orsini seine eigene Wahl betrieben zu haben. Sein Gegenspieler Prospero Colonna gab einen solchen Ehrgeiz offen nicht zu erkennen, versuchte aber, einem seinem Geschlecht nahestehenden Kandidaten zum Erfolg zu verhelfen. Die Neigung, die mächtigen Orsini durch die Wahl eines Papstes aus ihrem Geschlecht noch mächtiger zu machen, scheint unter den Kardinälen nicht allzu verbreitet gewesen zu sein. Jedenfalls gab Orsini seine eigene Kandidatur bald auf, um wenigstens den Colonna-Parteigängern einen erfolgversprechenden Kandidaten entgegensetzen zu können. Auch insoweit war ihm nur ein teilweiser Erfolg beschieden. Sein Kandidat, der Venezianer Barbo, war zwar stark genug, um die Wahl eines Colonna-Kandidaten zu verhindern; die zur Wahl erforderlichen Stimmen konnte aber auch er nicht erreichen.

Wie in solchen Fällen üblich, suchte man nach einem Kompromißkandidaten. Als solcher war zunächst Capranica im Gespräch. Aber auch dieser war den Orsini wegen angeblicher Sympathien für die Colonna verdächtig. Als auch er nicht die erforderliche Mehrheit fand, schien für kurze Zeit der Grieche Bessarion die besten Aussichten zu haben. Nicht nur seine bedeutende Persönlichkeit, auch seine fehlende Hausmacht ließen ihn als geeigneten Kandidaten erscheinen. Zudem lagen zwischen dem Konklave und dem Fall des christlichen byzantinischen Reiches durch die türkische Eroberung Konstantinopels am 29. Mai 1453 noch nicht zwei Jahre. War Bessarion, dessen Heimat eben dieses vernichtete Reich war, nicht der geeignete Papst, die Kreuzzugsgedanken, die der Fall Konstantinopels geweckt hatte, in die Tat umzusetzen? Allein, die Vorurteile gegen den vormals griechisch-orthodoxen Geistlichen waren zu stark. »Sollen wir der lateinischen Kirche einen Neophyten und Griechen zum Papst geben? Bessarion hat nicht einmal seinen Bart abgeschnitten, und er soll unser Oberhaupt werden«, soll Alain nach einem Bericht von Enea Silvio Piccolomini gegen Bessarion vorgebracht haben.[3] Bedenken solchen und ähnlichen Zuschnitts verhinderten die Wahl dieses geistig wohl bedeutendsten Kardinals seiner Zeit, von dem Reinhard Raffalt meinte, »was in unseren Tagen an gutem Willen und ernstem Gespräch zwischen der Orthodoxie und der römischen Kirche aufgekommen ist, bedeutet Blüte aus Bessarions Saat.«[4]

Als Bessarion das Ausmaß der gegen ihn gerichteten Vorbehalte erkannte, zog er sich zurück, nicht ohne jedoch zu erreichen, daß ein eng mit ihm befreundeter Kardinal zum Papst gewählt wurde: Alonso Borgia, der Kardinal von Valencia, wurde am 8. April 1455 der neue Papst der katholischen Kirche.

Calixt III., wie sich der Gewählte als Papst nannte, erfüllte alle Voraussetzungen für einen Kompromißkandidaten. Feinde hatte er nicht, eine Hausmacht allerdings auch nicht, so daß für niemanden Gefahr von ihm zu drohen schien. Zudem berechtigte er mit seinen 76 Jahren und einer angegriffenen Gesundheit diejenigen, die ihre ehrgeizigen Pläne bei diesem Konklave nicht hatten verwirklichen können, zu der Hoffnung, daß die nächste Gelegenheit nicht allzu lange auf sich warten lasse.

Die Wahl Calixts rief bei den Italienern gemischte Gefühle hervor. Zwar hatten sie an dem Charakter des neuen Papstes nichts auszusetzen, aber seine nichtitalienische Herkunft ließ doch Befürchtungen wach werden, die in einem Schreiben des Erzbischofs Antonius von Florenz eindrucksvoll wiedergegeben sind: »Die Wahl von Calixt hat im ersten Moment den Italienern wenig gefallen und zwar aus zweierlei Gründen: Zuerst, da er ein Valencianer oder Katalane ist, besorgen sie, er möchte den päpstlichen Hof ins Ausland zu verlegen suchen. Zweitens fürchten sie, er werde die Festungen der Kirche Katalanen anvertrauen, so daß es gegebenenfalls schwer sein würde, wieder in ihren Besitz zu gelangen. Da man die Dinge doch reiflicher überlegte und der Ruf seiner Güte, seiner Weisheit, seiner richtigen Einsicht und Unparteilichkeit sich verbreitete, da er überdies durch feierliches Versprechen, dessen Abschrift ich gesehen habe, sich verpflichtet hat, dem Rate der Kardinäle gemäß alle seine Kräfte darauf zu verwenden, gegen die Türken Krieg zu führen und Konstantinopel wieder zu erlangen, so lebt man in froher Hoffnung. Man glaubt und sagt nicht, daß er einer Nation mehr als der anderen zugetan sei, sondern daß er als verständiger und williger Mann jedem sein Recht widerfahren lasse.«[5]

In den Berichten nach der Papstwahl Alonso Borgias taucht immer wieder der Name des zu seiner Zeit berühmten spanischen Bußpredigers Vincente Ferrer auf. Alonso Borgia selbst pflegte zu erzählen, daß er in seiner Jugend einer Predigt Ferrers beigewohnt habe. Auf seinen begeisterten Ausruf, »Gott hat uns einen Heiligen gegeben«, habe dieser sich zu ihm gewandt und geantwortet, »Gott hat mich zum Heiligen erhoben, so hoffe ich, und ihr werdet mir die höchste Ehre erweisen, die man in dieser Welt erreichen kann.« Etwas später habe sich der Prediger nochmals an ihn gewandt und ausgerufen: »Ihr werdet Papst werden und mich heilig sprechen.«[6]

Von Gregorovius bis zu den zeitgenössischen Autoren ist die Erzählung Alonso Borgias, der als Papst Vincente Ferrer dann tatsächlich heilig sprechen sollte, ohne erkennbare Skepsis wiedergegeben worden. Man wird gleichwohl fragen dürfen, welchem der Akteure in dieser Episode wirklich Bewunderung gebührt: Der Prophetengabe des um seine Heiligsprechung so besorgten Predigers, der in dem alles andere als charismatisch wirkenden angehenden Kirchenjuristen schon ein halbes Jahrhundert vor dessen Wahl den künftigen Papst gesehen hat, oder dem Geschick, mit dem der ehrenwerte Alonso Borgia auf sich als den gewissermaßen durch göttlichen Willen bestimmten Anwärter auf den Papstthron aufmerksam machte.

Beginn des Pontifikats von Calixt III.

Es sollte sich bald zeigen, daß die Erwartungen und Befürchtungen vieler Italiener, wie sie in dem eben zitierten Schreiben des Erzbischofs von Florenz wiedergegeben sind, so falsch nicht waren. Die Erwartungen erfüllte Calixt III. insofern, als er während seines Pontifikates an eine Verlegung des Papsttums ins Ausland nicht dachte und zudem leidenschaftlich auf einen Türkenfeldzug zur Befreiung der von diesen eroberten christlichen Gebiete hinarbeitete. Aber auch die Befürchtungen, die spanischen Landsleute von Calixt könnten den Römern am päpstlichen Hof den Rang ablaufen, waren nicht unbegründet:

Insgesamt ungefähr 300 Borgia oder diesen nahestehende Katalanen sollen von Calixt kirchliche Ämter erhalten haben, teilweise in ihrer spanischen Heimat, zu dem größten Teil jedoch am päpstlichen Hof. Ob diese Zahl genau stimmt, mag dahingestellt bleiben. Jedenfalls gibt sie Aufschluß darüber, daß Calixt sein Amt in erheblichem Umfang zur Förderung seiner Verwandtschaft und deren Anhang genutzt hat. Von dem Vorwurf, Nepotismus in großem Stil getrieben zu haben, kann auch dieser Papst nicht freigesprochen werden. Andere Päpste waren in dieser Beziehung, hierauf wird noch zurückzukommen sein, auch nicht besser. Es wäre verfehlt, anzunehmen, daß der Reichtum und Luxus, durch den sich die Verwandtschaft vieler Päpste auszeichnete, in keinerlei Zusammenhang mit der Amtsführung der jeweiligen Päpste gestanden hätte. Nur wurde der Nepotismus des landfremden Spaniers mit wesentlich weniger Nachsicht aufgenommen, als der der italienischen Päpste. Zudem kann man nicht in jeder Besetzung einer kirchlichen Stellung mit einem Borgia oder einem ihrer Gefolgsleute einen Akt des Nepotismus sehen. Daß Calixt beispielsweise Wert auf einen ihm vertrauten spanischen Arzt legte, ist ihm schwerlich zu verdenken, wenn man sich vergegenwärtigt, daß Ärzte der Päpste mehrfach der Teilnahme an Mordanschlägen gegen ihre Herren verdächtigt worden sind.[1] Entsprechende Überlegungen dürften den persönlich anspruchslosen Calixt auch veranlaßt haben, in seiner Küche ihm zuverlässig erscheinende spanische Landsleute zu beschäftigen. Die beiden Beispiele zeigen im übrigen, daß es nicht immer nur Reichtum und Macht einbringende Stellen waren, die Calixt an Verwandte und Landsleute vergeben hat. Freilich war auch unbestreitbar letzteres der Fall, und keiner dürfte sich mehr als Calixt selbst der Fragwürdigkeit seines Tuns in dieser Hinsicht bewußt gewesen sein, wie es seine bitteren Klagen über die Unersättlichkeit seiner Verwandtschaft, insbesondere seiner vier Schwestern, offen belegen.

Eine gewisse Rechtfertigung erfährt freilich auch die Vergabe einflußreicher Stellen von Calixt an Verwandte durch die Machtverhältnisse in Rom, die ihn dazu zwangen, eine eigene Hausmacht aufzubauen, wollte er nicht zu einem Spielball des römischen Adels, insbesondere der Orsini und Colonna, werden. Schon seine Krönung am 20. April 1455 gab Calixt einen Vorgeschmack von der Respektlosigkeit des Pöbels von Rom und noch mehr von dem Selbstbewußtsein des römischen Adels:

Nach einer möglicherweise noch in die römische Kaiserzeit zurückgehenden Sitte warteten bei dem Umzug des Papstes auf dem Monte Giordano die Juden, um sich vom Papst ihre Gesetze bestätigen zu lassen, was traditionsgemäß auf lateinisch mit den Worten geschah: »Wir bestätigen das Gesetz, aber seine Auslegung verdammen wir, weil der, von dem ihr sagt, er werde kommen, bereits gekommen ist, unser Herr Jesus Christus, wie die Kirche uns lehrt und predigt.« Auch die Anwesenheit des Papstes bei dieser Zeremonie hielt jedoch den römischen Pöbel nicht an dem Versuch ab, sich des mit Gold verzierten jüdischen Gesetzbuches zu bemächtigen und dabei eine solche Verwirrung hervorzurufen, daß Calixt selbst in Gefahr geriet.

Noch weit mehr gestört wurden die Feierlichkeiten durch den römischen Adel. Man hatte schon die Krönungsfeierlichkeiten des am 8. April gewählten Papstes aus Furcht vor Unruhen zwischen den Orsini und Colonna auf den 20. April hinausgeschoben. Dies hinderte jedoch nicht einen Gefolgsmann des Grafen von Anguillara, der mit Napoleone Orsini wegen der Grafschaft Tagliacozzo verfeindet war und somit fast zwangsläufig den Colonna nahestand, einen der Leute von Napoleone Orsini zu erstechen. Die Orsini sahen keine Veranlassung, nur wegen einer Papstkrönung auf sofortige Rache zu verzichten. Als die Nachricht von dem Vorfall die in der Basilika des

Laterans versammelten Orsini erreichte, verließen diese die Krönungsfeierlichkeiten, um fürs erste das Stadthaus des Grafen von Anguillara zu plündern und zu zerstören. Dann rückten sie mit 3000 Mann gegen den Lateranpalast vor, um an dem Grafen von Anguillara und den Colonna Rache zu nehmen.

Calixt, noch rechtzeitig von dem drohenden Blutbad informiert, befahl dem Kardinal Latino Orsini und dem Stadtpräfekten von Rom, ebenfalls einem Orsini, ihre wildgewordene Verwandtschaft zur Vernunft zu bringen. Auf den Erfolg dieser Maßnahme wollte sich aber niemand so recht verlassen. Calixt selbst blieb nichts anderes übrig, als die Krönungszeremonie abzubrechen und schleunigst in den sicheren Vatikan zurückzureiten. Diejenigen, denen der Anmarsch der Orsini galt, zogen sich nicht weniger eilig in ihre Adelstürme zurück.

Das Auftreten der Orsini an diesem Tage zeugt gleichermaßen von der Macht und der Überheblichkeit dieses Adelsgeschlechtes. Zwar hatte das Papsttum um die Mitte des 15. Jahrhunderts sicher nicht mehr die Vorrangstellung wie zu Zeiten von Innozenz III. Die Rolle einer Weltmacht kam dem Papsttum aber auch in der Mitte des 15. Jahrhunderts noch allemal zu, und die Herren aus dem Hause Orsini waren sicher die letzten, die sich dessen nicht bewußt gewesen wären. Nicht ohne Grund versuchten schließlich sie – wie ihre Gegenspieler, die Colonna, und andere römische Adelsgeschlechter bei jedem Konklave – die Papstwahl eines Angehörigen ihrer Familie oder doch wenigstens eines ihrer Parteigänger durchzusetzen. Wenn aber die Orsini nun gleichwohl in klarer Kenntnis der Macht des Papsttums nicht vor dem Affront zurückschreckten, ausgerechnet bei der Inthronisation eines Papstes wegen eines verhältnismäßig geringfügigen Anlasses zu dem Lateranpalast zu marschieren, um die Krönungsfeierlichkeiten in ein Blutbad zu verwandeln, dann verrät dies einiges von ihrem Selbstbewußtsein. Ein Selbstbewußtsein, das indessen nicht von ungefähr kam, wie schon die Tatsache zeigt, daß die Orsini innerhalb kürzester Zeit 3000 Bewaffnete mobilisieren konnten. Dabei dürften diese 3000 schwerlich die Gesamtzahl der Bewaffneten darstellen, über die die Orsini gegebenenfalls verfügen konnten. Man darf zwar voraussetzen, daß zu der Papstkrönung fast alle waffentragenden Orsini mit ihrem Gefolge erschienen sind. Doch haben die Orsini sicher nicht ihre Festungen und Güter außerhalb Roms in jener unsicheren Zeit ungeschützt zurückgelassen. Auch dürften die zahlreichen Orsini, die als Kondottiere; tätig waren, wohl kaum alle ihre Söldner nach Rom mitgebracht haben. Wenn sie aber gleichwohl unter diesen Umständen innerhalb weniger Stunden 3000 Mann aufbringen und es wagen konnten, während der Inthronisation eines Papstes den Lateran anzugreifen, dann zeigt dieses Verhalten deutlich, daß dieses römische Adelsgeschlecht ein Staat im Kirchenstaate war. Und sie waren nicht die einzigen, die es sich erlauben konnten, den Päpsten derart gegenüberzutreten.

Die Stellung des Papsttums in der Frührenaissance

Schon die Verhältnisse in Rom Ende des 13. Jahrhunderts veranlaßten Machiavelli zu der Feststellung: »Der Himmel, welcher wußte, daß die Zeit kommen mußte, wo Franzosen und Deutsche Italien verlassen und das Land in Händen seiner eigenen Bewohner bleiben würde, ließ in Rom zwei mächtige Familien wachsen, die Colonna und Orsini, auf daß durch deren Macht und Nähe das Papsttum kraftlos bliebe und die Päpste, auch nachdem fremde Hindernisse aus dem Weg geräumt sein würden, ihre Macht weder befestigen noch genießen konnten.«[1] Wenige Jahre nach den Ereignissen, auf die sich diese Bemerkung Machiavellis bezieht, kam es 1303 für das Papsttum zu dem demütigenden Drama von Anagni: Sciarra Colonna und Nogaret, der Kanzler des französischen Königs Philipp des Schönen, drangen mit Gewalt in den päpstlichen Palast ein, um den stolzen Bonifatius VIII. gefangenzunehmen. Als der in vollem Ornat auf seinem Thron sitzende Papst sich weigerte, den Anordnungen der Eindringlinge Folge zu leisten, zerrte ihn Sciarra kurzerhand vom Thron herab und konnte von Nogaret gerade noch daran gehindert werden, dem Papst den schon gezückten Degen in die Brust zu stoßen. Immerhin soll aber der Papst nach einer vielverbreiteten Version bei dieser Gelegenheit von dem aufgebrachten Sciarra geohrfeigt worden sein.

Es gelang dem Papst durch die Hilfe der Gaetani, einem weiteren mächtigen römischen Adelsgeschlecht, freizukommen und nach Rom zu fliehen. Da das eigenwillige Kirchenoberhaupt gewagt hatte, nicht nur die Colonna, sondern gleichzeitig auch die Orsini herauszufordern, wartete in Rom nur die nächste Demütigung auf ihn. Nicht weniger schüchtern als die Colonna, setzten nun die Orsini den Papst im Vatikan gefangen. Dies war zuviel für den Träger jener geistlichen Gewalt, deren Inhaber als Stellvertreter Christi die Oberherrschaft über die mächtigsten gekrönten weltlichen Häupter der damals bekannten Welt zu fordern gewohnt waren: »Die Tage, welche der unglückliche Greis im Vatikan hinlebte, waren über alles Maß furchtbar.

Wilder Schmerz um seine Mißhandlung, das Gefühl der Ohnmacht, Mißtrauen, Furcht, Rache, freundlose Einsamkeit bestürmten sein leidenschaftliches Gemüt. (...) Wenn ein so hochgemuter Mensch in der erschütternden Reaktion gegen seinen Zustand außer sich geriet und dem Wahnsinn verfiel, so war dies naturgemäß. Man erzählte, daß er sich in sein Gemach verschloß, die Nahrung verweigerte, in Tobsucht fiel, sein Haupt gegen die Mauer stieß und endlich auf seinem Bette tot gefunden ward.«[2]

Vergeblich versuchte der neue Papst Benedikt XI., die seinem Vorgänger angetane Schmach zu rächen. Nur wenige Monate nach seiner Wahl am 22. 10. 1303 floh er aus Rom vor den Colonna, Orsini und Gaetani, die mittlerweile in das Lager der Papstfeinde übergewechselt waren, nach Perugia. Dort verhängte er am 7. Juni 1304 den Kirchenbann über Nogaret, Sciarra Colonna und andere Übeltäter. Genau einen Monat später endete sein Leben am 7. Juli, angeblich durch den Genuß vergifteter Feigen, die ihm auf Veranlassung des französischen Kardinals Le Moine und des mächtigen Kardinals Napoleone Orsini gereicht worden sein sollen.

Der noch in Perugia zum Nachfolger von Benedikt gewählte südfranzösische Aristokrat Bertrand de Got, Erzbischof von Bordeaux, zog es nicht zuletzt unter dem Einfluß des französischen Königshauses vor, sich gar nicht erst nach Rom zu begeben. Mit Clemens V., wie sich de Got als Papst nannte, begann 1305 das siebzig Jahre währende Exil der Päpste von Avignon. Dieses Exil und das ihm folgende bis 1429 andauernde »nachavignonesische Schisma« mit seinen zahlreichen Gegenpäpsten waren natürlich auch nicht dazu angetan, die Stellung der Päpste gegenüber dem römischen Adel zu stärken. Lediglich in der Form übte dieser etwas mehr Zurückhaltung, als dies Sciarra Colonna und seine Standesgenossen getan hatten, um eine erneute Verlegung der Residenz der Päpste wegen der damit verbundenen wirtschaftlichen Nachteile zu verhindern. An diesen Verhältnissen sollte sich bis zum Amtsantritt von Calixt trotz eines so energischen Papstes wie Eugen IV. nicht allzu viel ändern, wie ein Blick auf die politische Landschaft der Frührenaissance zeigt.

Zu Beginn des Pontifikates von Calixt 1455 bestimmten fünf große Machtzentren das Schicksal Italiens:

Der durch Mittelitalien verlaufende Kirchenstaat mit dem Königreich Neapel als seiner Südgrenze, sowie Mailand, Venedig und Florenz, deren Gebiete – vereinfacht ausgedrückt – die Grenzen des Kirchenstaates nach Norden und Nordwesten hin bildeten. In keinem dieser Gebiete verfügte das Papsttum freilich über eine uneingeschränkte Machtstellung: In Rom nicht, im Kirchenstaat nicht und schon gar nicht in den Gebieten außerhalb des Kirchenstaates.

In Rom selbst war die Macht des Adels nach wie vor ungebrochen, wie schon der Aufruhr der Orsini bei der Inthronisation Calixts nur zu deutlich zeigt. Freilich führten sie wie die anderen Feudalherren der Stadt trotz ihrer Machtstellung ein wenig beneidenswert erscheinendes Dasein. Ihre nie endenden Rivalitäten und Kämpfe untereinander zwangen sie, ihr Leben in fast ständiger Kriegs- und Verteidigungsbereitschaft zu verbringen. Soweit sie sich nicht gerade in jene Geschlechtertürme zurückziehen mußten, die heute beispielsweise noch das Bild von San Gimignano in der Toskana prägen, wohnten sie größtenteils in zu Festungen ausgebauten dunklen Palästen, in deren Verliesen vielfach die Gefangenen vorausgegangener Fehden schmachteten.[3] So gesehen waren die römischen Adligen gleichermaßen Ursache und Opfer des in Rom herrschenden Klimas der Unsicherheit und Gewalt, für das ihnen allerdings der auf ihrer Herkunft und zum Teil auch ihrem Reichtum beruhende ungeheure Adelsstolz einen gewissen Ausgleich verschaffte. Noch als Lorenzo de Medici, damals schon Sprößling der wohl kapitalreichsten Familie Europas, Clarice Orsini heiratete, wurde diese Eheverbindung nicht nur von den beteiligten Familien selbst als ein großer gesellschaftlicher Erfolg der Medici angesehen.[4]

Natürlich verfügten auch die größeren römischen Adelsfamilien wie die Orsini, Colonna, Gaetani u. a. über einen zum Teil beachtlichen Reichtum, dessen Grundlage ihr vielfach ungeheurer Grundbesitz war, der sich im Süden bis an die Grenze des Königreichs Neapel und im Norden bis hin zur Romagna erstreckte. Durch diesen Grundbesitz mit seinen zum Teil gewaltigen Festungsanlagen kontrollierten die Orsini und Colonna weitgehend die Zugangswege nach Rom, wodurch ihnen bei militärischen Unternehmungen gegen die Päpste eine Schlüsselstellung zukam. Welche wichtige Rolle etwa die Orsini-Festung Bracciano bei dem auch gegen die Borgia gerichteten Italienfeldzug des französischen Königs Karl VIII. spielte, wird noch zu zeigen sein.

Freilich sollten aus der bedeutenden Machtstellung des römischen Adels keine falschen Rückschlüsse auf den Zustand Roms gezogen werden. Rom hatte – nach Durant – um die Mitte des 15. Jahrhunderts ungefähr 80000 Einwohner und wurde an Bevölkerungszahl und

Ausdehnung sowohl von Venedig, Florenz und Mailand übertroffen.[5] »Seit der Zerstörung der wichtigsten Aquädukte in den Barbareneinbrüchen fehlte es der Siebenhügelstadt an einer ständigen Wasserversorgung; einige kleinere Aquädukte waren übriggeblieben, daneben gab es ein paar Quellen, Zisternen und Sodbrunnen; aber ein großer Teil der Bevölkerung trank Wasser aus dem Tiber. Die meisten Wohnhäuser befanden sich in ungesunder Umgebung: Sie lagen in der Ebene, die der Überschwemmung und der Malariaverseuchung durch die nahen Sümpfe ausgesetzt war. Der Kapitolinische Hügel wurde nach den Geißen, capre, die an seinen Hängen weideten, Monte Caprino genannt. Der Palatinische Hügel war fast schon ländliches Gebiet und unbewohnt; die antiken Paläste, von denen er seinen Namen hatte, lagen in Schutt und Trümmern. Der Borgo Vaticano, die Vatikanstadt, war eine kleine Vorstadt gegenüber dem Stadtkern jenseits des Flusses, deren elende Häuser sich um das zerfallene Heiligtum von Sankt Peter drängten.«[6]

Vom Geist der Renaissance war in dem Rom jener Tage noch wenig zu spüren, obwohl Papst Nikolaus V., der kunstsinnige und auch sonst kulturell hochinteressierte Vorgänger von Calixt, zu Recht als der erste Renaissancepapst angesehen wird. Die neue Zeitströmung sollte erst langsam in der zweiten Hälfte des 15. Jahrhunderts, vor allem unter dem Einfluß von Florenz, in Rom Gestalt gewinnen.

Auch dort, wo die Macht der römischen Feudalherren im Kirchenstaat nach Norden zur Romagna hin abnahm, wurde der Einfluß der Päpste nicht stärker. Hier hatten kleinere Feudalherren die Macht inne, deren Entstehung als Folge der Auseinandersetzungen zwischen Kaiser Ludwig dem Bayern und den Päpsten Benedikt XII. und Clemens VI. Mitte des 14. Jahrhunderts Machiavelli in seiner Geschichte von Florenz anschaulich schildert:

»Benedikt XII. war zum Papsttum gekommen. Da dieser die Besitzungen in Italien als verloren ansah und fürchtete, Kaiser Ludwig werde sich derselben bemächtigen, so beschloß er alle jene sich zu Freunden zu machen, welche Reichsländer eigenmächtig besetzt hielten, in der Absicht, sie zu einem gemeinsamen Bunde mit dem Heiligen Stuhl gegen die gefürchtete Macht des Kaisers zu bewegen. Deshalb erließ er eine Verfügung, welche allen Gewaltherrschern der Lombardei den rechtmäßigen Besitz der usurpierten Städte und Ländereien zusprach. Da Benedikt darüber gestorben und Clemens VI. Papst geworden war, und der Kaiser sah, mit welcher offenen Hand der Papst über Reichsland verfügt hatte, so schenkte er, um mit fremdem Gut ebenso freigebig zu sein wie jener, allen kleinen Herren im Kirchenstaat die von ihnen besetzten Orte, die sie fortan unter kaiserlicher Autorität beherrschen sollten. So wurden Galeotto Malatesta und seine Brüder Herren von Rimini, Pesaro und Fano, Antonio von Montefeltro Herr von der Mark und Urbino, Gentile da Varano Herr von Camerino, Guido da Polenta von Ravenna, Sinibaldo Ordelaffi von Forlì und Cesena, Giovanni Manfredi von Faenza, Lodovico Alidosi von Imola, und außer diesen viele andere in andern Städten, so daß von denen, die im Kirchenstaat lagen, wenige ohne Fürsten blieben. Dies verursachte bis auf Alexander XI. die Schwäche des Heiligen Stuhls.«[7]

Der Romagna ist diese Entwicklung nicht gut bekommen, wie ein weiterer Bericht Machiavellis zeigt. Ihm zufolge waren die Herren, die die Romagna beherrschten, »ein Muster für das lasterhafteste Leben; beim geringsten Anlaß kam es zu den ärgsten Raub- und Mordtaten. Dies war eine Folge der Verdorbenheit der Machthaber, nicht eine Folge der verdorbenen Natur der Menschen, wie jene behaupten. Da diese Machthaber arm waren, aber wie Reiche leben wollten, waren sie gezwungen, sich aufs Rauben zu verlegen und dies auf verschiedene Weise zu betreiben. Unter anderen schändlichen Mitteln, die sie anwandten, erließen sie Gesetze, die irgendeine Handlung verboten. Dann waren sie selber die ersten, die Anlaß zu deren Übertretung gaben. Sie bestraften aber die andern Übertreter erst, wenn sie sahen, daß viele sich einen ähnlichen Verstoß zuschulden kommen ließen. Dann erst fingen sie mit der Bestrafung an, nicht aus Eifer zur Aufrechterhaltung des Gesetzes, sondern aus Gier, die Strafe einzuziehen. Dies hatte viele Übelstände zur Folge, vor allem, daß das Volk verarmte, sich aber nicht besserte, und daß sich die Verarmten an Leuten schadlos zu halten suchten, die weniger mächtig waren als sie.«[8]

Zu dieser Schilderung Machiavellis ist anzumerken, daß natürlich nicht sämtliche Herren der Romagna Schurken waren. Es sei nur an das hochkultivierte Herzogshaus der Montefeltre in Urbino erinnert, welches Castiglione als Vorbild bei der Abfassung seines berühmten »Cortegiano« diente.

Während die Feudalherren der Romagna immerhin noch zu den Päpsten in einem losen Abhängigkeitsverhältnis standen, herrschten die wilden Baglioni in Perugia und die mächtigen Herren von Ferrara und Bologna an der Nordgrenze in fast völliger Unabhängigkeit. Da ihre Häuser in der Politik und in den Kämpfen der Borgia eine große Rolle spielen sollten, wird noch an anderer Stelle ausführlich auf sie einzugehen sein.

Von Rom nur 300 Kilometer entfernt und um die Mitte des 15. Jahrhunderts mit seinen Gebieten unmittelbar an den Kirchenstaat angrenzend, liegt Florenz. Aber trotz der Nachbarschaft der Territorien und der räumlichen Nähe ihrer Metropolen: Welch ein Unterschied zwischen dem nur mühsam aus seiner jahrhundertelangen Agonie erwachenden Rom mit seiner völlig mittelalterlichen feudal-landwirtschaftlichen Herrschafts- und Sozialstruktur und dem Florenz, das, seinem Zenit unter Lorenzo il Magnifico erst zustrebend, längst das kulturelle Zentrum des damaligen Europa war. In seinem heute noch unübertroffenen Werk über die Kultur der Renaissance in Italien schreibt Jacob Burckhardt über das Florenz jener Epoche:

»Die höchste politische Bewußtheit, den größten Reichtum an Entwicklungsformen findet man vereinigt in der Geschichte von Florenz, welches in diesem Sinne wohl den Namen des ersten modernen Staates der Welt verdient. Hier treibt ein ganzes Volk das, was in den Fürstenstaaten die Sache einer Familie ist. Der wunderbare florentinische Geist, scharf räsonierend und künstlerisch schaffend zugleich, gestaltet den politischen und sozialen Zustand unaufhörlich. So wurde Florenz die Heimat der politischen Doktrinen und Theorien, der Experimente und Sprünge, aber auch mit Venedig die Heimat der Statistik und allein und vor allen Staaten der Welt die Heimat der geschichtlichen Darstellung im neueren Sinne...

Und außer dem Zeugnis von seinem Lebensgange erreichte Florenz durch seine Geschichtsschreiber noch etwas Weiteres: einen größeren Ruhm als irgendein anderer Staat von Italien.«[9]

Das Florenz um die Mitte des 15. Jahrhunderts war schon das Florenz der Medici. Aber entgegen einem gelegentlich anzutreffenden Irrtum hat Florenz nicht auf die Medici gewartet, um zur kulturellen Metropole Europas heranzureifen. Schon um das Jahr 1300 schrieb der Florentiner Giovanni Villani in seinem Werk über die Geschichte der Stadt: »Rom ist im Sinken, meine Vaterstadt aber im Aufsteigen und zur Ausführung großer Dinge bereit, und darum habe ich ihre ganze Vergangenheit aufzeichnen wollen...«[10] Villani sollte Recht behalten mit dieser Voraussage.

Wie bei vielen anderen Stadtstaaten Mittel- und Oberitaliens waren die politischen Verhältnisse im Florenz der Renaissance das Ergebnis langwährender Machtkämpfe zwischen Adel und Bürgertum. Letzteres war in Florenz in sieben »großen Zünften« (arti maggiori) organisiert. »Dazu gehörten die Innungen der Tuchfabrikanten, der Wollfabrikanten, der Seidenwarenfabrikanten, der Pelzhändler, der Bankiers, der Ärzte und Apotheker und eine gemischte Innung der Kaufleute, Richter und Notare.«[11]

Die Entscheidung in dem Machtkampf sollte – wenn auch den meisten unbewußt – 1282 fallen, als der damals Florenz regierende Magistrat, in dem Adel und Bürgertum mit je sieben Bürgern vertreten waren, durch ein neues Gremium ersetzt wurde, das aus drei, später bis zu zwölf Priores zusammengesetzt war. Als Prior konnte sich jeder Florentiner Bürger wählen lassen, sofern er Handel trieb oder in eine Zunft eingeschrieben war. Da den meisten Adligen die Beschäftigung mit dem Handel und erst recht die Zunftmitgliedschaft nicht standesgemäß erschien, war der Adel durch diese Regelung faktisch weitgehend von der Regierung ausgeschaltet. Sieben Jahre später holte das Bürgertum zum nächsten Schlag gegen den Adel aus, indem es – man könnte sich an die Entstehungsgeschichte des amerikanischen Bürgerkriegs erinnert fühlen – die Leibeigenschaft abschaffte, was in erster Linie die meist adligen Großgrundbesitzer traf.[12] Natürlich nahm der Adel seine Entmachtung nicht kampflos hin. Es kam immer wieder zu bürgerkriegsähnlichen Unruhen, die jedoch letztlich mit der Niederlage und Verbannung der aufrührerischen Adligen endeten. Diese Verbannung wurde zwar meist nur für einige Jahre ausgesprochen, so daß der Verbannte in der Hoffnung auf baldige Rückkehr meist nichts gegen die ungeliebten Herren seiner Heimatstadt unternahm. Wollte man – was häufig der Fall war – den Verbannten gleichwohl nicht wieder in Florenz haben, so verlängerte man einfach die Verbannung kurzfristig. Dante, der 1302 in die Verbannung geschickt wurde und 1321 im Exil starb, war das bedeutendste unter zahlreichen Opfern dieser Politik, zu denen auch der Vater Petrarcas zählte.

Die inneren Unruhen hinderten Florenz nicht an einem glanzvollen Aufstieg. So waren nach Durant die Einkünfte des florentinischen Staates um 1400 höher als diejenigen Englands zur Zeit seiner höchsten Blüte unter Elisabeth I.[13] Doch diese Entwicklung war nicht frei von Rückschlägen. Die florentinischen Bankiers jener Zeit mußten für ihren Ehrgeiz, die Fürsten und Königshäuser Europas zu ihrer Klientel zu zählen, zum Teil teuer bezahlen. 1327 ging das Bankhaus Scali, das mit anderen Banken der Stadt das neapolitanische Königshaus der Anjou finanzierte, in Konkurs. Noch schlimmer kam es

1339, als der englische König Eduard III. den Bankhäusern der Bardi und Peruzzi einen riesigen Kredit über 1355000 Goldgulden oder Goldflorin nicht zurückzahlen konnte. Um die Höhe des Verlustes der beiden Bankhäuser voll würdigen zu können, sollte man sich vergegenwärtigen, daß die damals ungemein hohen Staatseinnahmen von Florenz mit jährlich mehr als 300000 Goldgulden bzw. Goldflorinen nicht einmal ein Viertel des von Bardi und Peruzzi gewährten Kredites ausmachten[14] und sich die gesamten Ausgaben der für ihre Großzügigkeit bekannten Medici für öffentliche Bauten, Steuern und Almosen zwischen 1434 und 1471 auf knapp 670000 Goldgulden beliefen.[15] Dieser Rückschlag führte zwar zur vorübergehenden Zahlungsunfähigkeit der Häuser Bardi und Peruzzi, sowie zahlreicher anderer mit ihnen liierten Banken, so daß auch viele Kunden bittere Verluste zu beklagen hatten. Aber gleichwohl gelang es den florentinischen Großbanken, eine Katastrophe zu vermeiden, so daß im Ergebnis die Feststellung von Jacob Burckhardt zutrifft, beide Häuser hätten sich von ihren riesigen Verlusten wieder erholt.[16]

Woher kam dieser riesige Kapitalreichtum der florentinischen Banken, der selbst die europäischen Herrscherhäuser vor Neid erblassen und sie gelegentlich wie arme Schuldner aussehen ließ? Hauptursache war zweifellos, daß ein Florentiner um 1300 aus dem Osten ein Verfahren mitbrachte, durch welches aus Flechten ein violetter Farbstoff gewonnen werden konnte und dadurch die gesamte Textilindustrie revolutionierte. Dies erlaubte den Florentiner Textilfabrikanten mit ihren damals einzigartigen Produkten ganz Europa zu bedienen und gewaltige Gewinne zu machen.[17] Es sollte in diesem Zusammenhang aber nicht verschwiegen werden, daß Florenz – weniger allerdings als andere italienische Staaten – seine Einnahmen auch aus trüberen Quellen bezog. Hierzu gehörte auch der Sklavenhandel. Die Renaissance war nicht für alle die Epoche der Befreiung des Individuums von den – häufig nur scheinbar – so großen Zwängen des Mittelalters. Auch in der Sklavenfrage hatte die Renaissance das Erbe der Antike übernommen. Sklaven dienten in Häusern der Renaissance als Arbeitskräfte und Vergnügungsobjekte. Für letzteres galten die Tscherkessinnen wegen ihrer Schönheit und ihres Temperaments als besonders geeignet. Selbst Cosimo war Vater eines unehelichen Sohnes, dessen Mutter als tscherkessische Sklavin seinem Haushalt angehörte. Immerhin spricht es für Cosimo, daß er diesen Sohn gemeinsam mit seinen beiden ehelichen Söhnen erziehen ließ und ihm den Weg zu einer Priesterlaufbahn eröffnete, die ihm – zusammen mit der finanziellen Unterstützung seines

Vaters – ein sorgenfreies Leben ermöglichte. Auch viele der bedeutenden venezianischen Dogen hielten sich hübsche Sklavinnen aus aller Herren Länder. Sie mögen noch ein verhältnismäßig erträgliches Leben im Vergleich zu jenen Schicksalsgenossen geführt haben, die als Arbeitskräfte in den Haushalten und Betrieben ihrer Herren eingesetzt und ausgenutzt wurden. Selbst der Klerus verschmähte Sklaven keineswegs. So erhielt noch Papst Innozenz VIII., der Vorgänger Alexanders VI., 100 Mohren geschenkt, die er großzügig an seine Kardinäle und andere hohe Geistliche weitergab.[18]

Tragischer als wirtschaftliche Rückschläge war freilich das von Boccaccio in seinem Decamerone geschilderte Auftreten der Pest, der 1348 in Florenz wie in ganz Europa ein Großteil der Bevölkerung zum Opfer fiel. 1378 wurde Florenz dann durch den Aufstand der rechtlosen Wollarbeiter (Ciompi) erschüttert – ihr Schicksal unterschied sich auch nicht wesentlich von dem der eben geschilderten Sklaven –, die kurzfristig die Macht an sich rissen. Nicht zuletzt unter dem Einfluß dieser Unruhen gelang es aber dann dem alten florentinischen Adelsgeschlecht der Albizzi, den bürgerlichen Kräften die Macht zu entwinden und die Herrschaft in Florenz an sich zu reißen. Sie hatten es verstanden, den 1282 durch das bürgerliche Lager geschaffenen geänderten Verhältnissen Rechnung zu tragen und durch Wollhandel nicht nur reich, sondern auch wählbar zu werden. Ihre aristokratische Grundeinstellung hatten die Albizzi allerdings beibehalten, wie ihre Haltung gegenüber der Leibeigenschaft belegt: Sie machten deren Aufhebung zwar nicht rückgängig, ordneten 1415 aber an, daß kein Bauer ohne Zustimmung des Grundbesitzers das Land, das er bestellte, verlassen oder die Bedingungen, zu denen er ein Jahr oder mehr gearbeitet habe, zurückweisen dürfe.[19]

Aber auch der Übergang der Macht auf die Adelspartei hinderte nicht den weiteren Aufstieg der Medici. Freilich ließ im 13. und 14. Jahrhundert noch nichts ahnen, daß diese Familie einmal mit Lorenzo dem Prächtigen und Papst Leo X. die hervorragendsten Repräsentanten der florentinischen und römischen Renaissance, mit Clemens VII. einen weiteren Papst, mit Katharina von Medici die Königin von Frankreich stellen und die Toskana über 200 Jahre als Großherzöge regieren sollte. Die Medici waren nicht adlig und gehörten auch nicht zum alteingesessenen florentinischen Großbürgertum. Die Medici spielten zwar zu Beginn des 13. Jahrhunderts eine Rolle im politischen und wirtschaftlichen Leben von Florenz, sie schienen aus heutiger Sicht durch ihren Gegensatz zum Adel und ihre Parteinahme für das einfache Volk geprägt zu sein. Sieht man allerdings etwas genauer hin, so stellt man fest, daß die Medici in allen politischen Lagern zu finden waren. Vermutlich haben sie es genauso gehalten wie jener veronesische Edelmann, der während des Krieges zwischen Kaiser Maximilian und Venedig die Politik seiner Familie in die Worte faßte: »Wir sind vier Brüder; zwei halten mit dem Kaiser und zwei mit Venedig. Wenn der Kaiser siegt, werden wir unseren Besitz retten, wenn die Venezianer siegen, werden es die beiden andern tun.«[20]

Aber trotz allen Geschicks und aller Erfolge drohte der ständige Aufstieg 1433 ein jähes Ende zu nehmen, als die Stellung der Albizzi nach einer mißglückten militärischen Unternehmung gegen Lucca zu wanken begann. Der damals regierende Renaldo degli Albizzi ließ Cosimo, das Oberhaupt der Medici, in dem er seinen gefährlichsten Gegenspieler sah, im Sommer 1433 verhaften. Vier Tage aß und trank Cosimo im Gefängnis nichts, weil er fürchtete, vergiftet zu werden. In dieser Zeit gelang es Cosimo, einen Teil seiner Bewacher zu bestechen. Mit ihrer Hilfe und mit hohen Bestechungsgeldern arbeitete Cosimo aus dem Gefängnis heraus gegen die Anklage des Hochverrats, die ihn nach dem Willen der Albizzi den Kopf kosten sollte. Die Gelder taten auch bei den Anhängern der Albizzi ihre Wirkung.[21] Die Signoria beschränkte sich darauf, Cosimo für 10 Jahre aus Florenz zu verbannen und ihm die Summe von 1000 Goldflorinen aufzuerlegen. »Die Herren sind sehr ungeschickt, denn sie hätten 10000 oder mehr bekommen können, wenn sie klug genug gewesen wären, sie zu fordern«, kommentierte Cosimo trocken die verhängte Geldbuße[22]; allerdings erst, nachdem er am 5. Oktober 1433 Florenz verlassen hatte, um sich nach Padua und Venedig zu begeben. Fast auf den Tag genau ein Jahr später kehrte Cosimo am 6. Oktober 1434 in Triumph aus dem Exil zurück. Die Sympathien für die Albizzi waren auch nach der Verbannung Cosimos weiter gesunken und das von den Medici ausgestreute Gerücht, Cosimo werde die Medici-Bank von Florenz nach Padua verlegen, hatte es den Florentinern geraten erscheinen lassen, die Verbannung rückgängig zu machen.

Mit der Rückkehr Cosimos betraten die Medici die Bühne der großen Politik. Nun war es an der Reihe der Albizzi und ihrer Anhänger, Florenz zu verlassen. Cosimo ging dabei so hart gegen seine Gegner vor, daß man ihm im eigenen Lager den Vorwurf machte, er entblöße Florenz zu stark von seiner bisherigen Führungsschicht. Cosimo entgegnete ungerührt, ein paar Ellen Scharlachtuch (das äußere Zeichen des Adels) genügten, um jederzeit neue Adlige zu machen. Dieser Sarkasmus war typisch für Cosimo. Als ein für sein unbesonnenes Gerede bekannter Mitbürger, der gleichwohl zum Podesta (Stadtoberhaupt) einer Nachbarstadt gewählt worden war, sich bei Cosimo verabschiedete und höflich um Ratschläge für seine Amtsführung bat, empfahl ihm Cosimo: »Kleide dich rot und halte den Mund.« Als ihm der verbannte Albizzi drohend mitteilen ließ, »die Henne brüte schon«, antwortete Cosimo, »Hennen brüten nur, wenn sie im eigenen Nest sind.«[23] Albizzi starb in der Verbannung.

Alle seine Gegner konnte freilich auch Cosimo nicht in die Verbannung schicken. Luca Pitti, einer der Mächtigsten unter ihnen, bat eines Tages Cosimo herausfordernd um dessen Meinung über den von ihm errichteten riesigen Palazzo Pitti. Cosimo warnte ihn in seinem noch heute berühmten Brief:

»Du zielst ins Unendliche; ich in das Endliche. Du streckst deine Leiter in den Himmel, ich stelle meine fest auf die Erde, um nicht zu stürzen, weil ich sie zu weit ausgezogen habe. Du und ich, wir sind wie zwei große Hunde. Wenn wir uns begegnen, beschnüffeln wir uns. Wenn wir sehen, daß wir beide Zähne haben, gehen wir jeder unseres Weges.«[24]

Pitti befolgte die Warnung nur zu Lebzeiten von Cosimo. Dessen Sohn und Erbe erschien ihm wohl als ein kleinerer Hund, dem man die Führungsrolle in Florenz streitig machen konnte. Nach dem Angriff war Pitti ein ruinierter Mann. Der Sohn hatte so hart und geschickt zurückgeschlagen, wie es sein Vater getan hatte, der in solchen Fällen nach seiner Maxime zu handeln pflegte, daß Staaten nicht durch das Vaterunser regiert werden könnten.

Trotz aller Härte, zu der er fähig war, wurde Cosimo in Florenz geliebt wie kein anderer Stadtherr vor ihm. Die meisten Florentiner kannten Cosimo ohnehin nur als einen hochkultivierten, hilfsbereiten und bescheidenen Mitbürger, der sie auf der Straße als erster grüßte und stets bereit war, ihnen bei finanziellen Engpässen mit Krediten, die er meist nicht zurückforderte, zu helfen. »Neid ist eine Pflanze, die nicht begossen werden muß«, hatte Cosimo einmal geäußert, und nach diesem Grundsatz pflegte er in Florenz aufzutreten. Als er sich in der Via Larga einen Palast erbauen ließ, verwarf er den Vorschlag Brunelleschis und entschied sich für den Entwurf Michelozzos, weil dieser ein äußerlich weniger auffallendes Gebäude vorsah.[25]

Wer sich allerdings durch so viel Bescheidenheit täuschen ließ, dem konnte es passieren, daß der ihm gewährte Kredit entzogen wurde, und wer im Florenz Cosimos bei der Medici-Bank in Ungnade gefallen war, der konnte auch bei aller Bonität meist lange nach einem anderen Kreditgeber in der Stadt suchen.

Kein Zweifel, die Freiheit im Florenz Cosimos war eher eine Halbfreiheit. Aber es war eine Halbfreiheit, in der es keine Todesurteile – Cosimo hat nicht eines unterschrieben – und keine willkürlichen Verhaftungen gab. Unliebsame Zeitgenossen wurden allenfalls in die Verbannung geschickt. Dies war zwar für die Betroffenen vielfach ein bitteres Los. Wer aber, wie die Untertanen im Herzogtum Mailand, im Königreich Neapel, in der Romagna oder anderswo jederzeit damit rechnen mußte, wegen einer Geringfügigkeit in den Verliesen der Feudalherren zu vermodern, hätte sich glücklich geschätzt, in einem Staatswesen wie Florenz zu leben. In seinem ganzen Leben ist Cosimo nur einmal in den Verdacht geraten, an der Ermordung eines Mitbürgers nicht ganz unbeteiligt gewesen zu sein. Als seine Anhänger einen Medici-Gegner kurzerhand aus einem höher gelegenen Fenster warfen, schien es vielen, als ob Cosimo gegen dieses Vorgehen nicht allzu viel einzuwenden gehabt hätte. Auch unter Cosimos Nachfolgern kam es – wenn auch sehr selten – zu Bluttaten an Medici-Gegnern. Aber dies geschah immer in Abwesenheit der Medici. Diese sind in solchen Fällen immer eingeschritten und haben ihre Anhänger energisch aufgefordert, Ruhe und Ordnung zu wahren. Zum Unglück für die Opfer pflegten derartige Maßnahmen die Gefolgsleute der Medici immer erst nach Vollendung ihrer Tat zu erreichen.

Bei so viel Zurückhaltung fiel es den meisten Florentinern gar nicht auf, wie sehr sie von Cosimo abhängig waren, zumal Cosimo sich mit zunehmender Konsolidierung seiner Macht immer mehr von den öffentlichen Ämtern zurückzog und die zahlreichen von ihm nicht angetasteten demokratischen Gremien der Stadt über seine Mittelsmänner beherrschte. Einzigartiges Zeugnis dieser Taktik ist die Antwort, die Cosimo gegen Ende seines Lebens Papst Pius II. auf dessen Bitte um Unterstützung eines Kreuzzuges gegen die Osmanen zukommen ließ. Cosimo, damals der mit Abstand reichste und damit zugleich einer der mächtigsten Männer Europas, antwortete dem Oberhaupt der Christenheit: »Ihr schreibt mir, als wäre ich nicht ein Privatmann, der sich mit dem mittelmäßigen Ansehen eines Bürgers zufriedengibt, sondern ein regierender Fürst... Ihr wißt doch, wie begrenzt die Macht eines einfachen Bürgers in einem freien Staat ist, der vom Volk regiert wird.«[26]

Dieses Dasein als Privatmann mit der begrenzten Macht eines einfachen Bürgers in einem freien Staat hinderte Cosimo allerdings nicht,

1450 Francesco Sforza, dem überragenden Kondottiere jener Epoche, mit Rat und Geld zu helfen, sich die Herrschaft über das Herzogtum Mailand zu verschaffen. In der Vergangenheit waren die in Mailand herrschenden kriegerischen Visconti eine ständige Bedrohung für das militärisch wesentlich schwächere Florenz gewesen. Als dann auch noch Venedig zu Anfang des 15. Jahrhunderts mit seiner »Terra ferma«-Politik begann, militärische Ambitionen auf dem italienischen Festland zu entwickeln, drohte Florenz die Gefahr, zwischen diesen beiden Mächten aufgerieben zu werden. Dies änderte sich schlagartig, als Florenz mit Sforza als Herrscher in Mailand nun plötzlich den fähigsten militärischen Kopf mit der stärksten militärischen Macht Italiens auf seiner Seite hatte, zumal auch Venedig durch diese Entwicklung notgedrungen das florentinische Territorium respektieren mußte.

Cosimo und Sforza nutzten die neue Lage 1454 zu dem Friedensschluß von Lodi. »Dieses Bündnis zwischen Mailand, Florenz und Venedig stellte für vierzig Jahre ein Gleichgewicht zwischen den Mächten her und bescherte Italien vierzig Jahre eines relativen Friedens. Sehnsüchtig blickten die Italiener des 16. Jahrhunderts auf dieses goldene Zeitalter zurück.«[27]

Ein Jahr nach dem Frieden von Lodi gründete Cosimo 1445 in Florenz eine Platonische Akademie, der Burckhardt in seinem Kapitel über »Die Förderer des Humanismus« die Worte widmete: »Cosimo besitzt dann den speziellen Ruhm, in der platonischen Philosophie die schönste Blüte der antiken Gedankenwelt erkannt, seine Umgebung mit dieser Erkenntnis erfüllt und so innerhalb des Humanismus eine zweite und höhere Neugeburt des Altertums ans Licht geführt zu haben.«[28] Die Bedeutung der Gründung dieser Akademie und ihre Würdigung durch Burckhardt ist heute vielleicht nur nachvollziehbar, wenn man sich vergegenwärtigt, daß die Kenntnis der griechischen Sprache im 14. Jahrhundert als Folge der Spaltung der römischen und griechischen orthodoxen Kirche in Westeuropa fast völlig verlorengegangen war. Kopisten pflegten griechische Passagen mit dem Vermerk zu versehen: »Graecum est-non legitur.«[29] (Griechisch – nicht lesbar). So besaß etwa Petrarca ein griechisches Manuskript von Homer, das er ehrfürchtig zu küssen pflegte, weil er ihn durch Vermittlung römischer Autoren für einen großen Dichter hielt. Übersetzen konnte aber auch er nur einige wenige Worte.[30] Es spricht für die Menschenkenntnis Cosimos, daß er die Leitung der Akademie dem erst 22jährigen Marsilio Ficino übertrug, der bald zu einem der bedeutendsten Männer im Geistesleben jener an größten Begabungen reichen Epoche werden sollte und mit seiner Vermittlung der platonischen Philosophie und dem Versuch, ihre Vereinbarkeit mit dem Christentum nachzuweisen, bleibende Spuren in der europäischen Kulturgeschichte hinterlassen sollte. Seine Berufung in jungen Jahren durch Cosimo ist ein schönes Beispiel dafür, mit wieviel Verständnis und Intuition die Medici ihrer Mäzenatenrolle gerecht zu werden wußten. Es mag dieser Blick für außergewöhnliche Begabung gewesen sein, der Cosimo veranlaßt hat, mit dem unbekannten Tommaso Parentucelli jenen Mann als Lehrer in sein Haus zu rufen, der dann als Papst Nikolaus V. die Grundlagen für die Entwicklung der Renaissance in Rom legen sollte.

Natürlich lag zwischen dem weitgehenden Unverständnis der griechischen Antike bis Ende des 14. Jahrhunderts und der Gründung der Platonischen Akademie eine Phase des Übergangs, die durch wachsendes Interesse für das künstlerische und literarische Schaffen jener Epoche geprägt war. Aber auch hier ging der entscheidende Anstoß von Cosimo aus: Als 1437 das Konzil von Basel, welches sich mit der Aufhebung der Spaltung der römischen und griechisch-orthodoxen Kirche befaßte, nach Ferrara umzog, lud Cosimo beide Delegationen als seine Gäste nach Florenz mit dem Versprechen ein, für die gesamten Kosten aufzukommen. So konnte Cosimo 1439 außer den Häuptern der römischen Kirche den griechischen Kaiser an der Spitze von 700 geistlichen Würdenträgern und Gelehrten als seine Gäste in Florenz begrüßen. Die glänzende Gastfreundschaft beeindruckte dermaßen, daß zahlreiche griechische Gelehrte auch nach der Beendigung des Konzils in Florenz blieben. Zu ihnen gehörten Johannes Bessarion und auch der hochberühmte Georgios Gemisthos Plethon, von dem dann auch der Anstoß zur Gründung der Platonischen Akademie ausging. Weitere kamen nach, als 1453 Konstantinopel von den Türken erobert wurde.

Kirchengeschichtlich war das Konzil ein Mißerfolg, nicht aber für Cosimo und Florenz. Mitte des 15. Jahrhunderts war die blühende toskanische Metropole mit ihren 130000 Einwohnern das unbestrittene geistige Zentrum Westeuropas.[31]

Ist es unter diesen Umständen ein Wunder, daß man in Florenz von Cosimo als dem Pater Patriae sprach, daß Philipp von Commynes, der als teilweise engster Berater Karls des Kühnen und Ludwigs XI. den ungeheuren Glanz und Reichtum des burgundischen Hofes ebenso wie das politische und staatsmännische Genie Ludwigs miterlebt hatte, Cosimo in seinen Memoiren als einen Mann bezeichnete, »der würdig ist, unter den Größten genannt zu werden«.[32] Es konnte nicht ausbleiben, daß eine Reihe von Historikern vor einer Überbewertung Cosimos gewarnt haben. Aber selbst wenn sie recht haben sollten und das Urteil der Florentiner und Commynes auf einem Irrtum beruhen sollte, so gibt es sicher mehr als einen Grund, den sie zur Entschuldigung dieses angeblichen Irrtums anführen könnten.

Der militärisch stärkste Staat Italiens war um die Mitte des 15. Jahrhunderts das reiche Herzogtum Mailand, in dessen Hauptstadt allein eine Viertelmillion Menschen lebte.[33]

Seinen Reichtum verdankte Mailand, das als Haupt des lombardischen Städtebundes schon zur Zeit Friedrich Barbarossas eine bedeutende Rolle gespielt hatte, gleichermaßen der Landwirtschaft der fruchtbaren Gebiete der Lombardei wie einer florierenden Wirtschaft, deren wichtigste Zweige das Wollgewerbe, Waffenherstellung und das Bankwesen waren. Hinzu kam, daß Mailand von der großen Pest des Jahres 1348 verschont blieb.[34]

Die militärische Vorrangstellung verdankte Mailand den Visconti, die das Territorium seit dem Beginn des 14. Jahrhunderts mit bemerkenswertem Erfolg beherrschten. »Gewissensbisse kannten die Visconti kaum. Sie waren oft grausam, öfter verschwenderisch, niemals blöde.«[35] Diese Charakterisierung ist eher noch schmeichelhaft, denn der Regierungsstil einiger Viscontiherrscher verrät nach einer treffenden Feststellung Burckhardts ganz unverkennbar eine Familienähnlichkeit mit den schrecklichsten römischen Imperatoren.[36]

Bernabo Visconti zwang während seiner von 1354 bis 1385 dauernden Regierungszeit das völlig eingeschüchterte Volk, ihm 5000 Jagdhunde zu halten. Alle zwei Wochen mußten die Tiere bei einem eigens hierfür eingerichteten Hundeamt (Ufficio de Cani) vorgeführt werden, und harte Strafen erwarteten den Pfleger, dessen Tier als zu fett oder zu mager befunden wurde. Starb ein Tier, so wurde das Vermögen des Pflegers konfisziert.[37]

Auch ansonsten preßte Bernabo seine Untertanen aus, so gut ihm dies möglich war. Jede seiner ehelichen Töchter wurde mit 100000 Goldgulden ausgestattet. Auch die übrigen Kinder brauchten sich über ihre Versorgung nicht zu beklagen. Daß Bernabo allein in seinem Palast neben fünfzehn ehelichen zwölf außereheliche Kinder großzog, erklärt seinen Kapitalbedarf wenigstens teilweise.

1385 ließ sich Bernabo von seinem Neffen Gian Galeazzo gefangennehmen und starb in der Gefangenschaft, vermutlich an Gift. Unter

Gian Galeazzo erreichte Mailand seine größte Ausdehnung. Es umfaßte nicht nur beinahe das gesamte Norditalien mit Ausnahme Ferraras, sondern auch Teile der Toskana und die zum Kirchenstaat gehörenden Gebiete Perugia und Assisi. 1395 erwarb Gian Galeazzo von König Wenzel dem Faulen den Herzogtitel. Wahrscheinlich strebte Gian Galeazzo die Königsherrschaft über ganz Italien an. Die damals in Avignon sitzenden Päpste waren für ihn auf diesem Wege genauso wenig ein Problem wie das militärisch schwache Florenz und das von inneren Kämpfen geschwächte Königreich Neapel. Schwierigkeiten konnte allein Venedig bereiten, und hier scheint es nicht ausgeschlossen, daß Galeazzo den Plan gehabt hat, diesen Gegner durch die Trokkenlegung der Lagunen in die Knie zu zwingen.[38]

Doch 1402 starb Gian Galeazzo plötzlich, und heute erinnern nur noch die von ihm gegründete wunderbare Certosa von Pavia und der Dom von Mailand an jenen Herrscher, dem vermutlich nur wenige Jahre gefehlt haben, um Weltgeschichte zu machen.

Nach dem Tod von Gian Galeazzo bestieg sein Sohn Giovan Maria den Herzogstuhl von Mailand. Ihm gelang es zwar nicht, die Expansionspolitik seines Vaters fortzusetzen, aber er konnte immerhin für sich in Anspruch nehmen, sämtliche Angehörige seines Geschlechts an Grausamkeit zu übertreffen. Seine Jagdhunde waren zum Zerfleischen von Menschen abgerichtet, und wenn es gerade an politischen Gegnern und Verbrechern fehlte, die man den Tieren bei lebendigem Leibe vorwerfen konnte, so mußten eben gefangene Landsknechte als Tierfutter herhalten.

Auf Giovan Maria, der 1412 starb, folgte mit seinem Bruder Filippo Maria der letzte Visconti-Herzog von Mailand, denn dieser hinterließ bei seinem Tode 1447 keinen männlichen Erben.

Drei Jahre versuchten die Mailänder, sich republikanisch zu regieren. Doch am 26. Februar 1450 zog Francesco Sforza, der wohl geschichtlich bedeutendste und erfolgreichste Kondottiere, als neuer Herr in Mailand ein und sollte durch seinen Aufstieg zum anerkannten Herzog erreichen, was keinem seiner Berufskollegen geglückt ist.

Dieser Erfolg war Sforza nicht in die Wiege gelegt worden. Sein Großvater hatte unter dem Namen Attendolo das bescheidene Leben eines Bauern in der Romagna geführt, dessen Monotonie mit dazu beigetragen haben mag, daß er es immerhin zum Vater von 21 Söhnen brachte. Einige von ihnen verdingten sich als Söldner, unter ihnen Sforzas Vater Muzio. Zu dessen Stärken scheint militärische Disziplin nicht gehört zu haben. Jedenfalls soll er sich eines Tages so heftig mit einigen Vorgesetzten um die Verteilung von Beutestücken gestritten haben, daß der die Truppen befehligende Feldherr eingriff. Natürlich dachte dieser nicht daran, die Vorgesetzten Muzios zu desavouieren und entschied zu dessen Ungunsten. Zur nicht geringen Verblüffung aller Beteiligten griff Muzio nun auch die Entscheidung seines Feldherrn an. Dieser ließ sich jedoch auf keine weitere Diskussion ein und entfernte sich mit den Worten: »Wie, auch mir willst du trotzen? Du sollst künftig den Namen Trotz (Sforza) führen.«[39] So kam Sforza – jedenfalls nach einer in Einzelheiten variierenden Darstellung – nicht zu dem von ihm beanspruchten Beuteanteil, wohl aber zu seinem achtungsgebietenden Beinamen. Dieser Name hatte bald auch bei den Mächtigen im Italien jener Zeit, die auf Ausschau nach fähigen Söldnern waren, einen guten Klang. Abgesehen von seiner gelegentlichen Neigung zur Respektlosigkeit gegenüber Vorgesetzten verfügte Sforza über alle Tugenden, die Voraussetzung für den Erfolg in seiner Branche waren: Bei einem Zusammentreffen mit dem berüchtigten Söldnerführer Ottobuono Terzo erschien Sforza verabredungswidrig in Waffen. Die Empörung Terzos über diesen Wortbruch machte jedoch eher heiterer Schadenfreude Platz, als Sforza offensichtlich völlig die Gewalt über sein Pferd verlor und sich nur mühsam im Sattel halten konnte. Als das Pferd scheinbar unkontrolliert in die Nähe seines Gegners galoppierte, parierte Sforza durch und machte seinen arg- und waffenlosen Gegner mit dem Schwert nieder.

Wie die meisten seiner Kollegen diente auch Sforza in seiner Laufbahn vielen Herren. So trat er gegen 1411 in die Dienste von Baldassare Cossa, der in Rom unter dem Namen Johannes XXIII. als einer von drei Päpsten residierte, »sicher der einzige Seeräuber, der je eine Tiara getragen hat«.[40] Als er im Januar 1424 bei dem Versuch ertrank, einen Knappen vor dem Ertrinken zu retten, war er zum Feldherrn der Königin Johanna II. von Neapel aufgestiegen und hinterließ seinem Sohn und Erben Francesco ein beachtliches Söldnerheer und angeblich den Ratschlag: Wenn du drei Feinde hast, mein Sohn, so schließe mit dem ersten Waffenstillstand, verbünde dich mit dem zweiten und vernichte den dritten.

Es ist nicht Aufgabe dieser Biographie, die Einzelheiten des Aufstiegs von Francesco Sforza zum Herzog von Mailand zu schildern. Da jedoch sein Aufstieg auch ein Zeugnis für die labilen Verhältnisse der Politik im Italien der Frührenaissance und für die Vielschichtigkeit ihrer Machthaber ist, sei sie hier wenigstens kurz skizziert: 1435 starb die neapolitanische Königin Johanna II., nachdem sie mit René von Anjou einen Angehörigen des französischen Königshauses als Erben eingesetzt hatte. Anspruch auf den Thron erhob zugleich auch der König Alfonso von Aragon. Damit war dem Königreich Neapel ein Thronfolgekrieg gesichert. Um die Sache zu komplizieren, schaltete sich der Papst ein, der von keinem der beiden Prätendenten etwas wissen wollte, sondern über einen Statthalter das Königreich unter die Oberhoheit der Kirche bringen wollte. Der spanische Kronprätendent ging indessen dazu über, das auf Seiten der Anjou stehende Gaeta zu belagern. Da die mailändischen Visconti gute Beziehungen zum französischen Königshaus unterhielten, wurden sie von den Parteigängern der Anjou um Hilfe gebeten. Filippo Maria Visconti sagte zu und veranlaßte die unter seiner Oberherrschaft stehenden Genuesen, eine Flotte nach Neapel zu entsenden. Diese schlug den spanischen Kronprätendenten, nahm ihn gefangen und lieferte ihn an den Herzog von Mailand aus. In Anbetracht des ausgesuchten Sadismus, mit dem die Visconti in solchen Fällen ihre Gegner zu behandeln pflegten, hätte man annehmen müssen, daß der gesamte Konflikt nun ein rasches Ende nehmen würde. Doch damit hätte man die Intelligenz von Sieger und Besiegtem unterschätzt, wie aus Machiavellis Bericht über die weitere Entwicklung hervorgeht:

»Alfonso war ein kluger Mann, und sobald er mit dem Visconti eine Unterredung haben konnte, zeigte er ihm, wie sehr unrecht er daran tue, dem Anjou günstig, ihm aber entgegen zu sein. Denn werde René König von Neapel, so werde er auch alles aufwenden, dem Könige von Frankreich die Herrschaft über Mailand zu verschaffen, um Hilfe nahe zu haben und in schwierigen Umständen nicht erst um offne Straße für Zuziehende nachsuchen zu müssen. Dessen könnte er sich nur vergewissern, indem er den Visconti stürze und Mailand französisch werden lasse. Das Gegenteil werde geschehen, siege er, Alfonso, ob. Denn da er keinen andern Feind fürchte als Frankreich, so sei er genötigt, den, welcher diesem Feinde die Tore öffnen könne, zu lieben und ihm gefällig, ja gehorsam zu sein. So werde der Titel von jenem Königreiche Alfonso gehören, Macht und Ansehen aber Filippo. Deshalb müsse letzterer am reiflichsten die Gefährlichkeit des einen Plans, den Vorteil des andern überlegen, wenn er nicht vielmehr einer Laune folgen, als sich der Macht vergewissern wolle. Denn in dem einen Falle werde er Fürst sein und unabhängig, in dem andern werde er, mitten innestehend zwischen zwei mächtigen Herrschern, entweder sein Land verlieren oder immer in Besorgnis leben und jenen sich fügen müssen. Diese Vorstellungen vermochten so viel über den Herzog, daß er seine Pläne änderte, Alfonso freigab und ihn ehrenvoll nach Genua und von dort nach dem Königreich sandte, worauf dieser nach Gaeta sich begab.«[41]

Auf die Nachricht von der Freilassung Alfonsos brach in Genua ein Sturm der Entrüstung gegen den mailändischen Herzog los. Die Genuesen versuchten leidenschaftlich, das mailändische Joch abzuschütteln. Die zu jener Zeit in ganz Ober- und Mittelitalien vorhandene Furcht vor der mailändischen Übermacht veranlaßte Venedig und Florenz zur Unterstützung Genuas, womit dann alle fünf Großmächte Italiens in den Konflikt verwickelt waren.

Natürlich waren dabei fähige Militärs von allen Mächten umworben. Der Fähigste von ihnen, Francesco Sforza, nutzte die Gunst der Stunde. Zwischen Venedig, Florenz und Mailand lavierend, heiratete er 1441 Bianca Maria Visconti, die siebzehnjährige Tochter des Herzogs von Mailand, und erwarb damit eine – wenn auch unsichere – Anwartschaft auf den Herzogstuhl von Mailand. Gleichwohl hielt Sforza enge Verbindung zu den Gegnern Viscontis, vor allem zu Cosimo de Medici. Es heißt, Sforza habe es immer vermieden, sich in der Nähe seines Schwiegervaters aufzuhalten, weil er fürchtete, vergiftet zu werden. Die Vorsicht war sicher nicht unangebracht bei einem Herrscher, der gerade damals seinen hochberühmten Kondottiere Colleoni bei Monza in einen der dortigen winzigen Eisenkäfige hatte werfen lassen, in denen die Gefangenen nicht nur unter der ungeheuren Hitze zu leiden hatten, sondern wegen der spitzen Steine, mit denen der Boden gepflastert war, weder richtig stehen, sitzen noch liegen konnten. »Die Öfen von Monza sind eine wunderbare Sache. Ich bin schon neugierig, wie der Braten schmecken wird«, soll Visconti bei dieser Gelegenheit bemerkt haben.[42] Sforzas Vorsicht und geschicktes Taktieren zahlten sich aus. Nach dem Tode seines Schwiegervaters brauchte er gerade drei Jahre, um mit Hilfe der Medicigelder 1450 die Macht in Mailand an sich zu reißen. Cosimo zahlte gerne, hatte er es doch nun statt der ständig aggressiven Visconti mit einem Herrscher in Mailand zu tun, dem aufgrund seiner fragwürdigen Legitimation alles daran gelegen sein mußte, die Lage in Italien zu beruhigen, zumal Kaiser Friedrich III. nicht bereit war, Sforza als Herzog von Mailand anzuerkennen. Dies sollte dann allerdings sein Sohn Maximilian I. nachholen, als er 1493 Bianca Maria Sforza, eine Enkelin Francescos, nicht zuletzt wegen ihrer Mitgift in Höhe von 400000 Dukaten heiratete.

An dem Bollwerk, das um die Mitte des 15. Jahrhunderts in Italien mit Cosimo de Medici und Francesco Sforza, zwei der fähigsten politischen Köpfe ihres Landes, und ihnen folgend Venedig bildeten, konnte und wollte Friedrich III. ohnehin nicht rütteln.

Als Philippe de Commynes Ende des 15. Jahrhunderts im Auftrag des französischen Königs Karl VIII. Venedig aufsuchte, geriet der sonst so nüchterne und bisweilen zynische Staatsmann noch bei der Abfassung seiner erst Jahre später verfaßten Memoiren ins Schwärmen:

»Ich bin sehr erstaunt, als ich diese Stadt liegen sah und so viele Glockentürme, Klöster und so große Gebäude erblickte, die alle im Wasser waren; und das Volk hat keine andere Möglichkeit des Vorwärtskommens als in diesen Gondeln; ich glaube, es gibt dort dreißigtausend; aber sie sind sehr klein. In der Umgebung der Stadt erheben sich in der Runde etwa siebzig Klöster auf weniger als einer halben französischen Meile (sie liegen alle auf Inseln, sowohl Männer- wie Frauenklöster, sehr schön und reich in Bauart und Ausstattung, und sie haben sehr schöne Gärten); ohne diejenigen hinzuzurechnen, die in der Stadt sind, wo es die vier Bettelorden, wohl zweiundsiebzig Pfarreien und viele Brüderschaften gibt. Es ist ein sehr merkwürdiger Anblick, so schöne und große Kirchen aus dem Meer ragen zu sehen... Sie ließen mich in der Mitte dieser beiden Gesandten Platz nehmen (in Italien ist der Ehrenplatz in der Mitte) und führten mich durch die große Straße, die sie Canale Grande nennen, die sehr breit ist. Die Galeen [Gondeln] durchqueren sie, und ich habe hier Schiffe von vierhundert Tonnen und mehr dicht bei den Häusern gesehen; ich glaube, sie ist die schönste Straße der Welt; sie läuft die Stadt entlang und ist am besten angelegt. Die Häuser sind sehr groß und hoch von gutem Stein, und die alten alle bemalt. Die anderen, die seit hundert Jahren gebaut worden sind, haben alle Fassaden aus weißem Marmor, der hundert Meilen weit aus Istrien kommt; auch haben sie für die Vorderfront noch viele große Blöcke aus Porphyr und Serpentin.

Innen haben sie in der Regel mindestens zwei Zimmer, die übergoldete Decken haben, reiche, aus Marmor gehauene Kamine, vergoldete Betten, bemalte und vergoldete Wandschirme und sehr schönen Hausrat. Venedig ist die eindrucksvollste Stadt, die ich jemals gesehen habe, diejenige, die Gesandte und Fremde am meisten ehrt, die am klügsten regiert wird, und wo der Gottesdienst am feierlichsten begangen wird.«[43]

Venedig war damals Drehscheibe und Brücke des Handels zwischen dem Orient und Europa. Schon damals lebten 100000 Menschen in der Stadt, also fast genauso viel wie heute. Die Kaufleute, denen die Stadt ihre Größe verdankte, hatten wohl alle etwas vom Wagemut ihres Mitbürgers Marco Polo und der Skrupellosigkeit des Dogen Enrico Dandolo an sich, der noch mit 80 Jahren eine für die Zurückeroberung der verlorengegangenen Stätten der Christenheit ausgerüstete Kreuzzugsflotte zur Erstürmung des christlichen Byzanz benutzte, um dieses von Venedig abhängig zu machen.

Kampflos war natürlich Venedig seine Machtstellung auch sonst nicht zugefallen. Vor allem Genua hatte Venedig diese Rolle lange streitig gemacht. Nach wechselvollen Kämpfen gelang es den Venezianern erst 1381 durch den Sieg über Genua im Chioggakrieg, die unbestrittene Seeherrschaft im Mittelmeer und damit die Vorherrschaft im Orienthandel an sich zu reißen.

Der Doge Tommaso Mocenigo bezifferte 1423 den jährlichen Gesamtumsatz des Handels Venedigs mit 11 Mio. und den Gewinn mit 4 Mio. Dukaten.

Ein weniger erfreulicher Aspekt dieser hohen Zahlen ist die Tatsache, daß sie zu einem nicht unerheblichen Teil auf dem Sklavenhandel beruhten. Man hat in der Renaissance dieses Thema schlichtweg verdrängt. Keiner der großen Philosophen und Humanisten dieser Epoche befand es je für nötig, jene Frage anzusprechen, und auch die Kirche pflegte das Problem geflissentlich zu übergehen oder sich allenfalls sehr zurückhaltend zu äußern.

Dabei hat die Auswertung venezianischer Steuereinnahmen ergeben, daß im frühen 15. Jahrhundert jährlich 10000 Sklaven von Venedig nach Europa und in den Orient verkauft wurden. In den Orient wurden größtenteils christliche Kriegsgefangene verkauft. Die Sklaven aus dem Orient wurden hauptsächlich als Arbeitskräfte und Konkubinen gehandelt. Es wurde schon erwähnt, daß Cosimo de Medici einen Sohn von einer orientalischen Sklavin hatte. Der Doge Pietro Mocenigo hielt sich noch im Alter von 70 Jahren zwei orientalische Sklavinnen zur Befriedigung seiner sexuellen Bedürfnisse.[44]

Wie umfangreich der Sklavenhandel Venedigs gewesen sein muß, wird deutlich, wenn man sich vergegenwärtigt, daß der venezianische Sklavenhandel trotz der jährlich von dort exportierten 10000 Sklaven größtenteils gar nicht über Venedig lief: »Wie behutsam man auch hochrechnet, es sind fraglos einige Millionen Menschen gewesen, die über die Jahrhunderte von venezianischen Händlern als Sklaven transportiert und verkauft worden sind. Beträchtliche Anteile des baulich-künstlerischen Glanzes von Venedig, durchaus auch im Sakralbau, gehen auf die Gewinne in diesem Handelszweig zurück – so wie manches honorige Besitztum im ›merry old England‹ auf den in der Neuzeit noch massiveren und folgenreicheren britischen Sklavenhandel.«[45]

Venedigs starke Hinwendung zum Orient brachte es mit sich, daß die Republik lange Zeit im politischen Leben des Festlandes eine für ihre Verhältnisse eher bescheidene Rolle spielte. Erst zu Beginn des 15. Jahrhunderts gab Venedig diese Politik der »Splendid isolation« auf und wandte sich verstärkt dem Festland zu. Eine der Ursachen für die »Terra ferma«-Politik war sicher die Neigung eines Teils der venezianischen Oberschicht, ihre Handelsgewinne lieber in den nahegelegenen Gebieten des Festlands als im Orienthandel zu machen.[46] Diesen Bestrebungen Venedigs lief natürlich zuwider, daß einige Feudalherren des Festlands der Versuchung unterlagen, ihre Macht bis vor seine Haustür ausdehnen zu wollen, und damit Venedig die Gefahr drohte, von ihnen abhängig zu werden. Dies galt insbesondere für Francesco II. Carrara, den Potentaten Paduas. Als dieser es auch noch wagte, einem Gesandten Venedigs Nase und Ohren abschneiden zu lassen, machte sich die Serenissima daran, das Problem Carrara auf ihre Weise zu lösen. Venedig eroberte Padua und warf den gefangenen Carrara mit seinen beiden Söhnen in den Kerker des Dogenpalastes, wo sie 1406 erdrosselt wurden. Offiziell hieß es, der alte Fürst sei an einer Erkältung gestorben. »Ob sich die Söhne, deren Schuld allein darin bestand, Carrara zu heißen, womöglich noch zuvor beim Vater todbringend infiziert hatten, das blieb der Phantasie der Leute überlassen. Ebenso die Todesursache des dritten Carrara-Sohns, der 1407 in Florenz umkam.«[47]

Man sieht, Venedig war nicht zimperlich, wenn es um seine Interessen ging. Noch deutlicher wurde dies, als 1415 Kaiser Sigismund die Handelswege Venedigs nach Augsburg und nach Nürnberg sperrte. Um die Auseinandersetzung zu beenden, ging die Signoria auf das Angebot des berüchtigten Kreters Michellotto Mudazzo ein, den Kaiser gegen eine Pension von 1000 Dukaten zu vergiften.[48] Die Sache zerschlug sich erst, als die Schweine, denen man das zum Mord bestimmte Gift probeweise zum Fressen gab, überlebten.

Venedigs Härte konnte aber auch seine eigenen Söhne treffen. Bestes Beispiel hierfür ist das Schicksal von Francesco Foscari und seines Sohnes Jacopo. Francesco Foscari war 1423 als Repräsentant der »Terra ferma«-Politik nach hartem Kampf mit den Vertretern der traditionellen Orientpolitik unter Führung Tommaso Mocenigos zum Dogen gewählt worden. In seiner 34jährigen Amtszeit brachte er Bergamo, Brescia, Cremona und Crema in venezianische Gewalt. Mit diesen Erfolgen erregte er jedoch den Argwohn des allmächtigen Rates der Zehn. Nachdem eine Anklage gegen ihn wegen Wahlbetrugs bei der Dogenwahl gescheitert war, wurde sein Sohn Jacopo geheimer Verbindungen mit Mailand beschuldigt, die er nach schwersten Folterungen eingestand. Jacopo wurde daraufhin nach Rumänien verbannt, erhielt aber dann immerhin die Erlaubnis, in der Nähe von Treviso zu leben. Als aber 1450 ein Mitglied des Rates der Zehn in Venedig ermordet wurde, verdächtigte man wiederum Jacopo, obwohl er sich zu dieser Zeit nachweislich gar nicht in Venedig aufgehalten hatte, sondern lediglich einer seiner Diener dort gesehen worden sein soll. Trotz erneuter Folterung stritt Jacopo die Tat standhaft ab. Gleichwohl schickte man ihn wieder in die Verbannung. 1456 wurde er nach Venedig zurückgebracht, erneut geheimer Verbindungen mit Mailand beschuldigt und wiederum der Folterung unterzogen. Nachdem ihm dabei ein Geständnis abgepreßt worden war, verbannte man ihn nach Kreta, wo er bald darauf, wohl nicht zuletzt als Folge der schweren Folterungen, starb. Sein Vater wurde in entwürdigender Zeremonie zum Rücktritt gezwungen. Nach seiner Abschiedsrede und der Rückgabe der Amtsinsignien wurden ihm von seiner Dogenmütze Horn und Goldrand entfernt und sein Ring zerbrochen, »so, als sei er schon gestorben«.[49]

Als die Glocken des Campanile die Wahl seines Nachfolgers ankündigten, erlag Foscari einem Schlaganfall. Sicher ein tragisches Schicksal für den Mann, unter dessen Führung Venedig bis zur Mitte des 15. Jahrhunderts die größte räumliche Ausdehnung seiner Geschichte auf dem Festland erreicht hatte. Weiteren Expansionsbestrebungen in dieser Richtung setzten der Sturz Foscaris und das Bündnis zwischen Cosimo de Medici und Francesco Sforza vorläufig ein Ende.

Als 1268 der sechzehnjährige Staufer Konradin in Neapel mit seinen nächsten Gefährten hingerichtet wurde, bedeutete dies nicht nur das Ende der großen Geschichte seines Hauses. Vielmehr sollte diese Hinrichtung auch das Ende der politischen Einheit des von Normannen und Staufern geformten Königreiches einleiten, das Sizilien und das süditalienische Festland bis an die Grenzen des Kirchenstaates als einheitliches Herrschaftsgebiet umfaßte.

Weder Karl von Anjou, der die Hinrichtungen von Neapel gegen die Stimmen von drei der vier von ihm bestimmten Richter durchgesetzt hatte, noch die Nachfolger aus seinem Hause hatten auch nur annähernd das Format ihrer normannischen und staufischen Vorgänger. Bereits am 30. März 1282 kam es in Palermo und bald in ganz Sizilien zum Aufstand gegen die Herrschaft der Anjou. Schon wenige Monate später bot der sizilianische Adel dem mit einer Enkelin des Staufers Friedrich II. verheirateten Peter III. von Aragon, an dessen Hof zahlreiche Anhänger der Staufer Zuflucht gefunden hatten, die Herrschaft über Sizilien an. Der nun folgende zwanzigjährige Kampf endete 1302 mit der Auflösung des Südreiches der Normannen und Staufer. Die Aragonesen regierten fortan als Könige von Sizilien, während die Anjou von Neapel aus das süditalienische Festland beherrschten, genauer gesagt, zu beherrschen versuchten. Während Palermo und mit ihm das Königreich von Sizilien auch unter den Aragonesen eine bedeutende Rolle im Mittelmeerraum spielen konnte, begann auf dem Festland unter den Anjou eine Epoche des Niedergangs, denn – so Klaus Schelle gleichermaßen deutlich wie zutreffend – »im ganzen gesehen war ihre Politik eine Pleite.«[50] Die Anjou verfielen im Laufe der Zeit in vier sich gegenseitig bekämpfende Zweige, wozu wesentlich die vier Ehen der 1327 geborenen Königin Johanna I. beitrugen. Die Tatsache, daß zumindest einer ihrer Ehemänner – vermutlich um den Thron freizumachen – ermordet wurde, sowie die Erdrosselung Johannas 1382 durch ihren Verwandten Karl von Durazzo trug ebenfalls nicht zur Beruhigung im Hause Anjou bei.[51] Auch der Nachfolger Johannas wurde schon vier Jahre später seinerseits ermordet, ehe es dann dem von 1386 bis 1414 ebenso gewalttätig wie erfolgreich herrschenden Ladislaus von Durazzo gelang, einigermaßen geordnete Verhältnisse zu schaffen. Gleichwohl waren die Verhältnisse nicht so geordnet, als daß das Haus Anjou auch noch die Regierungszeit seiner Nachfolgerin Johanna II. ohne Schaden überstanden hätte. Die Tatsache, daß sie schon ihren Zeitgenossen als Nymphomanin galt und im Verdacht stand, einen ihrer drei Ehemänner umgebracht zu haben, war dabei noch weniger folgenschwer als ihre Kinderlosigkeit und die abwechselnde testamentarische Einsetzung eines Anjou und eines Aragon als Erbe des Königreichs. Es kam infolgedessen 1435 nach dem Tode von Johanna II. zu jenem Kampf zwischen René von Lothringen und dem einer Bastardlinie seines Hauses entstammenden Alfonso von Aragon, der entschieden schien, als Alfonso 1435 bei der Seeschlacht von Ponza von den Genuesen besiegt, gefangengenommen und an den Herzog von Mailand ausgeliefert wurde. Wie es Alfonso gelang, den gefürchteten Filippo Maria Visconti auf seine Seite zu ziehen und so seinen scheinbar sicheren Untergang zu seinem größten Triumph umzuwandeln, ist bereits geschildert worden. Gewonnenes Spiel hatte Alfonso allerdings noch nicht, als ihm der Herzog von Mailand im Interesse einer klugen Gleichgewichtspolitik den Weg aus seinen Kerkern auf den Thron von Neapel freimachte. Aber nach harten Kämpfen konnte er sich 1443 in Neapel zum König krönen lassen. Alfonso war als Herrscher so erfolgreich wie als Thronanwärter. Den Raubbau der Anjou konnte zwar auch er nicht vergessen machen, aber in den 15 Jahren, die er bis zu seinem Tode 1458 regierte, nahm der Süden Italiens einen bemerkenswerten wirtschaftlichen und kulturellen Aufschwung.

Gefestigt durch den Frieden von Lodi nahm das vom geistigen Aufschwung der Renaissance erfaßte Italien mit dem mächtigen Venedig sowie den von durchweg hochbefähigten Herrschern – Francesco Sforza in Mailand, Cosimo de Medici in Florenz, Nikolaus V. im Kirchenstaat, Alfonso von Aragon in Neapel – regierten übrigen großen Staaten, um die Mitte des 15. Jahrhunderts eine führende Stellung in Europa ein, die zudem keiner äußeren Bedrohung ausgesetzt war.

Auf der Iberischen Halbinsel waren die drei Königreiche Portugal, Kastilien / Leon und Aragon zu sehr mit ihren eigenen Problemen beschäftigt, als daß sie sich mit Angriffsplänen gegen Italien getragen hätten, dessen Süden zudem von einem Seitenzweig der Aragonesen beherrscht wurde. Soweit ihnen ihre Probleme noch Kraft ließen, nutzten sie Portugal – das ohnehin einen eigenen Weg ging – zu seinem Ausbau als Seemacht, wohingegen Kastilien und Aragon daran gingen, die letzten Mauren aus Granada zu vertreiben. Während sich Kastilien trotz des 1262 eroberten Hafens von Cadiz zu einer reinen Landmacht entwickelte, bereitete Aragon jenen Vorstoß in den Atlantik vor, der für die weltgeschichtliche Rolle des späteren Spaniens von entscheidender Bedeutung sein sollte.[52]

In England hatte die Beendigung des Hundertjährigen Krieges mit Frankreich 1453 zu keiner Beruhigung der Lage geführt. Der Adel des Landes nahm diesen Frieden nur zum Anlaß, sich nun während der nächsten dreißig Jahre in den Rosenkriegen hingebungsvoll gegenseitig abzuschlachten.

Im Gegensatz zu England ging Frankreich aus dem Hundertjährigen Krieg als einheitliche Staats- und Militärmacht hervor. Der französische Adel hatte sich in dem Kampf mit England derart aufgerieben, daß er sich gegen die Herrschaftsansprüche seines Königs nicht mehr wirkungsvoll wehren konnte. Aber diese neue Machtstellung der Krone wurde durch Streit im eigenen Hause erheblich geschwächt. Ludwig, der älteste Sohn des Königs und sein späterer Nachfolger, befand sich damals mit seinem Vater in einem offenen Konflikt. Noch schwerer wogen die gespannten Beziehungen Frankreichs zu dem mächtigen Herzog von Burgund. Hier bahnte sich bereits jene Auseinandersetzung mit Burgund an, die die gesamte Aufmerksamkeit und Kraft Frankreichs bis zum Tode des letzten Burgunderherzogs Karl dem Kühnen in der Schlacht von Nancy am 5. Januar 1477 voll in Anspruch nehmen sollte.

Nicht weniger schwach war in dieser Zeit die Stellung Friedrichs III. von Habsburg. Dieser hatte sich zwar 1452 in Rom zum Kaiser krönen lassen, aber dann kein weiteres besonderes Interesse mehr an den Verhältnissen in Italien zu erkennen gegeben. Hieran war allerdings nicht die angebliche Trägheit des Kaisers schuld, die ihm vielfach nachgesagt wird. Friedrich III. gehört insofern wahrscheinlich zu den verkanntesten deutschen Kaisern. Denn trotz seines äußeren Gleichmuts und seiner Friedfertigkeit war er der geistige Vater und Wegbereiter jener Politik, die – in Verbindung mit dem zu solchen Erfolgen unerläßlichen Glück – die Habsburger nur dreißig Jahre nach seinem Tod unter Karl V. zu jenen Herrschern werden ließ, in deren Reich die Sonne nicht unterging. Um 1450 freilich war Friedrich III. mit den Schwierigkeiten, die ihm sein eigenes Haus sowie die Böhmen und Ungarn bereiteten, zu sehr beschäftigt, als daß ihn Italien hätte interessieren können.

Bei der inneren Schwäche Englands, Frankreichs, Friedrichs III. sowie den ungeordneten Verhältnissen auf der Iberischen Halbinsel um die Mitte des 15. Jahrhunderts waren jedenfalls die Gefahren, die gerade der Reichtum der aufblühenden Staaten Italiens für dieses Land mit sich bringen sollte, noch nicht einmal am Horizont der politischen Landschaft jener Zeit sichtbar. Es war unter diesen Umständen auch nur verständlich, daß sich der neu gewählte Papst Calixt III. zunächst einmal an die Bewältigung der Probleme in seiner nächsten Umgebung machte.

Hausmachtpolitik der Borgia

Man kann schon allein aufgrund der Vorgänge bei der Inthronisierung von Calixt letztlich verstehen, daß diesem nicht nur aus Liebe zu seiner Verwandtschaft daran gelegen war, Angehörige seiner Familie, auf die er sich verlassen zu können glaubte, mit Schlüsselstellungen im Vatikan zu betrauen.

So wurde der 26jährige Don Pedro Luiz, einer der Söhne seiner Schwestern, Gonfaloniere der Kirche, also Befehlshaber der kirchlichen Truppen. Auch das Amt des Präfekten von Rom, das bei der Inthronisation Calixts noch ein Orsini innegehabt hatte, wurde Don Pedro Luiz übertragen. Um Don Pedro auch für die Königshäuser annehmbar zu machen, in denen er und sein päpstlicher Onkel eine Frau für ihn suchten, wurde ihm auch noch das Herzogtum Spoleto verliehen. Ein Vorgang, der ein bezeichnendes Licht auf die Hemmungslosigkeit wirft, mit der Calixt seinem Nepotismus frönte, denn Spoleto war nach Auffassung der römischen Kurie altes Kirchenland.

Rodrigo Borgia, der jüngere Bruder Don Pedros und spätere Alexander VI., wurde zunächst Kardinallegat und erhielt dann 1457 im Alter von 26 Jahren mit dem Posten des Vizekanzlers der Kirche das »angenehmste, wichtigste und einträglichste Amt an der Kurie«.[1]

Zur Abrundung ihrer Machtstellung brachten die Borgia auch noch den Posten des Kommandeurs der Engelsburg an sich, den Juan, ein weiterer Papstnepot, erhielt. Auch den Kardinalspurpur mochte Calixt diesem Neffen, der nach dem wenigen, was man von ihm weiß, im Gegensatz zu Pedro Luiz und Rodrigo ein ziemlich unbedeutender Charakter gewesen zu sein scheint, nicht vorenthalten.

Wenn auch bei der Wahl von Calixt, wie das bereits auszugsweise zitierte Schreiben des Erzbischofs von Florenz zeigt, einige Befürchtungen wegen der Vergabe von Pfründen laut geworden sind, so hatte doch wohl kaum jemand damit gerechnet, daß die Borgia innerhalb von weniger als zwei Jahren sämtliche Schlüsselstellungen in der Kurie und in Rom an sich bringen würden. Noch mehr dürfte es allerdings überrascht haben, daß sich gerade die mächtigsten und einflußreichsten Kardinäle unter den Gegnern der Borgia nicht einmal in Rom halten konnten oder wollten. So zog es beispielsweise kein Geringerer als Latino Orsini vor, die Nähe der Borgia zu meiden und Rom zu verlassen. Nur wenige, wie etwa der kämpferische Scarampo, waren bereit, in Rom zu bleiben und es auf eine weitere Machtprobe mit den Borgia ankommen zu lassen. Scarampo wurde für so viel Mut von den Borgia mit der Ehre bedacht, an der Spitze einer ziemlich schwachen päpstlichen Seestreitkraft auf den Gewässern Vorderasiens gegen die Osmanen kämpfen zu dürfen, die zu jener Zeit über die gefürchtetste Seestreitmacht verfügten.

Auch wenn man Calixt durchaus den berechtigten Wunsch zugestehen muß, inmitten des von kriegerischen Adelsgeschlechtern beherrschten Roms, die auch nicht davor zurückschreckten, seine Papstinthronisation durch die Austragung ihrer Fehden zu stören, Verwandte und Landsleute mit wichtigen Stellen zu betrauen, so vermag dies nicht die Art und Weise, in der dies geschah, zu rechtfertigen. Freilich sollte nicht, wie es vielfach bei der Beurteilung dieses Fehlers geschehen ist, allzu geflissentlich über die Tatsache hinweggesehen werden, in welchem Umfang dem Nepotismus am päpstlichen Hof ganz allgemein gehuldigt wurde. Ein großer Teil der Vorgänger und, wie sich bald zeigen sollte, in noch stärkerem Maß der Nachfolger von Calixt, hat Nepotismus in einem Unfang betrieben, der den dieses Borgia-Papstes zum Teil noch erheblich übertroffen hat. Im Gegensatz zu anderen Päpsten war überdies bei Calixt der Nepotismus die einzige nennenswerte Schwäche, die man ihm während seines Pontifikates vorwerfen konnte. Auch die schärfsten Kritiker haben Calixt nicht abgesprochen, daß er sich der größten und schwierigsten Herausforderung seines Pontifikates, der Türkengefahr, mit aller Kraft und beträchtlichem Erfolg gestellt hat.

Der Kreuzfahrer

Nicht ganz zwei Jahre vor der Wahl von Calixt war am 29. Mai 1453 das byzantinische Reich dem Druck der Türken unter ihrem Sultan Mehmed II. erlegen. Sein letzter Kaiser Konstantin Dragosos hatte kämpfend den Tod unter den Schwertern der Janitscharen gefunden, den er wohl angesichts des Falls seiner glänzenden Hauptstadt und damit seines Imperiums gesucht haben dürfte. Sein ebenso tragischer wie heroischer Untergang war auch die Folge des wenig rühmlichen Verhaltens sowohl der geistlichen als auch der weltlichen Herren des Westens, auf deren Unterstützung Dragosos vergeblich bis zuletzt gehofft hatte. Sie unternahmen nicht das geringste, um ihren Glaubensgefährten zur Hilfe zu kommen. An den Leichen von 50000 Toten vorbei zog Sultan Mehmed II., die bedeutendste Herrschergestalt des an ungewöhnlichen Männern nicht armen osmanischen Herrscherhauses, in Konstantinopel ein.[1]

Sofort nach seiner Wahl bemühte sich Calixt um das Zustandekommen eines Kreuzzuges gegen die Türken. Damit stieß er freilich auf wenig Gegenliebe an den europäischen Höfen. Zu sehr waren die Herren Europas mit ihren eigenen Problemen beschäftigt, als daß sie die Kraft gefunden hätten, etwas gegen die Türkengefahr zu unternehmen. So benutzte der französische König eine mit Kreuzzugsgeldern ausgerüstete Flotte zum Kampf gegen die Engländer. Der spanische König machte seine Teilnahme an einem Kreuzzug von der Erfüllung einer Reihe von zum Teil für den Papst unannehmbaren Forderungen abhängig. Die Deutschen ließen den Papst wissen, daß sie bereit seien, die Ungarn, deren Land im Falle einer türkischen Invasion als erstes bedroht gewesen wäre, zu bekämpfen und folglich kein Interesse an dessen Verteidigung hätten. Einigen Mächten jener Zeit - wie etwa den Genuesen und Venezianern – kam der Fall des byzantinischen Reiches sogar sehr gelegen, wurde doch dadurch ein lästiger Konkurrent aus dem Mittelmeerhandel ausgeschaltet.

Als sehr weitsichtig läßt sich die Gleichgültigkeit der Westeuropäer gegen die türkische Bedrohung bei einem Gegner von dem Format Mehmeds II. nicht bezeichnen. Eigentlich war Mehmed überhaupt nicht für den Osmanenthron bestimmt gewesen. Zwar war er ein Sohn des Sultans Murad. Seine Mutter war aber eine völlig unbedeutende Sklavin. Da Murad zudem den verschlossenen und zu Wutausbrüchen neigenden Mehmed auch persönlich nicht mochte und ihm die zahlreichen von den adligen Damen seines Harems geborenen Söhne vorzog, war Mehmed in seiner Jugend eine ziemlich unbedeutende Gestalt am türkischen Hof. Mit der Zeit wuchs allerdings die Bedeutung des jungen Mannes: Obwohl die Osmanen nicht gerade für Kurzlebigkeit bekannt waren, starben von den mehr als 20 Prinzen, die zwischen Mehmed und dem osmanischen Thron standen, in rascher Folge einer nach dem anderen, so daß Mehmed beim Tode Murads im Jahre 1451 der einzige noch lebende Osmanenprinz war, der für die Thronfolge in Frage kam. Bei der Thronbesteigung Mehmeds lebte lediglich noch ein acht Monate alter Sohn Murads, dessen Mutter die Lieblingsfrau des Sultans gewesen sein soll. Als die Mutter von den Krönungsfeierlichkeiten, bei denen sie von Mehmed mit ausgesuchter Höflichkeit behandelt worden war, in ihre Gemächer zurückkehrte, fand sie ihr Kind ertränkt.

Der Tatsache, daß die Osmanen keine fest geregelte Thronfolge hatten, verdankt die Weltgeschichte eine einmalige Verfügung Mehmeds: »Wenn einem meiner Söhne die Sultansherrschaft zufällt, dann geziemt es ihm, im Interesse der Ordnung der Welt, seine Brüder zu töten.« Mehmed war gerade 20 Jahre alt und ein Jahr an der Macht, als er diesen vor dem Hintergrund seines Werdeganges so aufschlußreichen Satz ausgesprochen hat.[2]

Wenn einem Mann dieses Zuschnitts nur ein gutes Jahr nach seiner Machtergreifung die Eroberung Konstantinopels und die Vernichtung des byzantinischen Reiches gelang, was Generationen seiner Vorgänger vergeblich versucht hatten, dann hätten die Herren Westeuropas eigentlich gewarnt sein müssen, als Mehmed nach dem Fall von Konstantinopel weitere Expansionsgelüste in Richtung Westen erkennen ließ.

Anders als die meisten maßgeblichen weltlichen Herren Europas, die die von den Türken drohende Gefahr nicht erkannten oder nicht erkennen wollten, sah Calixt die Bedrohung und unternahm alles in seinen Kräften Stehende, um eine Abwehrfront und einen Kreuzzug gegen die Türken zustande zu bringen. »Die ganze Christenheit erscholl auf Calixts Gebot drei mal täglich vom Klange der Glocken, doch nicht vom Klange der Kreuzzugschwerter.«[3] Allein in dem von den Türken bedrohten Ungarn gelang es dem von Calixt beauftragten Kardinal Carvajal Anfang 1456 auf einem Reichstag in Buda, wenigstens einen Teil des ungarischen Adels von der türkischen Gefahr zu überzeugen. Freilich war es ein bescheidener Erfolg. Ganze 7000 Mann standen schließlich dem im Kampf mit den Türken erfahrenen ungarischen Magnaten Hunyadi zur Verfügung, als die Türken im Mai 1456 in Serbien angriffen.

Auf der anderen Seite hatte der Eroberer von Konstantinopel, der seine Truppen selbst führte, allein schon 12000 der so gefürchteten Janitscharen aufgeboten. Über die Gesamtstärke der Truppen Mehmeds gibt es keine gesicherten Angaben. Zum Teil ist von mehreren Hunderttausend die Rede. Derartige Zahlen dürften aber doch zu hoch liegen. Wahrscheinlich ist es, daß die türkischen Truppen in etwa dieselbe Stärke aufwiesen, wie bei der Eroberung von Konstantinopel, und diese wurde von einem glaubhaften türkischen Chronisten mit ungefähr 100000 Mann angegeben.[4] Auch diese Zahl reichte verständlicherweise aus, um Hunyadi davon zu überzeugen, daß es das beste sei, durch Verhandlungen mit Mehmed noch zu retten, was zu retten war, wobei es auf der Hand lag, daß es dabei nur um die Art der Kapitulationsbedingungen für den Balkan und Ungarn gehen konnte.

In dieser Situation erwuchs Mehmed ein Mann zum Gegner, der das Gegenteil dieses kalten, stolzen und mit dem ganzen Glanz der Osmanenherrscher umgebenen Sultans war. Giovanni Capestrano, ein alle Äußerlichkeiten verachtender Bettelmönch und Bußprediger, dessen Waffen seine Beredsamkeit und sein Fanatismus waren, sollte zum großen Gegenspieler Mehmeds werden. Wahrscheinlich hätte der Eroberer Konstantinopels jeden, der es gewagt hätte, diese armselige Gestalt als einen auch nur halbwegs ernstzunehmenden Gegner anzusehen, seinem ihn ständig begleitenden Scharfrichter übergeben.

Der fanatischen Beredsamkeit Capestranos gelang es innerhalb kürzester Zeit, 70000 Menschen, größtenteils Angehörige der unteren Volksschichten, von ihrer christlichen Pflicht zu überzeugen, ihren bedrohten Glaubensgenossen beizustehen. Es wäre allerdings eine Übertreibung, wollte man sagen, Capestrano habe dieses Volk zu den Waffen gerufen, denn seinen Leuten fehlte mit Ausnahme ihrer Begeisterung alles, was für einen militärischen Erfolg gemeinhin erforderlich ist. Sie hatten nicht nur keinerlei kriegerische Erfahrung, die meisten hatten nicht einmal Waffen.

Der alte Aristokrat Hunyadi, der die Kampfstärke der Türken nur zu genau kannte, dürfte in den Leuten, mit denen Capestrano im Juni in Buda zu ihm stieß, schwerlich eine geeignete Hilfe zur Bekämpfung der glänzend ausgerüsteten und disziplinierten türkischen Armee mit ihren 12000 Janitscharen als Kerntruppe, gesehen haben. Sicher wird er auch kaum geahnt haben, daß dem diese Leute anführenden Bettelmönch im Konflikt mit den Türken eine Rolle zukommen sollte, wie sie Jeanne d'Arc in dem englisch-französischen Konflikt ein Vierteljahrhundert zuvor nachgesagt wird.

Capestrano war fest entschlossen, Mehmed, der mittlerweile Belgrad zu Wasser und zu Lande belagerte, entgegenzuziehen. Hunyadi war von dem Elan Capestranos alles andere als begeistert. Schließlich gab er jedoch seinen Plan, über einen Kapitulationsfrieden mit Mehmed zu verhandeln, auf und entschloß sich mit seinen 7000 Mann und den Leuten Capestranos nach Belgrad zu ziehen. Ob es dem Fanatismus von Capestrano gelungen ist, auch den alten Haudegen Hunyadi mitzureißen, wissen wir nicht. Man dürfte aber Hunyadi möglicherweise nicht zu viel Ehre antun, wenn man ihm unterstellt, daß er es mit seinem Stolz und seinem christlichen Selbstverständnis nicht in Einklang bringen konnte, die von ihrer Sache so überzeugten Leute Capestranos fast wehrlos in ihren Untergang ziehen zu lassen.

Der Kampf um Belgrad

Die Truppen Hunyadis und Capestranos trafen im Juli 1456 vor Belgrad ein. Den Belagerungsring der Türken um Belgrad zu Lande zu durchbrechen, war in Anbetracht des ungleichen Kräfteverhältnisses völlig undenkbar. Aber auch zu Wasser war Belgrad durch eine gewaltige türkische Flotte völlig abgeschnitten. Immerhin fand Hunyadi hier, möglicherweise mit Hilfe Einheimischer, einen Weg, der eine – wenn auch nur schwache – Aussicht auf einen erfolgreichen Angriff eröffnete.

Die Schiffe der Türken waren für den Kampf auf dem offenen Meer gebaut. Das Flußbett der Donau beeinträchtigte ihre Manövrierfähigkeit erheblich. Hunyadi wagte deshalb mit wesentlich wendigeren Donaukähnen einen Angriff. Durch das Geschick Hunyadis und die Begeisterung der Kreuzfahrer gelang es, die Blockade zu durchbrechen, so daß die Kreuzfahrer den Belagerten über die Donau zu Hilfe kommen konnten.

Bald sollte sich dann zeigen, daß die Schwerfälligkeit der türkischen Flotte nicht das einzige Problem Mehmeds war. Auch die zahlenmäßige Überlegenheit seiner Landstreitkräfte hatte ihre Nachteile, denn es war nicht leicht, diese riesige Menschenmenge auf die Dauer auch nur einigermaßen ordentlich zu versorgen. Das heiße Juliwetter tat noch ein übriges, um die Stimmung der Belagerer kritisch werden zu lassen. Mehmed, der sich darüber im klaren war, daß er die Belagerung nicht beliebig in die Länge ziehen konnte, setzte alles auf eine Karte und befahl am 14. Juli seinen Truppen den Sturm auf die Stadt. Der Angriff wurde jedoch zurückgeschlagen, und die durch diesen Erfolg ermutigten Belagerten wagten sogar einen Ausfall. Dabei sollen mehr als 20000 Türken den Tod gefunden haben. Was immer es mit dieser Zahl auf sich hat, fest steht jedenfalls, daß Mehmed die Belagerung am folgenden Tage fast fluchtartig aufhob. Den Verteidigern von Belgrad fiel ein Großteil der türkischen Artillerie in die Hände. Diese stammte übrigens von den besten christlichen Ingenieuren, die Mehmed für höchsten Sold hatte gewinnen können.[1]

Hunyadi und Capestrano konnten sich freilich ihres Erfolges nicht mehr lange erfreuen. Die Belastung des mörderischen Kampfes hatte ihre Kräfte ausgezehrt. Beide starben unmittelbar nach ihrem großen Sieg.

Die Gestalten der Akteure des Kampfes um Belgrad, die des Vernichters des byzantinischen Reiches ebenso wie die des noch Kreuzfahreridealen verpflichteten Aristokraten Hunyadi und die des leidenschaftlichen Mönches Capestrano mögen uns heute fremd erscheinen. Dies sollte jedoch nicht zu einer Unterschätzung der geschichtlichen Bedeutung dieses Kampfes um Belgrad führen. Nicht nur die Vernichtung des byzantinischen Kaiserreiches, sondern auch die anderen Eroberungen Mehmeds haben teilweise weltgeschichtliche Bedeutung. Über Griechenland, das Mehmed nach seinem vor Belgrad abgeschlagenen Feldzug ein Jahr später eroberte, wehte noch 1830 der Halbmond, und es bedurfte erst des von Byron gefeierten Freiheitskampfes, um fast 400 Jahre nach dem Feldzug Mehmeds die türkische Herrschaft abzuschütteln, wobei die Folgen dieses Konfliktes zwischen Griechen und Türken noch heute zu spüren sind. So gesehen hat der Balkan dem Borgia-Papst Calixt, ohne den die Befreiung des belagerten Belgrads durch Hunyadi und Capestrano schwerlich möglich gewesen wäre, einiges zu verdanken.

Der Sieg von Belgrad sollte allerdings während des Pontifikates von Calixt der einzige bedeutende Erfolg des Abendlandes im Kampf gegen die Türken sein, wenngleich der Papst mit allen ihm zu Gebote stehenden Mitteln versuchte, die Türken zurückzudrängen. Überlassen wird das abschließende Urteil über den Kampf von Calixt gegen die Türken Ferdinand Gregorovius, dem man sicher eine kritische Distanz zu den Borgia zubilligen darf:

»Calixt betrieb den Türkenkrieg mit rastlosem Eifer. Seine Bullen riefen die Völker zu dieser heiligen Sache auf, und Schwärme von Bettelmönchen ergossen sich kreuzzugspredigend über Europa. Unter den Ungarn und Kumanen versuchte Fra Capestrano, ein römischer Menorit, die erloschene Zauberkraft Peter von Amiens wieder zu gewinnen. Nuntien wanderten an alle Höfe und Agenten in alle Länder der Christenheit, den Türkenzehnten und Ablaßgelder einzutreiben. Calixt selbst rüstete Schiffe aus. Er leerte den Kirchenschatz, in welchem Nikolaus V. trotz aller seiner kostspieligen Liebhabereien 200 000 Dukaten niedergelegt hatte. Er veräußerte viele Kleinode, ließ selbst von den Prachtbänden der vatikanischen Bibliothek das Gold und Silber abreißen, versetzte die kostbarsten Tiaren und verkaufte sogar Kirchengüter, um Schiffe an der Werft des Ripa Grande zu bauen. So konnte im Frühjahr 1456 eine päpstliche Flotte von 13 Dreirudern aus Ostia auslaufen. Den Befehl über das Geschwader erhielt der kraftvolle Scarampo, der Günstling Papsts Eugens, welchen die borgianische Hofpartei und mit ihr der Kardinal Pietro Barbo haßte und so aus Rom entfernte. Der Patriarch und Admiral wurde mit den pomphaften Titeln eines Legaten in Sizilien, Dalmatien, Makedonien, ganz Griechenlands, den ägäischen Inseln und den Ländern Asiens ausgestattet, aber die Taten dieses priesterlichen Pompeius beschränkten sich auf einen Sieg über die Türkenflotte bei Metelino und die Plünderung einiger Inseln im Archipel.

Nur die große Schlacht am 14. Juli 1456, wo der Ungarnheld Johann Hunyadi den Eroberer Konstantinopels von den Mauern Belgrads abschlug, zeigte dem Abendlande, daß die Kraft der Christenheit jene furchtbare Türkenmacht nach Asien zurückwerfen konnte, wenn sie vereinigt war. Daß dies nicht geschah, war nicht die Schuld des Papstes.«[2]

Treffender als in dieser Schilderung lassen sich Charakter und Wirken des ersten Borgia-Papstes schwerlich zeichnen, und man kann nicht umhin, den Einsatz dieses Mannes, der erst mit 76 Jahren Papst wurde, zu bewundern, auch wenn er bei allem Eifer für die Sache der Christenheit nicht vergaß, die Besetzung der Befehlshaberstelle der päpstlichen Kreuzzugsflotte zur Kaltstellung eines Gegners zu benutzen.

Der Tod von Calixt

So sehr es sich die Borgia angelegen sein ließen, ihre Machtstellung auszubauen, festigen konnten sie sie während des Pontifikats von Calixt nicht. Dies sollte sich bald zeigen, als der nunmehr 79jährige Calixt im August 1458 so schwer erkrankte, daß sich sein nahes Ende abzeichnete.

Unter Führung der Orsini kam es in Rom zu so schweren Unruhen, daß Pedro Luiz, der Älteste der Nepoten, es vorzog, dem Kardinalskollegium die Schlüssel der Engelsburg gegen eine Entschädigung von 20000 Dukaten herauszugeben und Rom zu verlassen. Dies war allerdings nicht so einfach, da die Orsini nicht bereit waren, den Borgia freien Abzug zu gewähren und sämtliche aus Rom führenden Wege sperrten. Unter größten Schwierigkeiten gelang es schließlich Rodrigo Borgia und dem Kardinal Barbo, Pedro Luiz in der Nacht vom 5. zum 6. August auf dem Wasserweg über den Tiber aus Rom herauszubringen.[1] Gerade noch rechtzeitig für Pedro Luiz, wie es schien, denn einen Tag später starb Calixt, und in Rom brach der Sturm gegen die Borgia und ihre Parteigänger los. Die Plünderung ihrer Paläste und Häuser war noch die geringste Rache dafür, daß sie versucht hatten, von der Macht der Kirche mehr an sich zu reißen, als die meisten Römer bereit waren, ihnen zuzubilligen. Der Palast Rodrigo Borgias war von den Ausschreitungen genauso betroffen wie der von Barbo, dessen Rolle bei der Flucht von Pedro Luiz sich herumgesprochen hatte.

Aber auch Pedro Luiz sollte seine mühsame nächtliche Flucht nicht viel nützen. Er starb im darauffolgenden Monat in Civitavecchia, wobei nicht sicher ist, ob durch Malariainfektion oder doch noch durch den langen Arm der Orsini.

Juan de Mila, der Dritte der Papstnepoten, überstand die Unruhen vor und nach dem Tode Calixts, dem er alles verdankte, auf eine Weise, die dem ihm zugeschriebenen wenig bedeutenden Charakter entspricht. Auf die Nachricht von dem bevorstehenden Tod seines Onkels zog er von Bologna, wo er sich gerade aufhielt, so langsam nach Rom, daß er dort erst am 11. August, als sich die Wogen der borgiafeindlichen Ausschreitungen einigermaßen geglättet hatten, eintraf.

Rodrigo Borgia

Von den Nepoten Calixts ist behauptet worden, »Calixt hätte die Söhne seiner Schwestern, wenn er geahnt hätte, daß seine Liebe zu ihnen seinen unbescholtenen Familiennamen in der Geschichte der Kirche zum Symbol aller Verworfenheit machen würde, in die tiefsten Verließe Spaniens verbannt.«[1] Mit dieser Behauptung ist sicher zwei der drei Nepoten zu viel Ehre angetan. Weder Pedro Luiz noch Luiz de Mila hatten das Format, den Namen der Borgia auch nur als Symbol der Verworfenheit in die Geschichte eingehen zu lassen. Hierfür sorgte ausschließlich und nachhaltig der Mann, der 34 Jahre nach dem Tode von Calixt nach einstimmiger Wahl als Alexander VI. vom Papstthron Besitz ergreifen sollte: Rodrigo Borgia.

Schon der Sturm, der vor und nach dem Tode von Calixt über die Borgia hinweggefegt war, hatte unter den Papstnepoten deutlich die Spreu vom Weizen gesondert. In bemerkenswertem Gegensatz zu dem Verhalten von Pedro Luiz, der aus Rom noch vor dem Tode seines Onkels floh, und von Luiz de Mila, der in Rom erst wieder erschien, als alles vorüber war, steht das Verhalten von Rodrigo Borgia, der weder das eine noch das andere tat, obwohl er beides hätte tun können.

Rodrigo Borgia hatte einer schon von den alten Römern geübten Gepflogenheit folgend, Rom zu Beginn der hochsommerlichen Hitze verlassen und hielt sich seit Ende Juni in den Sabinerbergen bei Tivoli auf. Als er jedoch die Nachricht von der schweren Erkrankung seines Onkels erhielt, kehrte er noch in der Nacht vom 26. auf den 27. Juli nach Rom zurück.

Rodrigo Borgia und Kardinal Barbo waren es ja dann auch, die Pedro Luiz bei seiner Flucht aus Rom hinausschleusten. Sie begleiteten den Flüchtigen mit Bewaffneten bis zur Stadtgrenze, von wo aus dieser dann nach Ostia gelangte. Rodrigo Borgia, dem dieser Weg auch offengestanden hätte, kehrte allen Gefahren zum Trotz zu seinem mittlerweile von fast allen verlassenen sterbenden Onkel zurück, um diesem in seiner letzten Stunde beizustehen.

Diese Haltung Rodrigo Borgias, seine Rückkehr aus Tivoli in das unruhige Rom und sein Ausharren in Rom auf dem Höhepunkt der Krise, muß auch den Gegnern der Borgia Achtung abgenötigt haben. Sie plünderten und zerstörten zwar seinen Palast. Gegen ihn selbst gingen sie aber nicht vor.

Daß der im Zeitpunkt des Todes von Calixt 27jährige Rodrigo Borgia kein Dummkopf war, hatte er schon zuvor als Kardinal und Vizekanzler der Kirche bewiesen. Der Mut und die Standhaftigkeit, mit der er in Rom geblieben und in den Stunden allgemeiner Auflösung seinem Onkel auf dem Totenbett Beistand geleistet hat, zeigen, daß aber auch der Charakter dieses Mannes Züge hatte, die einer gewissen Größe nicht entbehrten.

Freilich sollten Rodrigo Borgia gerade diese Eigenschaften, die ihn als fähigsten Vertreter seines verhaßten Geschlechtes auswiesen, nach dem Tode von Calixt gefährlich werden. Einen bedeutungslosen Nepoten vom Schlage Luiz de Milas zu dulden, wären die Feinde der Borgia eher bereit gewesen, als einen Mann, der in den kritischen Tagen vor und nach dem Tod von Calixt Format genug gezeigt hatte, um ihnen auch ohne den Schutz eines päpstlichen Verwandten eines Tages wieder gefährlich werden zu können.

Daß Rodrigo Borgia seine Stellung als Kanzler der Kirche verlieren würde, schien keinem Zweifel zu unterliegen. Noch immer hatten neue Päpste auch einen neuen Kanzler ernannt. Doch die Gegner Borgias wollten sich nicht damit zufriedengeben. Vielmehr beabsichtigten sie, die Rechtmäßigkeit seiner Kardinalserhebung nachprüfen zu lassen und ihn durch den Entzug des Purpurs völlig zu entmachten.

Doch derartige Bestrebungen fanden keine Mehrheit unter den Kardinälen, hatten doch immerhin einige unter ihnen ihre Kardinalshüte auch nicht wegen ihrer überragenden sittlichen, geistlichen oder theologischen Fähigkeiten, sondern aus sehr viel weltlicheren Gründen erlangt. Die moralischen Gründe, die sich gegen die Kardinalserhebung Rodrigo Borgias anführen ließen, konnten ihnen genausogut entgegengehalten werden. An einer Diskussion über die moralische Berechtigung der Kardinalserhebung Borgias konnten die meisten der Kardinäle jedenfalls kein Interesse haben. Formal kirchenrechtlich war aber die Kardinalserhebung Rodrigo Borgias ohnehin nicht zu beanstanden, so daß sich das allgemeine Interesse bald der viel bedeutungsvolleren Frage zuwandte, wer denn zum neuen Papst gewählt würde.

Zehn Tage nach dem Tod von Calixt begann am 16. August 1458 das Konklave zur Wahl des neuen Papstes. Sein Ausgang war offen, nachdem zwei Tage vor Beginn des Konklaves mit Capranica derjenige der Kardinäle gestorben war, dem allgemein die besten Aussichten auf die Nachfolge von Calixt eingeräumt wurden.

Durch den Tod des angesehenen Capranica stiegen nach Meinung vieler die Aussichten des französischen Kardinals d'Estouteville, die erforderliche Mehrheit des 18köpfigen Wahlgremiums zu erhalten, dem acht Italiener, fünf Spanier, zwei Franzosen, zwei Griechen und ein Portugiese angehörten. Der mit dem Königshaus seines Landes verwandte d'Estouteville, schon aufgrund seines Herkommens begütert, hatte während seines Kardinalats noch großen Landbesitz in Italien hinzuerworben und galt als der reichste Kardinal überhaupt. Diese Tatsache war nicht von geringer Bedeutung bei einem Wahlgremium, dessen Mitglieder größtenteils keine Bedenken hegten, sich vor der Wahl von dem ehemaligen Kandidaten nicht nur die Benefizien, die dieser im Falle eines Erfolges aufgeben mußte, sondern auch andere Vorteile versprechen zu lassen. D'Estouteville und sein für ihn arbeitender Landsmann Alain geizten mit entsprechenden Angeboten nicht.

Die Frage war allerdings, ob d'Estoutevilles Reichtum und Versprechungen ausreichen würden, vor allem bei den italienischen Kardinälen, von denen er mindestens drei Stimmen benötigte, die Bedenken zu überwinden, die seine Herkunft hervorrief. Das Exil von Avignon war noch nicht vergessen. Fast immer, wenn bei den Papstwahlen des 15. Jahrhunderts die Wahl eines Nichtitalieners zur Debatte stand, wurde von seinen Gegnern das Argument ins Spiel gebracht, er könne möglicherweise den päpstlichen Hof in sein Heimatland verlegen. Bei einem Kandidaten, der gerade mit dem Königshaus verwandt war, welches das Exil von Avignon erzwungen hatte, wogen derartige Bedenken natürlich besonders schwer. Eine noch schwerere Belastung für d'Estouteville waren freilich die machtpolitischen Ansprüche Frankreichs auf das Königreich Neapel und das Herzogtum Mailand.

Sowohl der König von Neapel als auch der Herzog von Mailand machten daher ihren ganzen Einfluß geltend, um die Wahl d'Estoutevilles zu verhindern. Mit ihrer Unterstützung wurde schließlich ein Mann aussichtsreichster Mitbewerber d'Estoutevilles, der in vielem das Gegenteil des französischen Kardinals war. Der in Corsignano bei Siena geborene Kardinal Enea Silvio Piccolomini war weder reich noch mächtig und hatte, wohl nicht zuletzt aus diesen Gründen, auch keine Feinde. Er stammte zwar aus einer alten sienesischen Adelsfamilie, seine Vorfahren hatten jedoch den Fehler begangen, bei einer der in den italienischen Städten so häufigen bürgerkriegsähnlichen Auseinandersetzungen die Seite der Verlierer zu wählen. Sie mußten Siena verlassen und ließen sich in dem kleinen Ort Corsignano nieder.

Im Gemüt von Enea Silvio Piccolomini hatte sich dieses Schicksal seiner Familie jedoch nicht niedergeschlagen. Er war ein ausgesprochen heiterer Charakter. Allerdings hatten sich zu seiner Zeit die Beziehungen seiner Familie zu Siena auch schon so weit beruhigt, daß er in Siena Rechtswissenschaft studieren konnte. Da er sich durch dieses Studium nicht ausgelastet fühlte, ging er nach Florenz, um Schüler der von den Medici in die Stadt gerufenen bedeutenden Humanisten Filelfo und Poggio zu werden. Als hoch begabter, aber unsteter Bohemientyp, der er in seiner Jugend war, begann er sich als Schriftsteller einen Namen zu machen. Seine Arbeiten, besonders seine erotischen Schriften, wie etwa die Liebesnovelle »Eurylus und Lucrezia« wurden geschätzt und machten ihn bekannt. Kaiser Friedrich III. beschäftigte ihn zeitweise an seinem Hof.

Mit der Kirche kam Piccolomini eher zufällig in Berührung, als ihn Capranica, der sich 1431 auf der Flucht vor Papst Eugen IV. in Siena aufhielt, zu seinem Sekretär machte und ihn aufs Konzil nach Basel mitnahm. Piccolominis Intelligenz erlaubte ihm zwanglos, vom Bohemien in die Rolle des weltgewandten Diplomaten überzuwechseln. Mit seinem Übertritt zur Geistlichkeit ließ er sich allerdings Zeit. Er war fast 40, als er 1445 Priester wurde. Bereits zwei Jahre später ernannte ihn Papst Eugen, bei dem Piccolomini seine Verbindung mit Capranica vergessen machen konnte, zum Bischof. Calixt ernannte ihn dann 1456 zum Kardinal von Siena.

Der Kampf um den Papstthron wurde von beiden Kandidaten mit Härte geführt. Die Mittel, deren sich d'Estouteville bediente, waren entschieden weniger vornehm als seine Abkunft. Die Möglichkeiten, die ihm sein Reichtum bot, schöpfte er jedenfalls gründlich aus. Auch seine verbalen Angriffe gegen Piccolomini ließen an Schärfe nichts zu wünschen übrig. Er griff offen seinen Gegner wegen dessen Gesundheitszustandes an und schreckte auch nicht mit der Behauptung zurück, Piccolominis Tätigkeit bei Friedrich III. lasse befürchten, er werde den päpstlichen Hof nach Deutschland verlegen.[2] Ein Argument, mit dem man aus dem Munde eines Angehörigen des für das avignonesische Exil der Päpste verantwortlichen Königshauses nicht unbedingt gerechnet hätte. Aber vielleicht hat d'Estouteville nach dem Grundsatz gehandelt, daß Angriff die beste Verteidigung sei.

Der solchermaßen beschuldigte Piccolomini focht allerdings auch nicht gerade mit Florett und zeigte, wie er später selbst berichtete – nicht ohne Stolz, hat man den Eindruck –, daß er sich ebenfalls in den Niederungen eines harten machtpolitischen Kampfes durchaus zu bewegen wußte. Natürlich arbeitete auch er mit der für d'Estouteville gefährlichen Unterstellung, dieser habe die Absicht, den päpstlichen Hof von Rom wegzuverlegen. In einem Gespräch mit Rodrigo Borgia, der zunächst d'Estouteville unterstützte, nannte er diesen schlichtweg einen Dummkopf, weil es nicht im Interesse eines Spaniers liegen könne, einen Franzosen zum Papst zu wählen. Dieses Gespräch sollte nicht ohne Folgen bleiben.

Im Konklave zeigte sich bald, daß für keinen der beiden Kandidaten die Aussicht bestand, die zur Wahl erforderliche Mehrheit in geheimer Abstimmung zu erhalten. Man entschloß sich daher schon am 19. August, von der Möglichkeit des »Accessus« Gebrauch zu machen, also der offenen Stimmabgabe, die dadurch erfolgte, daß jedes Mitglied des Konklaves an die Seite des Kandidaten seiner Wahl trat. Diese offene Form der Wahl zwischen zwei Kardinälen, von denen der eine aufgrund seiner Machtstellung, der andere aber gerade wegen seiner verhältnismäßig geringen Machtmittel zum Kandidaten aufgestiegen war, erhöhte natürlich die Chancen d'Estoutevilles. Mußte man schon riskieren, sich durch offene Stimmabgabe für den unterliegenden Kandidaten die Feindschaft des künftigen Papstes zuzuziehen, so war es doch ein Unterschied, ob dieser Gegner über die Macht d'Estoutevilles verfügte oder über die des in dieser Hinsicht ziemlich harmlosen Piccolomini.

Der Accessus geriet zunächst zur Peinlichkeit. Keiner der Kardinäle wollte sich als erster festlegen. Den Mut, die Entscheidung einzuleiten, hatte dann ausgerechnet der Mann, den nicht wenige noch vor Tagen von der Teilnahme am Konklave hatten ausschließen wollen. Mit den Worten, »ich stimme für den Kardinal von Siena« erhob sich Rodrigo Borgia und trat an die Seite Piccolominis. Am Ende des Wahlgangs war Piccolomini Papst.

Mit demselben kaltblütigen Mut, durch den sich Borgia nach dem Tode von Calixt in Rom behauptet hatte, änderte er nun im Konklave seine politische Meinung. Rom und die italienischen Mächte jubelten über die Wahl Piccolominis und über die Niederlage des französischen Kandidaten. Dieser Jubel galt zwangsläufig auch – und sicher nicht zu Unrecht – der entscheidenden Rolle, die Rodrigo Borgia bei der Wahl im Konklave gespielt hatte. Die Pläne, die Rechtmäßigkeit seiner Kardinalserhebung zu überprüfen, waren vergessen. Im Gegenteil, mit seinem entscheidenden Schritt zu Piccolomini während des Accessus hatte Borgia die Machtstellung, die er zu Lebzeiten von Calixt innegehabt hatte, wieder erobert. Der ihm zu größtem Dank verpflichtete neue Papst beließ ihm sein Vizekanzleramt.

Freilich, der Schritt, mit dem sich Borgia diese Macht zurückerobert hatte, war ein Schritt am Abgrund gewesen. Wäre nicht sein Kandidat gewählt worden, hätte er sich durch seine Entscheidung das französische Königshaus und dessen mächtigen Kandidaten zu Feinden gemacht. Der Haß der meisten Italiener, insbesondere des römischen Adels, wäre ihm erhalten geblieben, und diejenigen, die keine persönliche Feindschaft gegen ihn hegten, wären kaum bereit gewesen, einem Mann mit so mächtigen Feinden ihre Unterstützung zukommen zu lassen. Niemand hatte sich im Kardinalskollegium so weit vorgewagt wie Rodrigo Borgia trotz seiner angeschlagenen Stellung: Nicht die Kardinäle aus den mächtigen Häusern der Orsini und Colonna und auch nicht der Franzose Alain, der bei einer Unterstützung d'Estoutevilles sicher mit dem Schutz des französischen Königs hätte rechnen können. Der erst 26jährige Rodrigo Borgia hatte mit Abstand am höchsten gespielt und dabei alles gewonnen.

Rodrigo Borgia als Vizekanzler von vier Päpsten

Den ihm zu seiner Wahl gratulierenden Kardinälen antwortete Piccolomini, nur die könnten über eine so hohe Herrscherwürde jubeln, welche nicht an die damit verbundenen Gefahren und Mühen dächten. Jetzt sei es an ihm, das zu leisten, was er anderen so oft zugemutet habe.

Die Ergriffenheit der Kardinäle über diese ernsten Worte dürfte sich allerdings in Grenzen gehalten haben, nachdem sie noch eben miterlebt hatten, mit welcher Härte Piccolomini um diese Herrscherwürde gekämpft hatte. Freilich wird man es dem Abkömmling einer verarmten, aus seiner Heimatstadt vertriebenen Patrizierfamilie kaum verdenken können, daß ihn die Aussicht Papst zu werden, nicht kalt gelassen hat.

Enea Silvio Piccolomini, der sich den Papstnamen Pius II. zulegte, war zum Zeitpunkt seiner Wahl 53 Jahre alt und längst nicht mehr das leichtfertige Weltkind seiner Jugend. Mit den Worten »Verwerft den Eneas und behaltet Pius« hat er als Papst seine Wandlung selbst umschrieben.[1] Eine Wandlung, deren Ernsthaftigkeit durch ein von Pius abgelegtes Gelübde längst vor seiner Wahl deutlich wurde. Als sein Schiff auf einer Seereise vor der schottischen Küste in einen Sturm geriet, gelobte er für den Fall, daß er die Küste erreichen sollte, von dort barfuß eine Wallfahrt zu der nächsten Kapelle zu machen. Als das Schiff die Küste erreichte, hielt der nachmalige Papst sein Gelübde, obwohl strenger Winter war. Durch Eis und Schnee pilgerte er zur nächsten Kapelle. Vermutlich hat dieser Marsch nicht wenig zu der Gicht beigetragen, an der Pius schon litt, als er die Nachfolge Calixts antrat und die ihm während seines Pontifikates schwer zu schaffen machte. Dies hinderte ihn allerdings nicht, als Papst eine Tätigkeit zu entfalten, die Gregorovius zu dem Urteil veranlaßte: »Die Erinnerung an seine Vergangenheit, welche übrigens kein Frevel geschändet hat, verlor sich bald in der allgemeinen Sittenlosigkeit seiner Zeit, und wenn je die Irrtümer der Jugend dem Alter zu vergeben sind, so konnte Pius II. darauf Ansprüche machen. Sein Leben als Papst war fleckenlos; er war mäßig, mild, menschenfreundlich und nachsichtig. Man liebte ihn.«[2]

Von einem Fehler war Pius freilich auch nicht freizusprechen, dem Nepotismus. Das Urteil derer, die Calixt allein wegen dessen Neigung zum Nepotismus verdammten, erscheint doch etwas fragwürdig, wenn man die Nachsicht betrachtet, mit der dieselbe Haltung seines Nachfolgers in dieser Frage beurteilt worden ist. Nicht um das Bild von Pius II. zu verdunkeln, sondern um zu zeigen, in welchem Umfang der Nepotismus jedenfalls in jener Zeit auch bei den besten Päpsten üblich war, sei hier kurz aufgezeigt, wie stark auch Pius seine Verwandten gefördert hat:

Nicht ein Jahr nach seiner Wahl ernannte Pius II. im März 1460 unter fünf neuen Kardinälen gleich zwei, die mit ihm verwandt waren, Niccolo Forteguerra und den erst 22jährigen Francesco Todeschini, einen Sohn seiner Schwester Laudomia. Auch die übrigen drei Söhne dieser Schwester brauchten sich nicht zu beklagen. Giacomo und Andrea erhielten mit Castiglione und Montemarcia zwei Lehen, von denen sich auskömmlich leben ließ. Freilich war diese Versorgung eher bescheiden gegen die ihres Bruders Antonio. Dieser erhielt auf Drängen des Papstes von dem König von Neapel die Herzogtümer Sessa und Amalfi sowie eine uneheliche Tochter des Königs als Preis für die Unterstützung, die der Papst dem neapolitanischen Königshaus in dessen Kampf gegen die Anjou zukommen ließ. Von Pius erhielt dieser Neffe außerdem noch die Grafschaft Celano. Auch das Amt des Vogtes der Engelsburg gab Pius, genau wie Calixt, einem Verwandten. Zweifelsohne ebenfalls eine Förderung, die mehr auf persönlicher Neigung als auf der Wahrnehmung der Pflichten seines Amtes beruhte, war die Kardinalserhebung von Jacopo Ammanati im Jahre 1461. Seine Laufbahn lag Piccolomini, der ihn schon zuvor gefördert hatte, so sehr am Herzen, daß er ihn noch am Tage seiner Papstwahl in dem ihm von Calixt verliehenen Amt eines apostolischen Sekretärs bestätigte, eine Fürsorge, die nach dem dramatischen Verlauf des Konklaves Achtung abnötigen muß. Nach Pastor hatte ihn der Papst zuvor in seinen Familienverband aufgenommen und ihm das Bürgerrecht von Siena verschafft.[3]

Mit der Besetzung von drei Kardinalsstellen, dem Posten des Befehlshabers der Engelsburg durch seine Verwandtschaft und der Ausstattung eines Angehörigen mit Herzogtümern aus dem Königreich Neapel hat der Nepotismus von Pius II. dem seines Vorgängers in nichts nachgestanden. Natürlich kamen – wie unter Calixt die Spanier – jetzt zahlreiche Sienesen zu Posten an der Kurie.

Keinesfalls entschuldigt der Nepotismus von Piccolomini den Nepotismus der Borgia. Aber es war, wie noch zu zeigen sein wird, zu Zeiten dieser Päpste durchaus üblich, zwei oder drei Kardinalshüte sowie die Befehlshaberstelle der Engelsburg an Verwandte zu vergeben und außerdem dafür zu sorgen, daß mindestens einem weiteren Verwandten durch die Verleihung von Herzogtümern und eine entsprechende Verheiratung der Weg für eine weltliche Laufbahn geebnet wurde.

Zu Ehren von Calixt und Pius darf festgestellt werden, daß der Nepotismus ziemlich das einzige Vergnügen war, welches sie sich in ihrem Amt gönnten. Die Sorge für die Verwandtschaft hat jedoch keinen der beiden Päpste gehindert, sich den Erfordernissen der Weltpolitik, in erster Linie also der Türkenfrage, zu stellen.

Gleich nach seiner Wahl berief Pius daher einen Fürstenkongreß ein, der ein einheitliches Vorgehen der Christenheit gegen die Türken zum Ziel hatte. Darauf bedacht, das Selbstgefühl der Fürsten nicht zu verletzen, verzichtete der Papst, Rom oder eine andere Stadt des Kirchenstaates zum Kongreßort zu machen. Vielmehr hatte er zunächst das in venezianischem Einflußgebiet liegende Udine als Kongreßort vorgesehen. Die Antwort der Venezianer auf die ihnen zugedachte Ehre ließ wenig Gutes ahnen für die Haltung der anderen europäischen Mächte. Sie weigerten sich aus Sorge um ihren Orienthandel, Udine für den Kongreß zur Verfügung zu stellen. Mit Mantua wurde dann schließlich ein Tagungsort gefunden, der wegen des für seine Kultur berühmten Herrscherhauses der Gonzaga zu der Hoffnung berechtigte, ein würdiger Schauplatz der großen Ereignisse zu sein, die sich Pius von dem Kongreß erhoffte.

Für die Reise von Rom nach Mantua ließ sich der Papst mehr als vier Monate Zeit. Er benutzte die Reise zu Antrittsbesuchen in den Städten und Republiken Mittel- und Oberitaliens. Tieferer Grund für die Dauer der Reise war allerdings die Tatsache, daß der Papst nicht gerade als allererste Persönlichkeit von Rang am Kongreßort eintreffen wollte. Aber auch die Zeit, die sich der Papst bei der Anreise ließ, konnte nicht verhindern, daß bei seinem Einzug in Mantua Ende Mai 1458 außer dem Gastgeber Gonzaga kein Teilnehmer von Bedeutung anwesend war. Es sollte bald noch peinlicher werden, denn von den christlichen Fürsten und Königen folgte nicht einer dem Ruf des Papstes nach Mantua. Selbst die Herren Italiens beschränkten sich, soweit sie von der Einladung überhaupt Notiz nahmen, auf die Entsendung von Gesandten, deren Vollmachten über jene des Status eines Beobachters selten hinausgingen. Lediglich der Herzog von Mailand hatte sich herabgelassen, immerhin seine Frau zu schicken.

Anstatt als Leiter eines Kongresses der Herrscher der Christenheit die Vormachtstellung der Kirche glanzvoll sichtbar zu machen, mußten sich der Papst und seine Kardinäle nach ihrer Ankunft in Mantua abmühen, dem Kongreß wenigstens noch einen Teilnehmerkreis zu sichern, der es ihnen erlaubte, nicht zum allgemeinen Gespött zu werden. Die Kardinäle, von denen einige ohnehin gegen den Kongreß gewesen waren, sparten nicht mit harten Worten für Pius. Scarampo nannte die Kreuzzugspläne von Pius kindisch, da die Truppen der Türken unüberwindbar seien. Viele seiner Kollegen dachten und sprachen auch nicht anders.

Zudem war auch der Freizeitwert von Mantua aus der Sicht der Kirchenfürsten trotz aller Gastfreundschaft der Gonzaga nicht allzu hoch. Das feuchte Klima der von Kanälen durchzogenen Poebene führte zu fiebrigen Erkrankungen. Die Küche und Weine Mantuas scheinen im Gefolge des Papstes auch nur auf wenig Gegenliebe gestoßen zu sein, eine Kritik, die zweifelsohne ein beredtes Zeugnis von der Geistesverfassung einer kirchlichen Delegation gibt, die sich an der Spitze eines Kreuzzugs gegen die stärkste Macht der damaligen Welt stellen wollte.

Wie der Vizekanzler der Kirche Rodrigo Borgia über diesen Kongreß dachte, wissen wir nicht. Er zog es vor, zu schweigen. In den Berichten über den Kongreß tritt er nur einmal – und dies sicherlich unbeabsichtigt – in Erscheinung, als er sich einen Rüffel des Papstes zuzog. Borgia war offensichtlich der Auffassung, daß der Verzicht auf die Annehmlichkeiten Roms kein Grund sei, auf jede Art von Vergnügung zu verzichten. Er nahm sich den mantuanischen Hof zum Beispiel, zu dessen Hauptvergnügen im Sommer Ruderpartien auf den ausgedehnten Gewässern und Kanälen der Umgebung zählten. Im Verein mit den Kardinälen Colonna und dem wegen Borgias Verhalten bei der Papstwahl offenbar nicht sehr nachtragenden d'Estouteville besorgte er eine Barke, die mit ihren Sängern und Musikanten bald zu einer geschätzten Bereicherung der Bootspartien wurde. Pius II. schien diese Art von Freizeitgestaltung seiner Kardinäle dem Anlaß dieses Kongresses alles andere als angemessen, und er brachte dies auch deutlich zum Ausdruck.

Die so gerügten geistlichen Weltmänner scheinen aber nicht nur mit ihrer Barke, sondern auch durch ihr Auftreten bei den im Sommer so zahlreich stattfindenden Gesellschaften in den Lustschlössern an den Ufern der Wasserwege Eindruck gemacht zu haben. Für Rodrigo Borgia jedenfalls entwickelte sich bei dieser Gelegenheit eine Beziehung zu den Gonzaga, die ein Leben lang anhalten sollte und deren nicht geringster Gewinn für ihn die Pferde und Hunde gewesen sein dürften, die ihm die Gonzaga so großzügig aus ihren hochberühmten Gestüten und Zwingern zukommen ließen.

So gesehen konnte sich Rodrigo Borgia damit trösten, daß der Aufenthalt in Mantua für ihn nicht völlig ohne Nutzen gewesen war. Ein derartiger Trost war der völlig auf den Kreuzzug ausgerichteten Seele des Papstes nicht vergönnt. Allen seinen Anstrengungen zum Trotz ließen die von ihm so sehnlich erwarteten weltlichen Häupter der Christenheit auf sich warten. Der französische König, durch die Parteinahme des Papstes in der neapolitanischen Frage gegen die Anjou verstimmt, reagierte eisig. Nicht anders Friedrich III., der den Papst schon vor dessen Aufbruch nach Mantua hatte wissen lassen, daß er durch dringende Geschäfte verhindert sei. Welcher Art diese Geschäfte waren, konnte der Papst zwei Monate später zur Kenntnis nehmen, als Friedrich mit Unterstützung ungarischer Magnaten den ungarischen König stürzte, um sich dann selbst zum ungarischen König krönen zu lassen. Nicht nur Pius dürfte dieses Vorgehen Friedrichs, ausgerechnet in dem Land, das an der Grenze zum türkischen Herrschaftsbereich in Serbien lag, als wenig segensreich empfunden haben.

Die Fürsten standen ihren gekrönten Häuptern an Gleichgültigkeit nicht nach. Drei Monate nach dem Beginn des Kongresses harrte man ihrer nach wie vor in Mantua. Nicht einmal die Herren von Mailand und des noch zum Kirchenstaat gehörenden Ferrara hielten es für angebracht, dem Papst ihre Aufwartung zu machen. Der Herzog von Burgund schickte zwar eine Abordnung, an deren Spitze der Herzog von Cleve stand. Dieser ließ es an wohlklingenden Beteuerungen der Kreuzzugsbereitschaft seines Herrn nicht fehlen. In der Sache selbst ging es ihm aber um Zusagen des Papstes in der weltgeschichtlich nicht gerade bedeutenden Soester Fehde seines Herrn. Unmittelbar nachdem Pius hier nachgegeben hatte, machte sich der Herzog von Cleve an die Abreise. Nur mit Mühe gelang es den vereinten Kräften des Papstes und des Herzogs von Mantua, den Abgesandten des Herzogs von Burgund zum weiteren Bleiben zu bewegen. Schließlich erschien dann auch noch der vom Kondottiere zum Herzog von Mailand aufgestiegene Francesco Sforza. Da Sforza damals einer der mächtigsten und angesehensten Männer Italiens war, ließen sich nun auch wenigstens die italienischen Mächte herbei, auf dem Kongreß zu erscheinen. Sogar Venedig schickte eine prunkvolle Gesandtschaft.

Somit war acht Monate nach der Abreise des Papstes aus Rom und fast auf den Tag genau vier Monate nach dessen Ankunft am Kongreßort der Rahmen geschaffen, um am 26. September 1459 die erste Sitzung abzuhalten. Das Ergebnis der sich anschließenden Beratungen entsprach den Erwartungen, die man nach dieser Vorgeschichte des Kongresses hegen durfte: Es kam nichts heraus. Mitte Januar 1460 wurde der Kongreß, dessen Fehlschlag, wie in solchen Fällen üblich, durch bedeutungsvolle Reden und Absichtserklärungen so gut wie möglich verschleiert wurde, dann beendet. Um den Schein zu wahren, oder weil er sich den Mißerfolg nicht eingestehen wollte, erließ Pius eine Bulle, in der er einen dreijährigen Krieg gegen die Türken verkündete, sowie Dekrete zur Beschaffung von Kreuzzugsgeldern. Es gelang ihm sogar, 24 Galeeren auszurüsten, die im Hafen von Marseille, der zusammen mit dem Hafen von Colliure schon den Templern als Basis für ihre Unternehmungen im Orient gedient hatte, unter Kardinal Alain auf ihren Einsatz warteten. Lange mußten sie nicht warten. Allerdings war ihr Auslaufen nicht dazu angetan, die Türken in Angst und Schrecken zu versetzen. Der französische König stellte die Kriegsschiffe nämlich kurzerhand seinem Verwandten René von Anjou für dessen Kampf gegen das Haus Aragon um das Königreich Neapel zur Verfügung. Vielleicht das deutlichste, wenn auch sicher nicht einzige Zeugnis für den Kreuzzugseifer jener Zeit.

Am 19. Januar 1460 verließ Pius enttäuscht den Kongreß von Mantua. Außer dem Scheitern des Kongresses machte ihm auch sein Gichtleiden zu schaffen. Er ging daher nicht sofort nach Rom zurück, sondern suchte in den Bädern seiner sienesischen Heimat Erholung. Während dieses Aufenthaltes entschloß er sich zu einem ungewöhnlichen Vorhaben. Er wollte seinen doch etwas bescheidenen Geburtsort Corsignano in ein Schmuckstück verwandeln und zum Bischofssitz machen. In aller Eile ließ er einen Dom, ein Rathaus sowie einen Familienpalast errichten und forderte seine Kardinäle auf, Corsignano ebenfalls durch Baulichkeiten zu verschönern. Auch Rodrigo Borgia beteiligte sich pflichtschuldigst und errichtete einen Palast, der als künftiger Bischofssitz dienen sollte. Ein aus Dank für die in Mantua gewährte Gastfreundschaft zum Kardinal ernanntes Mitglied des Hauses Gonzaga errichtete ein Sommerhaus. Damit war die Bautätigkeit allerdings abgeschlossen, da sich niemand mehr fand, der die Begeisterung des Papstes für den kleinen Ort geteilt hätte.

Aber gerade weil die Bautätigkeit und Entwicklung des Ortes fast schlagartig abgebrochen worden ist, geht von dieser Ortschaft noch heute ein eigentümlicher Reiz aus. Corsignano, oder Pienza, wie es von Pius umbenannt wurde, ist, wenn auch in sehr viel kleinerem Maße, für die Frührenaissance das, was Pompeii und Herculaneum für die Antike sind. Auch Pienza gehört zu den Orten, in denen die Zeit stehengeblieben ist, wobei die Einsamkeit und Einfachheit der Umgebung seinen Reiz noch verstärken. Zu der kunsthistorischen Bedeutung der Gebäude, die ein halbes Jahrtausend unverfälscht überstanden haben, hat Susanne Schüller-Piroli geschrieben:

»Die Frage, wie gerade hier in engstem Raum klassische Elemente österreichischer und lombardischer Gotik und nicht minder typische Formen sienesischer und florentinischer und schließlich auch römischer Renaissancearchitektur sich zu einem harmonischen Gesamtbild von verblüffender Schönheit zusammenfanden, wird sich, so glauben wir, wissenschaftlich nicht beantworten lassen.«[4]

Trotz der Unterstützung der Bautätigkeit des Papstes in Pienza zog sich Rodrigo Borgia, wie schon in Mantua, einmal mehr dessen Zorn wegen seiner Lebensführung zu. Anlaß war sinnigerweise die Tauffeier einer der angesehensten Sieneser Familien, an der Borgia und d'Estouteville als Paten teilnahmen. Nach der kirchlichen Feier war ein Bankett in einem von einer hohen Mauer umgebenen Park vorgesehen. Nachdem man den Damen der sienesischen Gesellschaft den Vortritt gelassen hatte, betraten Borgia und d'Estouteville als Ehrengäste den Park. Zur nicht geringen Verblüffung der übrigen Gäste ließen die Kardinäle, kaum daß sie in dem Park angelangt waren, das Eingangstor verriegeln und feierten vom späten Vormittag bis in die Abendstunden genüßlich mit den Damen der Sieneser Gesellschaft. Über die Art der Vergnügungen gingen die Mutmaßungen auseinander. Ob es nun wirklich nur mehr oder weniger harmlose Sanges- und Tanzdarbietungen waren, an denen sich die Kardinäle erfreuten, läßt sich heute genausowenig klären, wie die Berechtigung des verzweifelten Ausrufs eines der Ausgesperrten: »Bei Gott, wenn alle diejenigen, welche innerhalb eines Jahres in Siena geboren werden, in den Kleidern ihrer Väter zur Welt kämen, müßten sie alle Priester oder Kardinäle sein.«[5] Für die Beurteilung von Rodrigo Borgia ist es ohnehin allerdings unerheblich, wie unschuldig die Genüsse jenes Tages gewesen sein mögen. Seine Schwäche für das weibliche Geschlecht sollte er noch zu oft unter Beweis stellen, als daß es von Bedeutung wäre, ob er und d'Estouteville sich an jenem Tag einer kleinen Orgie oder aber nur dem Genuß der Tanzkünste der Sieneser Damenwelt hingegeben haben. Von Rodrigo Borgia hat ein Zeitgenosse einmal gesagt, dieser wirke auf Frauen wie ein Magnet auf Eisen.[6]

Gegenüber Pius war das Verhalten der beiden Kardinäle, ganz gleich was sich an diesem Tag in dem Park genau abgespielt hat, schlicht eine Frechheit. Seine Familie stammte aus der Oberschicht Sienas. Da diese vielfach untereinander verwandt war, befanden sich mit Sicherheit unter den durch die Aussperrung brüskierten Ehemännern ebenso Verwandte des Papstes, wie unter den Damen, mit denen die Kardinäle so selbstherrlich feierten. Pius richtete dann auch ein zornentbranntes Schreiben an Borgia. Die in ihm enthaltenen Vorwürfe hat er dann zwar später in einem weiteren Schreiben abgemildert. Vermutlich nachdem sich sein erster Zorn gelegt hatte, dürfte ihm klar geworden sein, daß es im Interesse aller Beteiligten liegen würde, dem Ganzen eine möglichst harmlose Deutung zu geben.

Von einer Rüge d'Estoutevilles ist nichts bekannt. Vielleicht erschien er dem Papst für ein solches Vorgehen zu mächtig. Überhaupt kann man die Frage stellen, ob diese Provokation des Papstes in seiner Heimatstadt nicht ein Versuch von d'Estouteville war, seinen ungeliebten Bezwinger im Konklave und dessen gleichermaßen ungeliebten Vizekanzler einander zu entfremden.

Nachdem sich Pius von der Enttäuschung über den Kongreß von Mantua sowie seinem Gichtleiden und dem Ärger über seine lebenslustigen Kardinäle einigermaßen erholt hatte, kehrte er am 10. September nach Rom zurück. Dort war seine Anwesenheit auch dringend erforderlich. Der Kampf zwischen dem Herzog von Anjou und dem König von Neapel um dessen Königreich drohte auf Rom überzugreifen. Immerhin stand Pius eindeutig auf der Seite des Königs von Neapel, der ja eine uneheliche Tochter mit einem der Nepoten des Papstes verheiratet hatte. Die Lage war um so kritischer für Pius, als der größte Teil des neapolitanischen Adels sich dem französischen Thronprätendenten angeschlossen hatte. Dieser selbst erschien mit der ihm von dem französischen König zugespielten päpstlichen Kreuzzugsflotte an den Küsten des Königreiches, was zur Folge hatte, daß seine Anhängerschaft unter dem neapolitanischen Adel noch wuchs und der König sich bald nur noch in Neapel selbst und in Kampanien behaupten konnte. Zwei Niederlagen der Truppen des Königs ließen die Lage noch bedrohlicher werden. In dieser Situation versuchten papstfeindliche Adelige unter Führung des Grafen von Anguillara den Kondottiere Piccinino nach Rom zu rufen. Fast zu gleicher Zeit regte sich auch noch der berühmt-berüchtigte Sigismondo Malatesta, der im Einvernehmen mit Piccinino stand. Schließlich gelang es aber Pius, mit Hilfe der Truppen des Herzogs von Mailand sowie von Frederigo von Urbino und dem Kardinal Forteguerra in Rom die Oberhand zu gewinnen. Am 18. August 1462 erfochten dann der König von Neapel und Alessandro Sforza einen entscheidenden Sieg über Anjou und Piccinino.

Keine Ruhe gab dagegen Sigismondo Malatesta, einer der bedeutendsten jener Feudalherren in der Romagna, deren ständige Auseinandersetzungen mit dem Papsttum ihren Höhepunkt in den Feldzügen von Cesare Borgia gegen sie erreichen sollten. »Frevelmut, Gottlosigkeit, kriegerisches Talent und höhere Bildung sind selten in einem Menschen so vereinigt gewesen, wie bei Sigismondo Malatesta«, urteilte Jacob Burckhardt über ihn.[7] In der Tat, hierin den Borgia ähnlich, gibt es kaum ein Verbrechen, das ihm nicht angelastet worden wäre: »Es ist nicht nur das Urteil der römischen Kurie, sondern auch das Urteil der Geschichte, welches ihm an Mord, Notzucht, Ehebruch, Blutschande, Kirchenraub, Meineid und Verrat, und zwar in wiederholten Fällen, die Schuld gibt. Seine eigene Tochter soll er geschwängert haben, eine Notzucht seines Sohnes Roberto konnte dieser nur noch mit gezückter Waffe verhindern.«[8]

Auch für harmlosere Untaten fand Sigismondo Zeit. So ließ er Weihwasserbecken von Kirchen mit schwarzer Tinte füllen und freute sich über die Gesichter der Gläubigen, als diese feststellen mußten, wie sich das vermeintliche Weihwasser färbte. Dem Namen seines Geschlechts – Malatesta läßt sich am ehesten mit Übelkopf übersetzen – machte Sigismondo jedenfalls alle Ehre.

Sigismondo war aber auch ein ausgesprochener Liebhaber philosophischer Dispute und hielt ständig Gelehrte an seinem Hof, für die er großzügig sorgte. Man könnte dies als das Renommiergehabe eines kleinen Renaissancetyrannen abtun, würde das Gegenteil nicht durch ein Zeugnis aus berufenem Munde belegt. Pius II., der in Malatesta seinen Todfeind sah und ihn als den verschlagensten Menschen seiner Zeit bezeichnete, äußerte zu dessen Bildung: »Sigismondo kannte die Historie und hatte eine große Kunde der Philosophie; zu allem, was er ergriff, schien er geboren.«[9] Ihre nachhaltigste Wirkung hat die Neigung Malatestas für die Geschichte des Altertums und deren Philosophie in dem berühmten Tempio Malatesta in Rimini gefunden. Hier hat Sigismondo eine gotische Kirche so gründlich in einen heidnischen Tempel umgebaut, daß in der ganzen Anlage kein christliches Zeichen mehr zu finden ist.

Bei einem Gegner dieses Zuschnitts konnte die Kirche froh sein, ebenfalls über einen hervorragenden Kondottiere zu verfügen. Frederigo von Urbino hatte als Söldnerführer einen nicht weniger hervorragenden Ruf als Malatesta. Er brachte dann auch Malatesta im August 1462 und im September 1463 so schwere Niederlagen bei, daß dieser nur dank der Fürsprache Venedigs das Stadtgebiet von Rimini als Herrschaftsbereich behalten durfte.

Das große Ziel seines Pontifikates, einen Kreuzzug zur Befreiung der von den Türken eroberten ehemaligen christlichen Gebiete zustande zu bringen, erreichte Pius freilich ebensowenig wie sein Vorgänger Calixt. Eine Bulle, mit der er am 22. Oktober 1463 die Mächte Europas zum Kreuzzug aufrief, blieb ohne nennenswerte Wirkung. Gleichwohl brach er im Juli des folgenden Jahres, begleitet von einem Teil der Kardinäle, darunter d'Estouteville und Borgia, nach Ancona auf, das zum Sammelplatz der Kreuzzugteilnehmer bestimmt war.

Die Reise in der sommerlichen Hitze war für die ohnehin angeschlagene Gesundheit des Papstes alles andere als förderlich. Nach der Ankunft in Ancona verschlimmerte sich sein Zustand. Möglicherweise bedingt durch die schlechten sanitären Verhältnisse brach in der Augusthitze unter dem Häuflein, das dem Kreuzzugsaufruf gefolgt war, auch noch eine pestartige Seuche aus. Trotzdem faßte Pius den Plan, an der Spitze der kümmerlichen Kräfte, die ihm zur Verfügung standen, Mehmed selbst entgegenzuziehen, um damit den Fürsten des Abendlandes ein Beispiel zu geben. Vergeblich versuchten die den Papst begleitenden Kardinäle, ihm diesen Plan auszureden. Pius hielt an seinem Vorhaben mit einer Hartnäckigkeit fest, die auch ein ihm so wohlwollend gegenüberstehender Betrachter wie von Pastor sich nur noch damit erklären konnte, daß die schwere Erkrankung des Papstes sein Urteilsvermögen beeinträchtigt haben müsse.[10] Am 15. August 1464 hatte dann das Drama mit dem Tod von Pius ein Ende.

Mit dem Tod dieses Papstes erlosch auch der Kreuzzugsgedanke völlig. So sehr sich die Haltung von Pius und seinem Vorgänger Calixt in der Kreuzzugsfrage von der oftmals erschreckenden Eigensucht der weltlichen Herrscher der Christenheit abhebt, so kann man doch dem Erlöschen dieser Idee, die jahrhundertelang zu ergebnislosen Blutbädern zwischen Orientalen und Europäern geführt hatte, schwerlich nachtrauern. Beinahe wäre noch Rodrigo Borgia eines der letzten

Opfer, wenn schon nicht seines Kreuzzugseifers, so doch der Kreuzzugsidee geworden. Die Seuche, die in der Gegend von Ancona wütete, machte auch vor ihm nicht Halt. Als Rodrigo seinen Ärzten gegenüber die Vermutung äußerte, sich beim Geschlechtsverkehr infiziert zu haben, wollten ihn seine Ärzte schon aufgeben, denn die Krankheit galt als tödlich, wenn sie auf diese Weise übertragen wurde. Mit ihrer Prognose hatten die Ärzte indessen die Widerstandskraft von Rodrigo Borgia unterschätzt. Mit der ihm eigenen Zähigkeit und Geschicklichkeit machte er sich trotz seiner Krankheit unmittelbar nach dem Tode von Pius daran, für die Wahl eines ihm günstig gesinnten Kandidaten als Nachfolger von Pius zu sorgen. Mit Erfolg, denn bereits am 30. August konnte Rodrigo Borgia miterleben, wie in dem Konklave, an dem er wegen seiner Pestbeulen noch mit einem Kopfverband teilnehmen mußte, mit dem Venezianer Pietro Barbo der Kardinal zum Papst gewählt wurde, der ihm während der Unruhen nach dem Tode von Calixt bei der abenteuerlichen Flucht von Pedro Luiz Borgia so sehr geholfen hatte. Barbo war 48 Jahre alt und erfreute sich, auch wenn er während des Konklaves leidend war, im allgemeinen bester Gesundheit. Diese war auch nötig in Anbetracht der Probleme, die unmittelbar nach seiner Wahl auf ihn warteten. Man glaubte sich damals in Rom in die Tage nach dem Tode von Calixt versetzt: Die nach dem Tode der Päpste üblichen Unruhen mit der Verfolgung ihrer Günstlinge waren in vollem Gange. Auch der bei solchen Anlässen übliche Ärger mit Papstnepoten blieb nicht aus. Diesmal war es Antonio Piccolomini, der Herzog von Amalfi, damals Kommandant der Engelsburg, der für Aufregung sorgte. Man hatte seinetwegen sogar Bedenken, das Konklave überhaupt im Vatikan abzuhalten, da man von ihm im Hinblick auf seine engen Beziehungen zu dem König von Neapel und den Orsini eine gewaltsame Einflußnahme auf die Papstwahl fürchtete. Diese Vermutungen erwiesen sich jedoch als unbegründet. Piccolomini gab und hielt die Zusage, die Wahl nicht zu stören. Daß der Sienese Piccolomini dem Kardinalskollegium aber genau in jenen Tagen wegen seiner Beziehungen zu den Orsini besonders bedrohlich erschien, als die Orsini ihrerseits auf die Sienesen in Rom Jagd machten, ist ein schönes Beispiel für die Vielschichtigkeit der römischen Politik zu jener Zeit.

Der neue Papst war allerdings nicht der Mann, der sich das Gesetz des Handelns von anderen vorschreiben ließ. Er verfügte über ein ausgeprägtes Selbstgefühl, das wohl auch in der Tatsache begründet gewesen sein dürfte, daß seine Familie schon zwei Päpste gestellt hatte.

Er selbst galt als der Sohn einer Schwester von Papst Eugen VI., der seinerseits wiederum als Nepot von Papst Gregor VIII. galt. Aus der Zeit Eugens VI. rührt auch die enge Verbindung der Borgia mit dem Geschlecht Barbos her. Der Wertschätzung Eugens hatte Calixt seine Kardinalserhebung zu verdanken. Die enge Verbindung der beiden Häuser sollte auch dann den Tod von Calixt überdauern, wie die Unterstützung zeigt, die Barbo den Borgia während der Unruhen nach dem Tode des Papstes zukommen ließ. Auch bei der Wahl von Pius standen die beiden Kardinäle, jedenfalls in der entscheidenden Phase, gemeinsam auf der Seite des antifranzösischen Kandidaten Piccolomini. Menschlich hatten Barbo und Borgia ebenfalls manche Ähnlichkeiten. Sie gehörten mit Sicherheit zu den sogenannten weltlichen Kardinälen, wenngleich die Schwerpunkte ihrer Interessen insoweit etwas verschieden lagen. Beiden gemeinsam war ihre Neigung zum Prunk und zur Selbstdarstellung. Aber während Barbo in seiner Leidenschaft für prachtvolle Juwelen und seiner Sammlung antiker Gegenstände, die der der Medici nicht viel nachgestanden haben soll, aufging, galt als Rodrigo Borgias größte Leidenschaft seine Empfänglichkeit für die Reize des weiblichen Geschlechts. Paul II., wie sich Barbo als Papst nannte, der selbst von Frauen am päpstlichen Hof nicht viel hielt, verzieh seinem ehemaligen Kardinalskollegen diese wie auch andere Schwächen und beließ Borgia das Amt des Vizekanzlers.

Rodrigo Borgia war sich fraglos bewußt, daß er es bei Paul II. trotz aller verbindenden Gemeinsamkeiten mit einer viel schwierigeren Persönlichkeit zu tun haben würde, als bei dem friedlichen Humanisten Piccolomini. Charakteristisch für den neuen Papst war schon die Vorgeschichte der Wahl seines Papstnamens. Der von sich so eingenommene Papst wollte sich zunächst im Hinblick auf seine körperlichen Vorzüge Formosus nennen. Als dies den Kardinälen nun doch zu weltlich erschien, entschied sich Barbo für den Namen Marco. Auch dieser Name stieß freilich auf wenig Gegenliebe, erinnerte er doch bei einem Venezianer weniger an den Apostel dieses Namens als an den Schlachtruf seiner Heimatstadt »San Marco«. Immerhin zeigte sich Barbo auch den Einwänden diesem Namen gegenüber aufgeschlossen und nannte sich so schließlich Paul.[11]

Weit weniger nachgiebig zeigte er sich allerdings, als es um die Verwirklichung der Wahlkapitulation ging, die er im Konklave anstandslos unterschrieben hatte. Wie so oft hatten die Kardinäle auch in diesem Konklave versucht, die Macht des künftigen Papstes zu beschränken, indem sie den auf ihre Stimme Angewiesenen eine entsprechende Wahlvereinbarung unterschreiben ließen. Aber wie schon in allen derartigen Fällen zuvor, scheiterte auch dieser Versuch der Beschränkung päpstlicher Macht. Paul II. legte den Kardinälen nach seiner Wahl kurz entschlossen eine geänderte Abschrift der Kapitulation zur Unterschrift vor, wobei er zur Vereinfachung des Verfahrens seine Hand auf den Text legte. Über den Widerspruch eines Teils des Kardinalskollegiums gegen ein solches Verfahren setzte er sich unbeeindruckt hinweg, wobei er nicht davor zurückgescheut haben soll, den besonders widerspenstigen Kardinal Bessarion mit Gewalt zur Unterschrift zu zwingen. Vielleicht sind die Berichte über die Gewaltanwendung gegen Bessarion doch etwas aufgebauscht. Fest steht jedenfalls, daß die Wahlkapitulation während der Amtszeit von Paul II. keinerlei Bedeutung erlangte.

Man hat Paul II. wohl mit Recht als den ersten Renaissancepapst bezeichnet. Im Gegensatz zu seinen persönlich eher bescheidenen Vorgängern Calixt und Pius hielt unter Paul eine Prachtliebe im Vatikan Einzug, wie man sie bislang in diesem Umfang am päpstlichen Hof nicht gekannt hatte. Aber nicht nur in der Form, auch in der päpstlichen Politik vollzog sich eine bedeutsame Wandlung: In bester venezianischer Tradition, was bei dem Abkömmling einer alten Kaufmannsfamilie dieser Stadt nicht überraschen mußte, zeigte Paul II. im Gegensatz zu seinen Vorgängern nicht die geringste Neigung zu einem Kreuzzug gegen die Türken.

In der Frage der Verwandtenförderung hielt sich der Papst dagegen im Rahmen des üblichen: Mit Marco Barbo, Giovanni Michiel und Baptista Zeno ließ er drei Verwandte in das Kardinalskollegium wählen. Immerhin scheint er im Gegensatz zu seinen Vorgängern Pius und Calixt seiner Verwandtschaft nicht auch noch weltliche Machtstellungen zugeschanzt zu haben.

Insgesamt war die Amtsführung Pauls II., sieht man von seiner Prunksucht einmal ab, nicht schlecht. Er war ein guter Verwaltungsmann. Gegen das Bandenwesen in und um Rom ging er energisch vor und tat auch sonst einiges zur Verbesserung der Verhältnisse in der Stadt und ihrer Umgebung. »Dieser praktische Venezianer verstand sich auf die Kunst des Herrschens. Er war streng, aber oft gerecht«, urteilt Gregorovius über Paul II.[12]

Wenn das Urteil über diesen Papst gleichwohl im allgemeinen wenig freundlich ausgefallen ist, so dürfte dies zu einem nicht geringen Teil auf seinem Konflikt mit den Humanisten am päpstlichen Hof zu-

1 Papst Calixt III. bei der Verleihung des Kardinalshutes an Enea Silvio Piccolomini
Fresko von Bernardino di Betto di Biaggio, genannt Pinturicchio, in der Bibliothek des Domes von Siena, 1505–1507

2 *Papst Alexander VI.*
Ausschnitt aus einem Fresko in den Borgia-Gemächern des Vatikans
von Bernardino di Betto di Biaggio, genannt Pinturicchio,
um 1492–1495

rückzuführen sein. Diese – insbesondere ihre führenden Köpfe, wie Platina – besetzten zu einem Großteil die einkömmlichen Abbreviatorenstellen im Vatikan. Diese Stellen waren meist nur gegen erhebliche Geldsummen zu erlangen. Ihre Vergabe – oder besser ihr Verkauf – oblag bis zu Pius II. dem Vizekanzler, also Rodrigo Borgia. Um die Stellen leichter mit Leuten seiner Wahl besetzen zu können, hatte Pius dann die Zuständigkeit hierfür an sich gezogen. Paul erklärte die entsprechende Verordnung für ungültig und entließ die von Pius berufenen Abbreviatoren. Damit löste er bei diesen einen Sturm der Entrüstung aus. Ihr Wortführer, Platina, drohte dem Papst sogar mit einem Konzil, woraufhin dieser ihn in der Engelsburg festsetzte. Platina kam zwar nach einigen Monaten wieder frei, aber in der Sache blieb der Papst hart. Platina war es dann auch, der es in einer Biographie über Paul, wie es Jacob Burckhardt formulierte, »meisterlich verstanden hat, ihn dabei als rachsüchtig wegen anderer Dinge und ganz besonders als komische Figur erscheinen zu lassen«.[13]

In einer Frage freilich nahm der dem Glanz dieser Welt so zugeneigte Paul II., vielleicht gerade weil er das Leben so liebte, eine wahrhaft päpstliche und humanistische Haltung ein. In einer Zeit, in der das menschliche Leben, jedenfalls das der anderen, nicht viel zählte, verabscheute er es, die Todesstrafe auszusprechen. Er war hierin dem großen französischen Staatsmann Kardinal Mazarin nicht unähnlich, der ansonsten auch nicht zimperlich vorzugehen pflegte, aber zeit seines Lebens kein Todesurteil unterschrieben hat. Als man Paul II. wegen seiner Abneigung gegen die Verhängung von Todesurteilen Vorwürfe machte, entgegnete er: »Das Leben ist eine zu herrliche Sache, als daß es der Mensch selbst vernichten dürfte.«[14] Selbst Franz von Assisi hätte dies nicht schöner sagen können.

Am 26. Juli 1471 verstarb Paul überraschend, vermutlich nach einem Schlaganfall.

Auf den vornehmen und verschwenderischen Venezianer Pietro Barbo folgt nun mit Francesco della Rovere ein aus bescheidensten Verhältnissen stammender Fischersohn aus Savona als Sixtus IV. auf den Papstthron. Der neue Papst galt als hochintelligent, tatkräftig und charaktervoll. Schon als Kind war er dem Franziskanerorden übergeben worden und hatte sich als Professor der Philosophie und Theologie an den bedeutendsten Universitäten seiner Zeit wie Bologna, Pavia und Florenz ausgezeichnet, ehe er General des Bettlerordens der Minoriten wurde. Vielen erschien er als der geeignete Mann, um mit den Mißständen in der Kirche aufzuräumen. Auch die Römer hatten derartige Befürchtungen, und so flogen bei dem Umzug nach der Papstkrönung, die Rodrigo Borgia vorgenommen hatte, Steine nach der päpstlichen Sänfte. Auch Rodrigo Borgia war über die Wahl dieses Mannes, der so gänzlich anders geartet schien als sein Freund Barbo und er selbst, alles andere als erfreut und hatte auch zunächst im Konklave versucht, den Erfolg della Roveres zu verhindern. Doch mit dem Instinkt, den er schon bei der Wahl von Pius II. bewiesen hatte, erkannte er die wahren Kräfteverhältnisse noch früh genug, um so rechtzeitig in das Lager della Roveres überzuwechseln, daß auch dieser ihm das einträgliche Amt des Vizekanzlers der Kirche beließ.

Sehr bald sollte sich dann zeigen, daß della Rovere zwar über die ihm nachgesagte Intelligenz und Tatkraft verfügte; ihm die großen charakterlichen Fähigkeiten zuzusprechen, die viele vor der Papstwahl bei ihm zu erkennen glaubten, fiel dagegen schwerer. Mehr als je einer seiner Vorgänger widmete er sich im wesentlichen der Familienpolitik. Hier hatte er in Anbetracht einer Vielzahl von armen, aber nicht durchweg unbegabten Angehörigen, ein reiches Betätigungsfeld. »Wie Rom unter Calixt III. spanisch, unter Pius II. sienesisch gewesen war, so wurde es unter Sixtus ligurisch«, urteilte Gregorovius.[15] Nicht weniger als sechs Nepoten verlieh Sixtus den Kardinalshut. Die weiblichen Angehörigen seiner Familie verheiratete er mit den Fürstenfamilien von Mailand, Urbino, Neapel sowie den Orsini. An Verwandte gingen auch die Ämter des römischen Stadtpräfekten und des Kommandanten der Engelsburg.

Die Verwandtschaft von Sixtus verstand es, die Gunst der Stunde zu nutzen. Einer von ihnen, Kardinal Pietro Riario, der als leiblicher Sohn des Papstes galt, soll bis zu seinem frühzeitigen Tode im Alter von 28 Jahren 200 000 Goldgulden verpraßt haben. Das Jahreseinkommen Riarios, er war unter anderem Erzbischof von Sevilla, Florenz, Mende und Bischof von Treviso sowie Patriarch von Konstantinopel, belief sich auf 60 000 Goldgulden. Eine wahrhaft steile Karriere für einen Mann, der seine Laufbahn als fliegender Händler und gelegentlicher Zollschreiber in dem Hafen von Savona begonnen haben soll.

In der Familienpolitik dieses Papstes hat auch die blutige Verschwörung Pazzi in Florenz gegen die Medici ihre Ursache. Die Beziehungen zwischen Sixtus und den Medici hatten sich dabei anfangs recht gut entwickelt. Sixtus hatte zu Beginn seines Pontifikates die Bank der Medici zu der Hausbank des Vatikans gemacht. Wegen der Herrschaftsverhältnisse in der Romagna sollte es doch dann zum Bruch zwischen den Medici und dem Papst kommen. Sixtus wollte diesen Landstrich seinem Neffen Girolamo als Herzogtum zuschanzen. Florenz, Mailand und Venedig waren jedoch nicht geneigt, anstelle der kleinen Feudalherren, die in der Romagna unter ihrem Einfluß schalteten und walteten, einen mächtigen päpstlichen Nepoten als Herrscher hinzunehmen und schlossen im November 1474 ein Bündnis, um den päpstlichen Machtgelüsten entgegenzutreten. Sixtus tat sich seinerseits mit dem neapolitanischen König Ferrante zusammen. Außerdem entzog er das Amt des päpstlichen Bankiers den Medici und übertrug es der florentinischen Bankiersfamilie Pazzi, die zu den mächtigsten Gegnern der Medici zählten.

Da sich die Medici aber auch hierdurch nicht in die Knie zwingen ließen, muß bei der Papstfamilie und den Pazzi irgendwann der Plan gereift sein, die Medici mit Gewalt aus dem Weg zu räumen. Als Ort der Handlung wählte man ausgerechnet den Dom von Florenz. Für den Anschlag hatte man zunächst den Söldnerhauptmann Gianbattista Montesecco gewonnen. Als dieser jedoch hörte, daß er den Mord in einer Kirche ausführen solle, weigerte er sich. Weniger Hemmungen hatten dagegen zwei Priester, Antonio Maffei von Volterra und Stefano von Bagnora, wobei der letztere noch den schönen Titel eines apostolischen Sekretärs führte. Während einer Messe, die ein Nepot des Papstes, der 18 Jahre alte Kardinal Raffael Riario im Dom von Florenz zelebrierte, wurde der Mordanschlag ausgeführt. Den Verschwörern gelang es zwar, Giuliano Medici, den Bruder von Lorenzo, zu töten, Lorenzo selbst konnte jedoch unter dem Schutz seiner Anhänger in die Sakristei entkommen.

Die Florentiner, die überwiegend auf Seiten der Medici standen, gingen nun ihrerseits mit Gewalt gegen die Pazzi und die Anhänger des Papstes vor. Das Oberhaupt der Pazzi und der vom Papst gegen den Willen der Medici eingesetzte Erzbischof Francesco Salviati wurden gleich nach dem Anschlag zusammen mit anderen Gegnern der Medici in den Fenstern des Palastes der Signoria aufgehängt. Der junge Kardinal Riario entging nur mit Mühe diesem Schicksal, indem er die Florentiner von seiner Unschuld zu überzeugen wußte.

Daß Sixtus von dem Mordplan gewußt hat, ist nicht völlig erwiesen. Gleichwohl war dies die Überzeugung vieler und »die Heftigkeit, mit der er reagierte, als der Anschlag zur Hälfte mißlang, wirkte wie eine Bestätigung«.[16]

Nachdem Lorenzo mit Mordwaffen offenbar nicht aus dem Wege zu räumen war, besann sich der Papst auf seine geistlichen Waffen. Er belegte Lorenzo und die Florentiner Signoria mit dem Bann und drohte der gesamten Bevölkerung von Florenz mit dieser Maßnahme, wenn sie die Medici nicht binnen eines Monats verjagen würde. Als auch das nichts half, rief Sixtus die gefürchteten Schweizer Söldner ins Land und bewog seinen Verbündeten Ferrante zu einem Kriegszug gegen Florenz. Daraufhin hielt auch der Mailänder Regent Ludovico il Moro den Zeitpunkt für gekommen, das Bündnis mit Florenz und Venedig aufzugeben und in das Lager des Papstes sowie des neapolitanischen Königs überzuwechseln. Für die von dem Sohn Ferrantes geführten neapolitanischen Truppen und den unter dem Befehl des berühmten Kondottiere Frederigo von Montefeltre stehenden päpstlichen Truppen war nun der Weg nach Florenz frei, das verloren schien. Doch in dieser schwierigen Lage verbrachte Lorenzo vielleicht die größte, sicher aber die mutigste Tat seines ungewöhnlichen Lebens. Mit nur wenigen Begleitern begab er sich im Dezember 1479 an den Hof Ferrantes nach Neapel. Um diesen Schritt zu würdigen, muß man wissen, daß Ferrante in seiner Zeit als einer der grausamsten und verschlagensten Herrscher galt. Zu Galeerenstrafen verurteilte Gegner pflegte er persönlich anzuschmieden. Auch wurde ihm nachgesagt, daß er gerne zwischen den Kerkern seiner Gefangenen spazieren ging, um sich an deren Leid zu erfreuen. Selbst nach dem Tod seiner Feinde soll sich Ferrante ungern von diesen getrennt haben. Angeblich bewahrte er ihre Leichen einbalsamiert auf, um sie besichtigen zu können.

Was immer es mit diesen Vorwürfen im einzelnen auf sich gehabt haben mag, Ferrantes Ruf war jedenfalls in des Wortes wahrster Bedeutung fürchterlich.

In Italien und an den Höfen Europas staunte man daher nicht schlecht, als Lorenzo Neapel drei Monate nach seiner Ankunft unversehrt und mit allen Zeichen der Ehre bedacht als Verbündeter Ferrantes verließ. Lorenzo war es gelungen, den Herrscher Neapels davon zu überzeugen, daß der durch einen Sieg über Florenz gestärkte Kirchenstaat seinem Königreich sehr viel gefährlicher werden konnte, als das Fortbestehen eines unabhängigen florentinischen Staates. Damit war der Kampf mit einem Schlag entschieden, denn die auf Veranlassung von Sixtus gegen Florenz bereits bis Siena vorgerückten Truppen des Königs von Neapel wurden nun plötzlich die übermächtigen Beschützer der toskanischen Metropole gegen die päpstlichen Söldner.

Mit berechtigterem Jubel als Lorenzo il Magnifico nach seiner Rückkehr aus Neapel ist wohl selten ein Staatsmann begrüßt worden.

Bis zu seinem Tode im Jahre 1494 sollte er nun der unangefochten erste Mann von Florenz sein.

Sixtus versuchte zwar weiterhin, seinem Neffen Girolamo ein Herzogtum in der Romagna zu verschaffen. Aber obwohl der Papst sein Ziel mit einer solchen Hartnäckigkeit verfolgte, daß es von ihm hieß, er sei so kriegerisch, daß er schon tot umfallen würde, wenn er das Wort Friede nur höre, war Girolamo bei dessen Tode am 12. August 1484 nur Herr über die beiden Kleinstädte Imola und Forlì.

Ein Lichtblick im Pontifikat dieses Papstes stellt allenfalls seine Förderung von Kunst und Wissenschaft dar. Die Welt verdankt ihm die sixtinische Kapelle. Auf geistlichem Gebiet hat dieser Papst aber kaum etwas von Bedeutung geleistet, sieht man einmal davon ab, daß er 1478 in Spanien die Wiedereinführung der Inquisition erlaubte.

Auf die Nachricht vom Tod des Papstes brachen in Rom wieder die üblichen Unruhen aus. Diesmal waren die Colonna die treibende Kraft. Schon einen Tag nach dem Tod des Papstes verwüstete eine aufgebrachte Menge mit dem Ruf »Colonna, Colonna« den römischen Palast des Papstnepoten Girolamo völlig.

Girolamo, der gerade mit Virginio Orsini eine Colonna-Festung belagerte, wollte auf die Nachricht vom Tode seines päpstlichen Onkels mit seinen Leuten nach Rom zurückeilen. Um die Unruhen nicht noch zu verstärken und den drohenden Bürgerkrieg abzuwenden, befahlen ihm jedoch die in Rom anwesenden Kardinäle, mit seinen Leuten vor der Stadt zu bleiben, was er auch befolgte. Niemand von den Kardinälen hatte jedoch an Girolamos ungestüme Ehefrau Caterina Sforza gedacht. Obwohl sie im siebten Monat schwanger war, stürmte sie mit einigen Leuten kurzerhand die Engelsburg und versetzte diese unter den Augen der verblüfften Römer in Verteidigungsbereitschaft. Als es ihr auch noch gelang, im Schutz der Nacht 150 Mann in die Burg einzuschleusen, blieb den Kardinälen nichts anderes übrig, als Girolamo und Caterina gegen die Zusicherung einer weiteren Belehnung mit Imola und Forlì sowie der Zahlung einer erheblichen Geldsumme zum Abzug in ihre Besitzungen in der Romagna zu veranlassen. Als es dann schließlich auch noch gelang, die Colonna und Orsini zum Abzug ihrer Truppen aus Rom zu bewegen, konnte am 26. August 1484 das Konklave beginnen.

Von den 21 teilnehmenden Kardinälen kamen lediglich die Spanier Borgia und Moles sowie der Portugiese da Costa und der Franzose Hugonet nicht aus Italien. Gleichwohl hielt Borgia seine Stunde für gekommen und geizte nicht mit Versprechungen für den Fall seiner

Wahl. Auf seine Seite konnte er seinen Landsmann Moles und Giovanni d'Aragona, einen Sohn Ferrantes von Neapel, sowie Ascanio Sforza, den Bruder des mailändischen Regenten Ludovico Sforza und den Kardinal Orsini ziehen.

Sein Hauptgegner war Giuliano della Rovere, der mit Abstand bedeutendste der Nepoten von Sixtus, der als Julius II. einmal Geschichte machen sollte. Dieser hatte zwei weitere Nepoten aus seiner Familie, sowie den Genuesen Cibo und den Kardinal Colonna auf seiner Seite.

Die Zusammensetzung der beiden Lager muß auf den ersten Blick überraschen. Vor allem hätte man nicht die Unterstützung von Giuliano della Rovere durch den Kardinal Colonna erwartet, nachdem dessen Geschlecht nicht nur Sixtus bekämpft hatte, sondern nach dessen Tode eben noch an der Spitze der gegen die Rovere gerichteten Ausschreitungen in Rom gestanden hatte. Ebenso erstaunlich ist es aber, den Kardinal Orsini plötzlich an der Seite von Borgia zu sehen.

Ludwig von Pastor hat für diese Entwicklung – jedenfalls teilweise – die Treulosigkeit und Unzuverlässigkeit von Rodrigo Borgia verantwortlich gemacht.[17] Man fragt sich allerdings, was Borgia zu gewinnen hatte, wenn er sich ausgerechnet zu einem Zeitpunkt von den Colonna abwandte, als diese wegen ihres Kampfes gegen den nun allgemein verhaßten Sixtus die Sympathien der meisten Zeitgenossen auf ihrer Seite hatten.

In Wirklichkeit dürfte die überraschende Fraktionsbildung im Kardinalskollegium nach dem Tode von Sixtus ein Hinweis dafür sein, wie stark im Hintergrund schon der Einfluß der Herrscherhäuser von Spanien und Frankreich auf die italienischen Verhältnisse wirkte. Mit letzter Sicherheit ist zwar das Gewirr der verschiedenen Interessen und Bündnisse in der italienischen Politik jener Zeit nie entwirrt worden und heute auch nicht zu entwirren. Immerhin läßt sich sagen, daß die Fraktionsbildung im Konklave von 1484 bereits eine gewisse Ähnlichkeit mit jener Lage aufwies, die zehn Jahre später beim Beginn der französischen Invasion Italiens bestand. Auch hier sollte der zum Papst gewählte Spanier Rodrigo Borgia mit den Königshäusern Spaniens und Neapels sowie den Orsini gegen das französische Königshaus und die della Rovere und Colonna antreten.

Im Konklave von 1484 wollte allerdings die Mehrheit der Kardinäle weder für Borgia noch für della Rovere Partei ergreifen. Vielmehr schnitt im ersten Wahlgang Kardinal Barbo, der Nepot Pauls II., mit fast der Hälfte aller Stimmen am besten ab. Es wirft schon ein eigenartiges Licht auf die Verhältnisse im Vatikan, daß bei dieser Wahl mit Barbo, Borgia und della Rovere die drei wichtigsten Kardinäle durchweg Nepoten früherer Päpste waren. Im Gegensatz zu Borgia und della Rovere gehörte Barbo aber nicht zu den sogenannten »weltlichen« Kardinälen. Vielmehr traute man ihm, wie schon irrtümlicherweise Sixtus IV., eine Reform der Kirche zu. Dies sollte ihm zum Verhängnis werden, denn an einem Papst, der gewillt und fähig erschien, die Kirche wieder ihrer eigentlichen Bestimmung zuzuführen, war weder della Rovere noch Borgia gelegen. In Anbetracht der Aussichtslosigkeit ihrer eigenen Kandidatur versuchte nun jeder die Mehrheit für einen Kandidaten aus seinem Lager zu erlangen. Borgia versuchte es mit seinem Landsmann Moles, während della Rovere den Genuesen Battista Cibo vorschlug. Della Rovere war in diesem mit reichlichen Bestechungsgeldern geführten Kampf der Erfolgreichere.

Am 12. September 1484 wurde Battista Cibo als Innozenz VIII. zum Papst gekrönt. Anders als bei seinem Vorgänger nahm diesmal aber die Krönung nicht der Vizekanzler Rodrigo Borgia, sondern der Kardinal Piccolomini vor. Dies war zweifelsohne Ausdruck eines Machtverlustes von Borgia. Diese Machtverschiebung fand auch ihren Ausdruck in der Tatsache, daß della Rovere von seinem Palast in den Vatikan umzog. Völlig zu entmachten war Borgia jedoch nicht mehr so ohne weiteres. Dazu hatte er die fast 30 Jahre, die er als Kardinal und Vizekanzler an den Schalthebeln der Macht der katholischen Kirche verbracht hatte, zu gut genutzt. Die Mächte, die hinter Borgia standen, waren zu stark, als daß es della Rovere oder gar Innozenz gewagt hätten, ihm das Amt des Vizekanzlers zu nehmen.

Der neue Papst erregte zunächst hauptsächlich durch das Gerücht Aufsehen, seine Familie sei asiatischen Ursprungs. Völlig aus der Luft gegriffen scheinen diese Gerüchte nicht gewesen zu sein. Auch ein jedem Klatsch abgeneigter, so hervorragender Kenner der Materie wie von Pastor hat zu dieser Frage immerhin festgestellt: »Ob die Cibos asiatischen Ursprungs sind, ob sie mit den Tommacelli, den Angehörigen von Innozenz VII. [VIII.] zusammenhängen, bleibt ungewiß.«[18]

Der Vater von Innozenz VIII. war ein hoher Verwaltungs- und Justizbeamter, der, ehe er 1455 Senator in Rom wurde, lange Jahre im Dienst des Königreichs Neapel gestanden hatte. Vielleicht hat dies und die Tatsache, daß Battista Cibo selbst einige Jahre am neapolitanischen Königshof verbracht hatte, dazu beigetragen, ihn bei der Papstwahl auch für einen Teil der spanisch-aragonesischen Partei annehmbar erscheinen zu lassen. Aus der neapolitanischen Zeit Cibos stammten auch seine beiden Kinder Franceschetto und Teodorina. Ob er noch weitere Kinder gehabt hat, ist umstritten. Ein Autor spricht ihm insgesamt noch 16 zu, während sich ein anderer auf sieben beschränkt. Beides ist jedoch unwahrscheinlich, denn Kinder, deren Väter zu Päpsten gewählt wurden, pflegten, wie man schon an den Vorgängern von Innozenz gesehen hat, spätestens nach der Wahl, wenn auch teilweise als Nepoten getarnt, bekannt zu werden. Bei Innozenz hat man aber außer dem erwähnten Franceschetto und seiner Schwester Teodorina, zu deren Vaterschaft sich Cibo auch als Papst offen bekannt hat, weder von weiteren Kindern noch von Nepoten je etwas bemerkt, was dafür spricht, daß es sie auch nicht gegeben haben dürfte.

Man kann nicht behaupten, daß sich der vorübergehende Machtverlust von Rodrigo Borgia zu Gunsten des später als Papst so hoch berühmten della Rovere für die Kirche vorteilhaft ausgewirkt hätte. In diese Epoche fällt im Gegenteil der Erlaß einer der verhängnisvollsten Bullen, die die Geschichte des Papsttums kennt: Mit der Hexenbulle »Summis desiderantes affectibus« wurde die Grundlage für eines der trübsten Kapitel in der europäischen Geschichte geschaffen. Weniger folgenschwer, aber nicht weniger kleingeistig war die Exkommunikation des genialen Philosophen Pico della Mirandola, der in seiner Schrift »De hominis dignitate« mit 900 Thesen den Versuch unternahm, die Gemeinsamkeiten von Christentum, Heidentum und der Philosophie des Orients herauszustellen. Die geistige Kraft, sich mit diesen Thesen auseinanderzusetzen, hatte die Kirche offenbar nicht, so daß man es vorzog, sie kurzerhand zu verbieten. Das gegen Mirandola eingeleitete so gefährliche Inquisitionsverfahren hat Borgia dann als Papst später niedergeschlagen und della Mirandola mitteilen lassen, daß alles verziehen sei. Wenn auch aus dem Verhalten von Rodrigo Borgia ein gewisser Hochmut sprechen mag, so wirkt es doch noch annehmbarer als die Verfolgungsmaßnahmen von Innozenz und della Rovere.

Im übrigen kam auch bei Innozenz die Familienpolitik nicht zu kurz. 1487 verheiratete der Papst seinen Sohn Franceschetto mit Maddalena Medici, einer Tochter Lorenzos. Der Preis für diese Verbindung mit der wohl reichsten Familie jener Epoche war der Kardinalshut für den 18jährigen Giovanni Medici, einen Sohn Lorenzos, der später als Leo X. Papst werden sollte. Als Franceschetto seinen künftigen Schwiegervater in Florenz aufsuchte, wunderte er sich, daß er und die Medici selbst bei Mahlzeiten sehr viel bescheidener bewirtet wurden als sein Gefolge und die übrigen Gäste. Lorenzo, hierauf von ihm angesprochen, antwortete nur: »Nun, ich behandle Dich als Mitglied der Familie. Ich selbst, meine Frau und meine Kinder, zu denen ich Dich von jetzt an zähle, haben nie etwas davon gehalten, uns den Magen zu verderben. Dieses Risiko überlassen wir lieber unserem Personal.«[19]

Für die päpstliche Politik wirkte sich die Verbindung mit den Medici insofern günstig aus, als es Lorenzo gelang, sich bei Innozenz Gehör zu verschaffen und den Einfluß des bis dahin allmächtigen della Rovere zurückzudrängen. Es war zweifellos Lorenzos Verdienst, daß die päpstliche Politik in friedlichere Bahnen gelenkt wurde, als dies unter dem maßgeblichen Einfluß della Roveres der Fall gewesen war. Dieser hatte 1485 noch eine Kostprobe seines kriegerischen Stils geliefert, indem er die »Verschwörung der Barone« im Königreich Neapel gegen Ferrante unterstützte. Ferrante blieb Sieger und rottete den aufständischen Adel in einem der »grausigsten Tragödien dieses Jahrhunderts«[20] aus.

Nach einem kraftlosen Pontifikat starb Innozenz am 25. Juli 1492. Wenige Monate zuvor war am 7. April 1492 mit erst 44 Jahren Lorenzo de Medici in Florenz gestorben. Der sonst so zynische Ferrante äußerte auf die Nachricht von Lorenzos Tod, daß dieser zwar für seinen eigenen Ruhm lange genug, für das Wohl Italiens aber viel zu kurz gelebt habe. Es ist nicht überliefert, daß jemand den Tod von Innozenz mit ähnlichen Worten beklagt hätte.

Papst Alexander VI.

In der Nacht vom 10. auf den 11. August 1492 wurde Rodrigo Borgia einstimmig zum Papst gewählt.

Der Ausgang dieser Wahl war deshalb überraschend, weil Borgia zu Beginn des Konklaves am 6. August keine großen Chancen eingeräumt worden waren. Wesentlich bessere Aussichten hatten nach allgemeiner Meinung der Portugiese da Costa sowie die italienischen Kardinäle Ardicinio della Porta, Ascanio Sforza und Giuliano della Rovere. Für den Fall der Wahl della Roveres sollen der französische König 200000 und Genua 100000 Dukaten zur Verfügung gestellt haben. Gleichwohl gelang es Rodrigo Borgia nach drei für ihn alles andere als ermutigenden Wahlgängen, seine Gegner zu überspielen und sich einstimmig zum Papst wählen zu lassen.

Man hat, sicher zu Recht, behauptet, daß Borgia sich ein Großteil der Stimmen erkauft habe. Es unterliegt auch keinem Zweifel, daß es Borgia verstanden hat, sich in seiner mehr als 35jährigen Tätigkeit als Kardinal und Vizekanzler der Kirche genug Gelder und Einkunftsquellen zu verschaffen, um verlockende Wahlversprechungen machen zu können. Allein in Spanien verfügte er über die Einkünfte aus 16 Bistümern. In Italien bezog er Einkünfte aus zahlreichen Abteien, wovon etwa die von Subiaco 22 Burgen umfaßte. Auch die im Falle seiner Wahl freiwerdende Stelle des Vizekanzlers der Kirche war mit Einkünften von 8000 Dukaten und den Geldern der für den Verkauf von kirchlichen Ämtern zuständigen Datarei, nicht zu verachten. Mit ihr konnte sich Rodrigo Borgia immerhin die Stimme von Ascanio Sforza erkaufen. Aber wenn es auch keinem Zweifel unterliegt, daß Borgia bei der Papstwahl mit allen ihm zur Verfügung stehenden Mitteln gekämpft hat, so ist doch festzustellen, daß er weder der erste noch der letzte Papst war, der sich dieser Mittel bediente, und mindestens ein Teil seiner Mitbewerber hat ihm weder an Bestechungsmitteln noch an Skrupellosigkeit im geringsten nachgestanden.

Der zu Beginn des Jahres 1431 in Játiva in Valencia geborene Rodrigo Borgia war 61 Jahre, als er zum Papst gewählt wurde. In Rom wurde diese Wahl bejubelt. Für die meisten seiner Zeitgenossen war er damals noch nicht jenes Ungeheuer, als das er dann in die Geschichte eingegangen ist. Im Gegenteil, die Urteile über ihn fallen eher günstig aus. So schreibt Sigismondo de Conti, gewiß keiner von Borgias Lobrednern, über ihn: »Seit 37 Jahren sitzt er im Kardinalskollegium und seit seiner Erhebung durch seinen Oheim Calixt III. hat er niemals ein Konsistorium verabsäumt, außer bei Krankheit, was übrigens sehr selten der Fall war. Bei Pius II., Paul II., Sixtus IV. und Innozenz VIII. galt er viel. Er war Legat gewesen, in Spanien und Italien. Auf die Etikette verstand er sich weit besser als andere.

Er wußte sich sehr geschickt zu geben, verfügte über eine glänzende Sprache und würdevolles Auftreten. Dazu kam seine majestätische Gestalt. Auch stand er gerade in dem Alter, in welchem nach Aristoteles die Menschen am klügsten sind, er zählte etwa 60 Jahre. Infolge seiner körperlichen Rüstigkeit und geistigen Frische konnte er den Verpflichtungen seiner neuen Stellung entsprechen.«[1] Jacopo Gherardi da Volterra beschreibt Borgia als einen Mann »von hochstrebendem Sinn, bei mäßiger Bildung von fertiger und kraftvoll gesetzter Rede; verschlagen von Natur und vor allem von bewundernswertem Verstand in der Handlung der Geschäfte«.[2] Ähnlich schildert ihn Hieronymus Porticus als einen Mann »von hoher Gestalt, von mittlerer Bildung; seine Augen sind schwarz, sein Mund etwas voll, seine Gesundheit ist blühend, er verträgt über jede Vorstellung Mühen aller Art. Er ist außerordentlich beredt; jedes unzivilisierte Wesen ist ihm fremd.«[3] Erwähnenswert ist auch ein Urteil, das Gaspare da Verona über den jungen Borgia fällte: »Seine Sprache ist edel und gefällig. Er entzückt vornehme Damen, wo er sie trifft und übt eine wunderbare Anziehungskraft auf sie aus, stärker als das Magnet den Eisen anzieht. Aber man glaubt, daß er sie alle unberührt wieder fortschickt.«[4] Letztere Feststellung wird man wohl nicht allzu ernst nehmen dürfen. Möglicherweise hat sie ihre Ursache darin, daß diese Charakterisierung noch zu Lebzeiten des sittenstrengen Calixt erfolgte und Gaspare dem Vizekanzler der Kirche keine Ungelegenheiten bei seinem päpstlichen Onkel bereiten wollte. Wahrscheinlich aber sollte mit dieser Bemerkung nur scherzhaft auf die schon allgemein bekannte Empfänglichkeit Borgias für die Reize des weiblichen Geschlechts angespielt werden.

Von allen Frauen im Leben von Rodrigo Borgia hat Vannozza de Catanei die wichtigste Rolle gespielt. Die Herkunft der Mutter von

Cesare, Juan, Lucrezia und Joffre liegt freilich im Dunkeln. Möglicherweise ist das kein Zufall, denn selbst auf ihrem Grabstein waren nur ihr Geburtsjahr 1442 und die Namen ihrer vier Kinder eingemeißelt. Der Geburtsort selbst fehlte.

Dies hat natürlich zu den verschiedensten Vermutungen Anlaß gegeben. Manche Historiker halten Vannozza für eine Römerin mit etwas fragwürdiger Vergangenheit, andere für eine Mantuanerin, die schon 1459 auf dem dortigen Kongreß dem Charme des Kardinals Borgia erlag. Zumindest das letztere ist unwahrscheinlich, denn das Geburtsdatum ihrer vier Kinder – Cesare wurde 1475, Juan 1476, Lucrezia 1480 und Joffre 1481 geboren – legt die Vermutung nahe, daß das Verhältnis zwischen Borgia und Vannozza erst erheblich später begonnen hat.

Vannozza war mindestens dreimal verheiratet. Nachdem ihr erster Mann, ein gewisser Domenico d'Arignano, verstorben war, vermählte sie Borgia 1480 mit einem Mailänder namens Giorgio de Croce und nach dessen Tode 1485 mit dem Mantuaner Carlo Canale. Alle drei wurden von Borgia mit auskömmlichen Posten an der Kurie versorgt. Vannozza selbst erwarb in Rom umfangreichen Grundbesitz. Auch nachdem Borgias Leidenschaft für sie Ende der 80er Jahre erlosch, blieb sie mit ihm eng verbunden. 1518 ist sie dann als hochangesehene und wohlhabende Frau in Rom gestorben. An ihrem Begräbnis nahmen auf Veranlassung von Leo X. auch hohe Würdenträger des päpstlichen Hofes teil.

Außer den Kindern von Vannozza hatte Rodrigo Borgia noch mindestens zwei Töchter und einen Sohn, denen er ebenfalls ein vorbildlicher Vater war: Pedro Luiz muß um 1460 geboren worden sein. Ihn schickte sein Vater an den spanischen Königshof, wo er dann Maria Enriquez, die Tochter des mächtigen Schwagers des spanischen Königs, heiratete und 1485 das reiche Herzogtum Gandìa als Lehen bekam. Bei einem Aufenthalt 1488 in Rom erkrankte Pedro Luiz allerdings und starb im August dieses Jahres. Zu seinem Alleinerben hatte er Juan, den zweiten Sohn von Rodrigo und Vannozza, bestimmt. Die Nichtberücksichtigung Cesares dürfte sich durch die Tatsache erklären, daß dieser bereits für die geistliche Laufbahn bestimmt war.

Neben Pedro Luiz und den Kindern Vannozzas hatte Rodrigo mit Bestimmtheit noch zwei weitere Töchter: Die früh verstorbene Girolama und Isabella, die mit einem römischen Adligen verheiratet war und ein unauffälliges Leben führte.

Die Kinder Alexanders und Vannozzas

Gerne wüßte man mehr über die Jugend der Kinder Alexanders und Vannozzas. Aber von Juan sowie Joffre wird fast nichts, über Cesare und Lucrezia nur sehr wenig berichtet. Dies ist freilich kein Zufall, denn auch nach den Maßstäben der Renaissance galt eine Vielzahl von Kindern nicht eben als Ruhmesblatt für die Lebensführung eines Kardinals. Dies allein hätte Alexander, der sich zeit seines Lebens aus der öffentlichen Meinung wenig machte, sicher nicht veranlaßt, seine Vaterschaft so gut es ging zu verbergen. Aber der Ehrgeiz, eines Tages den Papstthron zu besteigen, bewog ihn doch, seine Kinder im Hintergrund zu halten. Dies mag auch erklären, daß er sich bei Cesare und Joffre erst ein Jahr nach der Papstwahl zu seiner Vaterschaft bekannte. Bei Joffre könnte hierbei allerdings der Verdacht mitgespielt haben, dieser sei gar nicht sein eigener Sohn, sondern die Folge eines Seitensprungs Vannozzas mit ihrem damaligen Ehemann Giorgio di Croce.[1] Diese Vermutung ist so abwegig nicht, denn Joffre zeichnete sich – wie es scheint, auch im sexuellen Bereich – durch ein beträchtliches Phlegma aus, was sich von den anderen Borgia ja nun wirklich nicht behaupten läßt.

Sicher mehr noch als Joffre dürfte Cesare unter dem Versuch gelitten haben, seine wahre Herkunft zu verbergen. In einer Bulle von Sixtus IV. wurde Cesare als Sohn einer verheirateten Frau und eines Bischofs ausgegeben. Da die Söhne verheirateter Frauen juristisch als Söhne der Ehemänner galten, wurde Cesare auf diese Weise der Sohn von Vannozzas damaligem Ehemann Domenico d'Arignano. Diese Legitimation Cesares belegt freilich, welche Ziele Alexander schon damals mit ihm verfolgte. Uneheliche Söhne konnten nach Kirchenrecht nicht die Kardinalswürde erlangen, was hingegen einem Cesare d'Arignano ohne weiteres möglich war. Doch auch bei der Legitimation Cesares bekannte sich Alexander durchaus nicht öffentlich zu seiner Vaterschaft. Vielmehr gestattete er Cesare nur, den Namen Borgia zu führen. Lediglich in einer gleichzeitig ergangenen geheimen Bulle bekannte er, Cesares Vater zu sein. Man kann nur mutmaßen, welche Spuren diese Vorgänge in der Seele des ebenso intelligenten wie in eigener Angelegenheit empfindlichen Cesare hinterlassen haben.

Bezeichnend für das Dunkel, das über der Jugend der Kinder Alexanders und Vannozzas liegt, ist die Tatsache, daß man nicht einmal ihren Geburtsort sicher kennt. So ist beispielsweise bei Cesare strittig, ob er in Italien oder möglicherweise während eines Aufenthalts Alexander und Vannozzas in Spanien geboren wurde. Aufgrund der Inschrift eines Hauses in Subiaco bei Rom »Hier wurde der Herzog von Valence geboren« neigt man heute dazu, diesen Platz als Geburtsort Cesares anzusehen, wofür auch sprechen könnte, daß das Kloster von Subiaco in dieser Zeit Alexander unterstand. Noch unsicherer sind die Geburtsorte von Juan, Lucrezia und Joffre.

Mit großer Wahrscheinlichkeit sind sämtliche vier Kinder in dem nahe beim Vatikan gelegenen Palast ihrer Mutter an der Piazza Pizzo di Merlo aufgewachsen. Sicher ist auch, daß ihnen eine nach den Maßstäben der Zeit umfassende Erziehung zuteil wurde. Von Cesare und Lucrezia weiß man, daß sie außer Italienisch und Spanisch auch Französisch, Griechisch und Latein wenigstens in Grundzügen beherrschten. Wenn sich Alexander in späteren Jahren einmal mißbilligend über die Unvollständigkeit der Lateinkenntnisse Lucrezias äußern sollte, so zeigt doch gerade diese Bemerkung, welche Bedeutung er der Bildung seiner Kinder beimaß.

Gegen 1488 wurde Cesare zum Studium der Rechtswissenschaften nach Perugia geschickt. An die Spitze seines Gefolges stellte Alexander mit dem Spanier Juan Vera einen seiner engsten Vertrauten, den er später zum Kardinal ernannte. 1490 wechselte Cesare dann an die Universität von Pisa, deren juristische Fakultät nicht zuletzt wegen des dort lehrenden berühmten Mailänder Rechtsgelehrten Filippo Decio einen hervorragenden Ruf genoß. Hier machte Cesare die Bekanntschaft von Giovanni Medici, der einst als Leo X. den Papstthron besteigen sollte. Wie Cesare damals aufzutreten pflegte, zeigt ein Bericht des Kanzlers Giovannis: »Wir wollten ihn (Cesare) einen Vormittag zum Essen einladen, sofern das Wetter gut wäre, noch in der gleichen Woche... und dann kam er so wohl versehen mit Tüchern und Silber, daß wir ein wenig bestürzt waren, weil wir nicht Gleichwertiges zu bieten hatten.«[2]

Ausgerechnet einen Medici durch den eigenen Luxus in Verlegenheit gebracht zu haben, dürften neben Cesare nur wenige für sich in Anspruch nehmen können. Ob ihm dieses wohl doch etwas parvenühafte Auftreten die Sympathien Giovannis einbrachte, ist nicht überliefert.

Immerhin wußte Cesare auch durch seine Leistungen zu überzeugen, denn der ihm kritisch gegenüberstehende Paolo Giovio sollte später seine hervorragenden Fähigkeiten sowohl im kanonischen als auch im zivilen Recht lobend hervorheben.

Trotz Cesares beachtlicher Studienleistungen zeigte der Klerus des Bistums Pamplona wenig Begeisterung, als Innozenz VIII. den eben 15jährigen zu dessen Bischof ernannte. Auch begütigende Schreiben Cesares und seines Vaters halfen nichts. Erst als der Papst den widerspenstigen Navarresen mit harten Strafen drohte, beruhigten sich die Gemüter einigermaßen.

Die Nachricht von der Wahl seines Vaters zum Papst im August 1492 erhielt Cesare allerdings nicht in Pisa, sondern bei der Palio von Siena, an der er mit einem eigenen Pferd teilnahm; nicht unbedingt zur Freude der Konkurrenz, denn Cesare scheint schon damals jedes Mittel zum Erfolg recht gewesen zu sein: Sein Pferd kam als erstes ins Ziel, weil sein Reiter kurz vorher abgesprungen war. Die Jury hatte für diese Taktik jedoch kein Verständnis und sprach den Sieg einem Pferd des Markgrafen von Mantua zu. Cesare, der schon vor dem Rennen auf die Nachricht von der Papstwahl seines Vaters nach Rom geeilt war, nahm dies zum Anlaß, in einem wütenden Brief an die Signoria von Siena den Sieg für sich zu beanspruchen. Vermutlich hätte er nicht übel Lust gehabt, die vermeintliche Schmach an der Spitze von Söldnern zu rächen. Aber über die verfügte er zum Glück noch nicht. Immerhin zeigt die Teilnahme des 16jährigen Cesare mit einem eigenen erstklassigen Rennpferd an der Palio ebenso wie die Einladung bei Giovanni Medici in Pisa, daß aus der wahren Herkunft Cesares kein allzu großes Geheimnis gemacht worden sein kann.

In Rom sah Cesare dann auch seinen jüngeren Bruder Juan wieder, den er schon damals um seine weltliche Laufbahn am spanischen Königshof beneidet haben dürfte. Äußerlich scheinen sich Cesare und Juan ähnlich gewesen zu sein, denn beide werden als überdurchschnittlich groß und athletisch geschildert. Beide hatten sie eine dunkle Gesichtsfarbe und dunkle Haare, die einen Zug ins Rötliche aufwiesen. Sie galten als ausgesprochen gutaussehend, wobei jedoch Cesares Gesicht später durch Flecken und Narben entstellt wurde, die mit aller Wahrscheinlichkeit von einer Syphiliserkrankung herrührten. Über das Auftreten der beiden Papstsöhne gibt es einen Bericht des ferraresischen Gesandten Boccaccio vom März 1493:

»Ich traf Cesare vorgestern zu Hause in Trastevere; er ging gerade auf die Jagd in einer ganz weltlichen Kleidung, d. h. in Seide und bewaffnet, nur mit einer kleinen Clerica wie ein einfacher Kleriker der Tonsur. Indem ich mit ihm ritt, unterhielt ich mich eine Weile mit ihm. Meine Bekanntschaft mit ihm ist sehr familiär. Er ist von großem und ausgezeichnetem Genie und von vornehmem Naturell; er trägt die Art eines großen Fürstensohnes zur Schau; er ist ganz besonders heiter und fröhlich, ganz und gar Festlichkeit. Bei seiner großen Bescheidenheit macht er eine viel bessere und vorzüglichere Erscheinung als sein Bruder, der Herzog von Gandìa. Auch dieser ist gut begabt. Der Erzbischof hatte niemals Neigung zum geistlichen Stande. Aber sein Benefizium trägt ihm mehr als 16000 Dukaten ein. Wenn jenes Projekt der Vermählung zustande kommt, so werden seine Pfründen einem anderen seiner Brüder (Joffre) zufallen, welcher etwa 13 Jahre alt ist.«[3]

Die Beschreibung Boccaccios deckt sich mit dem Bild, das die sonstigen Quellen aus jener Zeit von den drei Brüdern vermitteln. Joffre war damals so unbedeutend, daß meist nur sein Name erwähnt wird; daran sollte sich auch später nicht viel ändern. Juan, wohl Alexanders Lieblingssohn, galt als unreifer, überheblicher und verwöhnter Junge. Die von Boccaccio erwähnte Begabung sollte ihn auch später nicht hindern, häufig ausgesprochen arrogant aufzutreten. Den mit Abstand besten Eindruck machte – trotz gelegentlicher protziger Anwandlungen – Cesare. Interessant ist, daß der Gesandte glaubt, Cesares Bescheidenheit und Heiterkeit besonders hervorheben zu müssen. Da Cesare sein ganzes Leben ein stets an seinen Ruhm denkender, verschlossener Einzelgänger gewesen ist, zeigt dieser Bericht, daß er auch in jungen Jahren schon die Kunst des Täuschens vollkommen beherrschte.

Ein völlig anderer Typ als ihre kräftig gebauten, eher südländisch dunklen Brüder war die zierliche und blonde Lucrezia, über die ein Zeitgenosse schrieb:

»Sie ist von mittlerer Größe und anmutiger Gestalt, ihr Gesicht ist eher lang, die Nase schön geschnitten, das Haar golden, die Augen haben keine besondere Farbe; ihr Mund ist ziemlich groß, die Zähne sind strahlend weiß, ihr Hals ist schlank und schön, ihr Busen bewunderungswürdig geformt. Immer ist sie fröhlich und lächelt.«[4]

Diese Beschreibung paßt recht gut zu der Darstellung Lucrezias durch Pinturicchio in den »Appartamenti Borgia« im Vatikan. Auch dort erscheint Lucrezia als zarte, fast zerbrechliche Mädchengestalt, in deren Zügen ein eigenartiger Charme liegt. Lediglich der fragende Gesichtsausdruck mit dem eher kleinen Mund unterscheidet das Gemälde von der Beschreibung. Bei Pinturicchio macht Lucrezia den Eindruck eines gerade der Kindheit entwachsenen Mädchens, das sich vergeblich fragt, was eigentlich in seiner Umgebung vorgeht.

Lucrezia lebte nur acht Jahre im Haus ihrer Mutter. Es scheint eine glückliche Zeit gewesen zu sein. Jedenfalls stand Lucrezia mit Vannozza bis zu deren Tode in einem ständigen Briefwechsel, dessen Inhalt auf eine ungetrübte Beziehung zwischen den beiden Frauen schließen läßt. Welche Gründe Alexander gleichwohl bewogen, Tochter und Mutter zu trennen, kann man nur vermuten. Möglicherweise traute er Vannozza nicht zu, Lucrezia so zu erziehen, wie er es sich wünschte. Jedenfalls kam Lucrezia 1488 in den römischen Haushalt von Adriana de Mila. Adriana war die Tochter von Alexanders Bruder Pedro Luiz dem Älteren, der beim Tode von Calixt vor den Orsini aus Rom geflohen war und in Civitavecchia auf nie ganz geklärte Weise den Tod gefunden hatte. Trotz des Schicksals ihres Vaters hatte sich Adriana ihrerseits mit einem Orsini verheiratet, der allerdings schon verstorben war, als Lucrezia in ihr Haus kam. Bei Adriana lebte nur noch ein Sohn aus dieser Ehe, Ursus Orsini.

Ursus Orsini heiratete im Mai 1489 die etwa 15jährige Giulia Farnese, die damals schon wegen ihrer Schönheit in Rom »la bella Giulia« genannt wurde. Ob diese Ehe, wie gelegentlich behauptet, von dem damals 57jährigen Alexander nach bewährtem Muster zur Tarnung eines Verhältnisses mit Giulia als Scheinehe eingefädelt wurde, ist zweifelhaft.[5] Zumindest der Ehemann Giulias scheint hier entschieden anderer Ansicht gewesen zu sein. Fest steht aber, daß Giulia, die nach der Hochzeit ebenfalls in den Palast Adrianas zog, bald nach der Eheschließung die Mätresse Alexanders geworden ist. Die Hausherrin war sich dabei nicht zu schade, dieses Verhältnis ihrer Schwiegertochter gegen den Willen des eigenen Sohnes zu unterstützen. Für Lucrezia, der dies alles nicht verborgen bleiben konnte, ein erster Einblick in die Moral ihrer Umgebung. Ein Einblick freilich, der sich, gemessen an den Dramen, die sie in dieser Beziehung noch erleben sollte, eher harmlos ausnimmt.

Beginn des Pontifikats von Alexander VI.

Am 26. August 1492 wurde Rodrigo Borgia mit allem Pomp, dessen die katholische Kirche bei solchen Anlässen fähig ist, als Alexander VI. zum Papst gekrönt.

An diesem Tage mußte der Neugewählte nicht vor den Steinwürfen der aufgebrachten Römer geschützt werden. Im Gegenteil, die Römer jubelten ihm zu. Der Ruf des neuen Papstes als lebensfroher Mann erweckte bei ihnen die Hoffnung, daß auch sie während seines Pontifikates nicht zu kurz kommen würden. Ihre Erwartungen kamen, wenn auch nicht besonders geschmackvoll, in dem Distichon zum Ausdruck:

»Rom hat groß gemacht einen Cäsar, nun hebt Alexander kühn es zum Gipfel empor, Mensch der, dieser ein Gott.«

Der Umritt Alexanders durch Rom – anders als Innozenz ließ er sich nicht in einer Sänfte tragen – dauerte in der glühenden Sommerhitze den ganzen Tag. Diese Strapaze, verbunden mit der inneren Erregung, war denn auch für den robusten 62jährigen Alexander zu viel. Als er am Abend vom Pferd stieg, befiel ihn eine Ohnmacht, die sich dann am Altar in der Basilika des Laterans wiederholte. Vielleicht für manche der Nachdenklicheren unter den Anwesenden ein Zeichen der irdischen Vergänglichkeit.

Alexander erholte sich jedoch rasch genug, um sich bereits in den folgenden Tagen mit voller Kraft seinem neuen Amt widmen zu können und – regelmäßig die erste wichtige Aufgabe neugewählter Päpste – daran zu gehen, in Rom die Ordnung wieder einigermaßen herzustellen. Die Unruhen, die in Rom seit der Erkrankung seines Vorgängers herrschten – man sprach von mehr als 200 Morden – beendete Alexander jedenfalls rasch. Zugleich war Alexander um geordnete Marktverhältnisse und um die Bekämpfung von Mißständen in der Justiz und Verwaltung bemüht. Bereits im September 1492, so berichtet sein Chronist Burchard, »ernannte Alexander Gefängnisinspektoren, außerdem vier Kommissare, um Klagen in Rom anzuhören. Ferner ernannte er die Verwaltung von Vignola mit seinen Beamten, setzte für Mittwoch Audienz für alle Bürger an, Männer wie Frauen, nahm selbst die Klagen entgegen und begann in bewundernswerter Weise mit der Rechtspflege.«[1]

Bei dem Versuch, ein wirklichkeitsgetreues Bild von Alexander zu gewinnen, sollte man diese Stelle aus dem Tagebuch Burchards nicht vergessen. Wichtig ist dieses Lob auch deshalb, weil Burchard, der in der Folge auch weniger Rühmliches über Alexander und seine Familie zu berichten weiß, von den Verteidigern der Borgia oft vorgeworfen worden ist und wird, er sei diesen feindlich gesinnt gewesen und habe deshalb ungünstig über sie berichtet. Ein Beweis für diese Behauptung ist jedenfalls das oben wiedergegebene Zitat aus dem Tagebuch Burchards sicher nicht.

Auch in seiner persönlichen Lebensführung gab Alexander – von seiner zu einem Papst nicht ganz passenden Neigung zum weiblichen Geschlecht abgesehen – keinen Anlaß zur Klage. Nach einem Bericht des Gesandten Ferraras pflegte Alexander nur einmal am Tag, dann allerdings ausgiebig, zu speisen. Auf besonderen Luxus legte Alexander aber auch bei dieser Mahlzeit keinen Wert. Jedenfalls wird berichtet, daß Cesare und viele Kardinäle, wie etwa Ascanio Sforza, sich nach Möglichkeit der Ehre zu entziehen versuchten, Tischgenossen des Papstes bei dieser Mahlzeit sein zu dürfen. Die Mäßigung Alexanders beim Essen und Trinken wird auch durch die Rechnungsbücher der Kurie belegt, in denen die jährlichen Ausgaben beziffert werden.[2]

Nach der Wahl Alexanders beeilten sich die italienischen Mächte, ihre Obedienzbotschaften nach Rom zu schicken. Als erste kamen die Florentiner, deren Oberhaupt Piero de Medici, Lorenzos Sohn und Nachfolger, es sich nicht nehmen ließ, die florentinische Gesandtschaft persönlich anzuführen. Ludovico il Moro schickte seinen Neffen Ermes. Der Regent von Mailand war über die Wahl Borgias besonders erfreut, weil sich sein Bruder Ascanio mit seiner Stimme für den neuen Papst das Amt des Vizekanzlers gekauft hatte. Weniger glücklich über diese Ernennung war naturgemäß Ferrante von Neapel, der Gegenspieler der Sforza. Gleichwohl ließ er Alexander unmittelbar nach dessen Wahl durch Virginio Orsini seiner Ergebenheit versichern. An die Spitze seiner Gesandtschaft stellte er seinen zweiten Sohn Frederigo von Aragon, wobei allerdings nicht unbemerkt blieb, daß dieser während seines Aufenthaltes in Rom im Palast von Giuliano della Rovere wohnte. Als letzte der italienischen Mächte schickten die Venezianer ihre Gesandtschaft. Sie waren zwar von der Wahl Borgias nicht begeistert, weil sie von seiner energischen Persönlichkeit Schwierigkeiten für ihre Eroberungspolitik in der Romagna befürchteten. Ihre Gesandten ließen sich freilich hiervon nichts anmerken. Etwas unsanftere Töne erlaubten sich lediglich die Herrscher Frankreichs und Spaniens. Der spanische König ließ Alexander durch seinen Botschafter Diego Lopez de Haro wissen, daß er die Sache des neapolitanischen Königs als die seines eigenen Hauses betrachte. Der französische Botschafter verlangte hingegen die Belehnung seines Königs mit Neapel und reiste, als er hiermit nicht durchdrang, ohne förmliche Obedienzleistung wieder ab. Die Zukunft warf bereits ihre Schatten. Aber weder diese Schatten, noch die energische Bekämpfung der Mißstände in Rom und an der Kurie hielten Alexander davon ab, sich seiner zweifellos größten Leidenschaft, der Förderung seiner Familie, zu widmen. Schon in seinem ersten Konsistorium vier Tage nach seiner Krönung vergab er sein 16000 Dukaten im Jahr einbringendes Bistum Valencia an seinen Sohn Cesare, dem er schon als Vizekanzler das Bistum Pamplona verschafft hatte. Seinen Neffen Juan Borgia, damals Erzbischof von Monreale, erhob er zum Kardinal. Zahlreiche andere Angehörige des Hauses Borgia kamen so rasch zu Amt und Würden, daß der Botschafter Ferraras schon im November 1492 schrieb: »Nicht zehn Papsttümer würden ausreichen, diese Sippschaft zu befriedigen.«[3]

Auch vor Skandalen schreckte Alexander nicht zurück. Bereits als Kardinal hatte er 1491 die damals elfjährige Lucrezia mit Don Juan de Centelles, einem Angehörigen des alten spanischen Adelsgeschlechtes der Grafen von Oliva, verlobt. Dieser Verlobung folgte bald eine weitere Verlobung Lucrezias mit einem anderen spanischen Adligen, dem Sohn des Grafen von Procida. An dieser Verbindung war Alexander so gelegen, daß er die Verlobung Procidas mit Lucrezia bereits vor der Auflösung der ersten Verlobung vornehmen ließ, »so daß Lucrezia einige Zeit gleich mit zwei Spaniern verlobt war«.[4]

Die dritte Verlobung Lucrezias ließ auch nicht lange auf sich warten. Sofort nach der Papstwahl dachte Alexander daran, sich mit dem mächtigen mailändischen Herzogshaus der Sforza zu verbinden. Deren Häupter, Ludovico il Moro und sein Bruder Ascanio, hatten gegen eine derartige Verbindung nichts einzuwenden, sahen allerdings auch keinen Grund zu überschwenglichem Jubel, wie schon die Person des Ehekandidaten zeigt, den sie Alexander anboten. Giovanni Sforza, der Graf von Pesaro, war »Bastard eines Bastard des Hauses Sforza, das ja auch in seinem Hauptzweig nicht auf eine glänzende Ahnenreihe zurücksehen konnte. Ihre Vorfahren hatten noch die Schafherden der neapolitanischen Barone in den Abruzzen gehütet, als die Grafen von Oliva und Procida zum besten Adel Aragons gehörten.«[5] Sieht man davon ab, daß die Sforza nicht aus den Abruzzen, sondern aus Cotignola in der Romagna stammen dürften, so ist diese recht deutliche Bemerkung von Susanne Schüller-Piroli über den Adel der Sforza durchaus zutreffend.

Die geplante Verbindung der Borgia mit den Sforza verursachte einigen Wirbel. Der Graf von Procida und sein Sohn, die sich in Rom aufhielten, pochten lautstark auf die Einhaltung des Verlobungsvertrages und drohten, vor den weltlichen Herren der Christenheit Klage zu erheben. Möglicherweise traten die Procida deshalb so selbstbewußt auf, weil, wie Burchard behauptet, die Ehe bereits geschlossen war.[6] Alexander nahm es nicht allzu tragisch und stellte die Ruhe bald wieder her, indem er den Procida eine Abstandssumme von 3000 Dukaten zahlte. Bereits am 2. Juni 1493 fand die Hochzeit zwischen Lucrezia und dem Grafen von Pesaro statt.

Viel schwerer als der Unmut der Procida wog freilich der Zorn des Königs von Neapel über diese Verbindung der Borgia mit den Sforza. Giangaleazzo Sforza, der rechtmäßige Herzog von Mailand, hatte 1489 Isabella d'Aragon, eine Enkelin des neapolitanischen Königs Ferrante, geheiratet. Doch in Mailand herrschte nicht der träge und trinkfreudige Giangaleazzo, sondern sein Neffe Ludovico il Moro als Regent, womit sich weder Ferrante noch Isabella abfinden wollten. Sie sahen daher in dem wachsenden Einfluß Ludovicos und dessen Bruders Ascanio am päpstlichen Hof einen Rückschlag für ihre Bemühungen, in Mailand an Boden zu gewinnen. Daraus sollte ein Konflikt mit Folgen entstehen.

Die Beziehungen zwischen Alexander und Ferrante hatten sich ohnehin unmittelbar nach der Wahl Alexanders zum Papst verschlechtert. Franceschetto Cibo, der Sohn von Alexanders Vorgänger Innozenz, hatte von seinem Vater die den Zugang nach Rom von Norden beherrschenden Festungen Anguillara und Cerveteri erhalten. Franceschetto ließ sich nach dem Tode von Innozenz durch Giuliano della Rovere und dem mit einer Orsini verheirateten Piero de Medici überreden, diese Festungen, die zum Kirchenstaat gehörten, an die Orsini zu verkaufen. Dies fiel ihm um so leichter, als sich Franceschetto ausrechnen konnte, daß Alexander diese für Rom so wichtigen Festungen von ihm zurückfordern würde. Schon am 3. September wurde man sich einig. Gegen die Zahlung von 40000 Dukaten übergab Cibo die

Festungen an Virginio Orsini. Dies bedeutete nicht nur für die Orsini, sondern vor allem für Ferrante einen erheblichen Machtzuwachs, denn Virginio war ja schließlich der Befehlshaber der neapolitanischen Truppen und galt allgemein bei diesem Kauf als der Strohmann des Königs von Neapel.

Für Alexander war die Aussicht, daß der gefährliche Ferrante ihn nun nicht nur von Süden her bedrohen konnte, sondern auch die Verbindung von Rom nach Norden beherrschte, wenig erfreulich. Er beklagte sich dann auch in einem Konsistorium bitter über diesen Vertrag und griff Giuliano della Rovere mit scharfen Worten an. Giuliano erwiderte ungerührt, das ganze sei immer noch nicht so schlimm, als wenn die Festungen in die Gewalt eines Verwandten des Kardinals Sforza gekommen wären.

Wenn Rovere allerdings geglaubt haben sollte, Alexander sei der Mann, sich mit solchen Worten abfertigen zu lassen, so sollte er sich täuschen. Wie sehr sich die Dinge zuspitzten, zeigt die Tatsache, daß sich della Rovere in Rom bald seines Lebens nicht mehr sicher fühlte und sich in seine als uneinnehmbar geltende Burg nach Ostia zurückzog. Alexander traute seinerseits seinem Gegenspieler genauso wenig. Als er eines Tages einen Ausflug zu einer Villa außerhalb Roms machte, feuerte man dort zu seiner Begrüßung einen Schuß ab. Dieser erschreckte Alexander, der einen Überfall Roveres fürchtete, derart, daß er, »obwohl noch nüchtern«, wie Infessura boshaft anmerkt, den sofortigen Rückzug nach Rom anordnete.[7]

Verschärft wurde die Lage noch durch die Unruhen im Kirchenstaat, für deren Urheber Alexander Ferrante hielt. Nun sahen die Sforza die Stunde gekommen, den Papst vollends auf ihre Seite zu ziehen. Sie schlugen Alexander ein Bündnis zwischen Mailand, Venedig und dem Kirchenstaat gegen Ferrante und die Orsini vor. Zugleich verstärkte Ludovico il Moro seine Bemühungen, den französischen König Karl VIII. zu einem Feldzug gegen Ferrante zu gewinnen. Mit Bestechungsgeldern für die Berater Karls sparte er nicht. Noch weniger sparte Ludovico, als es darum ging, Bianca, die Schwester seines Neffen Giangaleazzo, mit Maximilian, dem Sohn Friedrichs III., zu verheiraten. Ludovico bot dem sich immer in Geldsorgen befindenden Maximilian eine Mitgift von 400000 Dukaten unter der Bedingung an, daß dieser, sobald er Kaiser geworden sei, ihn als rechtmäßigen Herzog von Mailand anerkenne. An dieser Legitimation durch Maximilian war Ludovico deshalb so viel gelegen, weil die Habsburger den Sforza bislang stets jede Anerkennung versagt hatten.

Als Maximilian auf diesen Vorschlag Ludovicos einging, änderte Ferrante seine Politik. Er schickte eine Gesandtschaft mit dem Auftrag nach Rom, den Streit um Anguillara und Cerveteri beizulegen. Zugleich bot er Alexander an, eine seiner Töchter mit Cesare, der damals allerdings noch Bischof von Valencia und Pamplona war, zu verheiraten. Des weiteren schlug er die Verheiratung von Joffre, dem jüngsten Sohn Alexanders, mit einer Prinzessin aus dem Hause Aragon vor. An Ludovico richtete er im Hinblick auf dessen Bemühungen, Frankreich und Deutschland in den Konflikt hineinzuziehen, die prophetische Warnung, er beschwöre damit einen Sturm herauf, dessen er einmal nicht mehr Herr werde.

Unmittelbaren Erfolg hatte Ferrante bei Alexander mit seinem Versöhnungsversuch allerdings nicht. Das von ihm gefürchtete Bündnis zwischen Mailand, Venedig und dem Kirchenstaat kam am 25. April 1493 zustande. Aber Ferrante ließ sich dadurch nicht entmutigen. Wenn er schon das Bündnis nicht verhindern konnte, so wollte er doch dafür sorgen, daß ihm dieses nicht gefährlich wurde. In seinen Bemühungen um die Gunst des Papstes wurde er nachhaltig durch das spanische Königshaus unterstützt, das Alexander die Verheiratung von dessen Sohn Juan mit Maria Enriquez, der Witwe von Pedro Luiz, vorschlug.

Die Aussicht, seine Kinder mit Angehörigen des spanischen und neapolitanischen Königshauses zu verheiraten, ließ Alexanders Begeisterung für das Bündnis mit Mailand und Venedig rasch abkühlen, zumal Ferrante nun auch Virginio Orsini und della Rovere drängte, sich mit dem Papst wegen Anguillara und Cerveteri zu einigen. Am 24. Juli erschienen beide zu Verhandlungen beim Papst. Sehr bald wurde dann auf Kosten von Franceschetto Cibo eine Lösung gefunden, die allen übrigen Beteiligten erlaubte, das Gesicht zu wahren. Anstelle der für Cibo bestimmten 40000 Dukaten zahlte Virginio Orsini an den Papst 35000 Dukaten und erhielt dafür von diesem die beiden Festungen als Lehen.

Wenig später, Ende August 1493, kam es dann auch in Barcelona zu der Hochzeit zwischen Juan Borgia und Maria Enriquez. Auch für Cesare wurde gesorgt. Obwohl er nie die Priesterweihe empfangen hatte, wurde er 17jährig am 20. September 1493 zum Kardinal ernannt. Noch jünger war allerdings Ippolito Este, der Sohn des Herzogs von Ferrara, der an diesem Tag 15jährig den Kardinalshut empfing. Damals dürften nur wenige geahnt haben, daß Lucrezia Borgia an der Seite des älteren Bruders des Kardinals Herzogin von Ferrara werden würde. Ebenfalls mit dem Kardinalshut bedacht wurde Alessandro Farnese, dessen bis dahin einziges Verdienst es war, der Bruder von Giulia Farnese, der schönen, um 40 Jahre jüngeren Geliebten Alexanders, zu sein. Als Kardinal »La gonella« (Unterrock) begann so der spätere große Papst der Gegenreformation Paul III. seine kirchliche Laufbahn.

Über die Familienpolitik vergaß Alexander bei dieser Kardinalserhebung auch nicht die Machtpolitik. Mit der Kardinalsernennung von Bernardin Carvajal, Jean de la Groslaye und Raimund Peraudi entsprach Alexander den Wünschen des spanischen und französischen Königs sowie von Maximilian.

Auf den Wunsch der Könige von Ungarn und Polen wurde der Erzbischof von Krakau zum Kardinal erhoben. England wurde durch die Kardinalserhebung des Erzbischofs von Canterbury, Venedig durch die von Domenico Grimani und Mailand schließlich durch die von Bernardino Lunati berücksichtigt. Nur bei dem Bischof von Alessandria, Antonio Sangiorgio, vermag man nicht zu sagen, welchen Einflüssen er seine Berücksichtigung bei der Kardinalserhebung verdankte. Da er jedoch als ein hervorragender Jurist und unbescholtener Charakter galt, ist nicht völlig auszuschließen, daß mit ihm wenigstens ein Kardinal nur aufgrund seiner persönlichen Befähigung berufen worden war.

Von den einflußreichen Mächten jener Zeit wurden lediglich Florenz und Neapel bei dieser Kardinalserhebung nicht berücksichtigt. Während Florenz sich in Anbetracht der erst wenige Jahre zurückliegenden Berufung von Giovanni Medici hierüber nicht beklagen konnte, führte die Nichtberücksichtigung Neapels zu einer erneuten Entfremdung zwischen Ferrante und Alexander. Vermutlich glaubte Alexander, dies in Anbetracht des Wohlwollens, das er sich bei den übrigen Mächten erworben hatte, verkraften zu können.

Noch wichtiger als dieses Wohlwollen war aber für die Stellung Alexanders der Machtzuwachs, den diese Ernennung im Kardinalskollegium mit sich brachte. Von della Rovere, der in Marino von der Kardinalserhebung erfuhr, wird berichtet, er habe beim Empfang dieser Nachricht laut aufgestöhnt und sich dann vor Ärger krank ins Bett gelegt.

Alexander sollte della Rovere und seinen übrigen Gegnern bald erneut Grund zum Aufstöhnen geben. Anlaß war der Tod des Königs von Neapel am 25. Januar 1494.

Alexander dürfte über den Tod dieses gefährlichen Gegenspielers

– Gregorovius hat ihn als den letzten Staatsmann unter den damaligen Fürsten Italiens bezeichnet[8] – kaum große Trauer empfunden haben. Anlaß zur Erleichterung hatte er jedoch nicht. Denn jetzt kam die neapolitanische Frage in ihrem ganzen Gewicht auf ihn zu:

Auf die Nachricht vom Tode Ferrantes schickte der französische König Karl VIII. sofort eine Gesandtschaft nach Rom, um von dem Papst die Investitur für Neapel zu fordern. Für den Fall, daß Alexander hierzu nicht bereit sein sollte, hatte die Gesandtschaft den Auftrag, ihm mit einem Konzil zu drohen und Verbindung mit sämtlichen einflußreichen Gegnern der Borgia, allen voran della Rovere und die Colonna, aufzunehmen.

Alfonso, der Sohn und Erbe Ferrantes, dem durch eine Bulle von Innozenz VIII. das Recht auf die Thronfolge zugesprochen worden war, blieb natürlich auch nicht untätig. Da er dem Papst in seiner Lage schwerlich drohen konnte, verlegte er sich aufs Handeln und bot Alexander für den Fall seiner Inthronisation an, Joffre durch Heirat in sein Königshaus aufzunehmen und ihn sowie Juan großzügig mit Lehen auszustatten.

Alexander antwortete auf seine Weise. Für Drohungen, gleich von welcher Seite sie kamen, war er zeit seines Lebens wenig empfänglich. Dagegen um so mehr für Angebote, die eine Machterweiterung der Borgia versprachen. So gesehen bot der neapolitanische Konflikt eine großartige Gelegenheit, die sich Alexander nicht entgehen ließ: Zwei Fürstentümer, vier Grafschaften, zahlreiche einträgliche Benefizien und Lehen für die Papstsöhne und dazu die Einheirat Joffres in das neapolitanische Königshaus waren der Preis, den Alfonso für seine Investitur als König von Neapel bezahlen mußte. Daß Alfonso die von der Kirche geforderten und von seinem Vater verweigerten Tributzahlungen zu leisten versprach, war ebenso selbstverständlich wie seine Zusage, die von ihm abhängigen Orsini zur Unterwerfung unter das Papsttum zu veranlassen.

Bereits am 20. März 1494 leistete eine neapolitanische Gesandtschaft dem Papst die Obedienz. Der französische König war indessen nicht bereit, nachzugeben. Er drohte Alexander mit einem Kriegszug nach Rom und der Amtsenthebung. Vergeblich setzte Alexander der französischen Gesandtschaft auseinander, wie verwerflich es wäre, in Anbetracht der Türkengefahr unter Christen Krieg zu führen. Während die französische Gesandtschaft mit Alexander noch von beiden Seiten nicht mehr ganz ernstgenommene Verhandlungen führte, nahm sie Verbindung mit dessen Gegnern im Kardinalskollegium auf. Dort hatte die Entscheidung des Papstes für Neapel zu erheblichen Veränderungen im Machtgefüge geführt. Der bislang als übermächtig geltende Vizekanzler Ascanio Sforza, der nach der Wahl Alexanders in den Vatikan gezogen war, verlor jeden Einfluß, verließ verbittert den Vatikan und wurde zu einem der eifrigsten Parteigänger des Königs von Frankreich. An seiner Seite fand er nun della Rovere wieder, der vor noch nicht allzu langer Zeit beim Streit um Anguillara und Cerveteri lautstark im Konklave gegen die Sforza vom Leder gezogen hatte. Della Rovere, der nun, wie die Orsini, nicht mehr mit dem Schutz Neapels rechnen konnte, wurde von Mailand und Frankreich umworben. Ihn wollte man als, wie man glaubte, »furchtbare Waffe« in den Kampf gegen Alexander auf geistlichem Gebiet benutzen.[9]

In der Nacht vom 23. auf den 24. April wurde klar, daß della Rovere bereit war, sich Frankreich und den Sforza anzuschließen. Er verließ Ostia, wohin er sich wieder einmal zurückgezogen hatte und begab sich über Genua mit Hilfe von Ludovico il Moro nach Frankreich, wo er sich über den Empfang am französischen Königshof nicht zu beklagen brauchte.

Für Alexander war es nur ein geringer Trost, daß er durch diese Flucht wieder Ostia an sich bringen konnte, denn der Einfluß della Roveres am französischen Hof sollte sich bald in des Wortes wahrster Bedeutung als verheerend erweisen. Neben den Agenten von Ludovico il Moro und den von diesen gekauften Beratern des französischen Königs war es vor allem della Rovere, der Karl VIII. zu einem Feldzug nach Italien überreden sollte. Auch wenn das Italien der Renaissance lediglich eine kulturelle und längst keine politische Einheit war, ist gegen della Rovere im Zusammenhang mit seinem Wirken am französischen Königshof nicht zu Unrecht der Vorwurf erhoben worden, »daß dieser berühmte Kardinal aus Haß gegen Alexander VI. zu dem verderblichsten Bündnis mit Frankreich und einer Politik getrieben (hat), welche jedem Italiener als Vaterlandsverrat erscheinen mußte.« »In Wahrheit«, so fährt der hier zitierte Gregorovius fort, »ist der nachmalige Julius II. das Werkzeug für das namenlose Unglück gewesen, welches über Italien hereinbrach.«[10]

Die Krönung Alfonsos von Neapel wurde am 8. Mai 1494 durch Kardinal Juan Borgia vollzogen. Die Rolle der Borgia bei dieser Thronfolge wurde beim Krönungsgottesdienst überdeutlich, wie die Tagebucheintragung Burchards zu diesem Anlaß zeigt. Nach der Krönung wiederholte ein Herold die Worte, mit denen der König den Eid geleistet hatte, für alle Anwesenden. Im Anschluß daran verkündete der Herold, daß der König »wegen besonderer Verdienste den erlauchten Herrn Juan Borgia, Herzog von Gandìa, den Sohn des Papstes, zum Fürsten von Tricarico, Grafen von Clermont, Lauria und Carinola ernenne«.[11] Des weiteren wurde in dieser Proklamation Joffre, der bereits am Vortage Sancia, eine Tochter Alfonsos, geheiratet hatte, zum Fürsten von Squillace, Grafen von Cariati und Prokurator und Leutnant des Königreichs Sizilien ernannt. Bleibt noch anzufügen, daß auch Cesare vom neapolitanischen König mit umfangreichen Benefizien ausgestattet wurde.

Wenn es überhaupt so etwas wie eine Entschuldigung oder mildernde Umstände für einen derartigen Schacher gibt, so ist es die Tatsache, daß sich Alexander hier für eine Entscheidung bezahlen ließ, die seiner inneren Überzeugung und den Interessen des Papsttums, so wie er sie sah, entsprochen haben dürfte. Frankreich und Neapel konnten schon alleine dem Kirchenstaat gefährlich werden. Eine Vereinigung beider Mächte unter französischer Führung hätte zwangsläufig zu einer noch größeren Bedrohung geführt. Es war daher nur konsequent, daß Alexander sich in der neapolitanischen Frage für den Erben Ferrantes und gegen Frankreich entschied. Die Art und Weise, wie er sich diese aus seiner Sicht richtige Entscheidung mit dem höchstmöglichen Preis bezahlen ließ, mag bei dem Familienvater Alexander entschuldbar erscheinen, dem Herrn der Christenheit stand sie indessen weniger gut zu Gesicht.

Familienpolitik, Kardinalsernennungen und die neapolitanische Frage hinderten Alexander indessen nicht, die Schiedsrichterrolle in dem aufkommenden Streit um die Aufteilung der Neuen Welt so nachhaltig wahrzunehmen, daß die Auswirkungen noch heute spürbar sind. Sofort nachdem Kolumbus am 15. März 1493 von seiner historischen Fahrt nach Spanien zurückgekehrt war, kam es zwischen Spanien und Portugal zu einem heftigen Streit um die Zugehörigkeit der von ihm entdeckten Gebiete. Die Portugiesen, die bis 1493 die erfolgreichere Seemacht waren – Bartolomeo Diaz umsegelte bereits 1488 das Kap der guten Hoffnung –, hatten sich bereits zu Zeiten von Calixt durch die Päpste nicht nur die Herrschaftsrechte an ihren Entdeckungen, sondern auch gleich an allen dort »noch zu entdeckenden Gebieten« bestätigen lassen. Hierzu gehörten nach Auffassung des portugiesischen Königs auch jene Territorien, in die Kolumbus vorgestoßen war. Portugal entschloß sich daher, zur Durchsetzung seiner Ansprüche eine Kriegsflotte in jene Gebiete zu schicken. Darauf versetzten auch die Spanier ihre Flotte in Kriegszustand.[12] Zugleich wandte sich der spanische König an Alexander mit der Bitte, den Fall zu entscheiden. Hiergegen konnten die Portugiesen wenig einwenden, weil sie bislang die größten Nutznießer derartiger päpstlicher Entscheidungen gewesen waren.

Alexander und die mit dieser Frage befaßten Kurialbeamten standen vor einer ausgesprochen schwierigen Aufgabe. Immerhin waren sie keine Fachleute für Geographie, und auch dies hätte ihnen bei dem damaligen Stand dieser Wissenschaft vermutlich wenig geholfen. Schließlich hatte ja Kolumbus selbst beim Anblick der Karibischen Inseln geglaubt, die indischen Gewürzinseln vor sich zu haben.

Das Fehlen genauer Informationen in einer so wichtigen Frage hätte manchen zaudern lassen. Nicht so Alexander, der vermutlich gar nicht unglücklich war, daß die ganze Angelegenheit nicht noch durch Detailkenntnisse der Beteiligten kompliziert wurde. Ihm war vor allem an einer raschen Entscheidung gelegen, um den drohenden Seekrieg zwischen Spanien und Portugal zu verhindern. So löste er das Problem bereits am 4. Mai – also keine zwei Monate nach der Rückkehr von Kolumbus – buchstäblich mit einem Federstrich. Kurzentschlossen zog er auf einer Weltkarte eine Linie vom Nordpol zum Südpol, die im Abstand von hundert Meilen westlich an den kapverdischen Inseln vorbeilief. Alle überseeischen Gebiete westlich dieser Trennungslinie, der berühmten »Raya«, sollten Spanien, die östlichen Portugal zufallen.

Der spanische König war über diese Aufteilung hocherfreut, sein portugiesischer Kollege entschieden weniger. Immerhin war aber auch er bereit, den Gedanken an eine militärische Lösung der Frage zurückzustellen und die »Raya« als Grundlage für weitere Verhandlungen zu akzeptieren. Alexander war kein kleinlicher Rechthaber und hatte nichts dagegen, daß die »Raya« auf portugiesischen Wunsch im Vertrag von Tordesillas um 900 Kilometer nach Westen verschoben wurde. Die kulturellen Auswirkungen der »Raya« haben den Zerfall der Kolonialreiche Spaniens und Portugals überdauert. Durch sie wird in ganz Südamerika mit Ausnahme Brasiliens bis heute spanisch gesprochen. Brasilien wurde indessen durch die Verschiebung der Trennungslinie im Vertrag von Tordesillas portugiesisch. Dies konnte damals allerdings noch keiner der Beteiligten wissen, weil Brasilien erst sechs Jahre später entdeckt werden sollte.[13]

Natürlich hat es nicht an Kritikern der sehr raschen Entscheidung Alexanders gefehlt. Aber die Päpste wurden nun einmal in diesen Fragen traditionsgemäß von den Herrschern Spaniens und Portugals als

Schiedsrichter anerkannt. Was hätte Alexander auf Ferdinands Bitte um Entscheidung der Streitfrage denn machen sollen? Eine Kommission bilden und zusehen, wie sich Spanier und Portugiesen in einem unnötigen Krieg zerfleischten? In seiner Biographie über Francis Drake hat George Malcolm Thomson hierzu angemerkt: »Unter den damaligen Umständen kann Alexanders Trennungslinie als eindrucksvolles Beispiel nüchterner und zugleich schöpferischer Staatskunst bezeichnet werden.«[14] Dies ist kein zu hohes Lob für die friedliche Lösung einer Frage, die leicht Anlaß zu dauernden Konflikten zwischen Spanien und Portugal hätte werden können.

Die französische Invasion

Die Antwort des französischen Königs auf die Krönung Alfonsos ließ nicht lange auf sich warten.

Von Karl VIII. ist gesagt worden, er habe zwar das wenig vorteilhafte Äußere, nicht aber das staatsmännische Format seines genialen Vaters Ludwig XI. geerbt.

In seinen berühmten Memoiren urteilt Philipp de Commynes über Karl – dessen Berater er zeitweise war – und seine Umgebung: »Der König war nämlich sehı jung, schwächlich und vom eigenen Willen erfüllt; von klugen Leuten und guten Heerführern war er nur mäßig umgeben.«[1]

Nach seinem Äußeren zu urteilen, dürfte Karl VIII. unter Degenerationserscheinungen gelitten haben. Es scheint, daß er sich dessen bewußt war und diesen Mangel durch eine verträumte Hinwendung zu der Ritterwelt des Mittelalters zu kompensieren versuchte. Eroberungs- und Kreuzzugsgedanken beseelten seinen schwankenden Charakter. Ludovico Sforza glaubte dies für seine Auseinandersetzung mit dem neapolitanischen Königshaus ausnützen zu können, indem er Karl VIII. anstacheln ließ, das angebliche Erbe der Anjou zurückzuerobern und von Neapel aus einen Kreuzzug gegen die Türken zu beginnen. Für ihn war Karl VIII. ein Schwachkopf, der gerade gut genug war, Neapel zu erobern, um nach der Beseitigung der dortigen Dynastie wieder aus Italien hinausgeworfen zu werden.

Die Kräfte des französischen Königs waren freilich zu dieser Zeit durch einen Konflikt mit Maximilian gebunden, dessen zum Teil kuriose Vorgeschichte auf den Tod des Burgunderherzogs Karl den Kühnen zurückging. Nachdem dieser in der Schlacht von Nancy am 5. Januar 1477 den Tod gefunden hatte, glaubte Ludwig XI., die Früchte seiner Politik durch eine Ehe zwischen Karls Tochter und Erbin Maria mit dem Dauphin ernten zu können. Doch die junge Dame, die schon mit Maximilian verlobt war, wollte von einer Heirat mit dem Sohn des Bezwingers ihres Vaters nichts wissen und durchkreuzte sämtliche

Pläne des französischen Königs, indem sie Maximilian noch im August desselben Jahres heiratete. Ludwig war indessen nicht der Mann, ruhig mitanzusehen, wie das reiche Burgund habsburgisch wurde. Er griff Maximilian offen an, wurde aber im August 1479 bei Guinegate von Maximilian geschlagen. Seinem Ruf als »die große Spinne« gerecht werdend, verlegte sich Ludwig darauf, in Holland und Geldern Unruhen und Aufstände anzuzetteln, die ihren Höhepunkt erreichten, als Maria von Burgund im März 1482 nach einem Sturz vom Pferd starb. Die Lage beruhigte sich erst wieder, als Maximilian seine gerade dreijährige Tochter aus seiner Ehe mit Maria im Juli 1483 unter dem Druck der Verhältnisse in Amboise mit dem dreizehnjährigen französischen Thronfolger Karl verheiratete. Ludwig starb wenige Monate später, und Margarete wurde an der Seite Karls VIII. Königin von Frankreich. Sie wäre es möglicherweise bis an ihr Lebensende geblieben, wenn Maximilian sich nicht 1490 mit Anne, der vierzehnjährigen Erbin des Herzogtums Bretagne, verheiratet hätte. Der französische Hof verspürte keine Neigung, sich von Maximilian die Bretagne wie zuvor Burgund wegheiraten zu lassen. Karls Truppen marschierten in das Herzogtum und zwangen Anne, die vergeblich auf die Hilfe Maximilians wartete, zur Auflösung der Ehe. Anschließend löste Karl seine Ehe mit der Tochter Maximilians und heiratete Anne. Margarete wurde als Pfand für das Wohlverhalten ihres Vaters zurückgehalten. Daraufhin zog Maximilian nach Frankreich und brachte Karl im Januar 1503 bei Salins eine Niederlage bei. Wenige Monate später kam es dann in Senlis nicht zuletzt wegen Karls Italienplänen zu einem für Maximilian recht günstigen Friedensschluß. Karl gab Margarete samt Mitgift frei und überließ Maximilian die Freigrafschaft Burgund und Artois.[2]

Aber auch nach dem Frieden von Senlis hatte Ludovico il Moro kein leichtes Spiel bei seinem Versuch, Karl VIII. zu einem Zug nach Neapel anzustacheln. Der überwiegende Teil des französischen Hofes war gegen einen Kriegszug nach Italien und erst recht gegen einen Kreuzzug eingestellt, »da das Unternehmen allen klugen und vernünftigen Leuten unvernünftig erschien«, wie de Commynes es ohne Umschweife ausdrückte.[3]

In dieser Lage war es für Ludovico zweifellos ein bedeutender Erfolg, daß della Rovere sofort nach seiner Ankunft am französischen Hof im Juni 1493 den ganzen Einfluß seiner starken Persönlichkeit für einen französischen Kriegszug nach Italien geltend machte. Sein Drängen und der Einfluß der Bestechungsgelder Ludovicos siegten dann auch schließlich über jene Stimmen am französischen Hof, die von einem Italienfeldzug abrieten. Hilfestellung leistete dabei noch die Bank Soli von Genua, die dem französischen König die zu dem Italienfeldzug fehlenden Gelder vorstreckte und ihm 100000 Franken zu 14% Zinsen lieh.[4]

Am 29. August 1494 begann das französische Heer von Grenoble aus mit der Überquerung der Alpen. Am 5. September traf es in Turin ein. Von dort zog es weiter nach Asti, wo der König die Nachricht von der Einnahme Rapallos durch seinen Schwager Ludwig von Orléans erhielt.

Spätestens nach der Eroberung von Rapallo konnten sich die Italiener ausmalen, was mit der französischen Invasion auf sie zukommen würde. Sie waren bislang die Söldnerkriege ihrer Kondottieri gewohnt, in denen jeder Heerführer bestrebt war, seine Leute zu schonen und möglichst viel Lösegeld für die gegnerischen Gefangenen zu erzielen, denen man zwar Waffen und Rüstung, aber fast nie das Leben nahm. Nicht selten kam es bei Auseinandersetzungen dieser Art vor, daß die besiegten Söldner die ihnen weggenommenen Waffen und Rüstungen auf dem nächsten Markt dann wieder erstehen konnten. Wie ein Schock wirkte daher auf die Italiener die Nachricht, daß die Franzosen nach dem Fall von Rapallo nicht nur die Besatzung, sondern die gesamte Zivilbevölkerung niedergemacht hatten.

Zum Widerstand gegen das französische Heer war außer dem bedrohten Alfonso von Neapel und dem Papst niemand bereit. Ludovico il Moro, der den französischen König ins Land gerufen hatte, und sein Schwager, der Herzog von Ferrara, begrüßten Karl VIII. freudig in Asti. Venedig zog es vor, neutral zu bleiben. In der Romagna erklärte sich Caterina Sforza, durch deren Gebiet die französischen Truppen auf ihrem Weg nach Rom ziehen mußten, für Frankreich. In Rom und der Kampagna regten sich die von dem französischen König in Sold genommenen Colonna. Sie brachten dem Papst und Neapel einen schweren Schlag bei, als sie am 18. September das für die Seeverbindung zwischen Neapel und Rom so wichtige Kastell von Ostia in ihren Besitz brachten. In der Campagna behinderten sie den Versuch Alfonsos, neapolitanische Truppen in die Romagna zu schicken.

Ungestört, sogar umjubelt, zog Karl über Casale und Pavia in Piacenza ein, wo er die Nachricht vom Tode des Herzogs Giangaleazzo von Mailand erhielt. Der bisherige Regent, Ludovico il Moro, wurde sofort von seinem Schwager Maximilian, der dem im August 1493 verstorbenen Friedrich III. auf den Thron gefolgt war, als Herzog von

Mailand anerkannt und sah sich am Ziel seiner Wünsche. Über die Frage, ob er dieses Ziel mit Hilfe von Gift erreichte, gingen die Meinungen auseinander. Der Tod Giangaleazzos und eine eigene Erkrankung ließen Karl jedoch zögern, weiter nach Süden zu ziehen. In seiner Umgebung gab es nicht wenige Stimmen, die ihm rieten, den mysteriösen Todesfall zum Anlaß zu nehmen, das reiche Mailand in seinen Besitz zu bringen. Nach einigem Schwanken rückte Karl dann doch weiter in die Toskana vor. Beim Anmarsch der Franzosen verlor Piero de Medici seine zuvor schon durch Savonarolas Predigten sehr in Mitleidenschaft gezogenen Nerven.

Den durch Savonarola und die französische Bedrohung in Florenz hervorgerufenen Unruhen glaubte Piero am besten dadurch begegnen zu können, daß er schleunigst in das französische Lager ritt. Piero wollte es damit wohl seinem Vater Lorenzo nachtun, der mit seiner kühnen Reise zu Ferrante Florenz gerettet hatte. Doch genial zu sein, und es sein zu wollen, sind zweierlei Dinge. Lorenzo konnte bei seinem waghalsigen Unternehmen hoffen, Ferrante zu überzeugen, daß die Vernichtung von Florenz und die damit verbundene Stärkung des Kirchenstaates nicht im Sinne Neapels liegen könne. Ähnliches konnte Piero dem französischen König nicht entgegenhalten. Für Karl und seine Berater gab es keinerlei machtpolitische Notwendigkeit, den in seiner Vaterstadt umstrittenen Sohn Lorenzos zu schonen. Der Empfang Pieros im französischen Lager war dementsprechend: Karl forderte von Piero die Übergabe sämtlicher Festungen der Republik, also die bedingungslose Kapitulation. Der glücklose Sohn Lorenzos willigte ein.

Auf die Nachricht von diesem Mißerfolg Pieros erhob sich Anfang November in Florenz das Volk und vertrieb die Medici. Von der Kanzel des Doms von Florenz rief Savonarola am 1. November: »Die Prophezeiungen gehen in Erfüllung, die Strafen beginnen: Der Herr ist es, der diese Heere heranführt.«[5]

Am 17. November zog das französische Heer in Florenz ein. Zwischenfälle gab es kaum. Die meisten Florentiner glaubten an Savonarolas Worte, so daß sie keinen Anlaß hatten, die Franzosen unfreundlich zu empfangen.

Savonarola selbst hatte den französischen König vor dessen Einzug in Florenz in Pisa aufgesucht und mit der ihm eigenen Unerschrockenheit ermahnt, die Kirche zu reformieren und gegen Italien, besonders Florenz, Barmherzigkeit zu üben. Auf Karl blieben diese Worte Savonarolas nicht ohne Wirkung. Savonarola war es dann auch in erster

Linie zu verdanken, daß die Bedingungen, die Karl vor seinem Abzug aus Florenz aushandelte, den Umständen entsprechend günstig für die Florentiner ausfielen. Um die Zahlung von 120000 Goldgulden kamen die Florentiner allerdings nicht herum.

Der französische König konnte dem weiteren Verlauf des Feldzuges gelassen entgegensehen. Karl hatte die Herzöge von Mailand und Ferrara auf seiner Seite. Mit Florenz hatte er zudem einen, wenn auch unfreiwilligen, aber dafür um so zahlungsfähigeren Bankier gefunden. Venedig verhielt sich strikt neutral. Daß die kleineren Herrscher in Oberitalien und der Romagna weder in der Lage noch Willens waren, dem französischen König Widerstand entgegenzusetzen, lag auf der Hand. In und um Rom schürten die Colonna Unruhen gegen den Papst und seinen neapolitanischen Verbündeten. Selbst die Orsini, deren Oberhaupt Virginio Befehlshaber der Truppen des Königs von Neapel war, nahmen zusehends eine unsichere Haltung ein. Der französische König selbst ließ nicht einmal den vom Papst zur Vermittlung nach Pisa entsandten Kardinal Piccolomini zu sich vor.

Am 22. November verkündete Karl in einem Manifest, er wolle Neapel nur in Besitz nehmen, um von dort aus den Kampf gegen die Türken zu beginnen. Dem französischen König bot sich für einen derartigen Feldzug, wenn er ihn tatsächlich beabsichtigt haben sollte, in Rom mit Djem, dem jüngeren Bruder des türkischen Herrschers Bajazet II., eine gefährliche Waffe. Djem war Bajazet im Kampf um die Thronfolge unterlegen und nach Ägypten geflohen. Als er sich auch dort nicht mehr sicher fühlen konnte, floh er nach Rhodos und bat den Großmeister des Johanniterordens d' Aubusson um Schutz, den dieser ihm bereitwillig, aber nicht ohne Hintergedanken, gewährte. D'Aubusson wußte, daß Bajazet diesen Bruder, der auf seine Umwelt wie ein Raubtier gewirkt haben soll, fürchtete, und sämtlichen Herrschern Europas somit daran gelegen sein mußte, Djem als Druckmittel gegen den türkischen Sultan in die Hand zu bekommen. Alexanders Vorgänger Innozenz konnte jedoch alle Interessenten überbieten, indem er d'Aubusson für die Überlassung Djems die Erhebung zum Kardinal versprach. So kam Djem in den Vatikan, wo er die Zeit in ständiger Furcht vor den Nachstellungen seines mächtigen Bruders mit Essen, Trinken, Jagen und dem Verprügeln seines Gefolges verbrachte. Die Furcht vor Bajazet war nicht unbegründet, wie die Tatsache zeigt, daß dieser jährlich 45000 Dukaten an den Vatikan zahlte, damit dieser Djem ja nur sorgfältig bewache. Daß Bajazet darüber hinaus Alexander auch 300000 Dukaten für die Beseitigung seines ungeliebten Bruders angeboten haben soll, ist zwar behauptet, aber nicht bewiesen worden.

Nie ganz geklärt worden ist auch, ob Alexander und Alfonso versucht haben, Bajazet zum Kampf gegen Karl nach Italien zu holen. Dieser Vorwurf geht auf den Bruder von Giuliano della Rovere zurück, der als Stadtpräfekt von Sinigallia einen von Bajazet zurückkehrenden Gesandten des Papstes, der von einem türkischen Gesandten begleitet wurde, bei Ancona überfiel und ihm das Jahrgeld für Djem und die mitgeführten Briefe abnahm. Aus diesen Briefen soll sich angeblich ergeben haben, daß Alexander und Alfonso Bajazet aufgefordert haben, nach Italien zu kommen. Völlig ausgeschlossen ist dies nicht, und es wäre nicht der einzige Versuch christlicher Herrscher gewesen, die Türken zu Verbündeten gegen die eigenen Glaubensbrüder zu machen. Nachdenklich stimmt allerdings, daß die sonst so klugen della Rovere niemals in der Lage gewesen sind, die Existenz dieses Schriftstücks zu beweisen, obwohl sie wissen mußten, daß sie damit ihren Todfeind hätten vernichten können. Im übrigen erscheint es sehr unwahrscheinlich, daß ein Mann mit der Erfahrung und Klugheit Alexanders sich viel davon versprochen haben dürfte, Frankreich durch eine Macht zu bekämpfen, die ihm noch wesentlich gefährlicher werden konnte.

Diejenigen jedenfalls, die es 1494 nachweislich für richtig gehalten haben, nach Italien eine fremde Macht zu rufen, trugen nicht den Namen Borgia, sondern Sforza und della Rovere. Die wenig rühmliche und für Italien so verhängnisvolle Rolle, die die Rovere in dieser Angelegenheit gespielt haben, ist sicher nicht dazu angetan, die Glaubwürdigkeit ihrer Vorwürfe gegen Alexander zu erhöhen, zumal die Rovere jeden Beweis schuldig geblieben sind, obwohl sie vorgaben, ihn in Händen zu halten.

Für Alexander wurde die von della Rovere mitangezettelte französische Invasion immer bedrohlicher.

Am 24. November rief Alexander den Prinzen Rudolf von Anhalt zu sich und bat ihn, Kaiser Maximilian aufzufordern, »für die peinliche Lage und Ehre des Papstes, des Heiligen Römischen Reiches und ganz Italien zu sorgen«.[6]

Zugleich schickte er den Kardinal Peraudi zum französischen König, um ihm ausrichten zu lassen, daß er ihn aufsuchen wolle, um mit ihm über den Kreuzzug zu beraten. Im Gegensatz zu Piccolomini wurde Peraudi immerhin von Karl empfangen, der ihm dann aber auf seine Botschaft mit kühler Ironie antwortete, er sei dieser Ehre nicht würdig und wolle dem Papst, wie es sich gehöre, in Rom seine Reverenz erweisen. Im weiteren Verlauf der Unterredung gelang es dem König auch noch, Peraudi, der ein Anhänger des Kreuzzugsgedankens war, auf seine Seite zu ziehen. So ganz konnte Karl doch seinen Vater nicht verleugnen, der wegen solcher Manöver als die »grande araigneé«, »die große Spinne«, in die Geschichte eingegangen ist.

Alexander hatte in jenen Tagen wirklich wenig Grund zur Freude. Sogar das Wetter schien sich gegen ihn verschworen zu haben. Das Klima war in jenem Winter so mild, daß Karl ohne Schwierigkeiten seinen Zug nach Rom fortsetzen konnte. Dabei gelang es seiner Vorhut unter Yves d'Allègre, die Geliebte des Papstes Giulia Farnese, die sich von Capo di Monte zu ihrem Bruder nach Viterbo in Sicherheit begeben wollte, gefangenzunehmen. Immerhin war d'Allègre galant genug, dem Papst seine schöne Mätresse gegen Zahlung von 3000 Dukaten zurückzugeben. In ihrer jugendlichen Unvernunft äußerte sich Giulia dann allerdings in Rom zur allgemeinen Schadenfreude so lobend über d'Allègre, daß Alexander allen Anlaß hatte, die französische Invasion nicht nur aus politischen Gründen zu verfluchen.

Wenn Alexander in dieser Lage je ernsthaft auf Hilfe gehofft hatte, so sah er sich getäuscht. Maximilian rührte sich nicht. Venedig teilte ihm auf eine entsprechende Anfrage mit, daß es zwar bereit sei, ihm Asyl zu gewähren, nicht aber, ihn im Kampf gegen den französischen König zu unterstützen.

In dieser verzweifelten Lage dachte Alexander an Flucht. Seine Versuche, eine Abwehr gegen die Franzosen zustandezubringen, nahmen immer verzweifeltere Formen an, wie eine Tagebucheintragung von Burchard belegt, den Alexander gebeten hatte, die in Rom lebenden Deutschen für den Kampf gegen die Franzosen zu gewinnen: »Am Dienstag, 16. Dezember, wurden wir, Johannes Fabri, Eugenius Funk, Antonius Zeremperger, A. Venroth, Johannes Copis und ich, durch den päpstlichen Credentiarius Engelhard zum Papst gerufen und erschienen vor ihm um 11 Uhr abends. Seine Heiligkeit erzählte uns von der Drangsalierung und Dreistigkeit des französischen Königs, der den Kirchenstaat besetze und zur Belagerung Roms heranrücke; er erwarte das zwar nicht von ihm trotz aller offenkundigen Anzeichen, die dem Allerchristlichsten König nicht eben anstünden, und wisse nicht, was er von ihm halten solle, bat uns aber doch, wir möchten es unseren Landsleuten mitteilen, weil er zu unserer Nation großes Zutrauen habe, und sie zu seiner, der Kirche und Roms Verteidigung anfeuern; auch sollten sie unter sich Connétables und Anführer ernennen, sich mit den geeigneten Waffen versehen und über alles untereinander Anordnungen treffen, damit sie im Fall der Not sich verteidigen könnten; er wolle sich ihrer Hilfe nicht außerhalb Roms, sondern lediglich innerhalb der Mauern bedienen. In aller Auftrag erwiderte ich, die Sache sei uns allen schmerzlich und wir seien bereit, dem Befehl Seiner Heiligkeit zu gehorchen, wir würden die Vorschläge den anderen mitteilen und Seiner Heiligkeit darüber Bescheid geben. So verabschiedeten wir uns vom Papst und ließen für den nächsten Tag den Gastwirt zur Glocke, Johann Engel, den Gastwirt zum Engel, Kaspar, meinen Schuhmacher Kaspar Schulz mit fünf anderen Schustern, die Kaufleute Jacob von Schalle und Nikolaus Hain, den Barbiermeister Andreas, den Chirurgmeister Johannes Ubelach und den Schneidermeister Christian in unser Hospiz zusammenrufen, denen ich die päpstlichen Aufträge und Vorschläge mit guten Worten auseinandersetzte. Sie entgegneten alle, sie seien den Quartiervorstehern verpflichtet, deren Befehlen sie bei solchen Anlässen unbedingt zu gehorchen hätten, daher könnten sie unmöglich der Überredung des Papstes willfahren.«[7]

Einen Tag nach dieser Unterredung ließen Alexander und die Kardinäle zur Abreise packen. Alexander überlegte es sich dann aber doch anders und blieb in Rom, wo der nächste Schicksalsschlag nicht lange auf sich warten ließ. Am 19. Dezember wurde offenkundig, daß die Orsini in das Lager des französischen Königs übergewechselt waren. Karl VIII. zog in die Orsini-Festung Bracciano ein. In den folgenden Tagen tauchte bereits die französische Reiterei vor Rom auf. Ein Versuch der Franzosen, im Einvernehmen mit den Colonna in Rom einzudringen, scheiterte allerdings. Zur Verteidigung Roms standen Alexander 6000 Mann des Königs von Neapel, die unter dem Befehl von dessen Sohn Ferrantino standen, zur Verfügung. Aber die Bevölkerung von Rom wollte von Verteidigung und Kampf nichts wissen. Da Rom auch von der See her durch die französische Flotte in Ostia blockiert wurde, begannen die Lebensmittel knapp zu werden, was die Unruhe der Bevölkerung noch steigerte.

Alexander und Alfonso wurde klar, daß sie Rom mit der neapolitanischen Besatzung auf Dauer nicht erfolgreich gegen die Truppen des französischen Königs und den römischen Adel verteidigen konnten. Alfonso bot Alexander Exil in seinem Königreich und ein Jahrgeld von 60000 Dukaten an. Alexander, der zunächst geneigt schien, auf die Vorschläge einzugehen, besann sich dann doch wieder eines anderen und beschloß, in Rom zu bleiben. Ferrantino und seine Söldner schickte er aber, um den französischen König durch einen sinnlosen Widerstand nicht noch mehr zu reizen, nach Hause. Karl VIII. bewilligte daraufhin einen Waffenstillstand und schickte eine Abordnung an den Papst, um ihm seine Forderungen zu überbringen. Die Verhandlungen gestalteten sich äußerst schwierig, weil Karl unbedingt mit seinen Truppen in Rom einziehen wollte, während Alexander zunächst allenfalls bereit war, den Durchzug der französischen Truppen durch den Kirchenstaat zu bewilligen. Ein weiterer Streitpunkt war Djem, dessen Herausgabe der König verlangte.

Das Verhandlungsergebnis entsprach den Machtverhältnissen.

Nachdem der französische König erklärt hatte, daß er dem Papst weder auf geistlichem noch auf weltlichem Gebiet ein Unrecht zufügen werde, wurde den Franzosen der Einzug in Rom gestattet. Über das Schicksal Djems wurde allerdings keine Einigung erzielt. Alexander, der offensichtlich keinen Wert darauf legte, zu erfahren, was der französische König unter dem Begriff Unrecht verstand, verschanzte sich mit seiner spanischen Leibgarde in der Engelsburg.

Karl VIII. in Rom

Am 31. Dezember 1494 zog Karl VIII. mit seinen Truppen in Rom ein. Seine Astrologen hatten diesen Tag als besonders günstig für die Besitzergreifung der Stadt bezeichnet. Auf Anordnung Alexanders ritt Burchard dem König entgegen, um ihm das Empfangszeremoniell – für den Spanier Alexander immer eine Sache von großer Bedeutung – zu erläutern und um die Wünsche des Königs entgegenzunehmen. Dieser gab sich bescheiden und äußerte den Wunsch, ohne Pomp in Rom einzuziehen. Karl nutzte die Begegnung mit Burchard, um sich ein Bild über die Verhältnisse an der Kurie zu verschaffen. Besonders interessierten ihn das Befinden des Papstes und die Stellung Cesares. Während des Rittes kamen dem König zwei Gesandte Venedigs entgegen, die, wie Burchard tadelnd bemerkt, zu der Begrüßung des Königs zwar die eigenen Hände, aber nicht die von Karl küßten.[1]

Der Einzug der französischen Truppen dauerte von drei Uhr nachmittags bis elf Uhr abends. Die Römer, bislang hauptsächlich an die Aufgebote der Kondottieri gewohnt, hatten Grund zum Staunen. An der Spitze von Karls Heer marschierten die schon aufgrund ihrer Körpergröße furchterregenden, mit Lanzen und Hellebarden ausgestatteten deutschen und Schweizer Söldner. Dann folgten 5000 Gascogner, meistens Armbrustschützen, die zwar weniger eindrucksvoll wirkten, aber wegen ihres ungezügelten Temperaments gefürchtet waren. Nach den Gascognern kam dann die schwere Reiterei mit 2500 Mann. Jeder dieser Reiter verfügte über eine sogenannte Lanze, also ein Gefolge, das aus einem bewaffneten Knappen und zwei bis vier ebenfalls bewaffneten Söldnern bestand. Diese schwere Reiterei war die bevorzugte Waffengattung des französischen Adels, und entsprechend prunkvoll war ihre Ausrüstung, bei der seidene Mäntel und vergoldete Ketten keine Seltenheit waren.

Es folgte dann die leichte Reiterei, die im Kampf die Aufgabe hatte, mit Bogen und kurzem Spieß die durch die schwere Reiterei niedergeworfenen Gegner zu töten. Dann kam Karl selbst, umgeben von 200

Rittern, deren Rüstungen mit Gold und Purpur bedeckt waren. Hinter dem König ritten die Kardinäle della Rovere und Sforza, ihnen folgten ihre Kollegen Colonna und Savelli. Diejenigen Kardinäle, die keine Neigung verspürt hatten, in diesem Gefolge mitzureiten, machten dem König in Rom – mit Ausnahme des Neapolitaners Carafa und des Kardinals Orsini – ihre Aufwartung. Daß gerade Orsini den französischen König nicht begrüßte, überrascht etwas und könnte darauf hindeuten, daß die Orsini ihm ihre Festungen nur unter dem Druck der Verhältnisse geöffnet haben.

Man hat in dem schwankenden Verhalten Alexanders vor dem Einzug des französischen Königs in Rom ein Zeichen von Schwäche sehen wollen. Kann man aber dem Papst wirklich verdenken, daß er sich mit Fluchtplänen trug? Schließlich hatte er ja der Waffengewalt des französischen Königs, der zudem von Alexanders größten Feinden bedrängt wurde, ihn seines Amtes zu entheben, nichts entgegenzusetzen. Alexander befand sich in jenen Dezembertagen des Jahres 1494 sicher in der bedrohlichsten Lage seines Lebens. Allenfalls noch in den Tagen nach dem Tode von Calixt war die Stellung Alexanders ähnlich gefährdet.

Will man gleichwohl von ihm erwarten, daß er angesichts der Gefahr, den Rest seines Lebens als Gefangener in französischem Gewahrsam zu verbringen, eine heitere euphorische Stimmung an den Tag legte? Trotz seines Schwankens hat Alexander in jenen Tagen sicher eine wesentlich bessere Figur abgegeben, als jene italienischen Herren, die stolzgeschwellt im Gefolge des französischen Königs in Rom eingeritten sind.

Eines hat Alexander offensichtlich aber auch in den Stunden der tiefsten Niedergeschlagenheit nie erwogen: Die Möglichkeit, sich der drohenden Amtsenthebung dadurch zu entziehen, daß er den Forderungen Karls nachgab. Als Ascanio Sforza ihn am 2. November im Auftrag des französischen Königs zu überreden versuchte, in dem französisch-neapolitanischen Konflikt wenigstens eine neutrale Haltung einzunehmen, erwiderte ihm Alexander, er wolle eher seine Krone, sein Reich und sein Leben verlieren, als Alfonso zu verlassen.[2] Ebenso deutlich wurde er gegenüber dem Ferraresen Collennucio, der wenige Tage später versuchte, Alexander für die französische Sache zu gewinnen. Alexander erklärte ihm, er ziehe es vor, Rom zu verlassen, ja alles, selbst sein Leben zu verlieren, als Sklave des französischen Königs zu werden, der sich zum Herrscher von ganz Italien aufschwingen wolle.[3] Daß dies keine leeren Worte waren, sollte sich noch zeigen. Der französische König blieb mit seinen Truppen bis zum 28. Januar 1495 in Rom, dessen Bevölkerung nun ausgiebig Gelegenheit hatte, die Klugheit jener Herren zu bewundern, die Karl nach Italien geholt hatten. Ein Gesandter berichtete am 26. Januar über die Lage in Rom: »Die Unzufriedenheit des Volkes ist auf das höchste gestiegen, die Erpressungen sind furchtbar, die Morde unzählig, man hört nichts als Jammern und Wehklagen. Seit Menschengedenken war die römische Kirche nicht in so schlimmer Lage.«[4]

Zwischen Alexander und Karl begann nun jene Auseinandersetzung, von der viele glaubten und hofften, daß sie das Ende des Papstes herbeiführen würde. Besonders die Kardinäle della Rovere, Sforza, Peraudi, Savelli und Colonna, die sich ständig bei dem König aufhielten, bedrängten Karl, ein Konzil einzuberufen und den Papst abzusetzen, da dieser sein Amt nur durch Simonie erlangt habe. Hierzu hat Pastor angemerkt, daß der Vorwurf berechtigt gewesen sei. Kardinal Sforza, der lauteste Ankläger, sei aber auch derjenige gewesen, der sich für seine Stimme am besten habe bezahlen lassen.[5] Daß der Vorwurf der Simonie gegen Alexander, der ja zuletzt mit den Stimmen aller Teilnehmer des Konklaves gewählt worden war, nicht aus geistlicher Sorge um das Wohl der Kirche, sondern aus rein machtpolitischen Gründen erhoben wurde, haben schon klarsichtige Zeitgenossen wie Philipp de Commynes zum Ausdruck gebracht.[6]

Wie sich bald zeigen sollte, schreckte Karl VIII. vor einem so weitgehenden Schritt, wie der Amtsenthebung des Papstes, zurück. Er forderte allerdings von Alexander weiterhin die Investitur in Neapel, die Übergabe der Engelsburg, die Auslieferung Djems und die Teilnahme von Cesare als Geisel am neapolitanischen Feldzug. Alexander dachte nicht daran, Karl die Engelsburg, in die er sich mit den wenigen ihm getreuen Kardinälen Carafa, Sangiorgio, Pallavicini, Juan und Cesare Borgia sowie erstaunlicherweise Orsini, verschanzt hatte, dem König zu übergeben. Als Karl drohte, die Burg mit Gewalt zu nehmen, ließ Alexander ihm ausrichten, er werde sich selbst auf die Mauer des Kastells stellen, wenn man dieses angreifen sollte. Als Karl erkannte, daß er mit derartigen Drohungen seinen Gegner nicht einschüchtern konnte, zog er die bereits vor den Mauern der Engelsburg aufgefahrene Artillerie wieder ab. Im übrigen versuchte Alexander, soweit ihm das möglich war, dem Einfluß der ihm feindlichen Kardinäle auf Karl entgegenzuwirken. Gute Dienste leistete ihm hier der Bischof von Saint Malo, Briçonnet, den Alexander mit dem Versprechen des Kardinalshutes gewonnen hatte. Am 15. Januar kam es dann zu einem Vergleich zwischen Alexander und dem französischen König. Alexander gewährte Karl freien Durchzug durch den Kirchenstaat nach Neapel. Er willigte ein, Djem dem französischen König für die Zeit des Feldzuges gegen die Türken zu übergeben und Cesare mit der französischen Armee nach Neapel zu schicken. Alexander mußte außerdem allen Kardinälen und Adligen, die sich auf die Seite Karls gestellt hatten, volle Amnestie gewähren und sämtliche Maßnahmen, die er gegen sie ergriffen hatte, rückgängig machen. So erhielt della Rovere Ostia zurück. Im Gegenzug sagte der französische König zu, Alexander Obedienz zu leisten und verzichtete auf die Übergabe der Engelsburg. Zu dem Hauptstreitpunkt zwischen Papst und König, der neapolitanischen Thronfolge, sagte der Vergleich nichts. Alexander hatte sich hier also durchgesetzt.

Die den König umgebenden Kardinäle sahen sich in ihrer Hoffnung, Alexander vernichten zu können, getäuscht und machten, allen voran della Rovere und Sforza, Karl schwere Vorwürfe. In der Tat konnte Alexander mit dem Ergebnis der Verhandlungen zufrieden sein. Er hatte seine Absetzung verhindert und in dem Hauptstreitpunkt, der neapolitanischen Frage, die Oberhand behalten. Die Zugeständnisse, die er gemacht hatte, banden ihn nicht auf Dauer. Die Übergabe Djems und Cesares Teilnahme an dem französischen Zug nach Neapel sollten sich sehr bald als wertlos herausstellen.

Erst nach Abschluß der Vereinbarungen kam es im Garten der Engelsburg zu einem Treffen zwischen dem französischen König und dem Papst. Wie der Bericht von Burchard zeigt, nutzte Alexander diese Gelegenheit, um den ihn begleitenden Kardinälen und dem Gefolge Karls zu zeigen, daß er sich als Herr der Lage betrachtete: »Als der König vom Nahen des Papstes hörte, ging er ihm bis ans Ende des zweiten Geheimgartens, wo es zu dem Wandelgang hinaufgeht, entgegen. Dem König folgten die Kardinäle, die gerade mit ihm da waren und selbst den Papst erwarteten. Als der Papst im Garten war, verließ er die Sänfte und ging zu Fuß. In der Mitte des Gartens gingen die Kardinäle dem König voraus zu dem Papst hin. Der König beugte in einer Entfernung von etwa zwei Ruten zweimal nacheinander in gehörigem Zwischenraum die Knie, was der Papst nicht zu sehen sich den Anschein gab, denn als der König zum dritten Kniefall näher herankam, nahm der Papst seine Mütze ab, ging auf ihn zu, verwehrte ihm den Kniefall und küßte ihn. Beide hatten das Haupt entblößt, und so konnte der König dem Papst weder den Fuß noch die Hand küssen; der Papst wollte sich nicht vor dem König bedecken, endlich taten sie es gleichzeitig, wobei der Papst durch Berührung des Baretts des Königs diesen aufforderte, sich zu bedecken.«[7]

Im weiteren Verlauf der Begegnung äußerte Karl den Wunsch, daß sein Berater Briçonnet zum Kardinal ernannt würde. Alexander, der Briçonnet schon zuvor den Kardinalshut versprochen hatte, erfüllte diesen Wunsch auf der Stelle. Burchard wurde von Alexander losgeschickt, Kardinalshut und Kardinalsrock herbeizuschaffen. Von Cesare Borgia erhielt Burchard dessen Kardinalsrock. Da Cesares Kardinalshut gerade nicht aufzufinden war, beschaffte sich Burchard den des Kardinals Pallavicini. Den erhofften Lohn erhielt Burchard allerdings für seine Bemühungen nicht. Sehr zu seinem Ärger nahm nämlich der Geheimkämmerer Briçonnets das abgelegte Bischofsgewand seines Herrn an sich, eine »ganz unrechtmäßige Besitznahme«, aus der Sicht des päpstlichen Zeremonienmeisters, für den es nur ein schwacher Trost war, daß er wenigstens Briçonnets Bischofsmütze und Kapuze an sich bringen konnte.[8]

Mit dem Kardinalshut für Briçonnet, der Übergabe Djems, der Gestattung des Durchzugs der französischen Streitmacht durch den Kirchenstaat und der Zusage, Cesare offiziell als Kardinallegat, in Wirklichkeit als Geisel, auf den Feldzug nach Neapel mitzuschicken, hatte Alexander die seit dem Todestage von Calixt größte Gefahr für seine Machtstellung gemeistert. Im Zuge der Ereignisse der kommenden Woche sollte sich dieser Preis als geradezu lächerlich gering erweisen.

Alexander hatte zudem noch die Genugtuung, daß ihm Karl am 19. Januar feierlich die Obedienz leistete und ihn somit als Herrn der Kirche anerkannte. Dabei ließ Karl die in dem zur Ableistung der Obedienz anberaumten Konsistorium versammelten Kardinäle und den Papst längere Zeit mit der Begründung warten, er wolle erst noch eine Messe in der Peterskirche hören. Alexander überbrückte diese Zeit, indem er kurzerhand ein geheimes Konsistorium anberaumte. Als Karl dann erschien, bat der ihn begleitende Präsident des Pariser Parlamentes nochmals um die Belehnung seines Königs mit Neapel. Alexander, der diesem Wunsch schon unter sehr viel schwierigeren Bedingungen nicht entsprochen hatte, war auch jetzt nicht bereit nachzugeben und erklärte lediglich, den Wunsch wohlwollend prüfen zu wollen. Der König leistete dann gleichwohl die Obedienz.

Alexander war nach diesem Erfolg natürlich klug genug, jede Mißhelligkeit mit den Franzosen während deren weiterem Aufenthalt in Rom zu vermeiden. Am 27. Januar wurde Djem übergeben. Einen Tag später verließ die französische Streitmacht mit Djem und Cesare Rom, um nach Neapel weiterzuziehen. Cesare schien mit einer längeren Abwesenheit von Rom zu rechnen, denn sein Gepäck wurde von nicht weniger als 19 Saumtieren getragen. Zwei der Tiere, die das Tafelgeschirr Cesares mit sich trugen, blieben schon am ersten Tage in Marino zurück, weil sie, wie die Dienerschaft Cesares berichtete, ausgeplündert worden waren. Wichtiger war aber zweifellos die Nachricht, daß der König von Neapel aus panischer Angst vor dem Anmarsch der Franzosen abgedankt hatte und ihm sein unerfahrener Sohn Ferrantino auf den Thron gefolgt war.

Weniger von den Franzosen eingeschüchtert zeigten sich zwei Gesandte des spanischen Königs, die am 30. Januar im französischen Lager in Velletri eintrafen und noch am späten Abend Karl lautstarke und heftige Vorwürfe wegen der Behandlung des Papstes und der Mißachtung der Rechte der neapolitanischen Krone machten. Karl, der sanftere Töne gewohnt war, hatte sich von diesem Auftritt noch nicht richtig erholt, als er am nächsten Morgen die Nachricht erhielt, daß Cesare geflohen sei. Wütend ließ Karl die 17 vollbepackten Lasttiere, die Cesare zurückgelassen hatte, beschlagnahmen und ihre wertvollen Decken abnehmen. Cesares Habe, die man im Gepäck auf dem Rükken der Tiere vermutete, entpuppte sich als 17 Strohballen. Die Flucht war, wie auch das Zurücklassen der einzigen, mit wirklichen Wertgegenständen beladenen Tiere in Marino zeigt, geplant. Es dürfte auch kein Zufall gewesen sein, daß der wegen seiner Heftigkeit die allgemeine Aufmerksamkeit beanspruchende lautstarke Auftritt der spanischen Gesandten genau in der Fluchtnacht erfolgte.

Alexander bedauerte die Flucht Cesares zutiefst, als sich Karl bei ihm beschwerte und erklärte, vom Aufenthaltsort des Flüchtlings nichts zu wissen. Zu der Absendung eines anderen Kardinals als Ersatz für Cesare ließ sich der Papst allerdings nicht herbei. Was den ihm angeblich so unbekannten Aufenthaltsort Cesares anbetrifft, hätte er ihn ohne Schwierigkeiten in Erfahrung bringen können, denn Burchard berichtet unverblümt, daß Cesare sich nach der Flucht in Rom im Hause eines päpstlichen Beamten namens Antonio Flores aufhielt.[9]

Nicht viel mehr Glück hatte Karl mit Djem. Dieser starb am 23. Februar, nach den Worten Burchards, »infolge eines Tranks oder einer Speise, die seiner Natur nicht angemessen und die er nicht gewöhnt war«.[10] Diese Umschreibung der Todesursache läßt den Schluß zu, daß der meist gut informierte Burchard nicht an einen natürlichen Tod Djems geglaubt hat. Man hat hiergegen eingewendet, daß Djem durchaus auch das Opfer seiner ungesunden Lebensweise geworden sein könnte. Tatsächlich scheint Djem, dem nachgesagt wurde, daß er täglich vier schwere Mahlzeiten und erhebliche Mengen Alkohol zu sich nahm, nicht sehr auf seine Gesundheit bedacht gewesen zu sein. Allerdings hatte er diese Lebensweise zumindest während seines gesamten Exils gepflegt, so daß es doch etwas verdächtig ist, wenn er ihr gerade drei Wochen nach seiner Trennung von den Borgia zum Opfer fiel. War hier das legendäre Langzeitgift der Borgia im Spiel? Wir werden noch genügend Anlaß haben, uns mit diesem Gift zu beschäftigen. Die hierzu vorliegenden Informationen lassen es stark zweifelhaft erscheinen, ob die Giftkenntnisse der Borgia so gut waren, wie ihnen nachgesagt wird. Denkbar wäre allerdings, daß die Borgia vor dem Auszug Djems aus Rom in dessen Umgebung einen Mörder gedungen haben.[11]

Letztlich ist jedoch auch diese Frage nicht mehr zu klären. Sicher nicht überzeugend ist allerdings der Versuch, die Borgia mit dem Argument zu entlasten, sie hätten kein Interesse an der Beseitigung Djems haben können, weil ihnen nach dem Abkommen mit dem französischen König weiterhin das Jahrgeld des türkischen Sultans zugestanden hätte. Was Karl und Alexander über diese Zahlungen, die ja dafür geleistet wurden, daß der Papst Djem in sicherem Gewahrsam hielt, vereinbart haben, ist eine Sache. Eine andere, welche Zahlungen der Sultan noch geleistet hat, nachdem der eigentliche Grund der Zahlungen entfallen war.

Karls Siegeszug nach Neapel wurde freilich auch durch die Flucht Cesares nicht beeinträchtigt, soweit von einem Siegeszug überhaupt gesprochen werden kann, denn zum Siegen gab es eigentlich nichts, da die Franzosen nirgends auf nennenswerten Widerstand stießen. Die Franzosen, so wird Alexander von Commynes zitiert, seien mit hölzernen Sporen nach Italien gekommen und hätten keine andere Mühe gehabt, als die Türen ihrer Quartiere mit Kreide zu bezeichnen.[12]

Kampflos zogen die Franzosen nach der Flucht Ferrantinos in Neapel ein. Sie genossen ausgiebig das Leben in der für ihre lockeren Sitten bekannten Stadt. Von Vorbereitungen zu einer Auseinandersetzung mit den Türken war indessen nichts zu bemerken. Wenn der Zug Karls nach Neapel gleichwohl nicht völlig in Vergessenheit geraten ist, so deshalb, weil beim französischen Heer zum erstenmal jene Krankheit in größerem Umfang aufgetreten ist, die zunächst als neapolitanische und französische Krankheit, dann als Syphilis zu einer Geißel der Menschheit werden sollte.

Lange konnten sich die Franzosen nicht der Annehmlichkeiten Neapels erfreuen. Auch wenn sich die italienischen Mächte beim Einzug der Franzosen größtenteils recht kläglich verhalten hatten, so waren sie sich doch darin einig, daß die Franzosen sich keinesfalls auf die Dauer in Neapel festsetzen durften. Alexander, der sich bislang vergeblich nach Verbündeten bei seinem Widerstand gegen die Franzosen umgesehen hatte, fand bald eine völlig veränderte Lage vor.

Ludovico il Moro war nach dem Sturz des neapolitanischen Königshauses durchaus bereit, an der Vertreibung der Franzosen mitzuwirken. Venedig fürchtete ebenfalls um das Machtgleichgewicht in Italien. Spanien, das aus seiner Gegnerschaft zu Frankreich nie einen Hehl gemacht hatte, war ebenso wie Maximilian bereit, gegen das drohende französische Übergewicht in Italien vorzugehen.

Bereits fünf Wochen nach dem Sturz des neapolitanischen Königshauses kam in Lodi am 31. März 1495 ein Bündnis zwischen Spanien, Maximilian, Venedig, Mailand und dem Papsttum zustande, das sich offiziell gegen die Türken richtete. Die Bündnispartner verpflichteten sich zum gegenseitigen Schutz bei Angriffen von Herrschern, die in Italien keinen Staat hatten. Gegen wen sich das angebliche Schutzbündnis gegen die Türken in Wirklichkeit richtete, konnte somit keinem Zweifel unterliegen. Da sich die Verbündeten weiter verpflichteten, jeweils 8000 Reiter und 1000 Fußsoldaten zu stellen – nur der Papst brauchte die Hälfte aufzubieten –, mußte Karl befürchten, daß ihm der Weg nach Frankreich abgeschnitten würde.

Karl war gleichwohl nicht bereit, Neapel völlig aufzugeben. Er selbst trat jedoch am 20. Mai den Rückzug nach Frankreich mit der Hälfte seiner Streitmacht an. Die andere Hälfte ließ er in Neapel unter Montpensier zurück. Für Alexanders Bestrebungen, die Franzosen in Italien nicht Fuß fassen zu lassen, stellte dieser Teilrückzug zweifellos einen beachtlichen Erfolg dar. Freilich brachte ihn dieser Rückzug wieder in eine kritische Lage, denn das französische Heer nahm wiederum den Weg über Rom. An einer erneuten Begegnung mit Karl konnte Alexander nicht gelegen sein. Immerhin mußte es ja auch dem französischen Monarchen mittlerweile klar geworden sein, daß er von diesem Papst nicht viel Gutes zu erwarten hatte. Zudem waren der mysteriöse Tod Djems sowie die Flucht Cesares auch nicht dazu angetan, bei ihm freundliche Gefühle für Alexander hervorzurufen.

Gleichwohl erscheint es fraglich, ob Pastors Urteil zutrifft, daß sich durch den Anmarsch der Franzosen für Alexander die gefährliche Lage vom Dezember des vergangenen Jahres erneuerte.[13] Damals war Alexander fast völlig auf sich gestellt gewesen. Mittlerweile hatte sich jedoch die Lage, nicht zuletzt auf Grund der wirksamen Diplomatie des Papstes, grundlegend geändert. Jetzt war der französische König isoliert, während Alexander die Macht Spaniens, Mailands und Venedigs auf seiner Seite wußte. Eine Amtsenthebung hatte Alexander ebenfalls nicht mehr zu befürchten. Er konnte jetzt, ohne um seine Stellung oder sein Ansehen fürchten zu müssen, Rom jederzeit verlassen und so Karl ausweichen.

Karl, der immer noch hoffte, von Alexander die Investitur in Neapel erlangen zu können, schrieb diesem einen ehrerbietigen Brief und warb nun, nachdem alle Versuche, Alexander durch seine Macht einzuschüchtern, fehlgeschlagen waren, mit einem Mittel, für das der Papst nie unempfänglich war. Für die Investitur in Neapel bot er eine jährliche Zahlung von 50000 Dukaten und sagte die sofortige Zahlung von 100000 Dukaten zu, die Alfonso und Ferrante angeblich dem Kirchenstaat schuldig geblieben waren. Aber auch diese Summen waren es Alexander nicht wert, den mächtigen französischen König zum südlichen Nachbarn des Kirchenstaates zu bekommen. Er lehnte ab und verließ Rom, um sich nach Orvieto zu begeben, ehe Karl am 1. Juni, begleitet von della Rovere, in Rom eintraf. Ein letzter Versuch des Königs, mit dem Papst zusammenzutreffen, scheiterte, und Karl machte sich nun beschleunigt auf den Weg nach Norden, von wo die Nachricht kam, daß Venedig und Mailand Truppen gegen ihn zusammenzogen.

Am 6. Juli kam es bei Fornovo zur Schlacht zwischen den französischen und den von Francesco Gonzaga befehligten italienischen Truppen. Die Italiener gewannen bald die Oberhand, obwohl Karl sich, ohne auf die Gefahren zu achten – böse Zungen machten seine Kurzsichtigkeit dafür verantwortlich –, in das Getümmel stürzte. Zu einem entscheidenden Sieg der italienischen Kräfte reichte es aber nicht, weil sich Teile ihrer Truppen angesichts des sich abzeichnenden Sieges an die Plünderung des reich beladenen französischen Trosses machten. Infolge der dadurch entstehenden Unordnung gelang es den Franzosen, sich mit knapper Not durchzuschlagen und ihren Zug nach Frankreich fortzusetzen. Beide Seiten erklärten sich zum Sieger.

Nach der Schlacht von Fornovo wurde die Lage der in Neapel zurückgebliebenen französischen Truppen immer schwieriger, weil nun Ferrantino zurückkehrte und sie heftig bedrängte. Karl versuchte noch in Oberitalien mit einem Angriff auf Genua erfolglos sein Kriegsglück, ehe er endgültig den Rückzug in die Heimat antrat. Zuvor hatte Karl allerdings noch die Befriedigung, mit Ludovico Sforza, der wieder einmal besonders klug sein wollte, am 9. Oktober einen Separatfrieden abschließen zu können.

Rom sollte in diesem Jahr nicht zur Ruhe kommen, denn Anfang Dezember mußte es noch die furchtbarste Überschwemmungskatastrophe seit Menschengedenken über sich ergehen lassen. Auch die französische Gefahr war für Rom noch nicht vorüber, da sich Montpensier zunächst mit seinen Truppen in Neapel gut hielt. Versorgungsprobleme hatte er kaum, da er auf dem Seeweg von Frankreich Nachschub erhielt. Zudem gelang es ihm, Virginio Orsini in seinen Sold zu nehmen. Die Orsini hatten zwar Karl schon auf dem Zug nach Italien ihre Festungen geöffnet, aber dies ließ sich durch den Zwang der Verhältnisse rechtfertigen, was man von dem neuerlichen Frontwechsel Virginios, der immerhin noch Großkonnetabel des Königs von Neapel war, nicht behaupten konnte.

Eine Änderung der Lage trat erst ein, als sich der spanische König entschloß, den berühmten Gonsalvo de Cordoba mit seinen Soldaten nach Neapel zu schicken. Gonsalvo, einer der bedeutendsten, wenn nicht der bedeutendste Heerführer seiner Zeit, machte dem Kampf ein rasches Ende. Er trieb seine Gegner durch Kalabrien, Apulien sowie die Terra di Lavoro und schloß Montpensier und Virginio Orsini Ende Juli in Atella ein, wo sie dann einen Monat später kapitulierten.

Als Maximilian, der von Mailand und Venedig zur Unterstützung gegen Frankreich herbeigerufen worden war, im August in Italien erschien, war der Kampf schon zu Ende. Diejenigen, die ihn herbeigerufen hatten, überlegten schon, wie sie ihn so schnell wie möglich wieder loswerden konnten. Einmal mehr enttäuscht verließ Maximilian noch 1495 Italien.

Kampf der Borgia gegen die Orsini

Die Beziehungen zwischen den Borgia und den Orsini waren im Laufe der 40 Jahre, die sich beide Geschlechter gegenübergestanden hatten, naturgemäß unterschiedlich. Bei den verwickelten Verhältnissen in der italienischen Politik kam es durchaus vor, daß die Orsini an derselben Seite wie die Borgia kämpften, was sich beispielsweise aus der sehr engen Verbindung beider Häuser mit dem neapolitanischen Königshaus ergab. Noch beim Krönungsmahl von Alfonso saß Alexanders Sohn Joffre im besten Einvernehmen neben Virginio Orsini an der Ehrentafel. Auch zu ehelichen Verbindungen beider Familien ist es gekommen. Aber solche gelegentlichen Annäherungen haben doch nie zu einer echten Bindung zwischen den beiden Häusern geführt. Nach der Kapitulation und Gefangennahme Virginio Orsinis in Atella sah Alexander nun die Gelegenheit gekommen, das ihm so verhaßte mächtige Geschlecht zu vernichten. Als der geeignete Mann hierzu erschien ihm sein Sohn Juan, der Herzog von Gandìa. Dieser befand sich allerdings noch in Spanien.

Alexander, der schon nach der Heirat Juans mit Maria Enriquez und dessen Belehnung mit dem Herzogtum Gandìa den Zweck der spanischen Reise seines Sohnes als erreicht ansah, hatte bereits im Mai 1494 versucht, Juan und dessen Frau zu sich nach Rom zu holen. Neben dem bei Alexander sicherlich sehr starken Wunsch, seinen Lieblingssohn wieder um sich zu haben, hatte dieser Versuch aber auch einen ausgesprochen politischen Grund. Im Mai 1494 war bereits vorauszusehen, daß die französische Invasion Italiens, die im August dann tatsächlich erfolgte, kaum noch zu vermeiden sein würde. Auch wenn Alexander ein genauso entschiedener Gegner dieser Invasion wie der spanische König war, so dürfte er doch wenig Begeisterung bei dem Gedanken empfunden haben, seinen politischen Spielraum noch durch die Tatsache verringert zu sehen, daß sich sein Lieblingssohn im Machtbereich des spanischen Königs befand. Ferdinand stand bei der Durchsetzung seiner Interessen an Härte, Skrupellosigkeit und Gewissenlosigkeit keinem seiner Zeitgenossen, auch nicht seinem Landsmann auf dem Papstthron, im geringsten nach. Als Ferdinand beispielsweise berichtet wurde, der französische König Ludwig XII. habe sich darüber beklagt, von ihm einmal betrogen worden zu sein, rief er höhnisch aus: »Der Trunkenbold hat gelogen, ich habe ihn dreimal betrogen.«[1] Auch wenn diese Worte Ferdinand zu Unrecht zugeschrieben worden sein sollten, so sind sie doch kennzeichnend für diesen Machtpolitiker ersten Ranges. Jedenfalls würde Ferdinand mit Sicherheit keinen Augenblick gezögert haben, auf Alexander durch die Person Juans Druck auszuüben. Es kann daher kaum überraschen, daß Ferdinand in Anbetracht der sich abzeichnenden kriegerischen Auseinandersetzungen in Italien Juan in Spanien zurückhielt.

Aber auch als die französische Gefahr im Frühjahr 1496 im wesentlichen gebannt und die Anwesenheit Juans in Spanien als Pfand für das Wohlverhalten des Papstes nicht mehr erforderlich war, zögerte der spanische König die Abreise Juans so lange hinaus, bis Maria Enriquez die Reise wegen einer Schwangerschaft nicht mehr zugemutet werden konnte. Ferdinand wollte offensichtlich vermeiden, daß eine Angehörige seines Hauses in dem Machtbereich des Papstes dieselbe Rolle spielen könnte wie Juan in seinen Händen während der französischen Invasion. Fest steht jedenfalls, daß der spanische König weder im Mai 1496 noch zu einem anderen Zeitpunkt die geringste Bereitschaft bekundete, eine Verwandte seines Hauses an den Hof des Papstes zu schicken, der ihm und seiner Gemahlin den Titel der »Allerchristlichsten Könige« verliehen hatte.

So kehrte Juan erst nach dreijährigem Aufenthalt am spanischen Hof ohne seine Frau und seinen 1495 geborenen Sohn am 10. August 1496 nach Rom zurück. Sein Einzug in Rom belegt gleichermaßen die Macht und Hybris, welche die Borgia von nun an bis zu ihrem Untergang auszeichnen sollte. Kein gekröntes Haupt war jemals bei seinem Einzug in Rom mit größeren Ehren bedacht worden als dieser nun gerade zwanzigjährige Sohn Alexanders. Dabei machen nicht nur die Auseinandersetzungen der deutschen Kaiser mit den Päpsten um das Empfangszeremoniell, wie etwa der berühmte Streit zwischen dem gewiß nicht unbedeutenden Staufer Friedrich Barbarossa mit Alexander III., deutlich, welchen Wert die Päpste im allgemeinen darauf legten, durch das Empfangszeremoniell die ihnen nach ihrer Auffassung zukommende Vormachtstellung zu verdeutlichen. Als Karl VIII. auf dem Höhepunkt seiner Macht im Dezember 1494 in Rom einzog, schickte ihm Alexander, dessen Absetzung Karl immerhin in der

Hand hatte, lediglich seinen Zeremonienmeister Burchard, seinen Sekretär Bartolomeo Florido und ein Mitglied des päpstlichen Gerichtshofes entgegen. In Rom selbst ritten dann noch einige Kardinäle dem König entgegen, wobei aber ungewiß ist, ob dies auf Veranlassung Alexanders geschah. Das Kardinalskollegium in seiner Gesamtheit machte dem König erst zwei Tage nach dessen Einzug in Rom seine Aufwartung.

Dem Herzog von Gandìa, dessen einzige Bedeutung darin lag, Sohn des Papstes zu sein und in dieser Eigenschaft eine Angehörige des spanischen Königshauses geheiratet zu haben, zogen sämtliche Kardinäle mit ihrem Gefolge unter Führung Cesare Borgias entgegen, um ihn auf dem Marsfeld feierlich zu empfangen.

Mit Sicherheit war jedoch dieses Empfangszeremoniell nicht dazu angetan, die Sympathien der Italiener für die Borgia zu erhöhen. Man kann sich kaum vorstellen, daß die italienischen Kardinäle, die fast durchweg den angesehensten und mächtigsten Häusern ihres Landes entstammten, wie etwa Colonna, Orsini, Sforza, Medici und Fieschi, dem Herzog von Gandìa aus innerem Antrieb im Gefolge von Cesare entgegengezogen sind. Wenn ein so erfahrener und gewiefter Politiker wie Alexander gleichwohl einen derartigen Empfang veranlaßt oder doch zumindest geduldet hat, so zeigt dies, welche verhängnisvollen Grenzen Familienliebe und Familienstolz den gewiß nicht geringen Fähigkeiten dieses Papstes setzten.

Alexander war indessen nicht der Mann, der sich damit zufriedengab, seinen Lieblingssohn mit zeremoniellen Ehren zu bedenken. Für ihn war Juan dazu bestimmt, die Hauptrolle bei der Verwirklichung seiner politischen Pläne zu spielen, und diese richteten sich nach dem Abzug der Franzosen auf die Vernichtung der Orsini.

Daß die Konflikte zwischen dem Papsttum und den mächtigen römischen Adelsgeschlechtern, insbesondere den Orsini und Colonna, nicht erst unter den Borgia begonnen haben, zeigt schon die Geschichte der Pontifikate der Päpste zwischen Calixt und Alexander. Noch der Vorgänger Alexanders, Innozenz VIII., mußte sich von Virginio Orsini in aller Öffentlichkeit die Drohung gefallen lassen, er werde ihn in den Tiber werfen und ertränken lassen. Wenn sich die Päpste des Mittelalters und der Renaissance gegen die mächtigen römischen Geschlechter letztlich doch immer wieder behaupten konnten, so deshalb, weil ihnen die Feindschaft des einen Geschlechts meist die Unterstützung des anderen sicherte. Gleichgültig, wie man zu dem Streben der Kirche nach weltlicher Macht stehen mag, für den Versuch der Kirche, sich aus der Umklammerung des römischen Adels zu lösen, wird man Verständnis aufbringen müssen.

Dem Spanier Alexander, der durch die Heiraten seiner Kinder mit dem spanischen und neapolitanischen Königshaus verbunden war, mußte es als die vordringlichste Aufgabe erscheinen, das Gebiet nördlich von Rom dem Machtbereich der Kirche einzuverleiben. Wie zuletzt die französische Invasion deutlich gezeigt hatte, machte die beherrschende Stellung der Orsini in diesen Gebieten eine nachhaltige militärische Absicherung Roms vor Angriffen aus dem Norden, also vor allem durch Frankreich, nahezu unmöglich.

Bewies Alexander bei seinem Beschluß, den Kampf mit den Orsini aufzunehmen, beträchtlichen Mut, so zeugt die Wahl der Person, die er mit der Leitung dieses Kampfes betraute, geradezu von einer – wenn auch unfreiwilligen – Tollkühnheit des Papstes. An die Spitze des päpstlichen Aufgebotes gegen die kampferprobten Orsini stellte er mit seinem Sohn Juan einen Mann, der überhaupt noch nicht im Felde gestanden hatte und von dem an Waffentaten nur überliefert ist, daß er bei nächtlichen Streifzügen mit seinen Kumpanen Jagd auf Hunde und Katzen gemacht haben soll. Gemildert wurde diese Fehlentscheidung allerdings dadurch, daß Alexander mit Guidobaldo von Montefeltre einen erfahrenen Kondottiere für die päpstlichen Truppen gewinnen konnte. Dessen Charakter bot im Gegensatz zu dem mancher seiner Kollegen auch noch Gewähr dafür, daß er die ihm übertragene Macht nicht gegen seinen Auftraggeber einsetzen würde. Aber auch wenn Guidobaldo ein guter und zuverlässiger Kondottiere war, so konnten sich sein Ruf und seine Fähigkeiten doch nicht mit denen seines berühmten Großvaters Frederigo messen.

Der Ende Oktober 1496 beginnende Feldzug ließ sich zunächst für die päpstlichen Truppen nicht schlecht an. In weniger als zwei Monaten brachten sie zehn Kastelle der Orsini in ihre Gewalt. Doch dann geriet der Vormarsch rasch ins Stocken, als die päpstlichen Truppen Mitte Dezember vor Bracciano anlangten. Der Befehlshaber dieser mächtigen Orsini-Festung war Bartolomeo d'Alviano, einer der besten Kondottieri seiner Zeit. Er war mit den Orsini durch die Heirat mit Bartolomea Orsini, der Schwester Virginios, verbunden. Diese stand an Kampfbereitschaft ihrem Ehemann nicht nach. Mit ihr tritt uns jener als »virago« bezeichnete Frauentyp der italienischen Renaissance entgegen, der nicht davor zurückschreckte, selbst in Rüstung zu kämpfen, und dessen berühmteste Vertreterin Caterina Sforza den Kampf mit Cesare Borgia nicht scheute.

Dem streitbaren Ehepaar gelang es, Bracciano gegen alle Angriffe der päpstlichen Truppen zu halten. Alexander, den die anfänglichen Erfolge seiner Truppen und vor allem natürlich seines Sohnes mit ungeheurem Stolz erfüllt hatten, wurde immer gereizter. Er ließ sich nicht mehr in der Öffentlichkeit sehen und blieb am Weihnachtstag sogar der Messe fern. In seinem Ärger sprach er davon, selbst an die Spitze des Feldzugs gegen die Orsini zu treten. Allein, auch der päpstliche Unmut vermochte den für die Borgia wenig schmeichelhaften Gang der Dinge nicht zu ändern. Die Orsini fingen den für die gegnerischen Truppen bestimmten Nachschub zum Teil schon unmittelbar vor den Toren Roms ab. Dem Herzog von Gandìa schickten sie einen Esel ins Feldlager, der die Aufschrift trug: »Ich bin der Gesandte des Herzogs von Gandìa«.[2] Mitte Januar führten dann Carlo Orsini, ein unehelicher Sohn Virginios, und der Kondottiere Vitellozzo Vitelli von Norden ein Ersatzheer nach Bracciano. Am 24. Januar wurden dann die päpstlichen Truppen bei Soriano schwer geschlagen. Guidobaldo von Montefeltre wurde gefangengenommen. Juan, der eine leichte Gesichtsverletzung abbekommen hatte, jagte in panischer Flucht zurück nach Rom. Den die Truppen begleitenden päpstlichen Legaten traf vor Schreck der Schlag.

Die Niederlage war so vollständig, daß an einen weiteren Kampf nicht mehr zu denken war. Bereits am 5. Februar mußte Alexander den Orsini in einem Friedensvertrag alle eroberten Kastelle gegen eine Entschädigung von 50000 Dukaten zurückgeben. Der Austausch der Gefangenen wurde vereinbart, wobei jedoch Guidobaldo von Montefeltre nicht in diese Vereinbarung einbezogen wurde, so daß dieser sich schließlich selbst für 70000 Dukaten, also für eine höhere Summe als sie die Orsini an die Borgia für die Rückgabe der eroberten Kastelle bezahlt hatten, freikaufen mußte. Juan erhielt von Alexander 40000 der 50000 Dukaten mit der Begründung geschenkt, daß er durch seine gelungene Flucht den päpstlichen Hof vor der Zahlung eines Lösegeldes bewahrt habe.

Die Folgen der Niederlage bei Soriano wären für die Borgia möglicherweise noch unerfreulicher gewesen, wenn ihnen nicht Gonsalvo de Cordoba von Süden her mit spanischen Truppen zur Hilfe gekommen wäre. Ohne diese Entlastung wären die Borgia wohl in Gefahr geraten, von den Orsini in Rom selbst angegriffen zu werden. Der Anmarsch seiner spanischen Landsleute befreite Alexander jedoch von dieser Sorge und gab ihm darüber hinaus noch die Möglichkeit, Juan zu militärischen Ehren gelangen zu lassen. Als Gonsalvo Anfang März Ostia einnahm, durfte Juan an seiner Seite weilen.

Über die Verdienste Juans bei der Einnahme von Ostia waren der Papst und Gonsalvo offenbar unterschiedlicher Auffassung. Jedenfalls machte Gonsalvo aus seiner Verärgerung über die Rolle, die der päpstliche Hof Juan bei der Eroberung von Ostia beimaß, keinen Hehl und scheute auch vor einer offenen Brüskierung des Papstes und Juans nicht zurück. Als der Papst Gonsalvo am Palmsonntag in der sixtinischen Kapelle durch die Überreichung eines geweihten Palmzweiges ehren wollte, weigerte sich dieser, die Auszeichnung anzunehmen, weil Juan sie vor ihm erhalten hatte. Diese Brüskierung des Papstes und Juans, der immerhin spanischer Herzog und Angehöriger des spanischen Königshauses war, durch einen spanischen Heerführer gibt einen Begriff davon, welche Gefühle das Auftreten der Borgia damals selbst bei denjenigen hervorgerufen hat, die ihnen durch Nationalität und politische Interessen verbunden waren.

Nicht weniger stark, wenn auch anderer Art als bei Gonsalvo, waren die Emotionen, die die Borgia in jener Osterwoche bei dem Ehemann Lucrezias hervorriefen. Giovanni Sforza verließ am Karfreitag in aller Heimlichkeit Rom und ritt so schnell nach Pesaro, daß sein Pferd nach seiner Ankunft tot zusammenbrach. Grund für diese Flucht aus Rom soll die Erkenntnis des Grafen von Pesaro gewesen sein, daß ein weiterer Aufenthalt in Rom seiner Gesundheit abträglich sei. Nach der Darstellung einer Chronik von Pesaro soll Lucrezia einen Diener ihres Ehemannes in ihren Räumen versteckt haben, als Cesare sie aufsuchte, um mit ihr über die Ermordung des Grafen zu sprechen.[3] Ob diese Darstellung zutrifft, sei dahingestellt. Aber wenn man einmal von dem angeblich hinter der Wand versteckten Diener absieht, so dürfte die Chronik den wahren Grund der Flucht richtig wiedergeben. Vermutlich hat der Graf von Pesaro tatsächlich um sein Leben gefürchtet, als er Rom an jenem Karfreitag in aller Heimlichkeit und wie von Furien gehetzt verließ. Diese Befürchtungen waren sicher auch nicht unbegründet, denn für die Borgia war er als Ehemann Lucrezias nicht nur überflüssig, sondern auch lästig geworden. Dies wurde bald offenkundig, als wenige Wochen nach der Flucht Sforzas ein päpstlicher Bote in Pesaro erschien und dem Grafen mitteilte, daß die Borgia die Auflösung seiner Ehe mit Lucrezia wünschten. Der Grund war politischer Natur. Die Interessen der Borgia und der Sforza deckten sich nicht mehr. Beide Geschlechter hatten in der Auseinandersetzung zwischen Frankreich und Neapel gegensätzliche Stellungen bezogen.

Dies hatte zur Entmachtung Ascanio Sforzas im Vatikan geführt. Der Separatfrieden, den Ludovico il Moro nur wenige Monate nach der Schlacht von Fornovo mit Frankreich geschlossen hatte, trug noch zu einer Verschlechterung der Beziehungen beider Häuser bei. Unter diesen Umständen war die zwischen Lucrezia und Giovanni Sforza geschlossene Ehe politisch wertlos. Sich mit diesem Zustand abzufinden, lag nicht in der Natur Alexanders und Cesares, was Giovanni Sforza kaum entgangen sein dürfte. Mit größter Wahrscheinlichkeit hat die Flucht nach Pesaro dem Ehemann Lucrezias das Leben gerettet und die Borgia gezwungen, die Auflösung der Ehe auf juristischem Wege zu betreiben. Kirchenrechtlich war dies nur möglich, indem man die Ehe als nicht rechtsgültig zustandegekommen oder aber für nicht vollzogen erklärte. Großzügig überließen die Borgia dem Ehemann die Wahl des Auflösungsgrundes.

Obwohl er sich über die Gefahren eines Widerstandes gegen die Wünsche der Borgia im klaren sein mußte, gab Giovanni Sforza seine Einwilligung zur Auflösung der Ehe nicht. Er scheint Lucrezia geliebt zu haben. Mit seinem Entschluß, sich weder ermorden zu lassen noch der Auflösung der Ehe mit Lucrezia zuzustimmen, setzte sich Sforza einem peinlichen Verfahren aus. Alexander bildete nun eine Kommission, die zu prüfen hatte, ob die Ehe wegen Nichtvollzugs aufgelöst werden könne.

Sforza wandte sich in seiner Not an Ludovico il Moro, der ihm freilich auch nicht helfen konnte und seine Machtlosigkeit in diesem Falle mit dem wohl ironischen Rat zu überspielen suchte, Giovanni möge seine Zeugungsfähigkeit doch öffentlich unter Beweis stellen.

Die von Alexander eingesetzte Kommission kam dann – und das überrascht nicht – zu dem von den Borgia gewünschten Ergebnis, daß die Ehe wegen der Impotenz des Ehemannes nicht vollzogen worden sei. Am 20. Dezember 1497 wurde die Ehe dann aufgelöst.

In ohnmächtiger Wut schlug Giovanni Sforza zurück und behauptete seinerseits, die Ehe sei in Wirklichkeit aufgelöst worden, damit der Papst und Cesare ungestört Blutschande mit Lucrezia treiben könnten. Giovanni Sforza schuf damit die Grundlage für jene Verdächtigungen, die sich bis heute gehalten haben, weil es in der Tat einige Anhaltspunkte gibt, die seinen Vorwurf, zumindest hinsichtlich der Person Cesares, nicht als völlig abwegig erscheinen lassen.

Die Ermordung des Herzogs von Gandìa

»Man gibt sich alle Mühe zu verbergen, daß sich die Söhne des Papstes vor Neid aufeinander aufzehren«,[1] berichtete ein Gesandter nur einen Monat nach der Rückkehr Juans aus Spanien. Möglicherweise trifft diese Feststellung auf Juan nicht zu, denn er hatte eigentlich keinen Grund, seine Brüder zu beneiden. Er wurde von seinem Vater vergöttert, und dies bekam vor allem Cesare zu spüren. So wurde Juan die Ehre zuteil, bei den öffentlichen Ausritten des Papstes vor diesem herreiten zu dürfen. Sehr viel schwerer wog aber die Tatsache, daß Cesare durch Juan aus der Rolle des wichtigsten Ratgebers des Papstes gedrängt wurde. Auch die Gewinne aus den Machtkämpfen der Borgia waren größtenteils Juan zugeflossen und sollten ihm nach dem Willen seines Vaters auch weiterhin zufließen. So beabsichtigte Alexander, Juan die Fürstentümer Benevent und Terracina zu Lehen zu geben. Dieser Plan ist für den Ehrgeiz Alexanders deshalb aufschlußreich, weil die Zugehörigkeit dieser Gebiete zwischen dem Königreich Neapel und der Kirche strittig war. Aus der Sicht der Kirche jedenfalls stellte die geplante Belehnung Juans eine Weggabe von Gebieten des Kirchenstaates dar.

Vergegenwärtigt man sich noch, daß Juan von seinen Zeitgenossen als hochtrabend und eitel geschildert wird, so kann man sich durchaus vorstellen, daß der oben wiedergegebene Satz vom verzehrenden Neid der Brüder jedenfalls auf Cesare zugetroffen hat.

Gewiß, auch Cesare hatte als Kardinal eine Stellung inne, um die ihn viele seiner Zeitgenossen beneidet haben dürften. Da Alexander das Kardinalskollegium hinreichend mit den Borgia ergebenen Kardinälen – vor allem Spanier – ausgestattet hatte, konnte sich Cesare sogar einige Chancen ausrechnen, selbst einmal Papst zu werden. Darüber hinaus wurde Cesare mit Ehren bedacht, die ihm allein aufgrund seiner Verdienste in seinem Alter nie zugekommen wären. So hatte er es mit seinen 24 Jahren nur dem väterlichen Wohlwollen zu verdanken, daß er als päpstlicher Legat die Krönung Frederigos von Neapel vornehmen durfte.

In den Augen des hemmungslos ehrgeizigen Cesare dürfte dies alles nur ein schwacher Trost gewesen sein, wenn er mit ansehen mußte, wie sein jüngerer Bruder in eben diesem Königreich zu einem der mächtigsten Feudalherren aufstieg. Zudem bedeuteten die mit seinem Kardinalat verbundenen Ehren Cesare nicht viel. Er war gegen seinen Willen zur geistlichen Laufbahn bestimmt worden, zu der er, wie er selbst glaubhaft versichert hat, nicht die geringste Neigung verspürte. In der Tat paßten Tonsur und geistliches Gewand, auch wenn es sich dabei um einen Kardinalsrock handelte, schlecht zu Cesares kriegerischem Naturell. Aber die weltliche Laufbahn, zu der er sich berufen fühlte, war ihm durch seinen jüngeren Bruder verschlossen. Cesares Unzufriedenheit dürfte sich nicht durch die Erkenntnis verringert haben, daß es eigentlich nur ein unglücklicher Zufall war, der Juan und nicht ihn zum Mitglied des spanischen Königshauses, Herzog von Gandìa sowie Herrn von vier Fürstentümern und möglicherweise zum Gründer einer Borgia-Dynastie machte. In der Aristokratie jener Zeit war es üblich, daß der älteste Sohn die weltliche Macht erbte und sein jüngerer Bruder als Geistlicher mit Pfründen versehen wurde. Entsprechend war auch Alexander verfahren, als er seinem ältesten Sohn Pedro Luiz den Weg für eine weltliche Laufbahn ebnete und den jüngeren Cesare für die geistliche Laufbahn bestimmte. Nach dem Tode von Pedro Luiz hätte eigentlich Cesare sein Nachfolger werden können, aber zu diesem Zeitpunkt war Cesare schon Bischof von Pamplona, so daß Juan die Nachfolge von Pedro Luiz antreten durfte.

In der Nacht vom 14. zum 15. Juni 1497 sollte für Cesare der von Juan versperrte Weg indessen auf blutige Weise frei werden.

Am Abend des 14. Juni 1497 veranstaltete Vannozza in ihrem Weinberg bei der Kirche San Pietro in Vincoli ein kleines Fest, an dem neben einigen anderen Gästen auch Cesare, Juan und Kardinal Juan Borgia von Monreale teilnahmen. Während des Essens war bei Juan eine vermummte Gestalt erschienen, die ihn bereits seit einem Monat fast täglich im apostolischen Palast aufgesucht hatte. Als es Nacht geworden war, brachen Cesare, Juan und der Kardinal von Monreale mit ihren Begleitern auf und ritten zunächst gemeinsam zum Vatikan zurück. Als sie in der Nähe des heutigen Palastes Sforza-Cesarini, den sich Alexander erbaut und nach seiner Wahl zum Papst Ascanio Sforza geschenkt hatte, angelangt waren, erklärte Juan, er wolle sich noch anderswo Unterhaltung verschaffen und verabschiedete sich von Cesare und dem Kardinal von Monreale. Er entließ auch seine Begleiter mit Ausnahme eines Reitknechtes und des Vermummten, den er hinter sich auf seinen Maulesel aufsteigen ließ, und ritt dann, wie Burchard es ausdrückte, »wer weiß wohin, wo er ermordet wurde«.[2]

Als der Herzog am Morgen des 15. Juni nicht in den Vatikan zurückkehrte, teilte dies einer der Diener Juans dem Papst mit. Dieser zeigte sich zwar beunruhigt, tröstete sich aber damit, daß Juan, was schon öfter vorgekommen war, die Nacht mit einem Mädchen verbracht und sich gescheut habe, das Haus am hellen Tage zu verlassen. Juan kehrte jedoch auch am Abend nicht zurück. Dagegen erreichte den Papst die Nachricht, daß Juans Reitknecht auf dem Judenplatz schwer verletzt ohnmächtig aufgefunden worden war und in dem Haus, in das man ihn gebracht habe, gestorben sei. Auch das Maultier Juans wurde herrenlos in Rom herumstreifend gefunden. Jetzt ergriff Alexander ein tödlicher Schreck. Mit allen Mitteln ließ er nach Juan suchen. Rom, in dem schon das Gerücht umlief, der Herzog von Gandìa sei ermordet worden, erlebte eine unruhige Nacht. Die päpstliche Wache, die Leibwache Alexanders und die Gefolgsleute der Borgia suchten in der Stadt fieberhaft nach Juan. Doch die Suche blieb erfolglos.

Dagegen stieß man bei den Nachforschungen auf einen slawischen Holzhändler, einen gewissen Giorgio, der angab, die Nacht vom 14. auf den 15. Juni auf seinem Boot in der Nähe des Brunnens bei der Kirche Santa Maria del Popolo zur Bewachung seiner Hölzer verbracht zu haben. Auf Befragen soll Giorgio angegeben haben: »Es war gegen 2 Uhr nachts, als zwei Männer aus dem Gäßchen neben dem Hospital auf dem öffentlichen Weg beim Flusse heraustraten. Sie schauten sich vorsichtig um, ob jemand vorbeikäme, und verschwanden, als sie niemand sahen, wieder in dem Gäßchen. Nach einer Weile kamen zwei andere aus dem Gäßchen heraus, hielten gleichfalls Umschau, und gaben, als sie niemand entdeckten, den Genossen ein Zeichen. Nun erschien ein Reiter, der auf dem Schimmel hinter sich einen Leichnam hatte, dessen Haupt und Arme auf der einen, die Beine auf der anderen Seite herunterhingen, rechts und links von den beiden erwähnten Männern unterstützt. Der Zug begab sich an die Stelle, wo man den Kehricht in den Fluß wirft. Am Rand machten sie halt und drehten das Pferd mit dem Schwanz nach dem Flusse. Nun packte der eine die Leiche an Händen und Armen, der andere an Füßen und Schenkeln, zogen sie vom Pferd herunter und schleuderten sie mit aller Macht in den Fluß. Auf die Frage des Reiters, ob er drinläge, erwiderten sie: ›Ja, Herr.‹ Dann warf der Reiter noch einen Blick in den

Fluß und fragte, als er den Mantel der Leiche auf dem Wasser schwimmen sah, seine Begleiter, was man dort Schwarzes schwimmen sehe. Sie erwiderten, den Mantel, worauf er Steine auf das Kleidungsstück warf, damit es in der Tiefe unterginge. Hierauf verschwanden alle fünf, denn auch die beiden anderen, die Wache gehalten hatten, schlossen sich dem Reiter und seinen zwei Begleitern an und schlugen zusammen den Weg durch ein anderes Gäßchen ein, das nach dem Hospital des heiligen Jakobus führt.«[3]

Auf die Frage, warum er hiervon dem Gouverneur der Stadt keine Anzeige gemacht habe, soll Giorgio erwidert haben: »Ich habe in meinen Lebtagen an jener Stelle wohl 100 Leichen in den Fluß werfen sehen, ohne daß sich einer darum gekümmert hatte, deswegen habe ich auch dieser Sache keine besondere Bedeutung zugemessen.«[4]

Am Morgen des 16. Juni begannen dann etwa 300 Schiffer und Fischer, denen eine hohe Belohnung für das Auffinden der Leiche Juans zugesichert worden war, den Tiber abzusuchen. Am Nachmittag wurde der tote Herzog mit einem Fischernetz bei der Kirche von San Maria del Popolo aus dem Tiber gezogen. Der Leichnam, bei dem beide Hände auf den Rücken gebunden waren, wies insgesamt neun schwere Stichwunden auf, wobei dem Herzog mit einem Stoß die Kehle durchbohrt worden war. Auch der Degen des Herzogs war noch an seiner Seite. Die Geldbörse enthielt dreißig Dukaten und war offensichtlich nicht angetastet worden.

Der Leichnam wurde mit einem Kahn in die Engelsburg gebracht und dort gesäubert und mit neuen Kleidern versehen. Gegen 9 Uhr abends wurde der tote Herzog von einem feierlichen Trauerzug, den 120 Fackelträger anführten, nach San Maria del Popolo gebracht und dort bestattet.

Alexander war wie von Sinnen, als er erfuhr, daß sein Lieblingssohn ermordet und wie Unrat in den Tiber geworfen worden war. Laut weinend und klagend schloß er sich in seine Gemächer ein. Burchard berichtet, Alexander habe drei Tage weder gegessen noch getrunken und nicht geschlafen. Immerhin erholte sich Alexander dann so weit, daß er zu einem für den 19. Juni anberaumten Konsistorium erschien. Mit Ausnahme von Ascanio Sforza waren sämtliche Kardinäle und die Gesandten der italienischen und ausländischen Mächte anwesend. »Dieses Konsistorium hielt die Mitte zwischen hoher Tragödie und Melodrama. Es war wohl das erste und einzige Mal in der Geschichte der Kirche, daß ein Papst, mit den Insignien seiner Würde bekleidet, in einer Versammlung der Kardinäle und in Anwesenheit der Botschafter öffentlich den Tod eines Sohnes beklagte.«[5] Sieben Papstkronen, so erklärte Alexander, gebe er, wenn er diesen Sohn wieder ins Leben rufen könne, und fuhr dann fort: »Gott hat uns für unsere Sünden gestraft, denn der Herzog von Gandìa verdiente keinen so schrecklichen Tod.«[6] Darauf kündigte Alexander eine umfassende Reform der Kirche an. Der Verkauf von Pfründen und der Nepotismus sollten unterbunden und kirchliche Stellen nur noch nach Verdiensten vergeben werden. Kirchengebiet sollte unveräußerlich werden. Die Geistlichkeit sollte zu einem ordentlichen Leben veranlaßt werden und in den ihr zur Betreuung übergebenen Gebieten ihren Wohnsitz nehmen müssen. Noch in diesem Konsistorium setzte Alexander eine Reformkommission mit sechs Kardinälen ein und erklärte, daß er künftig nur noch an die Reform der Kirche denken wolle. Dann nahm Alexander noch zu den Gerüchten Stellung, die Guidobaldo von Montefeltre, Giovanni Sforza und seinen jüngsten Sohn Joffre als mögliche Mörder des Herzogs von Gandìa bezeichneten. Alexander erklärte unmißverständlich, daß keiner der drei Genannten als Täter in Frage komme.

Nach der Rede des Papstes erhob sich der spanische Botschafter Garcilasso de Vega, um das Fernbleiben von Ascanio Sforza zu entschuldigen. Ascanio sei dem Konsistorium nur aus Furcht vor Übergriffen der Gefolgsleute Juans ferngeblieben. Er sei jedoch jederzeit bereit, in den Vatikan zu kommen, wenn der Papst ihn rufe. Alexander antwortete, daß er gegen Ascanio keinen Verdacht hege und dieser ihm jederzeit willkommen sei.

Nach der Kondolation der Anwesenden hob Alexander das Konsistorium auf, das Weltgeschichte gemacht hätte, wenn die Worte des Papstes zur Kirchenreform in Taten umgesetzt worden wären. Martin Luther wäre dann vermutlich ein hochgeachteter katholischer Geistlicher geworden, dessen Name heute niemand mehr kennen würde. Aber Alexander war zwar, wie seine Rede deutlich zeigt, durchaus in der Lage, die sittlichen und religiösen Notwendigkeiten seiner Zeit zu erkennen. Allein die Kraft, diese Erkenntnisse in die Tat umzusetzen, hatte er nicht. Nachdem sich sein erster Schmerz über den Tod Juans gelegt hatte, erlahmte sein Interesse für die Kirchenreform, und Cesare tat ein übriges, um dafür zu sorgen, daß die Vorschläge der Reformkommission Papier blieben. Sie sollten erst nach der Spaltung der Kirche auf dem Konzil von Trient unter Paul III. Gestalt annehmen.

Aber auch wenn der Rede Alexanders in diesem Konsistorium keine Taten folgten, bleibt sie doch deshalb bemerkenswert, weil sie die einzigen uns überlieferten Äußerungen dieses Papstes enthält, von denen

3 Lucrezia Borgia als hl. Katharina von Alexandrien
Ausschnitt aus einem Fresko in den Borgia-Gemächern des Vatikans
von Bernardino di Betto di Biaggio, genannt Pinturicchio,
um 1492–1495

4 *Cesare Borgia*
Gemälde eines unbekannten Künstlers, Ende 15. Jh.

man sicher sein kann, daß sie seine wahren Empfindungen wiedergegeben haben. Die Worte zur Kirchenreform zeigen deutlich, daß Alexander durchaus über eine gewisse Religiosität verfügte. Die Entlastung des Herzogs von Urbino, des Grafen von Pesaro und Ascanio Sforzas, also von Männern, zu denen er damals ein gespanntes Verhältnis hatte, von dem Mordverdacht, entbehrt nicht eines gewissen Großmuts.

Die Antwort auf die Frage nach dem Mörder des Herzogs von Gandìa ist bis heute umstritten. Mit Sicherheit ist der Herzog von Gandìa nicht das zufällige Opfer eines Raubüberfalles im nächtlichen Rom geworden. Vielmehr zeigen die offensichtlich unangetastete Geldbörse des Herzogs, seine vollständige Kleidung und der noch in der Scheide steckende Degen, daß der oder die Mörder es verschmähten, sich an ihrem Opfer zu bereichern. Der Verzicht des Täters, irgend etwas von seinem prunkliebenden Opfer an sich zu nehmen, spricht für die ohnehin naheliegende Vermutung, daß die Mörder des Lieblingssohnes des Papstes nicht aus dem einfachen Volk gekommen sein dürften.

Mit ziemlicher Sicherheit kann man auch annehmen, daß der mysteriöse Maskierte, den der Herzog von Gandìa in der Mordnacht auf seinen Maulesel aufsteigen ließ und der nach dem Mord nie wieder aufgetaucht ist, eine Schlüsselrolle gespielt hat. Da dieser Maskierte, wie Burchard berichtet, den Herzog bereits seit einem Monat fast täglich im Vatikan aufgesucht hatte, ist der Schluß erlaubt, daß die Tat von langer Hand vorbereitet war.

Dieser Maskierte ist allerdings nicht die einzige mysteriöse Gestalt in diesem Drama. Fragen ergeben sich auch hinsichtlich des von Burchard erwähnten slawischen Holzhändlers Giorgio, dessen Bericht die Suche nach der Leiche des Herzogs von Gandìa im Tiber auslöste. Auf den ersten Blick hat man zwar den Eindruck, daß Giorgio tatsächlich Zeuge der Beseitigung der Leiche des Herzogs von Gandìa gewesen ist. Doch genau dies kann nicht der Fall gewesen sein, jedenfalls nicht unter den von Giorgio geschilderten Umständen, denn die Leiche wurde flußaufwärts von der Stelle gefunden, an der sie nach den Angaben von Giorgio in den Tiber geworfen wurde. Auch wenn der Tiber im Sommer – und der Mord geschah ja im Frühsommer – in der Regel eine verhältnismäßig geringe Strömungsgeschwindigkeit aufweist, so ist es nicht gut vorstellbar, daß die Leiche des Herzogs von Gandìa flußaufwärts getrieben worden sein könnte.

Auch ein anderer Umstand spricht dagegen, daß Giorgio tatsächlich

Zeuge der Beseitigung der Leiche des Herzogs von Gandìa gewesen ist. Seine Angaben über die vom Pferd herabhängenden Arme und Beine des Toten lassen sich nicht mit der Tatsache in Einklang bringen, daß die Hände der Leiche des Herzogs von Gandìa auf dem Rücken zusammengebunden waren. Giorgio muß in dieser Nacht entweder Zeuge der Beseitigung einer anderen Leiche geworden sein, oder er hat – aus welchen Gründen auch immer – die Unwahrheit erzählt.

Die ominöse Gestalt Giorgios, der den entscheidenden Hinweis zum Auffinden der Leiche gab, hat die Frage aufgeworfen, ob dem Mörder des Herzogs von Gandìa nicht möglicherweise sogar etwas daran lag, daß die Leiche aufgefunden wurde. Für eine derartige Vermutung könnte auch die Tatsache sprechen, daß die Leiche einfach in den Tiber geworfen wurde, obwohl man wußte, daß er seine Opfer fast immer wiedergab. Man muß sich wirklich fragen, was den oder die Täter eines offensichtlich bestens vorbereiteten und ausgeführten Mordes veranlaßte, die Leiche auf so stümperhafte Weise zu beseitigen.

Eigenartig ist auch, daß weder der Reitknecht noch das Maultier des Herzogs von Gandìa beseitigt wurden. Im Gegenteil, der Reitknecht wurde auf der Piazza dei Ebrei, also dem belebten Judenplatz im Zentrum Roms, gefunden. Ebenso wurde das Maultier des Ermordeten herrenlos mitten in Rom entdeckt.

Das wenigste, was man unter diesen Umständen sagen kann, ist, daß der Mörder des Herzogs von Gandìa so gut wie nichts getan hat, um das Bekanntwerden des Verbrechens zu verhindern. Waren, so ist zu Recht gefragt worden, eine spurenlose Beseitigung des Herzogs von Gandìa und die damit verbundenen Zweifel an seinem Tode den Plänen des Mörders etwa nicht dienlich?

Die Ehre des Verdachts, jener »Gran Maestro« gewesen zu sein, der diesen furchtbaren Schlag gegen Alexander geführt hatte, wurde nicht wenigen zuteil. In der Tat hatten es die Borgia verstanden, sich so viele Feinde zu schaffen, daß der Kreis der Tatverdächtigen schwerlich durch die naheliegende Frage einzugrenzen war, wer denn ein Motiv für diesen Mord gehabt haben könnte.

Als sicher darf aber gelten, daß die vier Personen, die Alexander in dem Konsistorium am 19. Juni öffentlich von dem Mordverdacht freigesprochen hat, also der Herzog von Urbino, der Graf von Pesaro, Ascanio Sforza und Joffre, mit der Sache nichts zu tun gehabt haben. Teilweise ist dies allerdings bei Ascanio bezweifelt worden, weil die Worte Alexanders, »Gott verhüte, daß ich einen solch schrecklichen Verdacht gegen einen Kardinal hege«, als zweideutig empfunden wurden.[7] Außerdem war Ascanio eben wegen Juan nur eine Woche vor der Tat von Alexander schwer brüskiert worden. Bei einem Gastmahl in Ascanios Palast führte sich Juan so anmaßend auf, daß einer der Leute Ascanios sich dazu hinreißen ließ, dem Papstsohn seine uneheliche Abkunft vorzuhalten. Juan reagierte auf diese Beleidigung nicht unbedingt wie man dies bei einem in seinem Stolz gekränkten spanischen Granden vermuten würde. Cesare hätte wohl auf der Stelle sein Schwert gezogen, der Herzog von Gandìa lief indessen zu seinem Vater, um sich zu beklagen. Alexander, ansonsten für seine Gelassenheit bekannt, mit der er persönliche Angriffe und Beleidigungen hinnahm, schickte Leute in den Palast Ascanios, um den Übeltäter herbeizuschaffen, der es gewagt hatte, seinen Lieblingssohn zu kränken. Ascanio schaltete sich ein und ließ dem Papst ausrichten, er werde am nächsten Tag selbst erscheinen und alles erklären. Aber Alexander war nicht zu besänftigen, er ließ den Beleidiger seines Sohnes in den Vatikan schaffen und dort noch in derselben Nacht aufhängen.

Als Motiv für den Mord an dem Herzog von Gandìa kommt dieser Vorfall aber nicht in Frage, wenn man davon ausgeht, daß der mysteriöse Maskierte bei dem Mord eine Schlüsselrolle gespielt hat. Dieser hatte ja den Herzog bereits einen ganzen Monat lang vor dem Mord fast täglich im Vatikan aufgesucht, ohne daß man Näheres von ihm weiß, während das Gastmahl Ascanios erst eine Woche vor dem Mord stattfand. Mit ziemlicher Sicherheit hat somit der Plan, den Herzog von Gandìa zu ermorden, schon längst bestanden, als das Gastmahl bei Ascanio stattfand.

Gegen eine Täterschaft der Sforza spricht auch, daß diese im Frühsommer des Jahres 1497 kein Interesse haben konnten, ihre Beziehungen zu den Borgia weiter zu belasten. Zu dieser Zeit zeichnete sich bereits deutlich eine erneute Invasion Frankreichs in Italien wegen der angeblichen Ansprüche der französischen Krone auf das Herzogtum Mailand ab. Von Venedig und Florenz konnten sich die Sforza bei einem Angriff Frankreichs bestenfalls eine neutrale Haltung erhoffen. Alexander hingegen hatte sich der ersten französischen Invasion mit allen Mitteln widersetzt, und es war zu erwarten, daß er dies auch bei einer neuen Invasion tun würde. Für die Sforza war es daher ein Gebot politischer Vernunft, sich diesen Mann nicht auch zum Feinde zu machen und mit dem Herzog von Gandìa ausgerechnet den Mann umzubringen, der durch seine Verbindung mit dem spanischen Königshaus die beste Gewähr dafür bot, daß der Papst nicht in das französische Lager überwechselte.

Wenig wahrscheinlich ist auch die von Susanne Schüller-Piroli geäußerte Auffassung, hinter dem Mord an dem Herzog von Gandìa habe das spanische Königshaus gestanden.[8] Gewiß gab es zwischen Spanien und den Borgia Reibungen, vor allem wegen Süditalien, wo beide ausgeprägte machtpolitische Interessen hatten und wohl beide insgeheim hofften, dieses Gebiet ganz unter ihre Kontrolle bekommen zu können. Aber es ist kaum anzunehmen, daß der spanische König, dessen Truppen vor wenigen Monaten in Rom eingezogen waren, die Borgia so sehr fürchtete, daß er es für nötig befand, Juan ermorden zu lassen. Die Borgia, die offen zu brüskieren nicht einmal sein Feldherr Gonsalvo am Palmsonntag zurückgeschreckt hatte, dürften von der spanischen Krone zu diesem Zeitpunkt schwerlich als eine echte Gefahr empfunden worden sein. Der wirkliche Gegner Spaniens hieß damals Frankreich und nicht Borgia. Zudem wäre eine Ermordung Juans aus spanischer Sicht auch völlig widersinnig gewesen. Ferdinand hatte ja gerade der Heirat Juans mit einer Angehörigen seines Königshauses zugestimmt, um die Borgia an sich zu binden. Was hätte er für einen Grund haben sollen, dieses Pfand für die Treue der Borgia selbst zu vernichten?

Ein weiteres starkes Indiz für die Unschuld des spanischen Königshauses in dieser Angelegenheit sollte auch die Zukunft liefern. Als Cesare sich gezwungen sah, Italien zu verlassen, wählte er, obwohl es auch andere Möglichkeiten gab, Spanien als Zufluchtsort. Dies wäre nicht ganz verständlich, wenn er in den Herrschern dieses Landes die Mörder seines Bruders vermutet hätte.

Soweit ersichtlich, ist das spanische Königshaus auch erst neueren Historikern verdächtig erschienen. In zeitgenössischen Berichten taucht die spanische Krone nicht in der Reihe der Verdächtigen auf. Dort richtete sich der Verdacht zunächst in erster Linie gegen die streitbaren Orsini, die zweifellos über die Mittel und Verbindungen verfügten, um ein derartiges Unternehmen durchzuführen. Aber welches Motiv hätten die Orsini für eine solche Tat gehabt? Gewiß, sie waren mit den Borgia verfeindet, und Juan hatte noch vor wenigen Monaten an der Spitze des Feldzuges der Borgia gegen die Orsini gestanden. Aber solche Kämpfe, etwa mit den Colonna, gehörten fast schon zum kriegerischen Alltag dieses Geschlechts, ohne daß bis zur Ermordung Juans auch nur irgendein Borgia oder Colonna von den Orsini auf derartig hinterhältige Weise angegriffen worden wäre. Umgekehrt ist übrigens auch kein Fall bekannt, daß sich die Colonna im Kampf gegen die Orsini des Meuchelmordes bedienten. Auch wenn der römische Adel mit seinen ständigen Kämpfen auf uns chaotisch wirkt, sollte man nicht übersehen, daß sich gerade bei den zum Teil seit mehr als einem halben Jahrtausend mächtigen Geschlechtern ein Ehrenkodex gebildet hatte, der sich erheblich von dem eines gewöhnlichen Raubritters unterschied. Warum sollten die Orsini ausgerechnet gegen Juan in einer Weise vorgehen, wie sie es sonst nie zu tun pflegten? Schließlich hatte ja gerade Juan in dem zurückliegenden Feldzug gegen die Orsini seine ganze Harmlosigkeit unter Beweis gestellt und war zudem von seinen Gegnern so nachhaltig geschlagen und lächerlich gemacht worden, daß diese kaum noch besondere Rachegefühle gegen ihn gehegt haben dürften.

Allerdings könnte ein anderer Vorgang tatsächlich die Orsini zu einem tödlichen Schlag gegen die Borgia veranlaßt haben. Am 18. Januar 1497 waren das Oberhaupt des Geschlechts, Virginio, und sein Sohn Giangiordano in der neapolitanischen Gefangenschaft verstorben, nachdem sie sich noch kurz zuvor bester Gesundheit erfreut hatten. Man sprach von Gift, und die Orsini machten Alexander verantwortlich. Der neapolitanische König Frederigo hatte die Orsini in den nach der Schlacht von Antella geschlossenen Friedensvertrag einbezogen und ihre Freilassung zugesichert. Auf Drängen Alexanders wurden die beiden Orsini aber gleichwohl als Gefangene nach Neapel geführt, wo es dann zu ihrem gleichzeitigen Tode kam. Was immer die Ursache dieser mysteriösen Todesfälle gewesen sein mag, fest steht, daß die Orsini in Alexander den Hauptschuldigen an dem Tod von Virginio und Giangiordano sahen, und dies könnte durchaus das Tatmotiv für eine Vendetta Orsini gewesen sein.

Betrachtet man aber das Verhalten Alexanders nach dem Mord und insbesondere seine denkwürdige Ansprache in dem Konsistorium vom 19. Juni, so erscheint es äußerst fraglich, ob Alexander in den Orsini die Täter gesehen hat. Es ist bekannt, daß an jenem Konsistorium mit Ausnahme Sforzas alle Kardinäle teilgenommen haben, also auch Kardinal Orsini und die Kardinäle aus den mit den Orsini befreundeten Häusern. Vor diesem Gremium hat der zwar zutiefst erschütterte, aber gleichwohl einigermaßen gefaßte Papst die Ermordung seines Sohnes mit den Worten beklagt: »Gott hat uns für unsere Sünden gestraft, denn der Herzog von Gandìa hatte einen so grausamen Tod nicht verdient.« Kann man ernsthaft glauben, Alexander hätte vor dem Kardinal Orsini, dessen Geschlecht die Borgia noch wenige Monate zuvor auf dem Schlachtfeld gedemütigt hatten, sowie den anderen Gegnern der Borgia die Ermordung seines Lieblingssohnes als Gottesstrafe bezeichnet, wenn er die Täter in deren Reihe vermutet hätte? Es ist schwer vorstellbar, daß Alexander bei allem Schmerz über den Tod seines Sohnes so weit gegangen wäre, in aller Öffentlichkeit die Ermordung Juans durch die Todfeinde der Borgia als gerechte Strafe Gottes für seine Sünden zu bezeichnen.

Auch die Ankündigung Alexanders, er wolle sein Leben künftig nur noch der Reform der Kirche widmen, ist schwer zu verstehen, wenn man unterstellt, daß Alexander von der Täterschaft der Orsini oder einer anderen den Borgia feindlichen Machtgruppe ausgegangen ist. Diese Erklärung war schließlich nichts anderes als der Verzicht auf die von vielen so gefürchtete Machtpolitik der Borgia und mußte daher gerade bei deren Gegnern besondere Freude und Genugtuung hervorrufen. Dies war aber sicher das letzte, was Alexander mit seinen Worten beabsichtigt hat. Sehr viel verständlicher wären Alexanders Worte allerdings dann, wenn er den Mann für den Täter gehalten haben sollte, auf dem bald der allgemeine Verdacht lastete: Cesare Borgia.

Unmittelbar nach der Tat schien Cesare zunächst unverdächtig. Doch als er im folgenden Jahr auf die Kardinalswürde verzichtete – ein unvorstellbarer, weil noch nie dagewesener Vorgang – und offensichtlich wurde, daß er der große Nutznießer des Todes seines Bruders werden sollte, da erinnerte man sich des lateinischen Satzes: Huic fecit, cui prodest (etwa: derjenige hat die Tat begangen, dem sie nutzt).

War Cesare aber wirklich der Mörder? Die neuere Borgia-Literatur neigt dazu, dies zu verneinen oder zumindest Cesares Täterschaft als nicht erwiesen anzusehen. Verneint wird die Täterschaft Cesares vor allem mit der Begründung, daß Cesare von der Tat keine unmittelbaren Vorteile gehabt habe und er auch seinen Zeitgenossen zunächst völlig unverdächtig erschienen sei.[9] Sehr zwingend ist diese Beweisführung nicht, denn Cesare war sicher in der Lage, sich die Vorteile auszurechnen, die ihm aus dem Tode seines Bruders erwachsen konnten und tatsächlich auch erwachsen sollten. Man darf weiter vermuten, daß er bei seiner Abneigung gegen die ihm zugewiesene geistliche Laufbahn und dem allgemein bekannten Haß gegen seinen Bruder gelegentlich darüber nachgedacht hat, wie die Welt für ihn ohne seinen Bruder aussehen würde.

Eine ganz andere Frage ist es natürlich, ob derartige Gedanken Cesare dann tatsächlich zu dem Mord getrieben haben. Immerhin gibt es für den Zeitraum von dem Augenblick, als Juan sich in der Mordnacht von Cesare und dem Kardinal von Monreale verabschiedete, bis zum Auffinden der Leiche nicht einen Zeugen, der belastende Angaben über Cesare gemacht hat. Dagegen liegt allerdings eine Reihe von Indizien vor, die Cesare zumindestens mittelbar belastet. Auffällig ist in diesem Zusammenhang vor allem das Verhalten Alexanders sowie der Witwe Juans und auch von Burchard, der aufgrund seiner Stellung einiges über die Hintergründe gewußt haben dürfte.

So wird beispielsweise Alexanders erstaunliche Rede in dem Konsistorium vom 19. Juni sehr viel verständlicher, wenn man davon ausgeht, daß er den Mord nicht als eine Tat der Feinde der Borgia, sondern als einen Brudermord angesehen hat. Dann war ohne weiteres verständlich, daß er den Mord als eine Strafe für seine Sünden bezeichnete. Anders als die Gegner des Hauses Borgia konnte Cesare als Täter diese Worte sicher nicht als eine gewisse Rechtfertigung seiner Tat auffassen. Vielmehr wird er durch diese Worte Alexanders selbst zu einer Strafe Gottes.

Auch die Ankündigung Alexanders, auf jedes weltliche Machtstreben verzichten zu wollen, die jeden Gegner der Borgia entzücken mußte, gewinnt ein völlig anderes Gewicht, wenn man von Cesare als dem Mörder ausgeht. Dann hat Alexander mit dieser Ankündigung nicht unverständlicherweise den Mördern noch den Triumph verschafft, mit ihrer Tat wirklich auch alles erreicht zu haben, was sie sich von ihr versprechen konnten, sondern er hat dem Täter zu verstehen gegeben, daß ihm seine Tat nicht nur nichts einbringen, sondern vielmehr auch noch schaden würde. Niemand konnte durch die Ankündigung Alexanders auf den Verzicht weiterer Machtpolitik der Borgia so getroffen werden wie gerade Cesare, dessen ehrgeizige Pläne ohne die Protektion des Vaters dahinschmelzen mußten.

Aber nicht nur Alexanders Rede im Konsistorium, auch sein sonst oft rätselhaft erscheinendes Verhalten in dieser Angelegenheit wird fast immer dann verständlich, wenn man unterstellt, daß er in Cesare den Mörder gesehen hat:

Alexander hat immer wieder versichert, er kenne den Mörder Juans. Glaubhaft ist diese Behauptung Alexanders deshalb, weil er drei Hauptverdächtige, den Herzog von Urbino, den Grafen von Pesaro und Joffre, mit einer Deutlichkeit von jedem Verdacht freigesprochen hat, die darauf hindeutet, daß er sehr genaue Vorstellungen von der Person des Mörders gehabt haben muß. Welche Gründe hätte Alexander sonst gehabt, mit der Entlastung des Grafen von Pesaro den Mordverdacht ausgerechnet von einem Mann zu nehmen, der ihn – wie er genau wußte – haßte.

Wenn Alexander aber den Täter gekannt hat, so stellt sich die Frage, warum er dessen Namen nicht ausgesprochen hat. Von Alexander wurde dies damit begründet, daß er die Sache um des Friedens willen auf sich beruhen lassen wolle. Dies ist freilich eine etwas überraschende Erklärung, wenn man bedenkt, wie Alexander noch eine Woche vor der Ermordung Juans nicht davor zurückgeschreckt hat, seinen Vizekanzler Ascanio Sforza wegen einer harmlosen Beleidigung Juans auf das schwerste zu brüskieren und den Beleidiger aufhängen zu lassen. Angesichts dieses Vorfalls kann man sich schwer vorstellen, daß Alexander nach der Ermordung dieses Lieblingssohnes bereit gewesen sein soll, nur um des Friedens willen auf jede Rache zu verzichten.

Man hat deshalb versucht, das Schweigen des Papstes mit dessen Absicht zu erklären, seine Rachepläne nicht zu gefährden. Der Mörder dürfte sich indessen kaum durch die Erklärung Alexanders, den Täter zu kennen, aber seinen Namen nicht nennen zu wollen, in Sicherheit gewogen haben. Wenn Alexander den Täter tatsächlich in Sicherheit wiegen wollte, hätte er wohl besser daran getan, auch auf die Erklärung zu verzichten, den Täter zu kennen.

Am einfachsten läßt sich das Schweigen des Papstes zu dem Namen des Täters und die rasche Einstellung sämtlicher Nachforschungen damit erklären, daß der Papst das Bekanntwerden eines Brudermordes in seiner Familie verhindern wollte.

Aber nicht nur das Verhalten Alexanders nach dem Mord wäre dann am ehesten verständlich, wenn man unterstellt, daß er Cesare für den Täter hielt. Dasselbe gilt auch für Burchard, den gewöhnlich so gut unterrichteten Protokollchef des Papstes. Burchard hat sich in der Regel nicht gescheut, über die Untaten der Borgia zu berichten. Auch als er den Papst eines Giftmordes verdächtigte, hat er diesen Verdacht, wie wir noch sehen werden, recht deutlich wiedergegeben. Über die Ermordung des Herzogs von Gandìa berichtet der sonst nicht unerschrockene Burchard jedoch im Stil eines Mannes, der sich sorgfältig hütet, auch nur ein unvorsichtiges Wort über Tat und Täter zu verlieren. Schon der Bericht über das Auffinden des Reitknechtes des Ermordeten bleibt vage. Vergeblich sucht man nach den Angaben über die näheren Umstände. Die Aussage des ominösen Giorgio leitet Burchard mit dem einschränkenden Hinweis ein, daß Giorgio dies gesagt haben solle. Diese Einschränkung ist zwar insofern verständlich, als Burchard bei dieser Aussage nicht persönlich anwesend war. Gleichwohl muß es doch erstaunen, daß ein Mann aus der nächsten Umgebung des Papstes vorgibt, nicht verbindlich mitteilen zu können, was denn der angebliche slawische Holzhändler wirklich gesagt hat.

Mit der Schilderung des Schmerzes des Papstes nach dem Auffinden der Leiche und dem Versuch einer Gruppe von Getreuen unter Führung von Kardinal Marti, von Alexander in dessen verschlossene Gemächer vorgelassen zu werden, beendet Burchard seinen Bericht über die Ereignisse nach dem Mord. Über Cesare findet man in diesen Berichten kein Wort. Cesare wird weder bei der Schilderung des Leichenzuges, der den Ermordeten in die Kirche von Santa Maria del Popolo brachte, noch bei dem Versuch der Gruppe um Kardinal Marti erwähnt, sich Zugang zu dem trauernden Papst zu verschaffen. Dabei wäre es ja wohl das natürlichste gewesen, daß die nächsten Angehörigen, also gerade Cesare, den Versuch gemacht hätten, den Papst vor dem völligen Zusammenbruch zu bewahren. Cesare scheint es indessen vorgezogen zu haben, unterzutauchen. Wäre der Kardinal Cesare Borgia bei den Bemühungen, sich Zutritt in die Gemächer des Papstes zu verschaffen, dabeigewesen, hätte Burchard in diesem Zusammenhang nicht ausschließlich den Kardinal Marti namentlich genannt. Der Name des Kardinals Cesare Borgia findet sich aber auch sonst in keinem Bericht nach dem Mord des Herzogs von Gandìa.

Burchard selbst hat sein Tagebuch unmittelbar nach dem Tode des Herzogs von Gandìa unterbrochen und erst drei Monate später wieder fortgeführt. Dies allerdings ausgerechnet mit einer Schilderung des kühlen Empfangs Cesares durch Alexander nach dessen Rückkehr von der Krönung des neapolitanischen Königs Frederigo, dem Nachfolger des verdächtig schnell verstorbenen Ferrantino. Daß Burchard gerade diesen Empfang zum Anlaß genommen hat, sein Tagebuch fortzuführen, legt doch die Frage nahe, ob er hier nicht zwischen den Zeilen zum Ausdruck bringen wollte, wer im Vatikan als der Täter oder zumindest als der Hauptverdächtige angesehen wurde. Wie soll man sonst den Satz in Burchards Bericht verstehen: »Der Papst und Cesare wechselten miteinander nicht ein einziges Wort, sondern Cesare stieg nach dem Kuß wieder hinunter.«[10]

Man hat den frostigen Empfang Cesares dadurch zu erklären versucht, daß es sich hier um einen öffentlichen Empfang gehandelt habe, während sich der Papst und sein Sohn schon am Vorabend privat gesehen hätten. Lassen wir dahingestellt, was sich an diesem Vorabend zwischen dem Papst und Cesare abgespielt hat. Manchen Berichten zufolge soll diese Begegnung auch nicht herzlicher verlaufen sein als der eben geschilderte öffentliche Empfang. Bemerkenswert bleibt doch, daß Burchard sein Tagebuch mit der Schilderung der Trauer des Papstes über die Ermordung Juans abbricht, um es ausgerechnet mehr als 20 Wochen später mit der Schilderung des kühlen Empfanges des aus Neapel zurückgekehrten Cesare durch den Papst wieder aufzunehmen.

Sehr viel deutlicher hat freilich eine andere Person, die über die Hintergründe des Mordes bestens unterrichtet gewesen sein dürfte, gezeigt, wen sie für den Mörder hielt: Maria Enriquez, die Witwe des Ermordeten, strengte gegen Cesare, als dieser sich acht Jahre nach dem Tode Juans vorübergehend in Spanien befand, einen Mordprozeß an.

Die Ermordung des Herzogs von Gandìa und auch andere Ereignisse um die Borgia ließen die Gemüter nicht zur Ruhe kommen. Bereits in der Mordnacht wollte man in Sankt Peter überall Fackeln gesehen haben, die durch die Kirche schwebten, ohne daß sie jemand trug. Blitze schlugen in das Vorzimmer des Papstes und in den Hauptturm der Engelsburg, wo sich die Pulverkammer befand, ein. Fünfzehn Burgwärter wurden verletzt, und die gewaltigen Steine des Turmes flogen zum Teil bis über den Tiber. Es kam zu einer ungewöhnlich starken Tiberüberschwemmung, und der Geist des Herzogs von Gandìa wurde dann noch in der Engelsburg gesehen, wo er fürchterliche Töne ausgestoßen haben soll. Die Borgia begannen unheimlich zu werden, wie der Bericht eines venezianischen Diplomaten zeigt: »Große, außerordentliche Zeichen geschehen zu Zeiten Alexanders. Der Blitz ist in sein Vorzimmer eingeschlagen, er hat die Tiberüberschwemmung gehabt, sein Sohn ist ihm auf gräßliche Weise ermordet worden, und jetzt ist auch noch die Engelsburg in die Luft geflogen.« [11]

All das scheint die Borgia nicht sonderlich beeindruckt zu haben. Cesare schwang sich zunächst zu seiner einzigen bedeutenden kirchenpolitischen Tat auf, indem er dafür sorgte, daß die Vorschläge der von Alexander eingesetzten Reformkommission Papier blieben.

Obwohl sich Lucrezia schon vor der Scheidung von Giovanni Sforza in das Kloster San Sisto zurückgezogen hatte, sorgte auch sie für Gesprächsstoff, weil im März 1498 ein geheimnisvolles Kind in der Familie Borgia auftauchte, das wegen seiner ungewissen Herkunft vom Volksmund als »Infans Romanus« (das römische Kind) bezeichnet wurde. Die Herkunft des Kindes ist bis heute ungeklärt. Sicher ist nur, daß die Borgia den kleinen Giovanni als einen der ihren behandelt haben und sich Alexander später in einer Bulle zur Vaterschaft bekannt hat. Dies trug dazu bei, daß Giovanni den Behauptungen des Grafen von Pesaro über inzestuöse Beziehungen zwischen den Borgia, erhebliche Nahrung geliefert hat, ohne die Gerüchte verstummen zu lassen, Giovanni entstamme einem Seitensprung Lucrezias mit ihrem Kammerherrn Pedro Calderon. Dieser war am 8. Februar 1498 tot aus dem Tiber gefischt worden, in den er, wie Burchard es ausdrückte, »unfreiwillig gefallen war, worüber in Rom viel geredet wurde«.[12]

Vermutlich trifft keines dieser Gerüchte zu. Wahrscheinlich entstammt das Kind der Verbindung von Alexander mit Giulia Farnese. Beweisen läßt sich dies freilich nicht. Für die Vaterschaft Alexanders spricht jedoch, daß er nicht der Mann war, die Vaterschaft für anderer Leute Kinder zu übernehmen. Noch weniger war Alexander allerdings der Typ von Mann, der seine eigene Tochter mißbraucht haben würde. Die Inzestvorwürfe gegen ihn stützen sich im wesentlichen auf die Behauptung des Grafen von Pesaro, seine Ehe mit Lucrezia sei geschieden worden, damit Alexander und Cesare ungestört Blutschande mit Lucrezia treiben könnten. Diese Behauptung Pesaros ist jedoch, wie die nahe Zukunft zeigen sollte, schlicht falsch. Denn die Borgia haben nach der Scheidung nichts Eiligeres zu tun gehabt, als Lucrezia wiederum zu verheiraten. Auf den Tag genau ein halbes Jahr nach der Auflösung dieser Ehe wurde Lucrezia am 20. Juni 1498 mit Don Alfonso von Bisceglie, dem Prinzen von Salerno, einem Sohn Alfonsos II. von Neapel und Bruder Sancias, verheiratet. Zudem sollte Alexander nur gut zwei Jahre später, um Lucrezia den Aufstieg zur Herzogin zu ermöglichen, der Trennung von seiner Tochter nicht nur zustimmen, sondern sie mit Macht betreiben.

Gleichwohl boten die Borgia allerdings in den Jahren 1497/1498 genügend Anlaß zu unerfreulichem Gesprächsstoff. Die Flucht Pesaros vom päpstlichen Hof, die Auflösung seiner Ehe mit Lucrezia, die Ermordung des Herzogs von Gandìa, die Ermordung des Kämmerers von Lucrezia und vor allem der sich immer deutlicher abzeichnende Verzicht auf jegliche Kirchenreform verstärkten die Empörung jenes Florentiner Mönches, der bald zum schärfsten und gefährlichsten Ankläger der Borgia werden sollte.

Savonarola

Wenn die Feinde Alexanders gehofft hatten, mit der Flucht des Kardinals Giuliano della Rovere an den französischen Königshof würde man gegen den Papst eine – wie der mailändische Gesandte Taberna es ausdrückte – »furchtbare Waffe« im geistlichen Bereich in die Hand bekommen, so täuschten sie sich.[1] Der spätere Julius II. war für Alexander zwar gelegentlich ein unangenehmer Gegner, aber letztlich ist Alexander doch immer sehr schnell mit della Rovere fertig geworden. Auch in den für Alexander so kritischen letzten Tagen des Jahres 1494, als della Rovere im Gefolge Karls VIII. in Rom einzog, hatte Alexander es in wenigen Tagen verstanden, della Rovere zu überspielen und die Gefahr seiner Absetzung zu bannen. Wesentlich mehr Schwierigkeiten als dieser Kardinal sollte ihm die Auseinandersetzung mit dem florentinischen Mönch Girolamo Savonarola bereiten.

Savonarola war 1452 in Ferrara geboren worden, wo sein Großvater seit 1440 einen Lehrstuhl für Medizin innehatte. Sein Vater war mit einer mantuanischen Patriziertochter verheiratet und gehörte als Bankier und Kaufmann zur Oberschicht von Ferrara. Girolamo, sein dritter Sohn, sollte Arzt werden und studierte nach Abschluß des Studiums der freien Künste Medizin. In dieser Zeit soll er sich in eine Angehörige der berühmten florentinischen Familie der Strozzi verliebt haben. Die Strozzi waren zusammen mit den Albizzi die erbittertsten Gegner der Medici und maßgeblich daran beteiligt, daß Cosimo de Medici zeitweise ins Exil gehen mußte. Nach dessen Rückkehr traf sie 1434 ihrerseits dieses Schicksal. Ein Teil der Familie wählte Ferrara als Zufluchtsort. Das Selbstgefühl der Strozzi scheint unter der Verbannung jedoch nicht gelitten zu haben. Jedenfalls soll die von Savonarola angebetete Laudomia Strozzi auf dessen Heiratsantrag erwidert haben: »Wie, du bildest dir ein, das vornehme Blut der Strozzi lasse sich zu einer Verbindung mit dem Hause Savonarola herab.«[2]

Unterstellen wir zugunsten der Dame, daß sie für ihre Abweisung

Savonarolas etwas zartfühlendere Worte gefunden hat. Möglicherweise unter dem Eindruck dieser Ablehnung führte Savonarola sein Medizinstudium nicht zu Ende, sondern trat 1475 in den Dominikanerorden ein. Vier Jahre verbrachte er zunächst in Bologna, ehe er 1479 zum Studium an die Universität seiner Heimatstadt Ferrara geschickt wurde.

Florenz, die Stadt, in der er weltgeschichtliche Bedeutung erlangen sollte, betrat Savonarola erstmals im Mai 1482, als ihn sein Orden in das dortige Kloster San Marco schickte. Dort wirkte er zunächst mit bemerkenswert geringem Erfolg. Florenz war damals unter Cosimo und Lorenzo de Medici eine glänzende Finanz- und Kunstmetropole geworden, vielleicht die glänzendste Europas. Dementsprechend erwartete man auch von Predigern, so man sie überhaupt anhörte, vor allem einen eleganten Stil. Der in der Toskana provinziell wirkende lombardische Dialekt Savonarolas kam bei den Florentinern zunächst genausowenig an wie seine heftigen Gebärden und seine derbe Ausdrucksweise. Für Savonarola war die Mißachtung, die ihm die Florentiner entgegenbrachten, nur ein Beweis mehr für den sittlichen Verfall seiner Zeitgenossen, aber kein Anlaß aufzugeben. Immerhin war er einsichtig genug, den florentinischen Dialekt zu erlernen. 1487 verließ er San Marco, um in Ferrara, Brescia, Pavia und Genua Rhetorik zu studieren. Drei Jahre später kehrte er dann nach San Marco zurück, fest entschlossen, seiner Stimme in Florenz Gehör zu verschaffen.

Diesmal hatte Savonarola Erfolg. Sein Einfluß wuchs ständig. Seine nun rhetorisch glänzend vorgetragenen Gedanken über die Notwendigkeit einer Erneuerung der Kirche fielen auf fruchtbaren Boden. Schon bald predigte Savonarola erstmals im Dom von Florenz, und im Juli 1489 wurde er Prior von San Marco.

Im April 1492 starb dann der erst 44jährige Lorenzo de Medici.

Erbe war sein Sohn Piero, der weniger die Begabung seines Vaters, wohl aber den Adelsstolz seiner Mutter aus dem Hause der Orsini geerbt hatte und so in Florenz wenig beliebt war. Savonarola, der sich schon nicht gescheut hatte, gegen die Allmacht Lorenzos zu wettern, griff nun mit wachsendem Erfolg den unbeliebten Piero an. Wenige Monate nach dem Tode Lorenzos starb im August 1492 dann auch Innozenz VIII., und sein unter fragwürdigen Umständen gewählter Nachfolger war Rodrigo Borgia. Alexander VI. galt damals, wie schon in anderem Zusammenhang ausgeführt, durchaus nicht als großes Ungeheuer. Aber die Wahl dieses sehr weltlich gesinnten Papstes führte Savonarola doch neue Anhänger zu. Alexander scheint zunächst für den Mönch – obwohl er dessen Eifer nicht teilen konnte – durchaus Achtung empfunden zu haben. Immerhin setzte Savonarola bei ihm 1493 die Trennung der toskanischen Kongregation seines Ordens von der lombardischen Provinz durch und konnte so in San Marco eine strenge Ordensreform durchführen. Nach diesem Erfolg wurden die Angriffe Savonarolas gegen den sittlichen Verfall der Kirche und die Herrschaft der Medici immer schärfer. Eine neue Dimension erreichten Savonarolas Predigten 1494, als er vor dem Hintergrund der sich abzeichnenden französischen Invasion in Italien die Ankunft eines neuen Cyrus verkündete, der Italien züchtigen und ohne Widerstand durchziehen werde. Daß mit dem neuen Cyrus nur der französische König gemeint sein konnte, war klar. Zur Verteidigung dieser Unterstützung einer ausländischen Invasion ist darauf hingewiesen worden, daß Savonarola hier eine ähnliche Haltung wie Dante eingenommen hat, da auch dieser die Rettung und Erneuerung Italiens nur von jenseits der Alpen durch die mittelalterlichen deutschen Kaiser erhofft habe.[3] Wenn diese Feststellung auch zutreffen mag, so vermag sie natürlich nichts an der Tatsache zu ändern, daß Savonarola spätestens mit dieser Unterstützung der französischen Invasion die Bühne der großen Machtpolitik betreten und dabei eine Haltung eingenommen hat, die ihm die Gegner dieser Invasion schwerlich vergessen konnten. Gegner dieser Invasion waren aber nicht nur die Borgia und Neapel, sondern neben Piero de Medici ein Großteil der florentinischen Oberschicht, die – ohne Anhänger der Medici zu sein – deren Herrschaft nun nicht gerade mit der des französischen Königs vertauschen wollte.

Einstweilen brauchte Savonarola diese Gegnerschaft noch nicht anzufechten. Im Gegenteil, als Karl VIII. Ende 1494 in Italien einzog, und sich damit Savonarolas Ankündigungen zu bewahrheiten schienen, stieg sein Ansehen beim Volk gewaltig. Viele sahen in ihm schon einen Heiligen und Propheten. Verstärkt wurde Savonarolas Stellung dann noch durch die Kopflosigkeit von Piero de Medici. Dieser gab sich zunächst, als Karl in das florentinische Gebiet einzog und die Festung Sarzana belagerte, ganz als stoischer Herrscher, indem er sich ballspielend in der Öffentlichkeit zeigte. Nach der Eroberung Sarzanas verlor er dann aber völlig den Kopf und versuchte – wie bereits oben geschildert – es seinem Vater nachzutun, der sich im Augenblick höchster Gefahr für Florenz in die Gewalt des gefürchteten Ferrante begeben hatte. Mit nur wenigen Begleitern verließ Piero Florenz und ritt in das Lager des französischen Königs. Dort gewährte er den französischen Unterhändlern, wie Commynes berichtet, mehr als diese ernsthaft fordern wollten und führte so den Sturz der Medici herbei. Damit war der Weg für Savonarola in Florenz frei.

Dem Vertrauen der Florentiner wurde Savonarola auch sofort gerecht. Der selbstbewußte Dominikaner scheute sich nicht, an die Spitze einer Delegation der Signoria ebenfalls den französischen König aufzusuchen und diesen mit deutlichen Worten auf seine Rechte und Pflichten hinzuweisen. Karl, der zuvor Piero de Medici mit Geringschätzung empfangen hatte, behandelte Savonarola mit Hochachtung. Savonarola gelang es dann auch, die Folgen des französischen Durchzuges für Florenz einigermaßen erträglich zu gestalten und die völlige Kapitulation Pieros rückgängig zu machen, was sein Ansehen weiter erhöhte. Savonarola hatte schon den Zug eines fremden Herrschers nach Italien und die Bestrafung von Laster und Verschwendung vorhergesagt. Niemand wagte jetzt noch öffentlich zu zweifeln, daß dieser wortgewaltige Mönch zu Recht von sich behauptete, den Willen Gottes zu verkünden.

Es waren nicht nur einfache Menschen, die Savonarola in seinen Bann zog. Auch Männer wie der Humanist Ficinio, der neapolitanische Kardinal Carafa und Ercole d'Este, der Herzog von Ferrara, gehörten zeitweise zu seinen Bewunderern. Auch Alexander stand Savonarola zunächst keinesfalls feindlich gegenüber. Schließlich war er, wie seine Rede nach der Ermordung des Herzogs von Gandìa zeigt, durchaus in der Lage, die Mißstände in der Kirche und damit die Berechtigung von Savonarolas Kritik zu erkennen. Was die Form dieser Kritik betrifft, so war Alexander in dieser Hinsicht nicht so leicht aus der Ruhe zu bringen. Dem selbstbewußten Papst dürfte es zumindest anfangs ziemlich gleichgültig gewesen sein, welche Worte ein einfacher Mönch aus Florenz über ihn verlor.

Nicht mehr gleichgültig, dies gab Alexander auch ohne Umschweife zu verstehen, war dem Papst allerdings das zunehmende politische Gewicht der frankreichfreundlichen Haltung Savonarolas. Hier hatte Savonarola seine Einstellung auch nicht nach dem wenig rühmlichen Rückzug Karls aus Italien geändert. Savonarola kritisierte zwar den französischen König mit scharfen Worten wegen des Scheiterns des Feldzuges. Allein seine Behauptung, der Feldzug sei deshalb gescheitert, weil Karl seinen göttlichen Auftrag nicht erfüllt habe, war auch für den Papst wenig schmeichelhaft, bestand doch dieser Auftrag in der Reform der von Alexander geleiteten Kirche. Viel schwerer wog aber, daß sich Savonarola nach dem Abzug der Franzosen im Namen von Florenz hartnäckig weigerte, der gegen Frankreich gerichteten Liga der italienischen Mächte sowie des spanischen, englischen und deutschen Königs beizutreten. Auf den ersten Blick mag es nicht besonders bedeutungsvoll erscheinen, ob eine aus so mächtigen Partnern bestehende Liga auch mit der Unterstützung von Florenz rechnen konnte. Aber aus der Sicht Alexanders nahm sich dies anders aus. Er wollte weder die Franzosen noch eine andere ausländische Macht in Italien. Frankreich aber ohne die Hilfe ausländischer Mächte von Italien fernzuhalten, konnte – wenn überhaupt – allenfalls mit der vereinten Kraft aller italienischen Mächte gelingen. Das Ausscheren von Florenz in dieser Frage war daher für die Politik Alexanders ein harter Schlag.

In einem Breve wurde Savonarola daher am 21. Juli 1495 aufgefordert, nach Rom zu kommen und dort Rechenschaft über die von ihm als göttliche Offenbarung verkündeten Prophezeiungen abzulegen. Obwohl das Breve in freundlichsten Worten abgefaßt war, verspürte Savonarola keine Neigung, sich in den Machtbereich der Borgia zu begeben. Er lehnte die Aufforderung des Papstes daher unter Hinweis auf seine schwache Gesundheit und wegen der zu erwartenden Nachstellungen durch seine Feinde ab. Alexander erteilte daraufhin Savonarola in einem weiteren Breve Predigtverbot. Außerdem unterstellte er das Kloster von San Marco wieder der lombardischen Kongregation und beauftragte dessen Generalvikar ausdrücklich mit der Entscheidung, die künftigen Tätigkeitsorte der Mönche von San Marco zu bestimmen. Savonarola antwortete daraufhin in einem Schreiben an den Papst: »Was meine Prophezeiungen betrifft, so habe ich niemals geradezu behauptet, ein Prophet zu sein, obgleich auch das noch keine Ketzerei gewesen wäre. Ich habe allerdings Dinge vorausgesagt, welche dann eingetroffen sind. Andere werden sich mit der Zeit noch erfüllen. Übrigens ist es ganz Italien bekannt, daß die Strafen bereits begonnen haben und allein durch mein Wort der Frieden erhalten wurde. Die Übertragung der Entscheidung an die lombardische Kongregation ist nichts anderes, als den Gegner zum Richter zu machen. Indem wir uns von dieser Kongregation trennten, haben wir etwas Erlaubtes getan, denn nach allen Autoritäten ist es jedem gestattet, zu einer strengeren Regel überzugehen. Eine Wiedervereinigung mit jener Kongregation würde nur neue Streitigkeiten und Ärgernisse heraufbeschwören. Eure Heiligkeit sagt, sie habe jene Vereinigung verfügt, damit andere nicht in meine Irrtümer verfallen. Da ich nun bewiesen habe, daß ich keinem Irrtum zum Opfer gefallen bin, muß mit der Ursache auch die Wirkung aufhören ...«[4]

Savonarola war sich darüber im klaren, daß der Papst als sein höchster Vorgesetzter nach den kanonischen Gesetzen berechtigt war, ein Predigtverbot auszusprechen. An einen Ordensbruder schrieb er im September 1495: »Wenngleich alle diese Dinge von denjenigen ausgehen, welche die Freiheit von Florenz und mich tödlich hassen, so bin ich trotzdem entschlossen, wenn ich mein Gewissen nicht anders retten kann, zu gehorchen, und sollte die ganze Welt in Trümmer zerfallen.«[5] Diese Erkenntnis hinderte Savonarola allerdings nicht, im folgenden Monat gleich dreimal vor allem gegen die Umtriebe der Medici-Anhänger zu predigen. Besondere Zurückhaltung legte er sich dabei, wie das nachfolgende Zitat aus einer der Predigten zeigt, nicht auf: »Du mußt es mit ihnen machen wie die Römer mit denen, die den Tarquinius wieder einsetzen wollten. Gegen Christus nimmst du keine Rücksicht und willst sie gegen einen Bürger nehmen. Laß der Gerechtigkeit ihren Lauf. Schlag ihm den Kopf ab. Und wenn es das Haupt der vornehmsten Familie wäre, schlage ihm den Kopf ab.«[6]

Alexander reagierte auf den Widerstand Savonarolas zunächst gelassen. In einem weiteren Breve vom 16. Oktober erklärte er sich bereit, auf die Vereinigung San Marcos mit der lombardischen Kongregation zu verzichten, wenn Savonarola das Predigtverbot beachte. Dieses Breve traf allerdings erst Ende Oktober, also nach den Predigten, die Savonarola in diesem Monat gegen die Medici gehalten hatte, in Florenz ein und führte zu einer vorübergehenden Beruhigung, da Savonarola die nächsten Monate die Kanzel nicht mehr bestieg. Vielmehr versuchten er und seine Anhänger, von Alexander eine Aufhebung des Predigtverbotes zu erlangen. Hierzu war Alexander jedoch nicht bereit. Dies sollte dann am 17. Februar 1496 zum offenen Bruch Savonarolas mit dem Papst führen. In einer an diesem Tag gehaltenen Predigt entband sich Savonarola von seiner Gehorsamspflicht gegenüber diesem Papst mit den Worten: »Sobald kein Zweifel darüber ist, daß Befehle der Oberen den Befehlen Gottes und besonders der christlichen Liebe widersprechen, darf niemand gehorchen, weil geschrieben steht: Du sollst Gott mehr als den Menschen gehorchen.«[7]

Diese Kampfansage an Alexander zeigt deutlich, daß Savonarola, der damals Florenz durch seine Persönlichkeit und eine ihm willfährige Signoria stärker beherrschte als die Medici auf dem Höhepunkt ihrer Macht, einen Ausgleich mit Alexander nicht mehr suchte. Was ihm vorschwebte, war die Errichtung eines Gottesstaates in Florenz, der dann zum Ausgangspunkt einer allgemeinen Erneuerung werden sollte, wie er es schon während der französischen Invasion gepredigt hatte: »Florenz wird herrlicher, reicher und mächtiger denn je sein. Zum ersten herrlicher im Angesicht des nahenden Gottes... und zweitens, o Florenz, wirst du unzählige Reichtümer besitzen, und Gott wird dir alles vermehren. Zum dritten wirst du dein Reich ausdehnen, und so wirst du die geistliche und weltliche Macht besitzen.«[8] Man kann sich des Eindrucks nicht erwehren, daß Savonarola hier dem von ihm beherrschten Florenz die weltliche Macht des antiken und die geistliche Macht des christlichen Rom zugedacht hat. Dies ändert jedoch nichts daran, daß die Begeisterung der zu solchen Ehren ausersehenen Florentiner für Savonarola langsam zu schwinden begann und die Zahl seiner Gegner wuchs. Um Florenz nach seinen Vorstellungen umzugestalten, versuchte Savonarola, modern ausgedrückt, eine regelrechte Kulturrevolution. So bekam Lorenzos zu Recht noch heute berühmtes Lied

»Quant è bella la giovanezza«

einen neuen Text, der mit den Worten begann:

»Viva, viva in notre core
christe re, duce e signore«
(Etwa: Christus, der König, Führer und Herr,
er lebe, lebe in unseren Herzen).[9]

Savonarola ereiferte sich nun zunehmend auf der Kanzel über wollüstige Gemälde, Musik und erotische Literatur. Im Jahre 1497 kam es dann auf sein Betreiben in Florenz zu den berühmten »Verbrennungen der Eitelkeiten«. Der alte Brauch, im Karneval Freudenfeuer zu entzünden, wurde, einem Beispiel Bernhards von Siena folgend, umgewandelt: Nun übergab man den Flammen »schlüpfrige und anstößige Bücher und alle möglichen Figuren und Gemälde, die in den Menschen anstößige und böse Gedanken erwecken konnten«.[10] Dies war nun durchaus nicht nach dem Geschmack aller Florentiner.

Besonders empörte die Florentiner, daß Savonarola zur Herstellung und Aufrechterhaltung der sittlichen Ordnung, wie er sie verstand, eine regelrechte Kinderpolizei bildete. Kinder wurden, wie es Marcel Brion ausdrückte, »zu entsetzlichen Hilfstruppen Fra Girolamos; sie durften in die Häuser eindringen und dort nach Belieben zerstören, was sie Anrüchiges fanden, seidene Perücken, Schminke, zu reiche oder zu gewagte Kleidungsstücke«.[11]

Eine weitere Verschärfung erfuhren die Spannungen in Florenz, als Savonarola 1497 sieben Anhänger der Medici wegen deren Umtriebe hinrichten ließ.

Alexander hielt sich gegenüber Savonarola trotz der Mißachtung seines Predigtverbotes weiter zurück. Es sei dahingestellt, ob man in diesem Zusammenhang so weit gehen kann wie Marcel Brion, der in seiner Medici-Biographie die Auffassung vertritt, Savonarola sei insoweit vom Glück begünstigt gewesen, »als er die beiden langmütigsten und liberalsten Männer, Lorenzo den Prächtigen und den Borgia-Papst Alexander VI., zu Gegnern hatte, die es duldeten, wenn er sie nach Herzenslust angriff, beschimpfte und bedrohte«.[12] Zumindest Alexanders Nachsicht dürfte neben anfänglichem tatsächlichem Wohlwollen gegenüber Savonarola wohl von der Überzeugung bestimmt gewesen sein, daß es am besten sei, den Mönch sich durch dessen eigenen Fanatismus zugrunde richten zu lassen.

Völlig untätig bleiben konnte Alexander jedoch gegenüber der dauernden Mißachtung seines Predigtverbotes nicht. Gleichwohl ließ er sich trotz der wütenden Angriffe Savonarolas gegen seine Person mit einer Antwort fast acht Monate Zeit. Erst am 7. November 1497 hob Alexander in einem Breve endgültig die Selbständigkeit des Klosters von San Marco auf. Allerdings verfügte er nicht, wie angedroht, die Vereinigung mit der lombardischen Kongregation, sondern bildete eine Kongregation sämtlicher Dominikanerklöster im lombardischen und römischen Gebiet, die für die ersten zwei Jahre dem Kardinal Carafa, der damals noch zu den Anhängern Savonarolas zählte, unterstellt sein sollte. Dies war ein recht geschickter Schachzug Alexanders, denn damit stellte er Savonarola vor die Wahl, dieser Anordnung entweder zu folgen oder aber seinen eifrigsten Förderer im Kardinalskollegium zu verprellen. Savonarola zog letzteres vor, indem er das Recht des Papstes zu einer solchen Anordnung bestritt und erklärte, die Mönche von San Marco seien ebenfalls zu keinem Gehorsam verpflichtet, da der Papst zu dieser Maßregel offensichtlich durch falsche Nachrichten veranlaßt worden sei. Auch jetzt ließ sich Alexander noch auf keine unmittelbare Konfrontation mit Savonarola ein. Vielmehr bot er der florentinischen Signoria die Herrschaft über die Erbfeindin Pisa an, wenn es der Liga gegen Frankreich beitrete. Dieser Versuch, Florenz von Savonarola zu trennen, zeigt, daß es Alexander in der ganzen Auseinandersetzung mit Savonarola in erster Linie um das Problem der florentinischen Bündnispolitik ging. Zu den florentinischen Gesandten, die auf dieses Angebot hin in Rom erschienen, sagte Alexander dann auch: »Haltet mit uns, seid gute Italiener, und laßt die Franzosen nicht nach Italien.«[13] Auf die Verteidigung der frankreich-freundlichen florentinischen Politik durch die Gesandten erwiderte Alexander, er wisse sehr wohl, daß die Ursache dieses einer italienischen Macht unwürdigen Verhaltens das Vertrauen der Florentiner auf die Prophezeiungen eines Schwätzers sei.

Alexander gelang es zwar vorläufig noch nicht, die Florentiner zu einer Änderung ihrer Politik zu bewegen. Aber nicht zuletzt sein geschicktes Taktieren trug zur wachsenden Unbeliebtheit Savonarolas in Florenz bei. Dort wuchs die Unruhe so sehr, daß die Signoria am Himmelfahrtstag, dem 4. Mai 1497, ein Predigtverbot für alle Mönche erließ, weil bürgerkriegsähnliche Ausschreitungen befürchtet wurden. Savonarola predigte gleichwohl im Dom und erklärte, wer ihn verfolge, verfolge Gott. Diese gewagte Behauptung war indes kein Einzelfall. In einer anderen Predigt forderte Savonarola Gott auf, ihn hier vor aller Augen zu züchtigen, wenn er die Unwahrheit spreche. Gott blieb stumm. Kritische Zeitgenossen freilich zeigten sich von den ausbleibenden Zeichen Gottes wenig beeindruckt und meinten, es wäre überzeugender gewesen, wenn Savonarola von Gott Zeichen dafür verlangt hätte, daß er die Wahrheit spreche.[14]

Savonarola ließ sich durch solche Skepsis freilich nicht beirren, sondern griff die Kirche und Alexander immer schärfer an. So rief er in einer Fastenpredigt des Jahres 1497: »Tritt her, verruchte Kirche, höre, was der Herr zu dir spricht: Ich habe dir die schönen Gewänder gegeben, und du hast Abgötterei mit ihnen getrieben. Mit den Prunkgefäßen hast du den Stolz genährt. Die Sakramente hast du durch Simonie entweiht. Die Wollust hat aus dir eine schamlose Dirne gemacht. Du bist schlimmer als ein Vieh; du bist ein abscheuliches Ungeheuer... früher schämtest du dich wenigstens deiner Sünden, aber jetzt tust du auch dies nicht mehr. Früher nannten die Priester ihre Söhne Neffen; jetzt nicht mehr Neffen, sondern Söhne, schlechtweg Söhne. Ein Haus der Unzucht hast du aufgeschlagen, zum Haus der Schande hast du allerorten dich gemacht. Was tut die feile Dirne, sie sitzt auf dem Stuhle, sagt Salomo und lockt alle heran. Wer Geld hat, geht hinein und kann tun, was ihm gefällt. Wer aber das Gute will, wird fortgejagt. So hast du, feile Kirche, deine Schande vor der ganzen Welt enthüllt, und dein Pesthauch ist zum Himmel aufgestiegen. Überall, in Italien, in Frankreich, in Spanien und in der ganzen Welt hast du deine Unzucht ausgebreitet.«[15]

Der solchermaßen angegriffene Alexander antwortete schließlich am 13. Mai 1497 mit einem Exkommunikationsbreve, zu dessen Begründung er ausführt: »Von vielen glaubwürdigen Personen haben wir erfahren, daß ein gewisser Fra Girolamo Savonarola, gegenwärtig, wie man sagt, Vikar von San Marco zu Florenz, verderbliche Lehren verbreitet hat zum Ärgernis und zum Schaden der einfachen Seelen. Wir befahlen ihm daher bei seiner heiligen Pflicht, vor Uns zu erscheinen, um sich wegen der Irrtümer, deren man ihn beschuldigte, zu rechtfertigen und seine Predigten auszusetzen, aber er wollte nicht gehorchen und brachte statt dessen verschiedene Ausflüchte vor, die wir mit allzu großer Nachsicht gelten ließen in der Hoffnung, daß ihn unsere Milde belehren würde. Nichtsdestoweniger beharrte er nach wie vor in seiner Verstocktheit, worauf wir ihm in einem zweiten Breve bei Strafe der Exkommunikation befahlen, das Kloster von San Marco mit der jüngst von uns geschaffenen toskanisch-römischen Kongregation zu vereinigen. Aber da noch blieb er bei seiner Hartnäkkigkeit und zog sich damit ipso facto die Zensur zu. Daher befehlen wir Euch jetzt, besagten Fra Girolamo an den Festtagen vor dem versammelten Volk für exkommuniziert zu erklären und jedermann zu verpflichten, ihn als exkommuniziert zu betrachten, weil er unseren apostolischen Befehlen und Ermahnungen nicht gehorcht hat. Auch sollt Ihr bei der gleichen Strafe der Exkommunikation jedermann verbieten, ihm zu helfen, mit ihm umzugehen oder ihn, sei es wegen seiner Worte oder wegen seiner Taten, zu loben als einen Exkommunizierten und der Ketzerei Verdächtigen.« [16]

Veröffentlicht wurde das Exkommunikationsbreve in den Kirchen von Florenz erst am 18. Juni 1497, also zwei Tage nach der Ermordung des Herzogs von Gandìa. Dieser Tod, der Alexander wie wohl kein anderes Ereignis in seinem Leben erschütterte, hätte noch einmal Ausgangspunkt für eine friedliche Lösung des Konfliktes zwischen Savonarola und dem Papst sein können. Alexander jedenfalls beauftragte die von ihm nach der Ermordung des Herzogs von Gandìa eingesetzte Kommission zur Kirchenreform, die Entscheidung über die Exkommunikation Savonarolas nochmals zu untersuchen. Als er jedoch erfuhr, daß dieser die Exkommunikation bereits einen Tag nach ihrer Verkündung für ungültig erklärte, war seine Bereitschaft zu einer gütlichen Einigung zu Ende. Savonarola wurde mitgeteilt, eine Lossprechung von der Exkommunikation könne nur erfolgen, wenn er den Befehlen des Papstes und seines Ordensgenerales Gehorsam leiste. Davon war Savonarola freilich weiter denn je entfernt.

Allein am Weihnachtsfeiertag 1497 zelebrierte er drei Messen. Dem Versuch eines Teils der florentinischen Geistlichkeit, Savonarola am Predigen zu hindern, trat die Signoria entgegen, die immer noch durch eine – freilich schwindende – Mehrheit von Anhängern Savonarolas beherrscht wurde. Unter ihrem Schutz predigte Savonarola am

11. Februar 1498: »Der Fürst, der geistliche, wenn er gut ist, ist nichts als ein Werkzeug in der Hand des Herrn, mittels dessen er die Welt regiert. Wenn sich aber Gott von ihm zurückzieht, so hört er auf, ein Werkzeug zu sein, dann ist er nur noch ein zerbrochenes Eisen. Aber, werdet ihr sagen, wie überzeuge ich mich dann, ob Gott ihm fehlt oder nicht? Sehet zu, ob seine Gesetze oder Gebote dem widersprechen, was die Grundlage und Wurzel aller Weisheit ist, nämlich dem guten Wandel und der christlichen Liebe. Wenn sie gegen diese beiden verstoßen, so könnt ihr völlig sicher sein, daß er ein zerbrochenes Eisen ist, und dann seid ihr nicht verpflichtet, zu gehorchen. Aber saget mir, was bezwecken denn jene, die mit ihren falschen Berichten die Exkommunikation veranlaßt haben, anderes als das gute Leben zu vernichten und dem allgemeinen Besten zu schaden? Das weiß jedes Kind. Nun, da die Zensur gekommen ist, gehen sie in die Schenken und führen ein ausschweifendes Leben. Darum werde ich dieselbe nicht anerkennen, denn ich kann nicht gegen die Liebe handeln. Wer aber etwas gegen die Liebe gebietet, der sei von Gott exkommuniziert. Und wenn es auch ein Engel sagte, wenn alle Heiligen und die Jungfrau Maria es sagten, der sei exkommuniziert. Wenn ein Gesetz, ein Kanon oder ein Konzil es sagte, so sei er exkommuniziert, und wenn irgendein Papst dem, was ich hier sage, je widersprochen hat, so sei er exkommuniziert. Ich behaupte nicht, daß ein solcher Papst existiert hat, aber wenn er existierte, so war er kein Werkzeug des Herrn.« Noch weiter ging Savonarola, als er eine Woche später predigte: »Wer daher die Exkommunikation hartnäckig geltend macht und behauptet, ich solle die Lehre nicht predigen, der spricht wider das Reich Christi und für das Reich des Satans, ist faktisch selbst ein Ketzer...«[17]

Mit Predigten dieser Art mochte Savonarola auf die einfachen Gemüter Eindruck machen, aber gerade bei vielen seiner gebildeten und einflußreichen Anhänger riefen diese Predigten, insbesondere die ständig wiederkehrende Behauptung Savonarolas, unmittelbarer Verkünder des Willens Gottes zu sein, Skepsis und Befremden hervor. Es sollten dann, wie noch zu zeigen sein wird, auch diese Predigten sein, die weit mehr als die Feindschaft der Borgia Savonarolas Ende herbeiführten.

Sicher hat auch Alexander zum Sturz Savonarolas beigetragen, als er Florenz im Februar 1498 mit dem Interdikt für den Fall gedroht hatte, daß es Savonarola weiter das Predigen ermöglichte. Die Florentiner wußten aus Erfahrung, daß dieses Interdikt keine stumpfe Waffe war, hatte doch seinerzeit Lorenzo nur durch seine Reise zu Ferrante von Neapel die Republik vor einer Niederlage gegen Sixtus IV. retten können, nachdem dieser das Interdikt über Florenz verhängt hatte. Gleichwohl löste die Drohung Alexanders keine Panik aus. Vielmehr hofften die Gesandten von Florenz am päpstlichen Hof immer noch, den Papst friedlich stimmen zu können, und ganz unberechtigt scheint diese Hoffnung nicht gewesen zu sein. Als sie Savonarolas Lehre zu verteidigen versuchten, erwiderte der von dem Mönch so scharf angegriffene Papst nur: »Wir verdammen Savonarola nicht wegen der Lehren, die er predigt, sondern weil er sich weigert, um Lossprechung von der Exkommunikation zu bitten, ja diese Zensuren schlechthin für ungültig erklärt und gegen unseren Willen mit dem Predigen fortfährt. Das ist eine offenbare Verachtung unserer und des Heiligen Stuhles Autorität.« Da Alexander zudem erklärte, man werde Savonarola alsbald von den Zensuren freisprechen, »wenn er sich einige Zeit lang gehorsam erweist und sich des Predigens enthält«,[18] hatte Florenz die Hoffnung, daß es Alexander nicht zum Äußersten kommen lassen würde. Wahrscheinlich war diese Hoffnung nicht falsch, denn Alexander war offensichtlich nicht darauf aus, mit Savonarola einen Mann zum Märtyrer zu machen, der ihm trotz aller Gegensätze eine gewisse Hochachtung abgenötigt hat. So war es dann auch nicht Alexander, sondern ein Franziskanermönch, der Savonarolas tragisches Ende herbeigeführt hat:

Noch im Februar 1497 hatte Savonarola in einer Predigt ausgerufen: »Ich bitte jeden von euch, inbrünstig zu Gott zu beten, daß er mir, wenn meine Lehre nicht von Ihm herkommt, ein Feuer schicke, das mich in die Hölle herabverzehre.«[19] In anderen Predigten erklärte Savonarola, er sei bereit, sich zum Beweis der Wahrheit seiner Worte der Feuerprobe zu unterziehen. Daraufhin forderte am 25. März 1498 der Franziskanermönch Francesco von Apulien Savonarola zur Feuerprobe heraus. »Ich glaube zwar«, erklärte er in einer Predigt, »daß ich verbrennen werde, allein ich bin zu diesem Opfer bereit, um das Volk zu befreien. Wenn Savonarola nicht mit mir verbrennt, so möget ihr an ihn als Propheten glauben.«[20]

Savonarola nahm die Gelegenheit, seine Glaubwürdigkeit vor aller Welt zu beweisen, ohne erkennbare Begeisterung auf. Er lehnte die Herausforderung zwar nicht ab, es überraschte allerdings doch etwas, als er erklärte, daß nicht er, sondern sein Mitbruder und leidenschaftlicher Anhänger Fra Domenico della Pescia die Feuerprobe auf sich nehmen werde.

Da die Feuerprobe nicht ohne Erlaubnis der Regierung von Florenz stattfinden konnte, setzte zunächst eine Diskussion über ihren Sinn ein, in die sich auch Alexander einschaltete. Er verdammte den Versuch, Gottes Willen auf diese Weise zu erforschen, mit schärfsten Worten. Gleichwohl setzten sich in Florenz die Befürworter der Feuerprobe durch. Savonarolas fanatische Anhänger, die hofften, dieser werde doch noch selbst durchs Feuer gehen, waren die stärksten Befürworter. Aber auch viele seiner Gegner waren für die Durchführung, weil sie hierin ein geeignetes Mittel zu Savonarolas Sturz sahen. Bei vielen Florentinern rief die ganze Angelegenheit Spott und einen gewissen Widerwillen hervor. Bezeichnend hierfür sind die Worte von Filippo Guigni, einem Angehörigen der Florentiner Oberschicht, während der Beratung über die Feuerprobe: »Wir sind heute wegen dieser Angelegenheit zusammengekommen, aber das Feuer scheint mir eine merkwürdige Sache zu sein, und ich selbst würde nur mit äußerstem Widerwillen durchgehen. Man könnte, mit geringerer Gefahr, versuchen, durchs Wasser zu gehen. Und wenn er nicht naß wird, werde ich bestimmt einer von denen sein, die um seine Absolution bitten.«[21] Auch wenn Guigni als Angehöriger der florentinischen Oberschicht Savonarola ohnehin nicht besonders zugetan war, zeigt die Tatsache, daß er es wagte, über die Feuerprobe in aller Öffentlichkeit mit einer derartig herablassenden Geringschätzung zu sprechen, wie viel Savonarola zu diesem Zeitpunkt schon von seiner einst überragenden Machtstellung verloren haben muß.

Es sollte für ihn noch schlimmer kommen, als die Signoria die Durchführung der Feuerprobe anordnete, deren Vorbereitung der Chronist Landucci ausführlich geschildert hat: »Am 7. April wurde auf der Piazza della Signoria ein Gerüst aufgebaut, 50 Ellen lang, 10 Ellen breit und 4 Ellen hoch. Es wurde auf Blöcke mit Holz gestellt, auf welchen auf jeder Seite ein Mäuerchen aus roten Ziegeln gemacht wurde, eine halbe Elle hoch, und dazwischen legten sie Sand und Schutt und bedeckten tatsächlich alles, damit das Feuer nicht die Balken und das Holz finden könne; und auf besagtes Gerüst legte man eine Brüstung nach Art großer Scheiterhaufen, zweieinhalb Ellen hoch, das ganze Gerüst entlang. An jedem Kopfende ließen sie vier Ellen ohne Holz, so daß der Scheiterhaufen 40 Ellen lang war. In der Mitte ließen sie zwei Ellen Raum, durch die man zu passieren hatte.«[22] Als Dominikaner und Franziskaner auf der Piazza eintrafen, war dort eine riesige Menschenmenge versammelt, um dieses noch nicht dagewesene Schauspiel mitzuerleben. Sie wurden jedoch nicht Zeugen einer Feuerprobe, sondern von heftigen verbalen Auseinandersetzungen.

Zunächst verlangten die Franziskaner, Domenico solle die Kleider wechseln, bevor er durchs Feuer ginge. Sie befürchteten, daß diese durch übernatürliche Kräfte Savonarolas verzaubert sein könnten. Die Dominikaner gaben nach, erklärten dafür aber, ihren Mann mit der Hostie durchs Feuer schicken zu wollen. Dies löste bei den Franziskanern Empörung aus und war Anlaß für stundenlange Diskussionen über die Modalitäten der Feuerprobe. Als es schließlich Abend wurde, ohne daß einer der Mönche durchs Feuer gegangen war, befahl die Signoria beiden Parteien, sich zu entfernen. Dieser Ausgang versetzte Savonarolas Ansehen einen tödlichen Schlag. Wenngleich die Gründe für das Unterbleiben der Probe bis heute nicht völlig klar sind, galt in den Augen der meisten Florentiner Savonarola als der Verlierer. Dies konnte auch schon deshalb nicht anders sein, weil der Franziskaner ja nie behauptet hatte, die Feuerprobe überstehen zu können. Savonarola, dessen Ansehen schon darunter gelitten hatte, daß er nicht bereit war, sich persönlich der Probe zu unterziehen, verlor nun bei den meisten Florentinern seine Glaubwürdigkeit.

Savonarola versuchte sich am folgenden Tag in einer Predigt zu rechtfertigen, die er entgegen einer der Signoria gegebenen Zusage hielt. Die Signoria beschloß nun die Verbannung Savonarolas. Dessen Gegner freilich wollten ihn auch nicht in die Verbannung entkommen lassen. Sie machten sich den über Savonarola herrschenden Unmut zunutze und versuchten, San Marco zu stürmen. Nun griff die Signoria ein und nahm Savonarola und Domenico della Pescia fest.

Alexander verlangte die Auslieferung Savonarolas nach Rom. Dies hielten die Florentiner freilich nicht mit ihrer Würde vereinbar. Alexander und Florenz einigten sich schließlich dahin, daß in Florenz ein Prozeß gegen Savonarola und seine Anhänger unter Leitung des Dominikanergenerals Gioacchino Turriano und von Francesco Remolino, einem spanischen Bischof mit äußerst zwielichtigem Charakter aus der Umgebung von Cesare Borgia, geführt werden sollte. Der Verzicht auf die Auslieferung Savonarolas fiel Alexander nicht schwer, weil die Ereignisse nach der gescheiterten Feuerprobe zu einer völligen Verschiebung der Machtverhältnisse in Florenz geführt hatten und nun die Gegner Savonarolas fest im Sattel saßen.

Savonarola und auch die beiden Mitangeklagten Domenico della Pescia und Salvestro Maruffi hatten in dem Prozeß nicht die geringste Möglichkeit, einem Todesurteil zu entgehen. Weder die päpstlichen Abgesandten noch die sich nun aus den Feinden Savonarolas zusammensetzende florentinische Signoria dachten daran, diesen Gegner, der sie so lange in Atem gehalten hatte, wieder freizulassen. Das Verfahren war ein politischer Scheinprozeß, in dem man die Angeklagten so lange folterte, bis sie sagten, was man hören wollte. Soweit dieses dann den Richtern und der Signoria nicht genügte, fälschte man noch die Vernehmungsprotokolle.

Am 22. Mai 1497 wurden Savonarola und seine beiden Mitstreiter wegen der »ungeheuren Verbrechen, deren sie überführt worden sind«, zum Tode verurteilt. Tags darauf wurden sie gehängt. Ihre Leichen wurden verbrannt und die Asche in den Arno geworfen, um ihren Anhängern keine Reliquien zu lassen.

Es ist nicht Sache einer Borgia-Biographie, der Vielzahl der Urteile über Savonarola ein weiteres anzufügen. Savonarola wird heute noch eine große Verehrung zuteil. Vielen Italienern gilt er durch seinen Kampf gegen den Papst als Vorläufer des italienischen Nationalstaates. Seine Vaterstadt Florenz errichtete an seinem 400. Todestag eine Statue mit der Inschrift: »Das befreite Italien dem Girolamo Savonarola nach 384 Jahren«.[23] 384 Jahre deshalb, weil dies der Zeitraum zwischen der Hinrichtung Savonarolas und der Gründung des italienischen Nationalstaates ist.

Es gibt freilich auch andere Stimmen. So haben Goethe, Thomas Mann, Jacob Burckhardt beispielsweise in Savonarola einen mittelalterlichen Eiferer gesehen, der durch seine eigene Schuld so tragisch endete.[24]

Es mag dem Urteil des Lesers überlassen bleiben, inwieweit er die Schärfe von Savonarolas Vorgehen gegen den Papst durch die unbestreitbaren sittlichen Mängel seines Hauptgegners Alexander für gerechtfertigt hält und inwieweit er Alexanders Schuld durch die maßvolle Zurückhaltung, mit der er – aus welchen Gründen auch immer – lange Zeit auf Savonarolas Angriffe reagierte, gemildert sieht.

Zum Schluß sei noch eine Bemerkung gestattet: Schon zu Lebzeiten von Alexander und Savonarola kam das Gerücht auf, Alexander habe Savonarola dadurch für sich zu gewinnen versucht, daß er ihm einen Kardinalshut anbot. Dies ist allgemein als ein weiterer Beweis für die Niedertracht und Korruption dieses Borgia-Papstes angesehen worden.

Wenn aber Alexander tatsächlich schon von seinen Zeitgenossen für fähig gehalten wurde, einem Mann wie Savonarola den Kardinalshut anzubieten, so bedeutet dies doch zumindest, daß sie in diesem Papst alles andere als einen eifernden rachsüchtigen Kleingeist gesehen haben. Aber auch ohne diese Episode hat Alexander in der Auseinandersetzung mit Savonarola ein beachtliches Maß an Toleranz und gelassener Souveränität unter Beweis gestellt.

In seiner Geschichte von Florenz schreibt Machiavelli über die Wochen vor dem Untergang Savonarolas: »Er predigte wieder, weil die neue Signoria zu erwählen war und er schon den Scheiterhaufen roch. Die Stadt, seinen Ungehorsam gegen den Papst erfahrend, und seiner Prophezeiungen, die nichts als Unheil enthielten, bis zum Überdruß müde, fing an, sich gegen ihn zu wenden. Deshalb wollte er sein schlimmes Los hinausschieben.«[25]

Mögen diese Sätze des scharfsinnigen Florentiners als Beweis dafür dienen, daß nicht Alexander allein, sondern vor allem der Haß, den sich Savonarola durch sein Regiment in Florenz zugezogen hatte, die Ursache für sein tragisches Ende war.

»Il Valentino«

Nur wenige Wochen nach der Ermordung seines Bruders begann Cesare seinen Plan zu verwirklichen, den ungeliebten Kardinalspurpur abzulegen und eine militärische Laufbahn anzustreben. Bereits im August 1497 erwähnen Gesandtschaftsberichte dieses Vorhaben, das schon deshalb großes Aufsehen erregte, weil bislang noch nie ein Kardinal auf seine Würde verzichtet hatte. Bald sickerte durch, daß der Papst Cesare zum Generalkapitän der kirchlichen Truppen machen wolle und ihn mit Joffres Frau Sancia verheiraten wolle. Joffre sollte dafür die Nachfolge von Cesare im Kardinalskollegium antreten. Der Plan zeigt einmal mehr, daß die Borgia, wenn es um ihre Familieninteressen ging, keinerlei Hemmungen kannten.

Am Weihnachtstag des Jahres 1497 hatte Alexander eine vierstündige Unterredung wegen Cesare mit Ascanio Sforza. Im Kardinalskollegium gab es Widerstand gegen die Pläne des Papstes und Cesares. Aber Alexander und Cesare waren nicht die Männer, sich in so einer grundlegenden Frage den Willen des Kardinalskollegiums aufzwingen zu lassen. Am 27. August 1498 erschien Cesare vor den Kardinälen und erklärte, den Purpur ablegen zu wollen. Zur Begründung brachte er vor, »daß er von früher Kindheit an immer mit ganzer Seele dem weltlichen Stand zugeneigt gewesen, daß aber der Vater gewollt habe, er solle sich dem geistlichen Stand widmen und er geglaubt habe, sich seinem Willen nicht widersetzen zu dürfen. Da aber nun sein Sinnen und Trachten und seine Neigung auf das weltliche Leben gerichtet seien, ersuche er Seine Heiligkeit Unsern Herrn, er möge sich mit besonderer Nachsicht dazu herablassen, ihm einen Dispens zu erteilen, so daß es ihm, nachdem er geistliche Würde und Gewand abgelegt habe, in den weltlichen Stand zurückzukehren und eine Ehe einzugehen gestattet sei. Er erbitte nun die hochwürdigen Kardinäle, bereitwillig ihre Zustimmung zu einem solchen Dispens zu geben«.[1] Erwartungsgemäß entsprach das von den Borgia hinreichend bearbeitete Kardinalskollegium diesem Wunsch.

Was die von Cesare angesprochene Eheschließung anbetrifft, hatten die Borgia sehr genaue Vorstellungen. Der Plan, Cesare mit Joffres Ehefrau Sancia zu verheiraten, wurde fallengelassen. Cesare nur mit einer unehelichen Tochter des neapolitanischen Königs zu verheiraten, erschien den Borgia nicht mehr standesgemäß. Vielmehr hatten sie es auf Frederigos eheliche Tochter Carlotta abgesehen, die Cesare beim Tod ihres Vaters den Weg auf den neapolitanischen Königsthron freigemacht hätte. Bereits als Cesare noch Kardinal war, hatten die Borgia bei Frederigo vorgefühlt. Dieser war ebensowenig begeistert wie seine Tochter, die erklärte, sie wolle keine Kardinalin werden und daher keine Ehe mit einem »Pfaffen und Pfaffensohn« eingehen.[2] Eine recht kesse Antwort, wenn die Borgia tatsächlich, wie von ihnen behauptet, selbst Abkömmlinge des aragonesischen Königshauses gewesen wären. Trotz heftigen Drängens der Borgia blieb auch Frederigo, »dem die Freundschaft der Borgia noch verderblicher erschien als ihre Feindschaft«, hart.[3] Diese Härte konnte er sich auch leisten, weil hinter ihm der mächtige spanische König stand. Ferdinand war selbst an der Herrschaft über Neapel interessiert und daher nicht im geringsten geneigt, die Borgia dort Fuß fassen zu lassen.

Da eröffneten sich den Borgia durch einen Todesfall neue vielversprechende Möglichkeiten. Am 17. April 1498 stieß der französische König Karl VIII. in seinem Schloß in Chinon so unglücklich gegen einen Türbalken, daß er an den Folgen seiner dabei erlittenen Verletzungen starb. Da seine Ehe kinderlos geblieben war, bestieg sein Vetter und Schwager Louis von Orléans als Ludwig XII. den französischen Thron. Dieser hatte mit Johanna, der Schwester des Königs, eine nicht gerade glückliche Ehe geführt, die zudem kinderlos geblieben war. Nach der Thronbesteigung wollte sich Ludwig von Johanna scheiden lassen. In der Wahl der Gründe war Ludwig nicht gerade zimperlich. Einmal machte er seine Frau für die Kinderlosigkeit der Ehe verantwortlich. Dann behauptete er, die Ehe gar nicht vollzogen zu haben, weil seine Frau ihm durch ihre Mißgestalt, Kränklichkeit und Unsauberkeit stets einen unüberwindlichen Widerwillen eingeflößt habe. Ob Ludwig, wie behauptet wird, seine Frau auch gezwungen hat, sich zum Beweis der Richtigkeit seiner Behauptungen vor einem Gremium von 20 Männern zu entkleiden, ist nicht einwandfrei belegt.[4]

Ludwig war an der Scheidung deshalb so viel gelegen, weil er unbedingt die Witwe des verstorbenen Königs, Anne de Bretagne, heiraten wollte. Der Adel ihres Herzogtums fühlte sich nur ihr verpflichtet und wünschte, daß sie nach dem Tode ihres Mannes in die Bretagne zurückkehre. Wollte Ludwig die wichtige Bretagne der französischen Krone erhalten, so mußte er ihre schöne Herzogin heiraten. Die hierzu notwendige Auflösung seiner bestehenden Ehe war jedoch ohne einen Dispens des Papstes nicht möglich.

Alexander nutzte sofort die Gunst der Stunde. Der Preis, den Ludwig XII. für den zu seiner Scheidung erforderlichen Dispens zahlen wollte, war zu hoch, als daß der wegen der Zurückweisung Cesares durch das neapolitanisch-aragonesische Königshaus erboste Alexander hätte widerstehen können. Cesare wurden die Grafschaften Valence und Diois als Lehen versprochen, wobei Valence in den Rang eines Herzogtums erhoben werden sollte.

Diesem Herzogtum und der Tatsache, daß er zuvor schon als Kardinal das spanische Bistum Valencia innegehabt hatte, verdankte Cesare seinen Beinamen »Il Valentino«. Außer den Einkünften aus seinen Lehen in Höhe von etwa 20000 Goldfrancs sollte Cesare weitere 20000 Goldfrancs jährlich von der französischen Krone erhalten. Außerdem wurden ihm eine vom französischen König unterhaltene Truppe von 100 Lanzen, also etwa 400 Mann, sowie die Herrschaft von Asti nach der Eroberung Mailands und die Aufnahme in den Michaelsorden, dem wohl exklusivsten Orden jener Zeit, versprochen. Als Ehefrauen wurden Cesare die Nichte des Königs und Tochter des Grafen von Foix, Anne de Candale, sowie die Schwester des Königs von Navarra, Charlotte d'Albret, angeboten. Cesare entschied sich für die letztere.

Fast alle Biographen Cesares schwärmen von der Faszination, die er auf Frauen ausgeübt haben soll. Allein, wie schon die Tochter des Königs von Neapel, wollte auch nun die als Ehefrau vorgesehene Charlotte d'Albret nichts von einer Ehe mit einem Papstsohn wissen.

Den in diesen Dingen sehr empfindlichen Cesare mußte diese Zurückweisung um so härter treffen, als sich gerade zu dieser Zeit bei ihm die Merkmale einer Syphilis bemerkbar machten und seine ganze Haut durch einen Ausschlag entstellt war. Da die Syphilis zu Cesares Zeit eine völlig neue Krankheit war, konnte Cesare auch nicht wissen, daß der Ausschlag spätestens nach drei bis vier Monaten wieder abklingen würde.

Gleichwohl brach Cesare am 1. Oktober 1498 nach Frankreich auf. Bei der Ausstattung hatte er nicht gespart. Insgesamt 100000 Dukaten soll sie gekostet haben. Selbst die Hufeisen der Reittiere sollen aus Gold hergestellt worden sein. Bei seinem Einzug in das Schloß von

Chinon, wo ihn der König erwartete, brachen die in Fragen der Etikette sicher sachkundigen Höflinge des französischen Hofes bei dem Anblick des parvenuhaft herausgeputzten Aufzuges des Papstsohnes in Gelächter aus.

Begleitet wurde Cesare bei seinem Einzug auf Chinon von Kardinal della Rovere, der in Avignon zu ihm gestoßen war. Dieser hatte sich, gezwungen durch die Annäherung der Borgia an Frankreich, jedenfalls äußerlich mit Alexander ausgesöhnt. Dagegen mußte sich Alexander wegen seiner neuen Politik heftige Worte durch Ascanio Sforza anhören, der ihm in einem Konsistorium vorwarf, auf den Ruin Italiens hinzuarbeiten. Diesen Vorwurf in dieser Schärfe zu äußern, waren allerdings die Sforza von allen Herren Italiens am wenigsten berufen. Alexander antwortete dann auch ungerührt: »Wissen Sie wohl, Monsignore, daß es Ihr Bruder gewesen ist, der die Franzosen nach Italien gerufen hat.«[5] Mit dieser Antwort gaben sich die Sforza natürlich nicht zufrieden und versuchten mit Hilfe Maximilians und Ferdinands von Spanien, ein Konzil gegen Alexander zustande zu bringen. Die Aussichten hierfür waren nicht schlecht, denn keiner der beiden von den Sforza angerufenen Herrscher hatte ein Interesse daran, Frankreich in Italien Fuß fassen zu lassen. Insbesondere Ferdinands Gesandter ließ es nicht an drohenden Worten fehlen und scheute nicht davor zurück, den Tod des Herzogs von Gandìa als Strafe Gottes für Alexanders Simonie und Nepotismus zu bezeichnen. Alexander erwiderte darauf dem Gesandten, dessen spanisches Königspaar sei durch Gott noch mehr gezüchtigt worden, weil es keine Nachkommenschaft habe. Dies sei die Strafe für deren vielfache Eingriffe in kirchliche Rechte. Alexanders starke Worte konnten freilich nicht darüber hinwegtäuschen, daß er sich zu jener Zeit in einer äußerst kritischen Lage befand, zumal auch der portugiesische Herrscher gegen die frankreichfreundliche Politik des Papstes Front machte. Im Januar 1499 schleuderte ihm die Botschaft von Spanien und Portugal in Gegenwart mehrerer Kardinäle ins Gesicht, er sei überhaupt nicht rechtmäßiges Kirchenoberhaupt. Bezeichnend für die bedrohliche Stellung Alexanders ist die Tatsache, daß Kolumbus, der mit Alexander auf bis heute noch nicht geklärte Weise in Verbindung gestanden haben muß, in jener Zeit seinem Sohn Diego aufgab, »dem Papst zur Hilfe zu kommen, wenn ihn der Verlust seines Ranges oder geistlicher Güter bedrohen sollte«.[6]

Beobachtern fiel in jener Zeit Alexanders große Gereiztheit auf. Auch die Entwicklung der Dinge in Frankreich trug nicht zur Besserung von Alexanders Laune bei. Die Verhandlungen wegen der Ehe Cesares mit Charlotte d'Albret kamen nicht richtig voran. Grund für den langsamen Fortschritt der Eheverhandlungen war die Tatsache, daß ihr Vater so unverschämt hohe Forderungen stellte, daß weder die Borgia noch der französische König darauf eingehen konnten.

Für Ludwig entstand dadurch allerdings die Gefahr, daß der Papst wieder auf die Seite Spaniens und der Sforza überwechseln würde. In einem venezianischen Gesandtschaftsbericht vom März 1499 ist sogar die Rede davon, daß nur der Aufenthalt Cesares am französischen Hof Alexander davon abhalte, sich mit den Sforza zu verbinden.[7] Schließlich kam aber am 20. April die Mitteilung aus Frankreich nach Rom, daß zwischen Cesare und Charlotte d'Albret ein Ehevertrag zustande gekommen sei. Freilich zu welchen Bedingungen: 200000 Dukaten sollte die Braut, oder besser ihr Vater, als Mitgift vor der Eheschließung vom Papst erhalten, der sich außerdem verpflichten mußte, den Bruder der Braut zum Kardinal zu erheben. Wie riesig diese Summe und auch die Aufwendungen für Cesares Zug nach Frankreich in Höhe von 100000 Dukaten waren, wird vielleicht am besten begreiflich, wenn man sich vergegenwärtigt, daß ein Jahr später, als von den insgesamt mehr als 40 Kardinälen ein Zehntel ihres Jahreseinkommens für einen Türkenfeldzug erhoben wurde, eine Summe von knapp 35000 Dukaten zusammenkam. Die Gesamtsteuer der römischen Beamten und Spitäler erbrachte bei diesem Anlaß etwas mehr als 11000 Dukaten. Gemessen an diesen 46000 Dukaten zur Bekämpfung der Türkengefahr, nimmt sich die Summe von 300000 Dukaten allein für die Eheschließung eines Papstsohnes wirklich beachtlich aus.

Immerhin, nachdem Alexander die geforderte Summe gezahlt und auch für die Kardinalserhebung des Bruders der Braut gesorgt hatte, traf schließlich ein Kurier des französischen Königs ein, der ihm die Meldung überbrachte, »sein Sohn Cesare, ... habe mit dem Fräulein d'Albret am Sonntag, dem 12. Mai, die Ehe geschlossen und vollzogen und es achtmal hintereinander gemacht«.[8] Eine etwas weniger rühmliche Version von der Hochzeitsnacht liefert allerdings Robert de la Marck. Wenn man ihm glauben will, hatte Cesare einen Apotheker gebeten, ihn für das große Ereignis mit Potenzpillen auszustatten, von diesem aber Abführpillen erhalten, die so nachhaltig wirkten, daß Cesare gezwungen war, die Nacht im ständigen Wechsel zwischen Ehebett und Abtritt zu verbringen.[9] Alexander ließ indessen das Schreiben des französischen Königs voller Stolz durch den Kardinal Sanseverino im Konsistorium verlesen und erklärte, er »stehe auf der Seite des französischen Königs, weil er unseren Cesare liebt; die Mailändische Dynastie muß vernichtet werden«.[10]

Wenig später, am 12. Juni, wurde ein Gefolgsmann Cesares auf dem Weg vom päpstlichen Hof zu seinem Herrn von Leuten der Sforza überfallen. Die Nachrichten des Papstes an seinen Sohn, die sie ihm entlockten, waren das Zeichen zum Aufbruch aller Gegner der Borgia aus Rom. Ascanio floh in der Nacht vom 13. auf den 14. Juli, noch ehe der Überfall in Rom bekannt geworden war. Die Colonna zogen sich aus Rom zurück, und auch der Ehemann Lucrezias, Alfonso von Aragon, hielt es für sicherer, Rom Anfang August in aller Heimlichkeit in Richtung Neapel zu verlassen.

Der Italienfeldzug Ludwigs XII.

In Frankreich machte Ludwig XII. Cesare nach dessen Erhebung zum Herzog von Valence noch rasch zum Grafen von Diois sowie Herrn von Issodoun und nahm ihn in den Michaelsorden auf. Aber lange konnte Cesare diese Ehren und sein neues Eheglück nicht in Ruhe genießen. Bereits Mitte Juli drangen Ludwig und Cesare an seiner Seite mit französischen und schweizerischen Truppen über die Alpen nach Italien vor, um die angeblichen Rechte der französischen Krone auf Mailand durchzusetzen.

Nun sollte sich zeigen, daß Ludovico il Moro doch nicht der überragende Staatsmann war, der er zu sein glaubte. Er vermochte dem Angriff des französischen Königs weder militärisch noch politisch das geringste entgegenzusetzen und war völlig isoliert. Venedig war mit Frankreich verbündet und drang ebenfalls in das Territorium des Herzogtums Mailand vor. Florenz war von Ludwig durch das Versprechen gewonnen, der Republik bei der Unterwerfung von Pisa zu helfen. Vom Kirchenstaat war ebenfalls keine Hilfe zu erwarten, ritt doch der Sohn des Papstes an der Seite des französischen Königs.

Neapel, zu dessen Niederwerfung Ludovico wenige Jahre zuvor die Franzosen nach Italien gerufen hatte, zeigte naturgemäß auch keine Neigung, ihm beizustehen. Ludwig stieß bei seinem Vormarsch kaum auf Widerstand. Genua, dessen Adelspartei er für sich gewonnen hatte, ergab sich ihm ohne Schwierigkeiten, und die übrigen Herren der mehr oder weniger großen Fürstentümer und Stadtstaaten Norditaliens beeilten sich, Ludwig in Italien zu begrüßen. Betrübt stellte Machiavelli fest: »Genua ergab sich; die Florentiner wurden seine Freunde, der Marchese von Mantua, der Herzog von Ferrara, Bentivoglio, die Herrin von Forlì, die Herren von Faenza, von Pesaro, von Rimini, Camerino, Piombino, die Republiken Lucca, Pisa, Siena, sie alle richteten ihn auf, um seine Freundschaft zu erwerben.«[1]

Auch die eigenen Städte und Festungen Ludovicos zeigten wenig Neigung zum Widerstand. Ludovico versuchte zwar, ihre Vertreter auf einer von ihm einberufenen Versammlung unter Hinweis auf die bevorstehende Unterstützung durch Maximilian und Schweizer Söldner, die er in Kürze heranführen wolle, zum Widerstand zu bewegen. Nach kurzer Beratung wurde ihm aber erklärt, die Bevölkerung sei entschlossen, die Städte zu öffnen. Auch im weiteren Verlauf der Verhandlungen weigerte sich die Versammlung, Ludovicos Wünschen zu entsprechen, und er durfte sich noch den nicht gerade liebenswürdigen aber doch der Wahrheit entsprechenden Vorwurf anhören, er selbst habe ja als erster die Hoffnung auf einen Sieg aufgegeben, indem er seine Familie und sein Vermögen in Sicherheit gebracht habe. Daraufhin verließ Ludovico sein Herzogtum, um in der Schweiz in der Hoffnung auf bessere Zeiten Söldner anzuwerben. Bereits am 6. Oktober 1499 konnte Ludwig in Mailand einziehen. Einträchtig ritten in seinem Gefolge Cesare und Giuliano della Rovere, die Herzöge von Ferrara und Savoyen sowie die Markgrafen von Montferrat und Mantua. Im Gefolge des letzteren befand sich Baldassare Castiglione, der Verfasser des berühmten Cortegiano. Natürlich fehlten auch Abgesandte des verbündeten Venedig nicht.

Ludwig war sich seiner Sache nach der raschen Einnahme Mailands so sicher, daß er bald darauf wieder nach Frankreich zurückkehrte. Mailand unterstellte er seinem Kondottiere Gian Giacomo Trivulzio. Mit der Eroberung Neapels beauftragte er Stuart d'Aubigny. Cesare erhielt von Ludwig noch eine beachtliche Streitmacht von 400 Lanzen zur Begründung einer eigenen Feudalherrschaft in der Romagna. Allerdings machte Ludwig klar, daß er nur ein Vorgehen gegen die als sforzafreundlich geltenden Herrscher der Romagna dulden werde und durch diese Eroberungen keine Beeinträchtigungen seiner Beziehungen zu Venedig wünsche.

La Prima Donna d'Italia

Welches Gewicht Ludwigs Wünsche für die Borgia in jener Zeit hatten, zeigt ein venezianischer Bericht über eine Unterredung zwischen Juan Borgia, dem Kardinal von Monreale, und einem Vertreter Venedigs, der zu den Plänen Cesares berichtete: »Der Legat sagte, er habe einen verschlüsselten Brief vom Herzog von Valence, in dem es heiße, daß er Ferrara nicht haben wolle, denn dies sei ein großer Staat und sein Herr sei alt und beliebt beim Volke und er habe drei Söhne, die ihn nicht in Frieden lassen würden, wenn er Herr von Ferrara wäre. Jedoch wolle er Imola und Forlì und Pesaro oder auch Siena und Piombino haben, wie immer unsere Signoria meine, und er wolle Messer Giovanni Bentivoglio aus Bologna vertreiben und diese Stadt der Kirche zurückgeben.«[1]

Was zunächst eher wie eine willkürliche Auswahl Cesares aussieht, erscheint in einem anderen Licht, wenn man sich die Herrscher der Gebiete betrachtet, deren Eroberung Cesare in erster Linie ins Auge gefaßt hatte: In Imola und Forlì herrschte Caterina Sforza, eine Halbschwester von Bianca, der Ehefrau Maximilians. Als Herrscher von Pesaro waltete immer noch Giovanni Sforza, der ehemalige Ehemann Lucrezias. Der Stadtherr von Piombino stand bei Ludwig in nicht allzu hohem Ansehen. Mit einem Angriff Cesares auf Bologna hatte sich Ludwig ausdrücklich einverstanden erklärt. Dagegen fällt auf, daß im Angriffsplan Cesares die Gebiete von Camerino, Faenza und Rimini, deren Eroberung aus der Sicht des Kirchenstaates doch sehr nahegelegen hätte, nicht erwähnt sind. Aber Rimini und Faenza genossen den Schutz von Venedig, und das Verhalten des Herrn von Camerino ließ sehr bald im Zuge der Auseinandersetzungen in der Romagna die Vermutung aufkommen, daß er ein gutes Einvernehmen mit dem französischen König hatte.

Die Ehre, schließlich von Cesare als erstes Opfer ausersehen zu werden, traf die einzige Frau unter den Feudalherrschern der Romagna, Caterina Sforza, Herrin über Imola und Forlì. Um einen juristischen

Vorwand für ihr Vorgehen waren die Borgia, zumindest Alexander, fast immer bemüht und fast nie verlegen. Imola und Forlì gehörten, wie der größte Teil des Gebietes, deren Eroberung Cesare ins Auge gefaßt hatte, zum Kirchenstaat. Die Macht übten dort freilich schon seit langer Zeit nicht die Kirche, sondern lokale Feudalherren aus. An Versuchen der Kirche, diese Macht zurückzuerobern, hatte es nicht gefehlt, sie waren jedoch noch immer gescheitert. Nicht zuletzt deshalb waren auch die rechtlichen Beziehungen zwischen den Feudalherren und der Kirche völlig undurchsichtig. So hätte es nicht des juristischen Scharfsinnes Alexanders und des ihm zur Verfügung stehenden Verwaltungsapparates der Kurie bedurft, um auch Caterina Sforza die Verletzung ihrer Lehenspflichten einigermaßen schlüssig vorwerfen zu können. Von nicht bezahltem Lehenszins und ähnlichem war die Rede. Caterina, die die Gefahr auf sich zukommen sah, bot an, das angeblich Versäumte nachzuholen, wobei sie sich kaum der Hoffnung hingegeben haben dürfte, daß die Borgia sich darauf einlassen würden, denn Cesare war entschlossen, nun seine militärische Laufbahn zu beginnen.

Es spricht nicht gerade für die Ritterlichkeit Cesares, daß er sich ausgerechnet eine Frau als seinen ersten Gegner aussuchte, aber nach Spuren von Ritterlichkeit, wie man sie in dieser Epoche nicht selten auch bei sonst ebenfalls recht hartgesottenen Zeitgenossen Cesares immer wieder antrifft, wird man bei ihm vergeblich suchen. Freilich war seine Gegnerin eine der ungewöhnlichsten und doch zugleich typischen Frauengestalten der Renaissance. Schon zu ihren Lebzeiten war Caterina Sforza von ihren Landsleuten, denen sie gleichermaßen Haß und Bewunderung abnötigte, als »la tigressa« und »Prima Donna d'Italia« bezeichnet worden. Klaus Schelle hat nicht zu Unrecht gemeint, daß eine Lucrezia Borgia neben Caterinas Temperament, Klugheit, Familienstolz und Grausamkeit zuweilen wie ein braves Hausmütterchen erscheine.[2] Unter diesen Umständen sei es erlaubt, etwas ausführlicher auf diese Dame einzugehen, die wie kaum eine andere Persönlichkeit den Geist jener Epoche verkörpert, in deren Dramen Cesare Borgia bald eine so überragende Rolle spielen sollte:

Wir sind Caterina bereits begegnet, als sie 1484 nach dem Tode von Papst Sixtus IV. als Frau von dessen Nepoten Girolamo Riario, obwohl im 7. Monat schwanger, unter den Augen der verblüfften Römer und Kardinäle die Engelsburg im Handstreich nahm und sie so hartnäckig verteidigte, daß die Kardinäle genötigt waren, sich ihren Abzug mit der Zusage einer weiteren Belehnung von Imola und Forlì sowie der Zahlung einer erheblichen Geldsumme zu erkaufen.

Der Umzug von Rom in die Provinzstadt Forlì mit knapp 15 000 Einwohnern scheint dem am päpstlichen Hof einst so mächtigen Riario und seiner Ehefrau nicht leicht gefallen zu sein. Insbesondere Riario konnte sich mit seiner Rolle nicht abfinden. Er machte sich durch sein reizbares und anmaßendes Auftreten so unbeliebt, daß das ehemalige Herrschergeschlecht von Forlì, die Ordelaffi, den Versuch unternahm, seine frühere Macht zurückzugewinnen. Sie zettelten einen blutigen Aufstand in Forlì an, der aber durch den Kommandanten der Festung, einen gewissen Tommaso de Feo, niedergeschlagen wurde. Bezeichnenderweise war es Caterina und nicht ihr Ehemann, die zur Bestrafung der Aufständigen von Imola, wo sich das Paar gerade aufhielt, nach Forlì ritt, um dort die sechs Hauptschuldigen vierteilen und ihre Köpfe zur Abschreckung an den Stadttoren aufstecken zu lassen. Die Abschreckung sollte jedoch nicht allzuviel bewirken. Im April 1488 wurde der Ehemann Caterinas in seinem Palast in Forlì erstochen und seine Leiche unter dem Jubel der Menge aus einem Fenster geworfen und durch Forlì geschleift. Aber noch während die Mörder durch den Palast tobten, entsandte Caterina einen Boten an den Festungskommandanten von Forlì, den schon erwähnten de Feo, mit dem Befehl, die Festung auf keinen Fall zu übergeben. De Feo versetzte die Festung sofort in Kampfbereitschaft und entsandte seinerseits Boten an Ludovico Sforza und an den mit den Sforza befreundeten Bentivoglio von Bologna. Gleichwohl blieb die Lage für Caterina vorläufig kritisch. Die nun 26jährige konnte nicht verhindern, daß sie, ihre Kinder und ihre Mutter gefangengenommen und in das Haus einer der führenden Verschwörerfamilien, der Orsi, gebracht wurden. Natürlich war den Verschwörern klar, daß sie die Festung in ihre Gewalt bringen mußten. Sie forderten daher von Caterina, den Kommandanten zur Räumung zu bewegen. Caterina willigte ein, doch de Feo, der wußte, daß dies nur zum Schein geschah, machte die Übergabe von mehreren Forderungen abhängig. Vor allem bestand er darauf, mit Caterina selbst in der Festung sprechen zu können. Die mißtrauischen Verschwörer bewilligten schließlich Caterina einen Aufenthalt von drei Stunden in der Festung, da sie glaubten, mit deren Kindern ein sicheres Pfand in ihrer Hand zu haben.

Was im einzelnen geschah, nachdem Caterina die Festung betreten hatte, ist umstritten. Nach einer Version trat Caterina auf die Mauern der Festung, hob vor ihren erstaunten Untertanen die Röcke und schrie: »Schaut her ihr Idioten, glaubt ihr, ich könnte nicht noch andere Kinder haben.«[3] Der Aufstand brach dann wenig später zusammen, als sich zwei von Ludovico il Moro entsandte Kondottieri mit einem stattlichen Aufgebot Forlì näherten.

Die Rache Caterinas ließ nicht auf sich warten. Zwar waren die meisten der Aufständischen rechtzeitig geflohen. Das 85jährige Oberhaupt der Orsi wurde jedoch ergriffen, auf ein Brett gebunden und so mehrfach von einem Pferd um die Piazza von Forlì geschleift, ehe ihn die mailändische Soldateska erschlug. Einige der angeblichen oder tatsächlichen Mörder Riarios wurden gefesselt aus demselben Fenster wie Riario geworfen und dann ebenfalls von Soldaten erschlagen. Eine noch größere Anzahl, man spricht von einem Dutzend Männer, ließ Caterina dann noch erhängen.

Caterina gab jedoch nicht nur ihren Feinden Anlaß zum Fürchten. Dies bekam zwei Jahre später ausgerechnet jener Tommaso de Feo zu spüren, der als Festungskommandant durch seine entschlossene Haltung nach der Ermordung Riarios maßgeblich an der Niederschlagung des Aufstandes beteiligt gewesen war. Bei ihren Besuchen in der Festung war Caterina, die nach einem zeitgenössischen Wort nichts so sehr fürchtete wie ein kaltes Bett, dessen Bruder Giacomo angenehm aufgefallen. Daß er erst 19 Jahre alt war, scheint die um acht Jahre ältere Mutter von sechs Kindern nicht gestört zu haben. Jedenfalls beschloß sie, für Giacomo die Kommandantenstellung freizumachen. Um dies zu erreichen, spielte sie zunächst gegenüber Tommaso de Feo die Verliebte. Bei den Reizen, über die Caterina nach allen Quellen zu jener Zeit trotz ihrer sechs Geburten verfügt haben muß, kann es nicht überraschen, daß Tommaso schwach wurde. Als er sich schließlich Caterina an einem heißen Augusttag 1490 von dieser ermutigt näherte, wurde er, als er sich schon fast am Ziel glaubte, von zwei unversehens auftauchenden Leuten Caterinas verhaftet. Der bedauernswerte Tommaso de Feo wurde wegen seines ungebührlichen Verhaltens gegenüber der Landesherrin zur Strafe nach Bologna geschickt. Kaum hatte Tommaso de Feo, vorsorglich von einer Eskorte begleitet, Forlì verlassen, erhielt sein jüngerer Bruder die Stellung des Festungskommandanten. Ob Caterina ihren jugendlichen Liebhaber heimlich geheiratet hat, wie manche Quellen berichten, weiß man nicht genau. Fest steht aber, daß sie Giacomo mit einer an Hörigkeit grenzenden Leidenschaft geliebt hat. Dies scheint Giacomo in den Kopf gestiegen zu sein. Wie schon Riario, zog auch er sich durch seine

Arroganz und Verschwendungssucht den Haß der Bevölkerung zu. Im August 1495 wurde er dann vor den Augen Caterinas erstochen.

Diesmal löste Caterinas Rache auch in der an Bluttaten gewöhnten Renaissance Entsetzen aus. Daß sie gegen die Mörder vorging, war verständlich. Nicht aber, daß sie auch deren Frauen und Kinder zum Teil auf das Grausamste umbringen ließ. Dem fünfjährigen Sohn eines Mörders ließ sie die Kehle durchschneiden. Andere Kinder, die nur das Pech hatten, mit den Mördern oder deren Gehilfen verwandt zu sein, ließ sie in einen Brunnen werfen, wo sie elend umkamen.

Ewig währte der Schmerz Caterinas über den Tod Giacomos freilich nicht. Im August 1497 heiratete die nunmehr 35jährige den um sechs Jahre jüngeren Giovanni Medici, einen Angehörigen des berühmten florentinischen Hauses. Aus dieser Ehe sollte mit dem legendären Giovanni »Delle Bande Nere« der letzte große Kondottiere und zugleich der einzige Medici hervorgehen, der es zu militärischem Ruhm gebracht hat.

Caterinas pathologische Racheakte nach der Ermordung de Feos sollten sich rächen, als Cesare Borgia sich im Herbst 1499 nach seinem ersten Opfer unter den Feudalherren der Romagna umsah. Aus dem bereits zitierten venezianischen Bericht über die Eroberungspläne Cesares wird deutlich, daß dieser sehr genau darauf achtete, ob und wie beliebt die von ihm ins Visier gefaßten Feudalherren waren. Nicht ohne Grund erklärte er, von einer Eroberung Ferraras absehen zu wollen, weil sein Herrscher beim Volk beliebt sei. Gerade unter diesem Gesichtspunkt mußte Caterina als ein wesentlich angenehmerer Gegner erscheinen.

Caterina versuchte zwar noch, wie bereits erwähnt, auf dem Verhandlungsweg den Kriegsvorwand, ihre angebliche Lehenszinsschuld gegenüber der Kirche, auszuräumen. Nachdem dieser Versuch gescheitert war, soll sie angeblich kurzerhand versucht haben, den drohenden Angriff Cesares durch die Ermordung Alexanders abzuwenden. Jedenfalls behauptete Alexander, daß Caterina, die er als den »Samen der teuflischen Schlange« bezeichnete, den Versuch gemacht habe, ihn durch einen pestvergifteten Brief zu töten.

Ob dieser Anschlag nur eine Erfindung der Borgia war, um ihr fragwürdiges Vorgehen zu rechtfertigen, oder ob er tatsächlich stattgefunden hat, ist unklar. Die Frage, ob man Caterina Sforza einen Mordanschlag auf den Papst eher zutrauen kann, als diesem eine wissentlich falsche Mordanschuldigung, ist bei dem Naturell der beiden Kontrahenten schlechterdings nicht zu beantworten. Die meisten Historiker neigen dazu, den Anschlag als eine Erfindung der Borgia zu betrachten; die Zeitgenossen waren sich dessen weniger sicher. Immerhin waren Mordversuche durch vergiftete Briefe im Mittelalter und in der Renaissance durchaus nicht ungewöhnlich, sonst hätte sich ja Alexander dieses Vorwurfs sicher nicht bedient.[4] Für Alexander könnte auch sprechen, daß er zwar immer um eine formaljuristische Absicherung seines Vorgehens bemüht war, aber es ihm fremd war, seine Gegner mit moralischen Vorwürfen zu verfolgen. Auch über seine größten Gegner hat Alexander selten abschätzige Worte verloren. Rufmord war nicht die Art von Mord, vor der sich die Gegner der Borgia zu fürchten hatten.

Im November 1499 schlug Cesare zu, nachdem sich seine französischen und schweizerischen Kontingente bei Cesena mit seinen italienisch-spanischen Truppen vereinigt hatten. Caterina war vollkommen isoliert. Niemand wagte, dem Mann entgegenzutreten, der die Unterstützung des französischen Königs und des Papstes gleichermaßen genoß und über eine Streitmacht von ungefähr 10 000 Mann verfügte. Giovanni Bentivoglio wollte zwar den aus Norden kommenden Kontingenten Cesares den Durchzug durch sein Gebiet verweigern; er nahm davon aber sehr rasch Abstand, als ihn der französische König in einem Schreiben bat, seinem geliebten Cousin, dem Herzog von Valentinois, diesen Gefallen zu erweisen.

Cesares Auseinandersetzung, das Wort Kampf wäre hier zu hoch gegriffen, begann mit einem Paukenschlag. Als Cesare mit seinen Truppen in das Gebiet von Imola eindrang, aber die Stadt noch gar nicht erreicht hatte, schickte er eine Vorhut zur Aufklärung vor die Mauern von Imola. Als Cesares Leute vor Imola auftauchten, nahmen dessen Stadtkommandant und die Mitglieder des Rates der Stadt Kontakt mit ihnen auf und erklärten ihre Bereitschaft, zu angemessenen Bedingungen zu kapitulieren. Für Cesare war dies ein äußerst erfreuliches Angebot, denn Belagerungskriege waren in der Renaissance noch eine Sache, der jeder Heerführer wenn möglich aus dem Wege ging, und Imola hatte aufgrund seiner Befestigungsanlagen durchaus die Möglichkeit, Cesare zumindest längere Zeit hinzuhalten. Und Zeit war für Cesare in diesem Feldzug das einzige, was er nicht hatte. An Soldaten, Geld und sonstiger Unterstützung fehlte es ihm nicht. Das konnte sich jedoch mit einem Schlag ändern, wenn es Ludovico il Moro – und diese Gefahr zeichnete sich bereits ab – gelang, mit Hilfe Maximilians und vor allem der Söldner, die er in der Schweiz angeworben hatte, die Franzosen aus Mailand zu vertreiben. Cesare nutzte die Gunst der Stunde und nebenbei auch die Gelegenheit zu beweisen, daß er ein großmütiger Sieger sein konnte. Er ging auf sämtliche Kapitulationsbedingungen der Stadt ein. So gelangte Imola, mit Ausnahme der Zitadelle, bereits am 27. November in seine Gewalt.

Zur Verteidigung der Zitadelle hatte Caterina ihren besten Kondottiere Dionigi da Naldi aus dem für seine hervorragenden Soldaten bekannten Gebirgstal Val di Lamone beauftragt. Um sich völlig abzusichern, hatte Caterina, die ihrerseits dem Angriff Cesares in Forlì entgegensah, die Familie Naldis in ihre Gewalt gebracht. Diese Maßnahme war allerdings keine besondere Bosheit Caterinas. Vielmehr war es in der Renaissance üblich, daß sich die Auftraggeber der Kondottieri deren Treue dadurch zu versichern suchten, daß sie deren Familie in einen goldenen Käfig steckten. Dieses Verhalten ist nicht ganz unverständlich, wenn man sich die Gefahren vergegenwärtigt, die von diesen Söldnerführern ausgehen konnten. Es bestand ja nicht nur die Möglichkeit, daß die Kondottieri bei entsprechenden Angeboten die Fronten wechselten. Noch gefährlicher war unter Umständen ein erfolgreicher Kondottiere, mußte man doch dann befürchten, daß er sich mit seinen Machtmitteln zum Herrn über die Auftraggeber aufschwingen würde. Daß Caterina, in deren Adern das Blut von Francesco Sforza floß, der sich als Kondottiere zum Herzog von Mailand aufgeschwungen hatte, diese Gefahren sah, kann nicht verwundern. Kennzeichnend für die zwiespältigen Beziehungen zwischen den Kondottieri und ihren Auftraggebern ist die Anekdote von jenen Sienesen, die sich einem Kondottiere zu Dank verpflichtet fühlten und sich den Kopf zerbrachen, wie sie ihn auszeichnen könnten. Nach langen Beratungen schlug schließlich einer von ihnen vor, den wegen seiner Erfolge geschätzten und gefürchteten Verbündeten hinrichten und ihm dann ein Denkmal errichten zu lassen.[5]

Probleme dieser Art hatte Caterina allerdings mit Naldi nicht. Er verteidigte die Burg mit Tapferkeit, obwohl ihn Cesare vor die Wahl stellte, zu kapitulieren oder im Falle einer Niederlage mit seinen Leuten umgebracht zu werden. Naldi ließ dem Papstsohn standesgemäß antworten, der Tod schrecke ihn nicht, er habe bereits die Sterbesakramente empfangen. Diese Vorsichtsmaßnahme erwies sich allerdings als verfrüht, denn der Belagerungskrieg entwickelte sich für Cesare alles andere als günstig. Die Wälle der Festung hielten seiner Artillerie stand, und die Artillerie der Belagerten zeigte ihrerseits eine nicht geringe Wirkung in den Reihen von Cesares Truppen. Erst als ein Handwerker aus Forlì, der an den Wällen gearbeitet hatte, Cesare deren Schwachstellen verriet, kam die Wende. Als Naldi erkannte, daß die Festung aufgrund des Artilleriebeschusses nicht mehr zu halten war, vereinbarte er mit Cesare einen dreitägigen Waffenstillstand und schickte mit dessen Einverständnis einen Boten an Caterina, um ein Entsatzheer anzufordern. Sollte dieses nicht binnen drei Tage eintreffen, so ließ Naldi Caterina mitteilen, werde er kapitulieren. Diese Erklärung war im Grunde genommen schon die Kapitulation, denn woher sollte die von aller Welt verlassene Caterina noch ein Heer nehmen. Naldi übergab dann auch nach Ablauf des Waffenstillstandes die Festung an Cesare, der von ihm so beeindruckt war, daß er ihn später in seine Dienste nahm und auf diese Weise einen seiner besten und treuesten Söldnerführer gewinnen sollte.

Nur eine Woche nach der Kapitulation von Imola brachte Cesare auch Forlì in seine Gewalt. Die Begeisterung der Forlìvesen für Caterinas Sache war nicht größer als die der Bürger von Imola. Mit der Kapitulation von Forlì sollten für Cesare die eigentlichen Schwierigkeiten erst beginnen, denn in der Festung von Forlì hatte sich Caterina Sforza verschanzt, die nicht daran dachte, aufzugeben. »Tut, was ihr wollt«, hatte sie den Forlìvesen gesagt, »ich bleibe in der Festung und werde dem Borgia zeigen, daß auch eine Frau mit Kanonen umgehen kann.«[6]

Dies sollten keine leeren Worte bleiben. Caterina verteidigte sich mit allen Mitteln. Ein Angebot Cesares auf eine ehrenhafte Kapitulation, wie es Naldi angenommen hatte, wies Caterina mit der Bemerkung zurück, daß jeder ein Narr sei, der auf das Wort eines Borgia etwas gebe. Cesare bot ihr daraufhin mit Yves d'Allègre und dem Bailli von Dijon zwei der angesehensten französischen Offiziere seiner Truppen als Bürgen an. Doch Caterina hatte auch keine Hemmungen, die Franzosen mit der Bemerkung vor den Kopf zu stoßen, wenn man dem Oberbefehlshaber nicht trauen könne, so bestehe erst recht kein Anlaß, seinen Gefolgsleuten Glauben zu schenken.[7] Zumindest Yves d'Allègre scheint ihr diese Bemerkung allerdings nicht allzu übel genommen zu haben, wie der weitere Lauf der Dinge zeigen sollte.

Nachdem Caterina ihrem Gegner auf diese Weise ihre Kampfbereitschaft gezeigt hatte, scheint ihr der Gedanke gekommen zu sein, Cesares Interesse an einer raschen Entscheidung für sich zu nutzen. Jedenfalls ließ sie Cesare wissen, daß sie ihn zu sprechen wünsche. Man traf sich an der herabgelassenen Zugbrücke der Festung, wobei beide

Kontrahenten darauf achteten, nicht in den Machtbereich des Gegners zu gelangen. Die Verhandlungen ließen sich gut an, da Caterina zu erkennen gab, daß sie nun doch bereit sei, sich der Übermacht ihres Gegners zu beugen. Der Charme und die Liebenswürdigkeit Caterinas bei diesem Gespräch und wahrscheinlich der Glaube an die eigene Unwiderstehlichkeit veranlaßten nun Cesare, die Zugbrücke zu betreten. Nur dem Übereifer von Caterinas Leuten, die die Brücke so früh hochzogen, daß Cesare noch abspringen konnte, verdankte er es, daß seine militärische Laufbahn nicht mit einer Gefangennahme begann, die sich nun doch etwas peinlich ausgenommen hätte.

Nach diesem Fehlschlag begann Cesare am 28. Dezember 1499 mit der Beschießung der Festung. Doch die Belagerung führte zu keinem Erfolg. Im Gegenteil, zu Beginn des neuen Jahres spielte Caterina ihrem Gegner einen neuen Streich. Dabei machte sie sich ausgerechnet die Tatsache zunutze, daß das Jahr 1500 von Alexander zum kirchlichen Jubeljahr erklärt worden war. Bei den vielen Pilgern, die aus diesem Anlaß nach Rom zogen, verwunderte es deshalb auch niemand, daß eine ungefähr 40 Leute starke Gruppe betend und singend durch Forlì zog. Gebete und Gesang verstummten aber, als die Gruppe die Zugbrücke erreichte, und diese plötzlich herabgelassen wurde. Noch ehe Cesares Leute eingreifen konnten, hatte sich die Zahl der Verteidiger der Festung um 40 Söldner erhöht.

Freilich gegen Cesares 10 000 Mann und den Dauerbeschuß der Festung durch Vitellis hervorragende Artillerie halfen auf die Dauer auch Caterinas Mut und List nichts. Nach drei Wochen Belagerung und fast zweiwöchiger Beschießung konnte Cesare schließlich am 12. Januar 1500 in die Festung einziehen. Cesares Söldner gingen gnadenlos vor. Von der Besatzung sollen allein 400 Mann umgekommen sein. Selbst den Toten wurden noch die Bäuche aufgeschlitzt, um zu sehen, ob sie irgendwelche Wertsachen verschluckt hatten. Aber nicht nur die Besatzung hatte unter den Folgen des Einzugs zu leiden. So wurde ein junger Geistlicher, dem es gelungen war, sich von der Gefangennahme durch einen Söldner freizukaufen, sofort wieder von einem anderen Söldner festgenommen. Er versuchte freizukommen, indem er darauf hinwies, daß er seine ganzen Mittel für seinen ersten Freikauf ausgegeben habe. Ungerührt drohte ihm daraufhin auch dieser Söldner mit dem Tod. Irgendwie gelang es dem Priester, nochmals Geld aufzutreiben. Dies rief einen dritten Söldner auf den Plan, der den Priester nun zu seinem Gefangenen machen wollte. Dabei kam es zu einer Auseinandersetzung zwischen den Landsknechten, die sie dadurch beendeten, daß sie den Priester töteten, um wie einer von ihnen sagte, dem Streit ein Ende zu machen.

Streit entstand auch um die Gefangennahme von Caterina Sforza. Da sie von einem Söldner des Bailli von Dijon gefangengenommen war, beanspruchte dieser Caterina als seine Gefangene. Gleichwohl hatte es Cesare in der allgemeinen Verwirrung nach dem Fall der Festung von Forlì verstanden, Caterina in seine Gewalt zu bringen. Der Bailli von Dijon, der die gefürchteten Schweizer Söldner befehligte, schien aber Cesare gegenüber noch nicht jene furchtsame Hochachtung entgegengebracht zu haben, die dessen Name in späteren Zeiten hervorrufen sollte. Eine gefangene Sforza, zumal wenn sie Halbschwester der Ehefrau des deutschen Kaisers war, ließ auf ein beträchtliches Lösegeld hoffen, und so kam es zu einer heftigen Auseinandersetzung zwischen dem Bailli und Cesare. Als der Bailli schließlich kurzerhand drohte, Caterina durch die ihn begleitenden Söldner in seine Gewalt bringen zu lassen, blieb Cesare nichts anderes übrig, als Caterina herauszugeben.

Cesare gab sich jedoch damit nicht zufrieden und wandte sich nun seinerseits an Yves d'Allègre, den Befehlshaber der französischen Truppen. Dieser machte bei dem ganzen Theater noch mit Abstand die beste Figur. Die Franzosen waren zwar für die Härte ihrer Kriegsführung und – insbesondere die Gascogner – für ihre Brutalität bei Plünderungen berüchtigt. Aber Frauen gefangen zu nehmen, widersprach dem Ehrenkodex des französischen Adels. Yves d'Allègre empfand zudem, wie sich noch zeigen sollte, Hochachtung vor der Tapferkeit Caterinas. Am liebsten hätte er sie freigelassen. Eine Freilassung Caterinas erlaubte ihm aber die Stellung des mit dem französischen Königshauses verwandten Papstsohnes ebensowenig wie die Bedeutung des Baillis mit seinen Schweizer Söldnern für den französischen König. So kam ein Kompromiß zustande, in dem sich der Bailli verpflichtete, Caterina gegen ein hohes Lösegeld an Cesare herauszugeben. Cesare mußte sich aber seinerseits verpflichten, Caterina, die weiter unter französischem Schutz stand, nicht als Gefangene zu behandeln. Diese Klausel mutet etwas sonderbar an, denn es lag auf der Hand, daß ein Mann wie Cesare mit Caterina machen würde, was er wollte, wenn er sie erst einmal in seiner Gewalt hatte. Gleichwohl sollte dieser Vorbehalt für das Schicksal von Caterina noch entscheidende Bedeutung erlangen.

Zunächst war es allerdings für Caterina schwerlich ein Trost, daß sie Cesare übergeben wurde, ohne dessen förmliche Gefangene zu sein.

Bei dem Ruf, in dem sowohl Caterina als auch Cesare wegen ihres Hanges zu Ausschweifungen standen, konnte es nicht ausbleiben, daß bald die tollsten Gerüchte entstanden. So wurde von Cesare berichtet, er habe schon nach der ersten Nacht, die Caterina in seiner Gewalt verbrachte, geäußert, Caterina habe es verstanden, ihre Festung besser zu verteidigen, als ihre Tugend. Nach anderen Berichten soll sich Cesare noch vulgärer ausgedrückt haben. Vielleicht sollte man, bevor man sich hier in nicht aufklärbaren Einzelheiten verliert, die Deutung dieser Episode der weiblichen Intuition von Sarah Bradford überlassen, die in ihrer Biographie über Cesare schreibt:

»Cesares Beziehungen zu seiner schönen Gefangenen waren begreiflicherweise Gegenstand erhitzter Mutmaßung. Es hieß, daß er sie mißbrauche. Bernardi, der Cesare im allgemeinen gewogen war, schrieb, ohne seinen Namen zu nennen, von Kränkungen, die dem Leib unserer armen unglücklichen Herrin, Caterina Sforza, die von großer körperlicher Schönheit, zugefügt wurden... Andererseits erwähnt Sanuto, ein gegen die Borgia immer feindselig eingestellter Autor, nichts von Schändung und Vergewaltigung: ›Man hat erfahren, daß die Herrin von Forlì nach Cesena geschickt wurde, und es scheint, daß sich Herzog Valentinois auch dorthin begeben hat (tatsächlich war Cesare in diesem Augenblick noch in Forlì), und wie ich höre, hält er besagte Dame, die eine sehr schöne Frau und die Tochter des Herzogs Galeazzo von Mailand ist, Tag und Nacht in seinem Zimmer und hat nach Meinung aller sein Vergnügen mit ihr.‹ In Anbetracht des Rufes der Sinnlichkeit, in dem beide, Cesare und Caterina, standen, kann diese Annahme kaum überraschen und wahrscheinlich stak ein gut Teil Wahrheit in den Gerüchten über die Behandlung, die Cesare ihr zuteil werden ließ. Er war sinnlich und er hatte einen Hang zur Grausamkeit, und daß er die schöne Feindin in seiner Gewalt hatte, war eine Pikanterie, die seine grausame Neigung ebenso ansprechen mußte, wie seine Sinne. Ob er sie tatsächlich erniedrigte und vergewaltigte, wie Bernardi anzudeuten scheint, läßt sich nicht feststellen, aber es kann nicht ausgeschlossen werden. Er hatte Frauen gegenüber nichts von der Zärtlichkeit seines Vaters, und seine Gefühle für sie scheinen über das rein Körperliche nie hinausgegangen zu sein. In einem Gespräch mit dem Bischof Soderini über Caterina machte er später die aufschlußreiche Bemerkung, daß er ›Frauen keinen Wert beimaß und sie (Caterina) auch nicht schätzte, und wenn es nach ihm gegangen wäre, würde er ihr nicht erlaubt haben, die Engelsburg zu verlassen (wo sie später von den Borgia gefangengehalten wurde).‹ Andererseits verleiten zahlreiche erotische Abenteuer Caterinas zu der Annahme, daß sie vielleicht kein unwilliges Opfer war. Als der Mailänder Kondottiere Trivulzio hörte, daß sie in die Hände Cesares gefallen sei, rief er aus: ›Oh heilige Madonna, jetzt kannst du einmal genug f...‹ Sie war 36 Jahre alt, hatte immer eine Vorliebe für jüngere Liebhaber gehabt und der um 12 Jahre jüngere Cesare war ein ungewöhnlich anziehender Mann.« Soweit Sarah Bradford.[8]

Nach der Eroberung von Imola und Forlì schien Cesare nun der Weg frei, den nächsten Sforza, seinen ehemaligen Schwager Giovanni, in Pesaro zu vernichten. Noch bevor er sich nach Pesaro aufmachte, ereilte ihn die Nachricht vom Tode seines Vetters, des Kardinals von Valencia, Juan Borgia. Dieser hatte sich auf die Kunde von dem Sieg Cesares nach Forlì aufgemacht, um dort für die Kirche, in deren Namen Cesares Feldzug ja geführt wurde, das Treuegelöbnis der Bevölkerung entgegenzunehmen. Auf dem Wege dorthin verstarb er am 14. Januar in Urbino, vermutlich an einer Lungenentzündung. Eigentümlicherweise tauchte auch bei seinem Tod das Gerücht auf, Cesare habe ihn ermorden lassen. Läßt sich in den meisten Fällen, in denen Cesare eines Mordes verdächtigt worden ist, wenigstens noch die Ursache des Verdachts feststellen, so vermag man bei diesem Todesfall wirklich nicht einmal ein Motiv erkennen, welches der Grund einer Mordtat Cesares gewesen sein könnte. Von Differenzen zwischen Cesare oder Alexander mit dem Kardinal von Valencia ist nicht das geringste bekannt. Ebenso liefern die Todesumstände keinerlei Hinweis auf eine Vergiftung. Auch in der Umgebung der mordlustigen Borgia starben Menschen gelegentlich eines natürlichen Todes.

Am 23. Januar 1500 setzte sich Cesare mit Yves d'Allègre von Forlì nach Pesaro in Bewegung, wo von Giovanni Sforza – wenn überhaupt – längst kein so harter Widerstand zu befürchten war wie von Caterina. Drei Tage später mußte Cesare seinen Feldzug gleichwohl erfolglos abbrechen. Am 26. Januar traf ein Eilbote des mailändischen Gouverneurs Trivulzio ein, der Yves d'Allègre und den Bailli von Dijon aufforderte, sofort mit allen Kräften zu den im Norden stehenden französischen Truppen zu marschieren. Ungefähr zur selben Zeit als Yves d'Allègre und Cesare nach Pesaro losmarschiert waren, hatte Ludovico il Moro im Norden an der Spitze von etwa 20 000 Schweizer und deutschen Söldnern mit der Rückeroberung des Herzogtums Mailand begonnen. Die Voraussetzungen hierfür waren nicht ungünstig. Den Franzosen hatten die knapp vier Monate der Besetzung des Herzogtums genügt, um sich fast die gesamte Bevölkerung durch ihr selbstherrliches Auftreten zum Feind zu machen. So scheute etwa Trivulzio, der italienische Gouverneur der Franzosen in Mailand, nicht davor zurück, mit eigener Hand auf dem Markt von Mailand einige Metzger zu töten, weil diese es gewagt hatten, ihren Mißmut über eine erhobene Steuer lautstark zu äußern.[9]

Von einem starken Aufgebot Moros bedroht und ohne Rückhalt bei der mailändischen Bevölkerung hatte Trivulzio nun andere Sorgen, als Cesares Eroberungspläne zu unterstützen. Yves d'Allègre und der Bailli von Dijon zogen dann auch – fast schon in Sichtweite von Pesaro – sofort nach dem Eintreffen des Eilboten mit ihren Truppen in Richtung Novarra, wohin sich Trivulzio, der selbst nicht daran glaubte, Mailand halten zu können, zurückgezogen hatte. Cesare gab daraufhin alle weiteren Pläne zur Eroberung der Romagna auf. Allein mit eigenen Kräften wagte er nicht einmal, den von ihm so verachteten Giovanni Sforza anzugreifen. Vielleicht hielt er es einfach auch für sicherer, zunächst einmal das Ende des großen Ringens zwischen Ludovico und den Franzosen abzuwarten, ehe er einen weiteren Sforza angriff. Gleichwohl zeigte das Ende dieses ersten kriegerischen Unternehmens Cesares – allgemein etwas übertrieben als Cesares erster Romagnafeldzug bezeichnet – ebenso wie die vorangegangene Auseinandersetzung mit dem Bailli von Dijon um Caterina, daß nicht er, sondern die »Hilfskräfte« des französischen Königs und Yves d'Allègre die eigentlich bestimmenden Kräfte bei diesem Unternehmen waren.

Cesare ließ einen Teil der ihm verbliebenen Truppen in Imola und Forlì zurück und machte sich mit dem Rest und Caterina auf nach Rom. Wäre Ludovico nur 15 Tage früher zurückgekommen, hätte dies für Caterina die Rettung bedeutet, denn dann hätte Yves d'Allègre bereits die Belagerung der Festung von Forlì aufgeben müssen. Jetzt aber bedeutete die Rückkehr ihres Halbbruders und die Zurückberufung d'Allègres, daß Caterina nun doch vollkommen in die Gewalt der Borgia kam.

Schon einen Monat nach der Beendigung des Feldzuges in der Romagna hielt Cesare am 26. Februar 1500 seinen Einzug in Rom. Den meisten Biographen Cesares scheint diese Rückkehr nach Rom die natürlichste Sache zu sein und darüber hinaus ein Beweis für Cesares Realitätssinn und Fähigkeit zur Selbstbescheidung.

Realitätssinn und Fähigkeit zur Selbstbescheidung mögen es zwar Cesare geboten haben, seinen Kriegszug in der Romagna mit den ihm noch verbliebenen 2000 Mann nicht mehr fortzusetzen, zumal klar war, daß nicht durch Cesare, sondern durch den Ausgang des Kampfes zwischen Ludovico il Moro und den Franzosen die Zukunft Norditaliens entschieden werden würde. Unter diesem Gesichtspunkt ist die Einstellung jeder kriegerischen Tätigkeit in der Romagna durch Cesare gerechtfertigt. Auf einem anderen Blatt steht dagegen, ob Cesares Rückzug nach Rom gerechtfertigt war. Immerhin war klar, daß die von Cesare in Imola und Forlì zurückgelassenen Truppen bei einem Sieg Ludovicos in eine höchst bedrohliche Lage geraten mußten. Zwischen den von ihnen besetzten Städten und Ludovico hätten dann nur noch Ferrara und Bologna gelegen, deren Herren ohnehin nicht gut auf die Borgia zu sprechen waren und sich einem über die Franzosen siegreichen Ludovico nicht widersetzt hätten, wenn dieser daran gegangen wäre, die ehemaligen Herrschaftsgebiete von Caterina Sforza zurückzuerobern. Umgekehrt konnte sich aber Cesare bei einem Erfolg seiner französischen Verbündeten ausrechnen, in der Romagna noch ungestörter vorgehen zu können. Mit anderen Worten: den Truppen Cesares in Imola und Forlì drohte bei einem Sieg Ludovicos in der bevorstehenden Auseinandersetzung mit Frankreich höchste Gefahr, während sich ihnen bei einem Sieg Frankreichs eine ganze Reihe günstiger Möglichkeiten auftaten. Was soll man eigentlich von einem Heerführer halten, der sich in einer solchen Lage von seinen Truppen absetzt, um sich in den sicheren Herrschaftsbereich seines Vaters zu begeben?

In Rom feierten die Borgia ihre bescheidenen Erfolge in der Romagna natürlich mit allem Pomp. Auf Befehl des Papstes zogen dem rückkehrenden Cesare am 27. Februar die Gefolge sämtlicher Kardinäle sowie alle Gesandten und Beamten Roms und der Kurie entgegen. Bereits zuvor war kein Geringerer als der Kardinal Orsini Cesare bis Castello entgegengezogen. In Rom selbst hielt Cesare dann Einzug im besten Nepotenstil, der stark an jenen von Girolamo Riario erinnert, welcher in der Schlacht von Campomorte Roberto Malatesta den alleinigen Oberbefehl überlassen hatte, um sich dann in Rom mit unverbrauchter Kraft als der große Sieger feiern zu lassen, während Malatesta, der der eigentliche Sieger war, den mörderischen Belastungen der Schlacht erlag.[10]

Einen Tag nach dem Einzug Cesares in Rom wurden die Feierlichkeiten durch einen Festzug fortgesetzt, in dem zwölf Triumphwagen mitfuhren, die die Siege von Julius Cäsar darstellten. Sein Namensvetter aus dem Geschlecht der Borgia wurde dann noch Ende März feierlich zum Gonfaloniere der Kirche ernannt. Von der Zeremonie weiß Burchard unbefangen zu berichten: »Ich nahm den Mantel (des Herzogs) aus den Händen jenes Schildknappen und reichte ihn dem assistierenden Kardinal della Rovere, der dem Herzog sein Kleid auszog. Ich nahm es in Empfang und ließ es rasch durch meinen Diener in meine Wohnung bringen, bevor noch die Rede darauf kam. Denn es war an die 400 Dukaten wert.«[11]

Machtkämpfe

Mit der Ernennung Cesares zum Gonfaloniere der Kirche am 29. März 1500 wurde jene Epoche der mörderischen Machtkämpfe der Borgia eingeleitet, die dem Namen des Geschlechtes bis heute seine dunkle Faszination erhalten haben.

Es ist viel über die Verstellungskünste der Borgia geschrieben worden. Über sie ging das Wort um, Cesare sage nicht, was er meine, und Alexander meine nicht, was er sage.[1] Aus dem Zeichen, unter dem sie nun anzutreten gedachten, machten die Borgia allerdings kein Geheimnis: Es kam nicht von ungefähr, daß Cesare bei seinem Umzug in Rom die Triumphe von Julius Cäsar darstellen ließ. Auch die Inschriften auf Cesares noch erhaltenem Paradedegen beziehen sich auf Julius Cäsar, auch wenn dessen berühmte Worte beim Überschreiten des Rubikon, »alea iacta est«, auf dem Degen aus künstlerischen Gründen in geänderter Reihenfolge wiedergegeben sind. »Aut Cäsar, aut nihil«, (Cäsar oder nichts) wurde zum Wahlspruch des Papstsohnes.[2] Die Bühne der Geschichte hat Cesare jedenfalls mit großer Geste betreten, die über seine und seines Vaters Absichten keinen Zweifel aufkommen ließ. Die Frage war nur, wie schwer Gesten und Absichten der Borgia im Kräftespiel jener Zeit wiegen würden.

Zu unterschätzen waren die beiden Borgia nicht: Immerhin war Alexander ein mit allen Wassern gewaschener erfolgreicher Staatsmann, dessen Machtfülle als Papst allenfalls noch der französische und spanische König erreichten. Cesare war darüber hinaus mit dem französischen Königshaus durch Heirat verbunden. Ob es Cesare wirklich gelungen ist, die Sympathien, ja die Liebe Ludwigs zu gewinnen, wie manche seiner Biographen behaupten, sei dahingestellt. Immerhin hielt es Ludwig genau wie seinerzeit der spanische König bei der Frau des Herzogs von Gandìa für angebracht, Cesares Ehefrau, die im März 1500 eine Tochter geboren hatte, nicht nach Rom ziehen zu lassen. Für Ludwig war Cesare das Pfand für das päpstliche Wohlverhalten. Und genau dies machte Cesare so gefährlich. Gonfaloniere der Kirche,

Herzog von Valence, Graf von Diois, Herr über Issodoun, Forlì und Faenza sowie Mitglied des Michaelsordens zu sein, war nicht schlecht. Aber all dies war nur eine Folge des eigentlichen Grundes von Cesares Macht. In seinen Händen lag weitgehend das Schicksal der Beziehungen zwischen dem Papst und dem französischen König – und zwangsläufig damit verbunden – dem spanischen König.

Nur zwei Wochen nach Cesares Ernennung zum Gonfaloniere der Kirche gelang es den Truppen des französischen Königs, Ludovico il Moro gefangen zu nehmen. Der Herzog und seine Kondottieri hatten es nicht verstanden, die günstige Lage bei seiner Rückkehr nach Mailand zu nutzen. Sie scheinen den Kampf als eine Art von Operettenkrieg betrachtet zu haben. Den berühmten Bayard, der in mailändische Gefangenschaft geriet, schickte man großzügig ins französische Lager zurück. Als die Schwiegertochter von Ludwigs Heerführer Trivulzio im Kastell von Pavia ein Kind erwartete, ließen die Sforza die Beschießung einstellen und schickten der werdenden Mutter Wein. Die Franzosen konnten sich in aller Ruhe verstärken. Zudem wuchs der Unmut der Schweizer Söldner in Moros Diensten, weil er ihnen nicht erlaubte, die eroberten Städte zu plündern. Am Ende geriet Ludovico durch ihren Verrat am 10. April 1500 in die Hände der Franzosen, die ihn bis zu seinem Lebensende in Gefangenschaft hielten.[3]

Die Sforza haben zwar später noch Herzöge in Mailand gestellt. Diese waren aber lediglich Strohmänner mächtigerer Herrscherhäuser, wobei es sicher nicht ohne Ironie ist, daß Italiens bedeutendstes und erfolgreichstes Kondottieregeschlecht ausgerechnet Opfer seines militärischen Leichtsinns und Ungeschicks in der entscheidenden Auseinandersetzung mit den Franzosen geworden ist. Die Borgia jubelten, als sie die Nachricht über die Ereignisse in Novarra erhielten. Aber noch hatten sie nicht freie Hand in der Romagna, denn mit Venedig stellte sich ihnen dort die in jener Zeit vielleicht stärkste italienische Macht entgegen. Venedig war damals noch Beherrscherin des östlichen Mittelmeerbeckens, und seine Machtfülle ist zu Recht mit der der Hanse über die Gebiete der Nord- und Ostsee verglichen worden. Zudem war Venedig mit dem französischen König verbündet, so daß die Borgia wohl oder übel versuchen mußten, sich mit der Serenissima auf friedlichem Wege über eine neue Abgrenzung der Machtsphären in der Romagna zu einigen.

Die Verhandlungen mit Venedig gestalteten sich zunächst – wie nicht anders zu erwarten – schwierig. Vielleicht war das einer der Gründe für die Niedergeschlagenheit, die Beobachter zu jener Zeit bei

Cesare wahrzunehmen glaubten. Der so triumphal gefeierte »Eroberer« von Imola und Forlì und neu ernannte Gonfaloniere der Kirche wirkte zu jener Zeit nicht wie ein strahlender Erfolgsmensch. Es soll allerdings nicht verschwiegen werden, daß die meisten Biographen Cesares den Grund für diese Niedergeschlagenheit weniger in dem Widerstand Venedigs gegen seine Pläne als in seiner Sterngläubigkeit sahen. Cesare war in dieser Beziehung ganz ein Kind seiner Zeit, in der man bis in die höchsten Kreise der Astrologie größte Bedeutung beimaß: Die gewiß nicht ungebildeten Medici hielten sich Astrologen, und es scheint, daß sogar der spätere Medici-Papst Leo X. dem Sternglauben angehangen hat. Die sich ansonsten so selbstsicher gebenden Kondottieri waren in dieser Beziehung fast alle schon kleine Wallensteins. Fast jeder hielt sich einen oder mehrere Astrologen. Die Frage, ob und wann Schlachten geschlagen, über Waffenstillstand und Frieden verhandelt werden sollte, hing entscheidend von der Meinung der jeweiligen Astrologen ab. Der berühmte Bartolomeo d'Alviano, der zusammen mit Carlo Orsini Bracciano so erfolgreich gegen die Borgia-Truppen verteidigt hatte, war davon überzeugt, daß sowohl seine Erfolge wie eine spätere Verwundung ihre Ursache in der Konstellation der Gestirne gehabt haben. Als der nicht weniger berühmte Paolo Vitelli, noch dazu ein ausgesprochener Fachmann für die neuartige Artillerie, 1498 von Florenz als Kondottiere unter Vertrag genommen wurde, ließ er die Stunde seines Einzugs in die Stadt durch seinen Astrologen bestimmen, was ihn allerdings nicht davor bewahrte, wenig später von den Florentinern wegen angeblichen Verrats hingerichtet zu werden. Aber auch die Wissenschaftler jener Zeit beschäftigten sich mit der Astrologie. Jedenfalls hat der Nürnberger Lorenz Behaim Cesare Horoskope gestellt. Was er Cesare nach dem Fall der Sforza prophezeit hat, scheint, soweit man Cesares damaligen düsteren Gemütszustand hierauf zurückführen will, wenig erfreulich gewesen zu sein.[4]

Am 29. Juni schienen dann die Sterne den Borgia tatsächlich nicht gewogen. Während einer Audienz Alexanders brach plötzlich bei heiterem Wetter ein Sturm los, der einen Teil der Decke, unter der Alexander saß, zum Einsturz brachte. Alexander wurde zwar vor den unmittelbar über ihn herabstürzenden Steinen zum Teil durch einen aus der Wand ragenden Balken geschützt. Gleichwohl dauerte es eine halbe Stunde, um ihn aus den Trümmern zu bergen. Der Anblick, den er bot, ließ das Schlimmste befürchten. Alexander war völlig benommen und am Kopf mit Blut bespritzt. Die zu dem scheinbar in Lebensgefahr schwebenden Papst gerufenen Ärzte konnten jedoch sehr schnell feststellen, daß Alexander außer einer blutigen, aber harmlosen Kopfwunde und zwei zerquetschten Fingern keine Schäden davongetragen hatte. In der folgenden Nacht erlitt er zwar noch einen Fieberanfall, der aber mehr eine Folge des Schocks als der tatsächlichen Verletzung gewesen sein dürfte. Doch dann erschien er in aller Frische wieder in der Öffentlichkeit, wo er als erstes die bislang geheimgehaltene Kardinalserhebung eines weiteren Borgia, Ludovico mit Namen, bekanntgab. Daß der Papst beinahe das Opfer eines plötzlich losbrechenden Sturmes geworden wäre, der genau den Teil der Decke des päpstlichen Palastes zum Einsturz brachte, unter dem er sich aufhielt, fand um so stärkere Beachtung, als man sich in Rom erzählte, daß bereits einen Tag zuvor ein schwerer Leuchter unmittelbar vor Alexander niedergestürzt sei. Keine Frage, die Borgia schafften es jederzeit spielend, die Phantasie ihrer Zeitgenossen zu beschäftigen.

Dazu waren sie allerdings nicht auf Naturereignisse und herabfallende Leuchter angewiesen. Cesare genügte hierfür vollauf: Nur gut zwei Wochen nach dem Unfall Alexanders wurde Alfonso von Bisceglie – der aus Neapel wieder nach Rom zurückgekehrt war – von mehreren Personen, die als Pilger auf dem Petersplatz lagernd sich blitzschnell in schwer bewaffnete Banditen verwandelten, angegriffen. Alfonso, der als Prinz aus dem Haus Aragon eine hervorragende Waffenausbildung genossen hatte, gelang es, sich trotz der Übermacht schwer verletzt in den Vatikan zu retten. Bezeichnenderweise wies er jedoch jede ärztliche Hilfe aus Furcht vor Gift von sich und ließ dem König von Neapel durch einen Eilboten ausrichten, daß er sich in höchster Gefahr befinde, worauf dieser unverzüglich seinen Leibarzt nach Rom schickte.

Gespenster dürfte der Herzog von Bisceglie sicher nicht gesehen haben, als er sich in tödlicher Gefahr glaubte. Im Hause Borgia sah man die Sache auch nicht anders. Auf Anordnung Alexanders wurde der schwer Verletzte in einen Raum unmittelbar über den päpstlichen Gemächern einquartiert. Lucrezia, die ihren Mann liebte, und Sancia, seine Halbschwester, wichen nicht von der Seite Alfonsos, dessen Räume – ebenfalls auf Anordnung Alexanders – von der päpstlichen Garde bewacht wurden. Die beiden Frauen dürften ihre Gründe gehabt haben. Jedenfalls berichtet der venezianische Botschafter am 19. Juli: »Man weiß nicht, wer den Herzog verwundet hat, aber man sagt, es sei dieselbe Person gewesen, welche den Herzog von Gandìa ermordete und in den Tiber warf.«[5]

Dem genesenden Alfonso wurde dann sogar die Ehre eines Besuches von Cesare zuteil, der mit der ihm in Mordaffären eigenen Nonchalance erklärte, »was nicht am Mittag geschehen ist, kann am Abend geschehen.«[6] Dieser Abend sollte kommen: Am 18. August wurde der Herzog von Bisceglie in seinem Bett von Cesares Henker Michelotto erwürgt, nachdem er, wie Burchard es ausdrückte, »an seinen eigenen Wunden nicht sterben wollte.«[7] Über den Tathergang gibt es verschiedene Versionen. Die wahrscheinlichste ist, daß Michelotto mit seinen Häschern das Zimmer betrat, um Alfonso mit seinen Spießgesellen zu töten. Als sich ihnen Lucrezia und Sancia entgegenstellten, soll Michelotto erklärt haben, er führe nur einen Befehl aus, aber wenn der Papst anderes anordne, sei er selbstverständlich bereit, diesem zu gehorchen. Lucrezia und Sancia verließen daraufhin den Raum, um Alexander aufzusuchen. Was Alexander angeordnet hat, ist unbekannt und für das Schicksal des Herzogs von Bisceglie ohne Belang, denn Michelotto dachte nicht daran, die Rückkehr der beiden Frauen abzuwarten. Die Hände der Häscher Cesares taten ihr Werk, bevor Alexander einschreiten konnte.

Über die Motive Cesares ist viel gerätselt worden. Angeblich wollte Cesare durch diese Tat Alexander eine Annäherung an Spanien unmöglich machen und die Verbindung der Borgia mit Frankreich festigen. Vergegenwärtigt man sich aber, daß Spanien und Frankreich gerade zu diesem Zeitpunkt über die Vernichtung des neapolitanischen Königshauses verhandelten, die dann wenige Monate später in dem Vertrag von Granada vom 11. November 1500 zur beschlossenen Sache wurde, ist dies völlig unwahrscheinlich. Hinzu kommt noch, daß die Franzosen damals in der Lombardei standen, und Alexander wußte, daß Ludwig seine Pläne auf Neapel nicht aufgegeben hatte, so daß er einen Zug des französischen Königs durch Italien und damit durch Rom zu erwarten hatte. Unter diesen Umständen war aber nicht damit zu rechnen, daß Alexander gerade zu diesem Zeitpunkt sich durch seine zweifellos vorhandenen Gefühle für Spanien zu einem offenen Bruch mit Frankreich treiben lassen würde. Eher denkbar ist, daß Cesare Alfonso gerade wegen dem sich damals abzeichnenden Bündnis zwischen Frankreich und Spanien zur Vernichtung des Königshauses Neapel als eine nutzlose Belastung für die Borgia empfunden hat. Aber selbst wenn dem so gewesen wäre, hätten die Borgia fraglos die Möglichkeit gehabt, sich dieser Belastung auf weniger blutige Weise zu entledigen. Zumindest hätte es jedoch nahegelegen, den Mord zurückzustellen, bis das endgültige Ergebnis der Auseinandersetzungen um Neapel feststand. Die Tatsache, daß für den Mord kein einigermaßen rational verständliches Motiv erkennbar ist, lieferte natürlich den Gerüchten über die allzu große Geschwisterliebe zwischen Cesare und Lucrezia neue Nahrung.

Unbeschadet des neuerlichen blutigen Familiendramas im Hause Borgia kam diesen bei der Verfolgung ihrer politischen Pläne in der Romagna das Glück in Gestalt der Türken zur Hilfe. Diese bedrängten die Venezianer im Mittelmeer mit zunehmender Heftigkeit und konnten am 9. September 1500 sogar Mondone erobern. Erschreckt von der Aussicht eines Zweifrontenkrieges gab Venedig daraufhin seinen Widerstand gegen die Pläne der Borgia in der Romagna auf. Der Weg für Cesare war somit frei. Zur Finanzierung des neuen Zuges Cesares bedienten sich die Borgia großzügig der in diesem »Jubeljahr« besonders reichlichen kirchlichen Einnahmen. Darüber hinaus ernannten sie am 28. September gleich dreizehn Kardinäle, die für ihre Ämter insgesamt 120 000 Dukaten bezahlten.

Cesares zweiter Romagnazug

Am 1. Oktober 1500 brach Cesare mit mehr als 10 000 Mann zu dem von den Astrologen bestimmten Zeitpunkt in die Romagna auf. In seinen Reihen befanden sich die angesehensten Kondottieri Italiens, wie Paolo Orsini, Gianpaolo Baglioni, Vitellozzo Vitelli und Oliverotto da Fermo.

Cesare machte zu Beginn seines Zuges überraschend einen Umweg, um Lucrezia in Nepi aufzusuchen. Dorthin hatte sich Lucrezia nach der Ermordung ihres Ehemannes zurückgezogen.

Alle Berichte aus jener Zeit stimmen darüber überein, daß Lucrezia tiefe Trauer über die Ermordung Alfonsos empfunden hat, und das »Infelicissima« (die Unglücklichste), mit dem sie in jenen Tagen ihre Briefe unterzeichnete, ihre wahren Gefühle wiedergab. Um so mehr überraschte es, als Cesare am 4. Oktober auf seinem Marsch in die Romagna nach Nepi abschwenkte, um dort mit Lucrezia zu Abend zu speisen.

Von Nepi zog Cesare über Fano nach Pesaro weiter. Wie schon bei seinem ersten Romagnazug ging Cesare zuerst gegen seine schwächsten Gegner vor. Dies waren aber ohne Zweifel nach dem Sturz der Sforza Giovanni Sforza von Pesaro und sein von Venedig fallengelassener Kollege Pandolfaccio Malatesta von Rimini. Beide Herrscher hatten den Vorzug, nicht nur über keine Verbündeten zu verfügen, sondern auch bei ihren Untertanen unbeliebt zu sein. Cesare hatte daher leichtes Spiel, die Stellung von Sforza und Malatesta durch Agenten zu untergraben. In Pesaro kam es zu so schweren Unruhen, daß Giovanni Sforza schließlich heimlich aus der Stadt floh, um nicht in die Gewalt der Rebellen zu geraten.

Auch Malatesta verließ Rimini sehr rasch, nachdem es ihm in bester Kondottieremanier gelungen war, sich mit Cesare über einen günstigen Preis für die Überlassung seiner Artillerie zu einigen.

Mitte Oktober war Cesare in Pesaro, Ende des Monats zog er in Rimini ein. Vielleicht sollte man in diesem Zusammenhang anmerken, daß diese Erfolge sicher nicht so schnell und ohne jeden Widerstand errungen worden wären, wenn Cesares Verwaltung in Imola und Forlì nicht zumindest einigermaßen erträglich gewesen wäre.

Bereits am 7. November konnte Cesare einen weiteren Erfolg verzeichnen. Die im Val di Lamone begüterte Familie di Naldo schloß sich Cesare an und stellte ihm ihre elf Burgen zur Verfügung. Cesare marschierte unterdessen weiter entlang der Via Flaminia von Rimini über Fano nach Faenza, seinem nächsten Ziel. Wenn er allerdings gehofft hatte, dort ähnlich leichtes Spiel zu haben wie in Rimini und Pesaro, sollte er sich täuschen. Der erst 16jährige Feudalherr von Faenza, Astorre Manfredi, erfreute sich wohl nicht zuletzt aufgrund seiner tragischen Jugend großer Beliebtheit bei seinen Bürgern. Astorre hatte den größten Teil seiner Jugend elternlos verbringen müssen. Sein Vater war von seiner Mutter, einer Tochter Bentivoglios von Bologna, umgebracht worden. Sie hatte ihren Ehemann unter einem Vorwand in ihre Gemächer gelockt und dort von ihren Leuten überwältigen lassen und dann mit eigener Hand erstochen. Als Motiv hatte man lange Zeit Eifersucht angenommen, da ihr Ehemann in dem Palast eine als Nonne verkleidete Geliebte untergebracht hatte. Es spricht jedoch alles dafür, daß es der Tochter Bentivoglios darum ging, ihrem Geschlecht die Macht über Faenza zuzuspielen.[1] Damit hatte sie jedoch keinen Erfolg. Die empörte Bevölkerung Faenzas vertrieb die Mörderin, der es trotz der Unterstützung Bentivoglios nicht gelang, in Faenza wieder Fuß zu fassen. Auf diese Weise kam Astorre als der älteste Sohn des Ehepaares in jungen Jahren an die Macht, die er unter Anleitung eines städtischen Rates ausübte. Dieser Rat dachte aber gar nicht daran, die Stadt Cesare, der am 17. November vor Faenza ankam, zu übergeben.

Cesare war daher gezwungen, als Truppenführer zum ersten Mal selbst eine Stadt zu belagern. Es scheint, daß er hiermit nicht gerechnet hat, denn sonst hätte er mit seinem Feldzug nicht erst Anfang Oktober begonnen und sich damit der Gefahr ausgesetzt, bei der geringsten Verzögerung in den Winter zu geraten, in dem zu jener Zeit normalerweise jede Kriegstätigkeit eingestellt wurde.

Unter vollem Einsatz seiner hervorragenden Artillerie versuchte Cesare daher noch vor Wintereinbruch, Faenza zur Aufgabe zu bewegen. Nach dreitägigem Beschuß der Stadt schien dies auch zu gelingen, als ein Teil der Stadtmauer zusammenbrach, und seine Söldner durch die Bresche in Faenza eindrangen. Doch die unerschrockenen Bürger Faenzas schlugen die Söldner wieder zurück und brachten Cesares

Leuten noch erhebliche Verluste bei. Damit war die letzte Chance vertan, Faenza noch vor Wintereinbruch zu erobern, denn zwei Tage später kam es zu langandauernden Schneefällen. Bezeichnend für die unterschiedliche Moral der beiden Seiten ist die Tatsache, daß die Faentiner, denen der Schnee in ihrer heimischen Stadt natürlich weit weniger zusetzte als Cesares Truppen, diesen bei einem Ausfall noch weitere Verluste zufügen konnten. Daraufhin gab Cesare den Versuch, die Stadt noch vor dem Frühjahr zu erobern, auf. Er quartierte seine Truppen in den umliegenden Dörfern und Burgen sowie in Forlì ein und beschränkte sich darauf, Faenza, so gut es ging, von der Außenwelt abzuschneiden.

Cesare blieb den Winter über in der Romagna. Die meiste Zeit hielt er sich in dem von den Malatesta errichteten Palast in Cesena auf, das er zur Hauptstadt seines neuen Herzogtums machen wollte.

Die größte Leistung Cesares in diesem Winter war sicher die Tatsache, daß er es schaffte, seine Soldateska im Zaum zu halten und die Bevölkerung weitgehend vor Übergriffen zu schützen. Cesare hatte seinen Leuten streng verboten, die Bevölkerung zu belästigen. Auf die Aneignung von Waren ohne Bezahlung stand die Todesstrafe. Konsequent ließ Cesare alle seine teuer gekauften Söldner aufhängen, die trotz der Verbote von den liebgewordenen Gewohnheiten nicht lassen wollten und dabei ertappt wurden. Zudem hatte Cesare mit Michelotto einem Mann das Kommando über den in Forlì liegenden Kern seiner Truppen übergeben, dessen Ruf auch den abgebrühtesten Landsknecht zur Vorsicht mahnte. Cesare legte in jenen Monaten den Grund für seine Beliebtheit in der Romagna, die auch noch in einer Zeit fortbestehen sollte, als es nur noch schädlich sein konnte, ihm die Treue zu halten.

Weniger erfolgreich war Cesare bei dem Versuch, die Streitereien innerhalb seiner Truppen zu unterbinden. Besonders der stets unruhige Gian Paolo Baglioni machte ihm zu schaffen. Das Oberhaupt »jenes Geschlechtes von Teufeln, die das Weihwasser nicht fürchten« [2], legte sich vorzugsweise mit Cesares Spaniern an, die ihrerseits auch keinem Streit aus dem Weg gingen.

Indes ließ sich Cesare durch seine Bemühungen um die Aufrechterhaltung der Disziplin bei den ihm unterstellten Truppen nicht davon abhalten, selbst für den gröbsten und folgenschwersten Verstoß zu sorgen: Als im Februar 1501 die Frau des angesehenen venezianischen Kondottiere Gianbattista Caracciolo mit einem stattlichen Gefolge, das ihr der venezianische Staat gestellt hatte, die Romagna durchzog, wurde sie bei Porto Cesenatico von Bewaffneten überfallen und nach kurzem Kampf, bei dem einer ihrer Begleiter getötet und mehrere schwer verletzt wurden, entführt. Sehr bald kam das Gerücht auf, sie sei auf die Festung von Forlì gebracht worden.

In Venedig wurde die Angelegenheit als Provokation Cesares aufgefaßt, was sie auch wohl war. Die Serenissima beschwerte sich sofort bei Alexander sowie dem französischen König und forderte von Cesare durch einen Beamten, der den ausdrücklichen Befehl hatte, keinen Gruß zu entbieten, Rechenschaft.

Cesare antwortete herablassend, er sei für die Tat nicht verantwortlich, sondern einer seiner Offiziere namens Don Diego Ramirez, den er im Augenblick leider nicht ausfindig machen könne. Möglicherweise hat Cesare bei dieser Erklärung insofern die Wahrheit gesagt, als Ramirez tatsächlich den Überfall geleitet hat. Aber es ist schwer zu glauben, daß er die Tat eigenmächtig ohne Billigung, ja Anstiftung Cesares, begangen hat und nun unauffindbar sein sollte.

Alexander war über die sinnlose Provokation Venedigs entsetzt. Zu dem Gesandten der Republik äußerte er, wenn Cesare dies tatsächlich getan habe, müsse er den Verstand verloren haben. Dann schlug er, wie der Gesandte berichtete, die Hände vor den Kopf und entließ den Mann schließlich wortlos.[3] Sehr bald, vermutlich aufgrund des Drucks, den Alexander auf Cesare ausübte, tauchte dann die Entführte im Vatikan auf. Der venezianische Botschafter erhielt die Möglichkeit, Dorothea dort zu sprechen. Diese scheint die Entführung weniger tragisch genommen zu haben als der Papst und die Serenissima. Jedenfalls erklärte sie dem venezianischen Gesandten, sie wolle lieber ins Kloster gehen als zu ihrem Mann zurückkehren. Später überlegte sie es sich dann doch anders und schenkte ihrem Mann noch vier Kinder.

Die Belagerung Faenzas gestaltete sich auch nach Beginn des Frühlings anfangs schwierig. Die Stadt war trotz der Blockade im Winter auch jetzt nicht zur Aufgabe bereit. Als unter dem Dauerbeschuß von Cesares Artillerie wieder ein Teil der Stadtmauer zusammenstürzte, wurden Cesares Soldaten erneut blutig zurückgeschlagen. Angeblich sollen dabei 400 seiner Leute umgekommen sein. Damals schrieb Isabella von Este, die Einwohner von Faenza hätten Italiens Ehre gerettet. Cesare selbst werden die Worte zugeschrieben, mit einer Armee von Faentinern könne er ganz Italien erobern.[4] Zweifellos zeugt diese Äußerung, die sicher ihren Weg zu den Belagerten fand, von psychologischem Geschick.

Gleichwohl verspürten die Faentiner keine Lust zur Übergabe. Alexander sah sich genötigt, den französischen König um Hilfe zu bitten. Dieser schickte im Frühjahr 1501 2000 Mann, nachdem Alexander zugesagt hatte, dem Kardinal d'Amboise das einkömmliche Amt eines Legaten von Frankreich zu verleihen.

Am 25. April 1501 halfen den Belagerten die schönsten Lobesworte und ihre ganze Tapferkeit nicht mehr. Die Blockade und der Dauerbeschuß hatten ihre Wirkung getan. Die Faentiner waren am Ende und mußten kapitulieren. Die Lage der Stadt war so verzweifelt, daß an ein ernsthaftes Verhandeln über Kapitulationsbedingungen nicht mehr zu denken war. Sie mußten sich bedingungslos dem für seinen Jähzorn, seine Rachsucht und seine Grausamkeit bekannten Cesare ergeben. Doch sämtliche Ängste der Faentiner vor dem Zorn des Siegers waren unbegründet. Es gab keine Rache. Es gab keine Hinrichtungen, keine Plünderung, keine Kontributionen. Im Gegenteil, der Sieger verzichtete, um die Gefühle der Besiegten zu schonen, sogar auf einen triumphalen Einzug in die Stadt. Für Cesare war Faenza Bestandteil seines künftigen Herzogtums, und er dachte nicht daran, die Stadt durch Plünderung oder Erhebung von Kontributionen ins Elend zu stürzen und sich den Haß seiner künftigen Untertanen zuzuziehen.[5]

Daß Cesares Großmut ihre Grenzen hatte, mußten der junge Astorre Manfredi und sein nicht viel älterer Halbbruder Ottaviano erfahren. Cesare behandelte sie zwar mit ausgesuchter Freundlichkeit und bot ihnen – jedenfalls mit Worten – die Freiheit an. In Wirklichkeit war er jedoch entschlossen, die in ihrer Heimatstadt so beliebten jungen Herren nicht mehr aus seinen Fängen zu lassen. Über ihr Schicksal berichtete Burchard knapp ein Jahr später: »Am Donnerstag, 9. Juni fand man im Tiber erstickt und tot mit einer Armbrust am Hals den Herrn von Faenza, einen jungen Mann von etwa 18 Jahren, so schön an Aussehen und Gestalt, daß man unter 1000 Altersgenossen keinen seinesgleichen hätte finden können, ferner zwei junge Leute, die mit den Armen aneinander gebunden waren, einer von 15, der andere von 25 Jahren, bei ihnen eine Frau und viele andere.«[6]

Unter den Toten war auch Astorres Halbbruder Ottaviano. Möglicherweise waren die übrigen Toten Freunde, die den Manfredi bei einem Fluchtversuch zu einem Zeitpunkt verhalfen, als deren Wiederauftauchen in der Romagna den Borgia äußerst unangenehm hätte werden können. Dies hat jedenfalls Susanne Schüller-Piroli vermutet, die sich jedoch in diesem Zusammenhang auch nicht die Feststellung versagen kann, daß die Borgia allerdings nie verraten haben, warum sie ihre Opfer so grausam töten ließen.[7]

Sofort nach der Eroberung Faenzas ließ Cesare einen Teil seiner Truppen unter Vitellozzo Vitelli und Paolo Orsini nach Norden marschieren. Ihr erstes Ziel war das mächtige Castel Bolognese, welches als Enklave zwischen Imola und Faenza lag. Bentivoglio von Bologna zog es jedoch vor, sich mit Cesare gütlich zu einigen. Bereits am 28. April konnte Paolo Orsini das Kastell für Cesare in Besitz nehmen. Darüber hinaus verpflichtete sich Bentivoglio noch, Cesare 100 Lanzen auf die Dauer von drei Jahren zur Verfügung zu stellen. Cesare erklärte sich im Gegenzug dafür bereit, gegen Bentivoglio keine weitergehenden Ansprüche geltend zu machen. Auf Wunsch Bentivoglios unterzeichneten auch Vitellozzo Vitelli sowie Paolo und Giulio Orsini den Vertrag. Wenig später heiratete dann auch ein Sohn Bentivoglios eine Tochter von Giulio Orsini. Sowohl diese Eheschließung als auch der Wunsch Bentivoglios, Vitelli und die beiden Orsini den Vertrag mit Cesare als Bürgen unterzeichnen zu lassen, mußte für Cesare die Frage aufwerfen, ob er begann, gerade seinen mächtigsten Gefolgsleuten zu mächtig zu werden.

In Rom freilich jubelte Alexander in der ihm bei Erfolgen seiner Kinder eigenen überschwenglichen Art, die ihn zugleich lachen und Tränen vergießen ließ. Am 15. Mai erhob er Cesare zum Herzog der Romagna und damit zum erblichen Herrscher über die von ihm eroberten Gebiete. Die Säkularisierung des Kirchenstaates war damit eingeleitet.

Nach dem Abschluß des Vertrages mit Bentivoglio brach Cesare mit seinen Truppen von Faenza auf, allerdings nicht, wie man angenommen hatte, nach Rom. Er marschierte vielmehr durch die Toskana geradewegs auf Florenz. In Florenz, das sich auch in seinen Glanzzeiten nie durch militärische Stärke ausgezeichnet hatte, löste das Auftauchen Cesares in der Toskana helles Entsetzen aus. Hierzu trug auch die Tatsache bei, daß die Cesare begleitenden Kondottieri aus dem Hause der Orsini eng mit den von den Florentinern vertriebenen Medici verbunden waren. Ebenso wie Lorenzo hatte auch Piero, das derzeitige Oberhaupt der Familie, eine Orsini geheiratet. Der Cesare ebenfalls begleitende Kondottiere Vitellozzo Vitelli war zudem ein Todfeind der Florentiner, da diese seinen Bruder nach einem fragwürdigen Prozeß hingerichtet hatten. Der Anmarsch Cesares und der ihn begleitenden Kondottieri machte die Florentiner in höchstem Maße verhandlungsbereit. Bereits am 15. Mai bewilligten sie Cesare in dem Vertrag von Campi eine Kondotta mit einer Bezahlung von 36 000 Golddukaten. Weiter verpflichteten sie sich, Cesare nicht an der Eroberung des bislang unter ihrem Schutz stehenden Piombino zu hindern und ihm zur Unterstützung 300 Lanzen zu stellen.

Cesare konnte mit diesem Vertrag hoch zufrieden sein. Immerhin standen die Florentiner ihrerseits unter dem Schutz des französischen Königs, so daß er es sich schwerlich hätte leisten können, Florenz tatsächlich anzugreifen. Zudem lag eine Wiedereinsetzung der mit den Orsini verbundenen Medici schwerlich im Interesse der Borgia. Mehr als von Florenz durch Einschüchterung Geld und Zugeständnisse zu erpressen, war Cesare gar nicht möglich gewesen. Dies sollte sich auch wenige Tage nach dem Vertrag von Campi zeigen, als Cesare von dem französischen König den Befehl erhielt, das florentinische Gebiet zu räumen. Bei kühler Überlegung hätten sich die Florentiner dies wohl selbst sagen können. Indessen zeigt ihre Reaktion, welchen Eindruck mittlerweile Cesare mit seinen Truppen machte.

Als Cesare den Befehl des französischen Königs erhielt, die Toskana zu verlassen, war er schon auf dem Weg nach Piombino am Tyrrhenischen Meer. Glaubt man den Worten Alexanders, so erfolgte dieser Zug, wie schon der Zug in die Toskana, entgegen seinem ausdrücklichen Befehl an Cesare, sich sofort nach Rom zu begeben.[7] Man ist sich bis heute nicht einig, ob man in Cesares Vorgehen den Beweis für seine Unabhängigkeit von Alexander oder aber ein Doppelspiel der Borgia zu sehen hat, bei dem Alexander die Aufgabe zufiel, seinen Sohn vor dem Zorn des französischen Königs abzuschirmen. Immerhin spricht aber einiges dafür, daß Alexander tatsächlich Cesares Rückkehr nach Rom wünschte, weil er auf die Stadt und die Kurie große Probleme zukommen sah: Bereits vor der Eroberung Faenzas hatten Spanien und Frankreich in dem Vertrag von Granada vom 11. November 1500 die Vernichtung und Aufteilung des neapolitanischen Königreiches beschlossen. Da sie sich nun anschickten, den Vertrag in die Tat umzusetzen, geriet der bisherige Grundsatz der päpstlichen Politik ins Wanken, keine fremde Großmacht in Italien Fuß fassen zu lassen. Nun drohte plötzlich die Gefahr, daß sich mit Spanien und Frankreich gleich zwei Großmächte in Süditalien unmittelbar an der Grenze des Kirchenstaates festsetzten. Alexander, der schon miterlebt hatte, welche Schwierigkeiten ein Herrscher wie Ferrante dem Kirchenstaat bereiten konnte, sah genau die Gefahren, die dem Kirchenstaat drohten, wenn sich in Neapel nun zwei Mächte vom Range Frankreichs und Spaniens niederlassen würden. Nicht umsonst hatte er schon früher einmal im Zusammenhang mit den Plänen Frankreichs zur Eroberung Neapels bitter bemerkt, »man will mich zum Dorfpfarrer machen«.[8] Unter diesen Umständen ist es nicht verwunderlich, daß Alexander, wie berichtet wird, nachts kaum Schlaf fand und ruhelos durch den Palast ging, wobei er sich in Selbstgesprächen immer wieder gefragt haben soll: »Oh Papst Alexander, wohin wirst du gehen, was wirst du machen.«[9]

Da abzusehen war, daß die Franzosen bei ihrem Zug in den Süden wiederum die verhältnismäßig guten Straßen nach Rom nehmen würden, sorgte sich Alexander um seine Sicherheit. Dies spricht dafür, daß er tatsächlich über Cesares Eskapaden in Mittelitalien nicht begeistert war, sondern ihn mit seinen Söldnern in Rom haben wollte. Cesare ließ dann auch schließlich seine vor Piombino lagernden Truppen unter Befehl von Gian Paolo Baglioni zurück und erschien am 17. Juni in Rom. Gestützt auf Cesare und seine Söldner erließ nun Alexander eine Proklamation, die allen Gefolgsleuten des Königs von Frankreich, die nicht von diesem, dem Papst oder von Cesare Sold bezogen, unter Androhung lebenslänglichen Galeerendienstes befahl, Rom zu verlassen. Auch ansonsten waren die Borgia um einen reibungslosen Ablauf des bevorstehenden französischen Durchzugs – bis hin zur ausreichenden Versorgung der französischen Truppen mit Prostituierten – bemüht.[10] Es sollte dann auch während des Aufenthaltes der 14000 Mann starken französischen Streitmacht vom 25.–28. Juli in und um Rom keine größeren Zwischenfälle geben.

Zur Entspannung der Lage trug sicherlich auch die Tatsache bei, daß Alexander in einer Bulle vom 25. Juni die im Vertrag von Granada beschlossene Teilung des Königreichs Neapel zwischen Frankreich und Spanien absegnete. Ludwig XII. sollte als König von Neapel die Terra di Lavoro und die Abruzzen erhalten, Ferdinand wurden Apulien und Kalabrien als Herzogtümer zugesprochen. Die Bulle bezeichnete das gesamte Königreich als päpstliches Lehen, das dem vertriebenen König Frederigo mit der Begründung entzogen wurde, er habe verräterische Verbindungen mit den Türken aufgenommen. Ein Vorwand, der sich in seiner Scheinheiligkeit gut dem gesamten Verhalten des Papstes und der beiden mächtigsten christlichen Herrscher in jener Angelegenheit anpaßte.

Auf den zahlreichen Empfängen und Festen, die die Kardinäle und der römische Adel während des Aufenthaltes der französischen Truppen in Rom zu Ehren ihrer unerwünschten Gäste veranstalteten, suchte man vergeblich nach Cesare. Er hielt sich völlig zurück; obwohl seine Stellung als Herzog von Valence gerade ihn zu besonderer Gastfreundschaft verpflichtet hätte, war er nicht einmal beim Einzug des französischen Oberbefehlshabers Stuart d'Aubigny zu sehen. Sicher war diese Zurückhaltung Cesares kein Zeichen der Mißbilligung des neapolitanischen Unternehmens. Schließlich war gerade er es gewesen, der durch die Ermordung des Prinzen von Bisceglie die Verbindung seines Hauses mit dem neapolitanischen Königshaus auf drastische Weise gelöst hatte. Spätestens als die Tochter des neapolitanischen Königs seine Werbung verschmähte, dürfte sich dieses Haus den unauslöschlichen Haß Cesares zugezogen haben.

Das demonstrative Fernbleiben Cesares von allen Veranstaltungen zu Ehren der französischen Offiziere wird einen persönlichen Grund gehabt haben: Die zunächst in Rom eintreffende französische Vorhut war von keinem anderen angeführt worden, als von jenem Yves d'Allègre, der die Franzosen bei der Eroberung Forlìs und der Gefangennahme Caterina Sforzas befehligt hatte. D'Allègre, mittlerweile Chefadjutant des französischen Oberbefehlshabers, war über die Behandlung Caterinas, die in einer der gefürchteten Einzelzellen (camere segrete) des Vatikans gefangen gehalten wurde, empört und verlangte von Alexander deren Freilassung. Es kam zu harten Auseinandersetzungen, vor allem zwischen d'Allègre und Cesare, der Caterina auf keinen Fall freilassen wollte. Alexander, wie immer in solchen Dingen seinem Sohn an Klugheit überlegen, erklärte sich bereit, Caterina unter der Bedingung freizulassen, daß diese auf ihre Herrschaftsansprüche auf Imola und Forlì verzichte. Dies zu tun hatte sich Caterina bislang standhaft geweigert, obwohl sie von ihren eigenen Kindern, denen mehr an der Gunst der Borgia als an der Aufrechterhaltung kaum durchsetzbarer Ansprüche lag, immer wieder dazu aufgefordert worden war.

Auf Vermittlung d'Allègres gab Caterina, deren Haare in den fast 18 Monaten ihrer Gefangenschaft ergraut waren, nach und erhielt daraufhin von Alexander die Erlaubnis, nach Florenz zu gehen. Alexander empfahl sogar in einem Schreiben, »Die Hochedle Dame Caterina Sforza, Unsere geliebte Tochter in Christo, die wir aus gewissen Gründen eine Zeit lang festzuhalten gezwungen waren, und deren Freilassung wir nun huldvoll verfügen...« dem Wohlwollen der Republik. »Die geliebte Tochter in Christo« zog es freilich aus Furcht vor einem Anschlag Cesares vor, nicht auf dem Landwege zu reisen, sondern heimlich in Ostia ein Schiff zu besteigen. Daß sie mit ihrer Furcht vor einem Mordanschlag Cesares so falsch nicht lag, zeigt schon seine bereits zitierte Äußerung gegenüber Soderini, daß er Caterina nicht freigelassen und auch nicht davor zurückgeschreckt hätte, sie umzubringen.[11]

Erst beim Auszug der französischen Truppen aus Rom am 28. Juni ließ sich Cesare wieder in der Öffentlichkeit blicken. Obwohl er natürlich als französischer Herzog zur Unterstützung des französischen Königs verpflichtet war, blieb er in Rom und schickte zunächst lediglich 400 Mann unter Vitellozzo Vitelli und Morgante Baglioni mit. Diese Zahl wiegt sicherlich gering, gemessen an den 15 000 Söldnern, die d'Aubigny und d'Allègre mit sich führten. Wie jedoch schon erwähnt, galt Vitellozzo als der Kondottiere mit der besten Artillerie, die gerade, weil die meisten Heerführer dieser Epoche ihre Bedeutung noch verkannten, damals zur wichtigsten Waffengattung wurde. Dies sollte sich bald zeigen, als die französische Streitmacht vor Capua ankam, wo auch Cesare zu den Truppen stieß. Volle sechs Tage wurde die von Fabrizio und Prospero Colonna im Namen des neapolitanischen Königs verteidigte Stadt mit Artillerie beschossen, ehe sie gestürmt werden konnte. Nach der Einnahme der Stadt kam es zu einem Blutbad, wie man es in der Renaissance noch nicht erlebt hatte. Einen vollen Tag verbrachte die völlig außer Kontrolle geratene Soldateska, vor allem die berüchtigten Gascogner, damit, die Bevölkerung zu morden und zu vergewaltigen. Mehr als 4000 Menschen verloren ihr Leben, ehe die Söldner wieder halbwegs zur Vernunft kamen und sich darauf besannen, daß ihnen ihre Opfer als Lösegeld zahlende Gefangene mehr Gewinn bringen würden, denn als Leichen. Capua sollte sich jedoch von diesem Massaker nie mehr erholen.

Ein französischer Chronist hat Cesare die Schuld an jenem Drama gegeben und damit einen Streit ausgelöst, der angesichts seiner Sinnlosigkeit für die Opfer fast makaber wirkt. Beschränken wir uns auf die Feststellung, daß nicht Cesare, sondern der Graf von Cajazzo den Oberbefehl über die Truppen hatte, und es völlig abwegig erscheint, daß sich die französischen Offiziere von Cesare sonderlich viel sagen ließen. Zudem dürften weder Cajazzo noch sonst ein Offizier in der Lage gewesen sein, selbst wenn sie es gewollt hätten, ihre Leute im Zaum zu halten. Zu Recht hat Ernst Friedell einmal bemerkt, daß selbst die bedeutendsten Heerführer jener Epoche immer die größten Schwierigkeiten hatten, ihre Soldateska auch nur einigermaßen im Griff zu behalten. Als Beispiel mag hierfür Tilly stehen, der bei der Zerstörung Magdeburgs durch die Horden seiner mordenden, vergewaltigenden und plündernden Söldner mit einem kleinen Kind auf dem Arm ritt, das er erschüttert der Vorsteherin eines noch unzerstörten Klosters anvertraute. Wenn man in solchen Zusammenhängen nach der Schuld suchen will, so sollte man sie weniger unter denen suchen, die in solchen Tagen die militärische Verantwortung trugen, als unter den Organisatoren und Verantwortlichen dieser Eroberungszüge.

Die Spekulationen darüber, ob Cesare nach der Eroberung von Capua tatsächlich – wie behauptet worden ist – unter den gefangenen Frauen die 40 schönsten für persönliche Zwecke ausgesucht hat, überläßt man gerne jenen, denen das Blutbad von Capua nicht den Reiz an dieser durch nichts belegten Geschichte genommen hat.

Mit dem Fall von Capua war das Schicksal des neapolitanischen Königshauses entschieden. Frederigo verhandelte mit dem französischen König, »dem minder frevelhaften seiner Verderber«, der ihm das Herzogtum Anjou bewilligte.[12] Seinen kleinen Sohn hatte er bereits zuvor nach Tarent schicken lassen, das sich unter der Bedingung seines freien Abzugs den Spaniern ergab. Gonsalvo de Cordoba ging hierauf ein, zog es aber vor, sein Wort nicht zu halten und das Kind nach Spanien in Gefangenschaft zu schicken, wo es ein halbes Jahrhundert später ohne Nachkommenschaft starb.

Erbarmungslos gingen die Borgia nun daran, mit dem ghibellinischen Adel des Kirchenstaates, der auf neapolitanischer Seite gestanden hatte, aufzuräumen. Alexander ächtete die Colonna, Savelli und Gaetani, zog ihre Güter ein und verteilte sie an zwei kleine Kinder aus dem Borgia-Clan. Rodrigo, der zweijährige Sohn Lucrezias, der vermutlich den ermordeten Alfonso zum Vater hatte, erhielt Sermoneta, Albano, Nettuno, Ardea, Ninfa und Norma. Der ominöse »Infans Romanus« erhielt die Herzogtümer Nepi und Palestrina.

Selbst den noch unbezwungenen Orsini erschien die Macht der Borgia so bedrohlich, daß sie den Versuch unternahmen, ihr getrübtes Verhältnis zu ihnen durch eine Ehe des ihrem Geschlecht angehörenden jungen Herzogs von Gravina mit Lucrezia zu verbessern. Vielleicht ist nichts bezeichnender für die Machtstellung der Borgia gegenüber dem römischen Adel, als die Tatsache, daß sie an dieser Ehe kein echtes Interesse zeigten. Man nahm das Angebot der Orsini zwar scheinbar aufgeschlossen entgegen, in der Sache selbst tat sich jedoch nichts, weil man mit Lucrezia ganz andere Pläne hatte.

Eine weitere Hochzeit Lucrezias

Nach der Ermordung von Lucrezias Ehemann Alfonso von Bisceglie gingen die Borgia sehr bald daran, sich nach einem neuen geeigneten Ehemann für Lucrezia umzusehen. Der Herzog von Gravina, den die Orsini anboten, war ihnen schon nicht mehr bedeutungsvoll genug. Ihr Blick richtete sich auf das Herzoghaus der Este von Ferrara. Ob die Este, wie Gregorovius behauptet, wirklich das älteste Adelshaus Italiens waren, sei dahingestellt. Ihren Rang als das angesehenste Adelsgeschlecht Italiens mochten ihnen allenfalls die Herzöge von Savoyen streitig machen.

Ihr Blut fließt in den Adern der Welfen genauso wie in denen des englischen und später des preußischen Königshauses. Dies mag überraschen, sieht man doch in den Welfen vielfach die norddeutschen Gegenspieler der Staufer. Im Norden lag zweifellos eines der Machtzentren dieses in ganz Europa begüterten Adelsgeschlechtes.

Die aus Altdorf bei Ravensburg stammenden Welfen spielten als Heerführer Karls des Großen in der Geschichte schon eine Rolle, als man die Staufer allenfalls in ihrer engeren schwäbischen Heimat kannte. Es entbehrt nicht einer gewissen Ironie, daß die Welfen, die großen Gegenspieler der Stauferkaiser, ihre Herkunft von dem Cäsarmörder Cassius ableiten. Mit sicher größerer historischer Berechtigung können die Welfen allerdings auf ihre Verbindung mit den Karolingern stolz sein. Eine Welfin, Judith, heiratete Ludwig den Frommen, den Sohn Karls des Großen. Eine andere Welfin, Hemma, war mit Karls Enkel Ludwig dem Deutschen verheiratet. Doch die stolze Geschichte dieses Hauses schien zu Ende zu gehen, als 1055 Welf III. ohne männlichen Nachkommen starb und den ganzen Besitz des Geschlechtes dem Kloster Altdorf vermachte. Nur die noch lebende Mutter hinderte die Vollstreckung des Testaments. Sie blickte nach Italien, wo ihre älteste Tochter mit dem Grafen Azzo von Este verheiratet war und einen Sohn hatte, der auch noch den passenden Namen Welf trug. Dieser ebenso skrupellose wie intelligente Zeitgenosse ließ sich nicht lange bitten, als

Welf IV. den riesigen Familienbesitz zu übernehmen. Welf IV., übrigens ein Vater jener Mathilde von Tuszien, zu deren Burg Heinrich IV. seinen Gang nach Canossa unternahm, war der Großvater von Heinrich dem Löwen, der seinerseits wiederum eine Schwester von Richard Löwenherz heiratete. Dies mag genügen, den Rang der Este in der europäischen Hocharistokratie der Renaissance zu belegen.[1]

Man kann sich die geringe Begeisterung der adelsstolzen Este unschwer vorstellen, als die Borgia an sie mit dem Vorschlag herantraten, Alfonso, den ältesten Sohn von Herzog Ercole, mit Lucrezia zu verheiraten. Die Este waren zwar – wie die damalige Zeit überhaupt – in Fragen der ehelichen Geburt nicht besonders engstirnig. Wie schon erwähnt, waren bei einem Besuch von Pius II. sieben Bastarde aus dem Hause Este dem Papst zum Empfang entgegengeritten, und von Niccolo Este, einem ihrer bedeutendsten Herrscher, sang die Landbevölkerung der Poebene:

Links vom Po, rechts vom Po,
alles Kinder von Niccolo.

Gleichwohl war eine bereits mindestens zweimal verheiratete, einer einfachen spanischen Landadelsfamilie entstammende Klerikertochter, die sich zudem noch eines höchst zweifelhaften Rufes erfreute, nicht gerade das, was sich die Este als die künftige Herzogin von Ferrara vorstellten. Auch wenn Alfonso Este, der Sohn des Herzogs, nicht, wie ihm nachgesagt wurde, von Lucrezia lautstark als einer Hure gesprochen haben sollte, dürfte diese Episode die anfänglichen Empfindungen der Este zu diesem Ehevorschlag der Borgia ziemlich genau widerspiegeln. Hätten sie es bei der ganzen Angelegenheit nur mit den Borgia zu tun gehabt, so wäre eine Ehe sicher nicht zustande gekommen. Ihre Furcht vor dem Zorn der Borgia allein konnte sie schwerlich so aus der Fassung bringen, daß sie deshalb dem Vorschlag Alexanders nachgegeben hätten. Aber die Este waren, wie viele der Herren Italiens, von dem französischen König abhängig, und dessen Unterstützung hatten sich die Borgia, die ja mittlerweile über einige Erfahrung im Einfädeln von Ehen verfügten, versichert. Vergeblich bot daher Herzog Ercole, um dem Verhängnis zu entgehen, die Hand seines Sohnes einer Angehörigen des französischen Königshauses an. Ludwig ließ ihn wissen, daß sein Haus zu Gunsten Lucrezias zurücktrete und empfahl Ercole, sich durch die Bedingungen des Ehevertrages schadlos zu halten. Tröstend fügte er mit dem ihm eigenen Zynismus noch hinzu, Alfonso werde nach dem Tode Alexanders ohnehin die Frau nicht mehr kennen, die er geheiratet habe.[2]

Vor diesem Hintergrund fanden dann die Ehevertragsverhandlungen statt, die an Peinlichkeit nichts zu wünschen übrig ließen. Der Herzog von Ferrara, dem ein Scheitern der Verhandlung ohnehin nur recht gewesen wäre, befolgte Ludwigs Rat und brachte mit seinen Forderungen die Borgia schier zur Verzweiflung. Zugleich ließ er, wie schon erwähnt, durch seine eigenen Leute Nachforschungen über die Herkunft der Borgia anstellen. Was er dabei zu hören bekam, konnte ihn auch nicht gerade nachgiebiger stimmen.

Sparen wir uns die Einzelheiten der Feilscherei zwischen Ercole und Alexander. Feststeht, daß Ercole letztlich dem Papst eine größere Mitgift für Lucrezia abtrotzte, als sie Bianca Sforza bei ihrer Heirat mit Maximilian in die Ehe gebracht hatte. Am 13. Dezember 1501 berichtete der Botschafter des Markgrafen von Mantua: »Die Mitgift wird im ganzen dreimal 100 000 Dukaten betragen, ohne die Geschenke, welche Madonna an diesem oder jenem Tag erhalten wird: Zuerst 100 000 Dukaten bar und in Ferrara ratenweise; dann Silberzeug für mehr als 3000 Dukaten, Juwelen, feines Leinen, kostbaren Schmuck für Maultiere und Pferde, im ganzen für andere 100 000. Unter anderem hat sie ein besetztes Kleid, mehr als 15 000 Dukaten an Wert und 200 kostbare Hemden, von denen manches Stück 100 Dukaten Wert besitzt.«[3]

Ein anderer Beobachter wußte zu berichten, daß wegen der Hochzeit Lucrezias in Neapel in einem halben Jahr mehr Gold verkauft und verarbeitet worden sei, als sonst in zwei Jahren.[4]

Ercole nutzte zudem die Gunst der Stunde, um sich vom Papst die Kastelle Cento und Pieve übertragen und von allen Steuerpflichten gegenüber der Kirche befreien zu lassen.

Alexander tobte zwar über die, wie er es nannte, Krämerseele des Herzogs von Ferrara, sein Unmut hielt ihn aber nicht davon ab, den Este mit allen Mitteln die Fähigkeiten und Vorzüge Lucrezias vor Augen zu führen. Grotesker Höhepunkt dieser Bemühungen war die Einsetzung Lucrezias zur Stellvertreterin des Papstes, als dieser Ende Juli 1501 Rom verließ, um die den Colonna weggenommenen Güter zu besichtigen. Burchard berichtet über dieses Ereignis: »Vor der Abreise aus Rom übergab er seine Räume, den ganzen Palast und die laufenden Geschäfte seiner Tochter Lucrezia, die während seiner Abwesenheit die päpstlichen Gemächer bewohnte. Auch gab er ihr den Auftrag, die an ihn gerichteten Briefe zu öffnen, und sie solle, wenn eine Schwierigkeit vorläge, den Rat des Kardinals Costa und der anderen Kardinäle einholen, die sie zu diesem Zwecke zu sich rufen könne. Aus irgendeinem Anlaß schickte Lucrezia nach Costa und setzte ihm den Auftrag des Papstes auseinander. Costa hielt den Fall für belanglos und sagte zu Lucrezia, wenn der Papst beim Konsistorium die Angelegenheit vorbringe, sei da der Vizekanzler oder ein anderer Kardinal für ihn, der das Protokoll führe; es müsse daher auch in gehöriger Weise einer da sein, der die Unterredung notiere. Lucrezia erwiderte: ›Ich verstehe wohl zu schreiben.‹ Costa fragte darauf: ›Wo ist euer Federkiel?‹ Lucrezia verstand den Sinn des Scherzes des Kardinals. Sie lächelte und beide beschlossen artig ihre Unterhaltung. Über diese Dinge war ich nicht befragt worden.«[5]

Aber trotz ihres etwas parvenuhaften Gebarens gelang es den Borgia schließlich doch, den Este die gewünschte Ehe zwischen Lucrezia und dem ältesten Sohn des Herzogs abzutrotzen. Am 1. September kam in Ferrara der Ehevertrag zustande. Die Nachricht hiervon traf am 4. September in Rom ein und wurde dort gefeiert, als hätte man den Ansturm türkischer Truppen abgewehrt. Bis in die Nacht hinein feuerte man von der Engelsburg unablässig Bombarden ab. Am folgenden Tag ritt Lucrezia mit einem Gefolge von 300 Reitern durch Rom, und in der ganzen Stadt wurden Freudenfeuer entzündet. Alexander berief stolzgeschwellt ein Konsistorium ein, um die Kardinäle und die Botschafter von diesem für die Kirche in Anbetracht der Vertragsbedingungen höchst nachteiligen und im übrigen belanglosen Ereignis zu unterrichten.

Im Vatikan war der Ehevertrag zwischen Lucrezia und Alfonso Grund oder Vorwand für zahllose Feiern und Gelage. Selbst der robuste Cesare war schließlich davon so erschöpft, daß er Gesandte, wenn er sie überhaupt vorließ, auf dem Bett liegend empfing. Einer der zweifelhaften Höhepunkte der Lebenslust der Borgia war dann jene Orgie in den Räumen Cesares am 31. Oktober 1501, über die Burchard in der eingangs schon wiedergegebenen Tagebucheintragung berichtet. Es soll in diesem Zusammenhang nicht unerwähnt bleiben, daß dieser Bericht Burchards vielfach angezweifelt worden ist. Die Verteidiger der Borgia machen vor allem geltend, es sei doch sehr unwahrscheinlich, daß Lucrezia nach ihrer Verbindung mit den Este sich eine derartige Blöße gegeben habe, wie sie die Teilnahme an dieser Orgie darstellte. Dafür mag einiges sprechen. Aber andererseits ist auch nicht zu übersehen, daß der Ehevertrag mit Alfonso, dies ergibt sich auch aus der Korrespondenz des Herzogs von Ferrara mit dem ihm verbundenen Markgrafen von Mantua, ausschließlich aufgrund der bestehenden Machtverhältnisse zustandegekommen war, obwohl Lucrezia schon damals einen ziemlich zweifelhaften Ruf gehabt hat. Diese Machtverhältnisse hatten sich zwischenzeitlich nicht, jedenfalls nicht zu ungunsten der Borgia verändert, so daß Lucrezia kaum Folgen wegen der Teilnahme an dieser Orgie zu befürchten hatte. Auch sollte man nicht übersehen, daß die Renaissance und selbst die Epochen nach der Gegenreformation in Sachen Erotik recht großzügige Vorstellungen hatten. So war es zum Beispiel auch zu Zeiten Richelieus kein Ärgernis, als eine französische Adlige mit ihrem Liebhaber vor dem französischen König im größeren Kreise den Geschlechtsakt vollzog, um dem in diesen Dingen verklemmten Ludwig XIII. über seine sexuellen Probleme hinwegzuhelfen. Ob diese Therapie allerdings ihren Zweck erfüllte, ist nicht überliefert und in Anbetracht des Verlaufs der Ehe von Ludwig mit Anna von Österreich zweifelhaft. Im Spätherbst des Jahres 1501 erschien mit dem berühmten Savellibrief eine der schärfsten Anklageschriften, die je gegen die Borgia verfaßt worden sind. Das mit dem 15. November 1501 datierte Schreiben war in der Form eines anonymen Briefes aus dem spanischen Lager in Tarent an den bei Maximilian im Exil lebenden römischen Baron Silvio Savelli abgefaßt. Vermutlich bezweckte das Schreiben, Maximilian und seinen Hof gegen die Borgia aufzubringen. Den Charakter eines objektiven Urteils haben die in diesem Brief enthaltenen Behauptungen und Wertungen sicher nicht. Gleichwohl sind sie von Interesse, weil sie zeigen, welche Vorwürfe man gegen die Borgia auch in den gebildeten und wohlinformierten Kreisen der damaligen Oberschicht vorbringen konnte, ohne unglaubhaft zu erscheinen. Das Schreiben hat folgenden Wortlaut: »Dem ehrwürdigsten Herrn Silvio Savelli bei dem durchlauchtigsten römischen König.

Ehrwürdiger Herr Silvio, Gruß! Wir haben aus Freundesbriefen erfahren, daß Du niederträchtig geächtet, nach Plünderung Deiner ganzen Habe von Rom abgereist und der Wut und Raserei der Räuber entgangen bist. Wir bedauern natürlich Dein Ungemach, haben uns aber doch bei so viel Schlimmem gefreut, daß Du unversehrt beim Kaiser aufgehoben bist. Als wir hörten, Du betriebest durch Empfehlungsbriefe und Fürsprache anderer bei ihm Deine Wiedereinsetzung in den vorigen Stand, haben wir uns sehr gewundert, daß Deine Klugheit so leichtgläubig oder aufrichtiger gesagt so leichtsinnig geworden ist, zu hoffen, diesen Verräter der Menschheit, der sein ganzes mit Unzucht und Raub beflecktes Leben mit dem Betrug von Menschen verbracht hat, werde jemals irgendeine gerechte Handlung vermögen oder tun, es sei denn, daß er durch Furcht und überlegene Macht dazu gezwungen wird. Du irrst, Teuerster, und wirst Dich gewaltig täuschen, wenn Du meinst, mit diesem monströsen Haupt jemals irgendwie Frieden schließen zu können. Denn da Du einmal grundlos, nur dank seiner Habsucht und Niedertracht von ihm verraten und geächtet und Verlusten und Räubereien preisgegeben bist, kann Dein ewiger Krieg mit ihm nur mit ewigem Haß enden. Du mußt also andere Wege versuchen und den richtigen Ärzten die offenkundige Wunde römischer Pestilenz herausgeben. Du mußt den Kaiser und den übrigen Fürsten des römischen Reiches das ganze Verderben auseinandersetzen, das von diesem verrufenen Untier zur Vernichtung des christlichen Gemeinwesens ausgegangen ist; die abscheulichen Schandtaten erzählen, die in Verachtung Gottes und zum Verderb der Religion begangen werden, so scheußlich und ungeheuerlich, daß sie auch auf das abgebrühteste Gemüt Eindruck machen. Das sollst Du in den öffentlichen Fürstenversammlungen erzählen, das mit etlichen Beispielen belegen und allen an die Hand geben und vertreten. Vergebens beklage sich die christliche Religion über Mahomet, ihren alten Feind, daß er ihr ungezählte Mengen Völker abwendig gemacht habe, während doch jener neue Mahomet den alten durch jegliche Scheußlichkeit von Verbrechen bei weitem übertroffen hat und an den Rest von Glauben und Religion den Brand der schwersten Krankheiten gelegt hat; die Zeiten seien da, in denen der von den Propheten oft geweissagte Antichrist erscheine, denn niemals würde wieder einer geboren, und könne auch nur vorgestellt werden, der offener als Feind Gottes, Belagerer des Glaubens Christi und Unterwühler der Religion erfunden würde. Schon würden die Benefizien und kirchlichen Würden, auf die nach der heiligen Väter altehrwürdigem Dekret gewöhnlich nur die bedeutendsten Männer rechtmäßig Anspruch hatten, im öffentlichen Verkauf verschleudert, und wer beim offenen Kauf mehr Geld biete als der andere, bekomme sie. Mit Gold gehts zum Vatikan, um die Geheimnisse des Glaubens zu kaufen: Da steht als Minister der Verbrechen, als Verkäufer der Benefizien der Kardinal von Modena (Ferrari), um die Habsucht des Pontifex zu sättigen. Bestellt zum Säckelmeister, wie der Zerberus am Eingang zur Unterwelt dasteht, alle anbellt und schamlos jedermann abschätzt; er merkt, wer etwas bringt: Nur die Reichen und Wohlhabenden werden zugelassen, die Ärmeren aber mit lauten Schimpfworten ausgeschlossen: Alles sei schon beim Papst käuflich, Würden, Ehren, Ehebünde und -scheidungen und vieles andere, was weder unsere Eltern zu ihren Lebzeiten sahen noch die christliche Sitte erlaubt, stelle sich offen dar; eine neue Sekte, neue Lehren und Christi Beschimpfungen schleichen sich bei den Völkern ein. Es gebe bereits kein Verbrechen, keine Schandtat mehr, die nicht zu Rom öffentlich und im Heim des Papstes begangen würden, die Skythen seien übertroffen, die Punier an Treulosigkeit, Leute wie Nero und Cajus an Scheußlichkeit und Grausamkeit. Ja es ginge fast über alle Kraft von den Morden, Rauben, Schändungen und Inzesten zu berichten. Hingemordet durch die grausamsten Wunden und gewissermaßen doppelt, sei der hochedle Alfonso von Aragon, der Schwiegersohn des Papstes; dann ist der Kammerdiener des Papstes Perotto in seinem Schoß abgeschlachtet worden und hat mit seinem Blut die einst ehrwürdigen Penaten des Vatikans besudelt, so daß alle Höflinge in Bestürzung flüchtig auseinander stoben. Es führt zu weit, auf die anderen einzugehen, die ermordet oder verwundet oder lebendig in den Tiber geworfen oder vergiftet wurden; da ihre Zahl unendlich ist, und das Verbrechen von Tag zu Tag wächst, und auch die nicht verschont werden, die durch Ansehen und Einfluß hervorragen, so gibt es niemanden, auch keinen Privatmann in Rom, der nicht schon für sich und die Seinen fürchtet. Wer möchte nicht davor schaudern, die entsetzlichen Ungeheuerlichkeiten und Ausschweifungen aufzuzählen, die bereits offenkundig in seinem Haus, mit Verachtung vor Gott und den Menschen, begangen werden? All die Schändungen, die Inzeste, die Gemeinheiten an Knaben und Mädchen, all die Huren im Palast Petri, die Kupplerschar und die Bordelle und Hurenhäuser, das alles wolle gar nicht erst über die Lippen. Am 1. November, an Allerheiligen, seien 50 römische Huren zum Gelage in den Palast gebeten worden und hätten das gemeinste und abscheulichste Schauspiel geboten; und damit auch die Beispiele zum Anreiz nicht fehlten, habe man in den nächsten Tagen vor dem Papst und den Seinen das öffentliche Schauspiel einer Stute zum Besten gegeben, auf die man brünstige Hengste losließ, um sie in Wut und Raserei zu treiben. Keine Macht des Goldes gebe es, die nicht für den Luxus der Kinder aus allen christlichen Völkern mit gieriger Habsucht herausgezogen werde. Es wurde beabsichtigt, den Krieg gegen die Türken zu verkünden; unter diesem Vorwand wurden gar in allen Kirchen der Welt und fremden Staaten Ablässe verkauft, damit er durch diese Beitreibung sich bequemer einen Unterhalt verschaffte, damit die Mittel da waren, um die päpstliche Tochter für eine prunkvolle Mitgift mit Gold und Geschmeide zu überhäufen, sie die Steuern der römischen Kirche mitnehmen und in neuem unerhörten Luxus zu ihrem Gatten ziehen zu lassen, und um die alten hochwürdigen Städte und ihre wahren Herren mit Krieg zu überziehen. Aus ihren Sitzen seien die alten Einwohner vertrieben, der meiste Adel Roms durch Ächtung und Verbannung entfernt, die alten Herren Latiums ihres Vermögens und ihrer Besitztümer beraubt, damit Dank ihrer Verluste des Papstes Kinder und blutschänderisch erzeugten Nepoten noch in der Wiege lallend, zu Reichen und Schätzen kommen können.

Allbekannt sei schon der Ruin der Provinz Flaminia, das Unglück von Imola und Forlì, die gewaltsame Eroberung von Faenza, die Besitznahme von Rimini und Pesaro nach Vertreibung ihrer Fürsten. Diesem Gebiet seien von Städten der Kirche Cesena und Fano mit Bertinoro zugeschlagen worden, damit der dem Vater ähnliche Sohn noch reicher und üppiger sich mästen könne. Unterdessen heckt er Größeres aus und will Camerino und Urbino bekriegen, um nach ihrer Unterwerfung sich allein des ganzen Picenum zu bemächtigen und schließlich, wenn alles darniederliegt, alle übrigen Rechte und Herrschaften der römischen Kirche in seine Hand zu bringen. Denn alle stärkeren und festeren Burgen der Kirche sollen schon in seiner Gewalt sein, Spoleto, Orvieto, Veji, Nepi, Terracina und die Engelsburg stehe unter seiner Macht. Und schließlich sei es dahin gekommen, daß nach seiner willkürlichen Entscheidung alles verwaltet werde, von einem Menschen, der nicht wie ein Beschützer und Herzog dieses Reiches auftritt, sondern als sein offenkundiger Feind alles vergeudet. Nur darin mag man ihn gelten lassen und schätzen, daß er gegen alle in gleicher Weise schädlich und grausam ist, dermaßen, daß es schwierig ist, zu entscheiden, welchen von beiden die Natur verabscheuungswürdiger geschaffen hat.

Im vorigen Jahr war er mit Scharen auf dem Weg nach Flaminia durch die Länder der Kirche wie durch Feindesland verheerend durchgezogen, nachdem er mehrere Städte beraubt und geplündert hatte, war er nach Faenza gelangt. Auf dem Marsch war Umbrien mit einem Teil von Picenum und ganz Flaminia verwüstet worden. Es schien recht und billig, den Rückmarsch ebenso zu gestatten und so wurde das Heer zuerst nach Piombino, dann nach Florenz geführt, hier, wo alles in Frieden war und niemand etwas befürchtete, wurde auf ein paar Tage die Erlaubnis zum Beutemachen erteilt, und jeder durfte so viel rauben und plündern, als er wollte. Die Soldaten unter der Herrschaft des guten Herzogs haben alles mit Raub, Schändung, Mord und Brand besudelt: Die Schmach dieses Übels schlich sich bei den unterworfenen Völkern ein, wie eine ansteckende Krankheit und Tod, Viterbo, Rieto, Tivoli, namhafte Städte, wandten, als einmal die Gelegenheit da war, andere zu bekämpfen und zu berauben, die Waffen gegeneinander. Dabei zwangen die Parteien des Herzogs, gestützt auf ihn und die Willkür der Zeiten, die Gegner nieder und überschwemmten alles mit Schwert und Mord, erschlugen und massakrierten unzählige ihrer Mitbürger und damit zugleich deren mögliche Nachkommenschaft. Während der gute Papst inzwischen seinen Ausschweifungen hingegeben, von überall her Juwelen und Halsbänder beitreibt, um damit seine Tochter, die durch ein ruchloses Verbrechen mit ihm vereint ist, in unerhörtem Luxus zu schmükken und so zu verheiraten, ahndet oder hindert er jene Verbrechen nicht nur nicht, nein er begünstigt und stachelt sie an durch offenkundige Beihilfe, indem er nämlich die Verbannten und Gegner, die der Partei des Kaisers und des römischen Reiches anhängen und deren Güter er proskribierte und zu Unrecht preisgegeben hat, nicht wieder aufkommen läßt und seine blutschänderischen Kinder und Nepoten, die mit dem Besitz jener Herrschaften ausgestattet sind, bestätigt. Die Kardinäle halten den Mund, auch wenn der eine oder andere ehrlich denken sollte; denn nachdem die Mächtigen teils vertrieben, teils unterdrückt worden sind, gibt es unter den übrigen keinen mehr, der zu mucksen wagt; die anderen durch Verbrechen und Schmach erhöht, schützen ihr Gold mit Übeltaten, erkaufen Würden durch Speichelleckerei, huldigen und schmeicheln dem Papst, loben und bewundern ihn. Doch alle zagen und zittern vor seinem brudermörderischen Sohn, der vom Kardinal zum Meuchelmörder geworden ist. Nach dessen Wink und Willen wird alles willkürlich geleitet; er versteckt sich nach Türkensitte unter seiner Hurenbande, und bewaffnete Soldaten bewachen ihn; auf seinen Befehl und Beschluß werden alle ermordet, verwundet, in den Tiber geworfen, vergiftet, all ihr Vermögen innerhalb und außerhalb der Mauern geraubt. Jener beider Hunger, Raublust und Durst sättigt sich in Menschenblut. Aus Furcht vor ihren Ungeheuerlichkeiten entfernten sich bereits die edelsten Familien aus Rom, die besten Bürger verstecken sich, und wenn nicht der Kaiser so bald wie möglich solch gehäuftem Unglück zur Hilfe kommt, werde jedermann an Flucht und ans Verlassen Roms denken müssen.

Oh entsetzliche Sach- und Zeitlage. Welche Entartung der altberühmten Heiligkeit der höchsten Päpste! Welcher Fall der Gerechtigkeit.«

Nachdem sich der Verfasser dann weiter in allgemeinen Betrachtungen und Klagen über den Zustand der Welt ergeht, schließt er:

»All das – mehr als nur zu wahr – wirst Du also Silvio, in die Form einer Rede bringen und bei einer öffentlichen Fürstenversammlung, oder, wenn das nicht möglich, bei irgendeiner feierlichen Meßzeremonie mit allem Pathos Deiner Stimme vortragen, dann in mehreren Abschriften allen Fürsten zu lesen geben und den abwesenden Königen zusenden. Leb wohl und gedenke bei diesem Unternehmen daran, daß Du der unsere und ein Römer bist. Gegeben zu Tarent aus dem königlichen Lager am 15. November 1501.«[6]

Der aus heutiger Sicht etwas schwerfällige Stil des Savellibriefes sollte nicht darüber hinwegtäuschen, daß der Verfasser über eine hohe Intelligenz und beste Informationen verfügt hat. Unzweifelhaft muß es sich bei ihm um einen Angehörigen der römischen Oberschicht gehandelt haben, der die Interna der (Borgia-Politik) sehr genau kannte. Dies wird insbesondere durch seine Ausführungen über die Zukunftspläne der Borgia belegt. Seine Vermutung, daß die Borgia beabsichtigten, den Kirchenstaat über kurz oder lang zum Kernstück eines weltlichen Herzog- oder Königtums unter Cesare zu machen, wird noch heute von vielen Historikern geteilt.

Noch aufschlußreicher ist die Behauptung des anonymen Autors, Cesare habe die Absicht, Camerino und Urbino zu erobern. Die Varano in Camerino und vor allem Guidobaldo von Montefeltre, der Herzog von Urbino, gehörten alten adligen Familien an, die mit dem übrigen Adel Mittel- und Norditaliens vielfach verwandtschaftlich verbunden waren. Gerade zu dem Zeitpunkt, als der »Savellibrief« abgefaßt worden sein muß, traten die Borgia durch die bevorstehende Heirat Lucrezias mit Alfonso d'Este in den Kreis dieser Familien ein, so daß es durchaus fraglich erscheinen konnte, ob die Borgia auch gegen die Angehörigen dieser Familien mit gleicher Schärfe vorgehen würden wie gegen den bislang von ihnen bekämpften Adel des Kirchenstaates. Zumindest Guidobaldo von Montefeltre, der als Kondottiere über einen guten Ruf und einige Erfahrung verfügte, teilte nicht die Befürchtungen des anonymen Autors trotz dessen Warnung, die ihm sicher zu Ohren gekommen ist, als Cesare im Frühsommer des folgenden Jahres mit seinen Söldnern nach Norden durch das Herzogtum zog und sich dabei auch noch die Artillerie Guidobaldos auslieh. Doch der Autor des »Savellibriefes« sollte Recht behalten, wovon sich Guidobaldo erst überzeugen ließ, als Cesare in so geringer Entfernung vor Urbino auftauchte, daß die herzogliche Familie nur knapp entkam.

Soweit die Angaben im Savellibrief nachprüfbar sind, treffen sie zu oder geben – wie etwa der Vorwurf des Brudermords gegen Cesare – die allgemeine Meinung wieder. Auch fällt auf, daß die Beschuldigungen, was doch bei einem Pamphlet nahegelegen hätte, nie in allen Einzelheiten ausgemalt werden, sondern, wenn man sie an dem Stil anderer Schmähschriften der Renaissance mißt, eher zurückhaltend formuliert sind.

Der Autor ging offensichtlich davon aus, daß der Adel, den er erklärtermaßen mit seiner Schrift gegen die Borgia aufhetzen wollte, entweder durch eigene Anschauung oder aber auch durch die Berichte seiner Agenten über die Verhältnisse am päpstlichen Hof unterrichtet war. Seine Anklageschrift verfolgt offensichtlich weniger die Absicht, die Leser mit neuen Informationen zu versorgen, als sie durch die Zusammenfassung der die Borgia belastenden Fakten für einen gemeinsamen Widerstand zu gewinnen.

Bei aller Achtung vor dem Informationsstand des Autors – bei dem es sich, wie Gregorovius vermutet, um einen Colonna gehandelt haben könnte[7] – sollte man nicht übersehen, daß der »Savellibrief« die Gefühle und Meinungen des von den Borgia zum Teil schon entmachteten, zum Teil tödlich bedrohten römischen Adels wiedergibt. Er zeigt, was an Gerüchten damals über die Borgia umlief. Ein Beweis für die Wahrheit dieser Gerüchte ist der Brief aber ebensowenig wie eine repräsentative Aussage über das Ansehen der Borgia. Die breite Masse des Volkes und insbesondere die Leibeigenen und sonstigen Opfer der Macht jener Adelsschicht, die über die Willkür der Borgia im Brief so heftig klagt, haben Alexander und auch Cesare nachweislich andere Gefühle entgegengebracht.

Bemerkenswert ist die Reaktion oder besser die ausbleibende Reaktion der Borgia auf dieses Schreiben. Silvio Savelli, an den das Schreiben gerichtet war, durfte jedenfalls wenig später nach Rom zurückkehren, wo ihm Alexander eine Audienz gewährte, in der er sich auf das freundlichste mit ihm unterhielt. Vermutlich war diese Freundlichkeit nicht einmal geheuchelt.

Während in Italien und an den Fürstenhöfen Europas der »Savellibrief« die Runde machte, waren die Borgia damit beschäftigt, die letzten Hindernisse für die Ehe zwischen Lucrezia und Alfonso d'Este aus dem Wege zu räumen. Im Laufe ihrer Verhandlungen mit Herzog Ercole kam es zu einer an sich zwar ziemlich belanglosen, für die Denkweise der Menschen jener Epoche aber sehr aufschlußreichen Episode:

Herzog Ercole, der uns in den Verhandlungen mit den Borgia als kühl berechnender, stets die Staatsraison über alles stellender Machtpolitiker und Finanzmann entgegentritt, hatte nämlich Ende 1499 eine Heilige entwendet, oder genauer gesagt, in einem Hühnerkorb entführen lassen. Die in einem Kloster in Viterbo lebende Dominikanerschwester Lucia da Narni wurde schon zu Lebzeiten als Heilige verehrt, weil sich bei ihr jeden Freitag die Stigmata gezeigt haben sollen. Diese Nonne wollte Ercole unbedingt in seiner Nähe haben. Da aber ihr Kloster und die sie verehrende Bevölkerung einer Übersiedlung der Schwester nach Ferrara nicht zugestimmt hätten, ließ der Herzog sie heimlich in dem erwähnten Hühnerkorb von Viterbo nach Ferrara in ein für sie neuerbautes Kloster schaffen, wo er sie häufig besuchte und dabei wichtigste Staatsangelegenheiten mit ihr besprach. Trotz der Aufmerksamkeit des Herzogs, der ihr jeden Wunsch erfüllte, fühlte sich Lucia in ihrem neuen Domizil nicht heimisch. Sie vermißte vor allem ihre Mitschwestern aus dem Kloster von Viterbo. Ercole schickte daher einen Gesandten zu Alexander mit der Bitte, die auf einer Namensliste aufgeführten sieben ehemaligen Mitschwestern Lucias nach Ferrara zu schicken, wobei er bezeichnenderweise dem Gesandten kein Geld für die Reise der Nonnen zur Verfügung stellte, weil diese ja im Gefolge der Braut reisen könnten und es daher nicht nötig sei, Geld für sie auszugeben.[8]

Alexander fiel es natürlich leicht, diesem vergleichsweise bescheidenen Wunsch des Herzogs zu entsprechen. Schwieriger gestaltete sich indessen die Verwirklichung des Versprechens, denn die Nonnen wollten Viterbo nicht verlassen. Einige von ihnen konnten, wie sie den Papst wissen ließen, gar nicht reisen, weil sie lahm oder wassersüchtig waren; Gebrechen, die allerdings noch niemandem aufgefallen waren. Nach einem Machtwort Alexanders trafen die Nonnen, sozusagen als mittelbare Opfer der päpstlichen Heiratspolitik, dann schließlich doch in Ferrara ein.

Vielleicht sollte zu dieser Episode, die gar nicht zu dem sonstigen Charakterbild Ercoles passen will, noch angemerkt werden, daß sie offensichtlich nicht Ausdruck einer vorübergehenden Laune des Herzogs war. Ercole hatte auch mit dem aus Ferrara stammenden Savonarola bis zu dessen Ende einen so engen Kontakt gehabt, daß er nicht davor zurückscheute, diesem auf dem Höhepunkt seines Konflikts mit der Kirche im Falle seiner Vertreibung aus Florenz Asyl zuzusichern. Vor dem Schicksal der Einheirat Lucrezias in seine Familie konnte ihn aber auch dieses unbotmäßige Verhalten gegenüber dem Papst, seinem obersten Lehensherren, nicht bewahren.

Obwohl Ercole Ende November 1501 noch ein scharfes Protestschreiben Maximilians gegen die Ehe Alfonsos mit Lucrezia erhalten hatte, schickte er am 9. Dezember eine aus mehr als 500 Personen bestehende Kavalkade nach Rom ab. Der glanzvolle Zug traf am 23. Dezember in Rom ein, wo die Borgia für einen nicht weniger glanzvollen Empfang gesorgt hatten. Schon am Stadttor wurde der Zug von 19 Kardinälen und deren Gefolge von insgesamt 4000 Mann empfangen. Von dort zog man gemeinsam in den Vatikan, wo Alexander mit 12 weiteren Kardinälen die Ferraresen empfing.

Noch am selben Tag suchte der Gesandte Ferraras Lucrezia auf; wohl im Auftrag seines Herrn, wie der nachfolgende Bericht vermuten läßt, dem wir die wohl eingehendste Charakterisierung der Papsttochter verdanken:

»Mein erlauchtester Herr

Heute nach dem Abendessen begab ich mich mit Messer Girardo Sarazeno zur erlauchtesten Donna Lucrezia, um mit derselben im Namen Ew. Exzellenz und Sr. Herrlichkeit Don Alfonso aufzuwarten. Bei dieser Gelegenheit hatten wir ein langes Gespräch über verschiedene Dinge. Sie gab sich hier in Wahrheit als sehr klug und liebenswürdig und von guter Natur zu erkennen, Eurer Exzellenz und dem Erlauchten Don Alfonso höchst ehrerbietig ergeben, so daß man wohl urteilen darf, daß Eure Hoheit und Don Alfonso über sie eine wahre Genugtuung empfinden werden. Sie besitzt außerdem eine vollkommene Grazie in allen Dingen, nebst Bescheidenheit, Lieblichkeit und Sittsamkeit. Nicht minder ist sie eine gläubige Christin und zeigt sich gottesfürchtig. Morgen will sie zur Beichte gehen und dann am Weihnachtsfest kommunizieren. Ihre Schönheit ist schon hinreichend groß; aber die Gefälligkeit ihrer Manieren und die anmutige Weise sich zu geben, lassen sie noch weit größer erscheinen: Kurz und gut, ihre Eigenschaften dünken mir von solcher Art, daß man von ihr nichts Schlimmes zu argwöhnen hat, vielmehr nur die besten Handlungen zu erwarten berechtigt ist. Ich hielt es für passend, durch dieses mein Schreiben der Wahrheit gemäß Eurer Hoheit dadurch Zeugnis abzustatten ...«[9]

Man muß bei der Bewertung dieses Briefes natürlich berücksichtigen, daß der Verfasser hier über seine künftige Landesherrin und die Schwiegertochter seines derzeitigen Herrn schrieb und somit bemüht gewesen sein mußte, von Lucrezia ein möglichst vorteilhaftes Bild zu entwerfen. Andererseits konnte sich der Verfasser auch nicht erlauben, den Este ein Phantasiegemälde von Lucrezia zu entwerfen, das

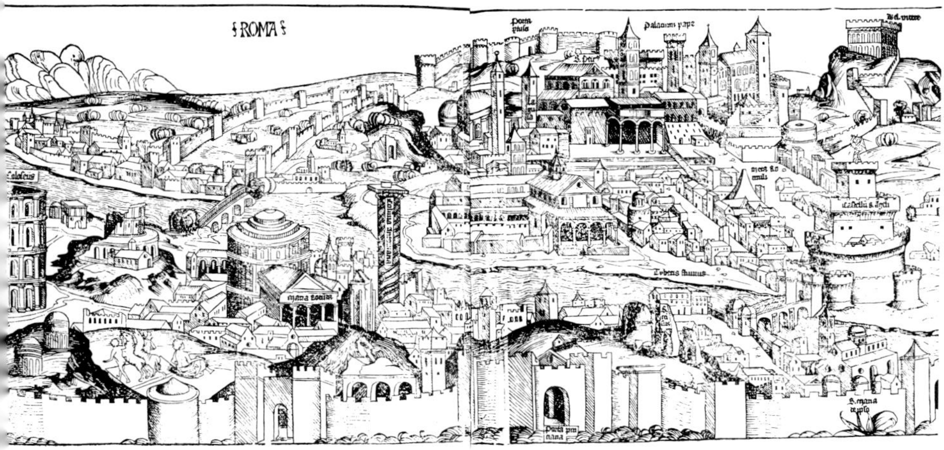

5 *Ansicht von Rom*
Holzschnitt aus der Schedelschen Weltchronik, 1493

6 *Lucrezia tanzt vor ihrem Vater Papst Alexander VI.*
und der versammelten Hofgesellschaft
Gemälde von Hermann Kaulbach, 2. Hälfte 19. Jh.

ihn nach deren Eintreffen in Ferrara sofort Lügen strafen würde. So gesehen dürfte der Bericht im wesentlichen das wahre und – wie der Lauf der Dinge zeigen sollte – auch zutreffende Urteil des Verfassers über Lucrezia wiedergeben.

Aber trotz allem Lob, das der Bericht über Lucrezia enthält, ist er zugleich auch ein beredter Beweis für den zweifelhaften Ruf, den Lucrezia zum Zeitpunkt ihrer Verheiratung mit Alfonso genossen haben muß. Allein der Satz, daß man von Lucrezia »nichts Schlimmes zu argwöhnen hat«, zeigt deutlich, welche Befürchtungen die Este damals bewegten. Es ist schwer vorstellbar, daß der Gesandte, der ja wie die Abfassung des Berichts zeigt, ein vorsichtiger Diplomat war, diese Feststellung gewagt hätte, wenn er nicht sicher gewesen wäre, daß die Este die Frage, wie sich Lucrezia an ihrem Hof aufführen würde, besonders beschäftigte.

Am Abend des 30. Dezember fand im Vatikan die Trauung statt, wobei Alfonso durch seinen Bruder Don Ferrante vertreten wurde. Alexander befahl, was bei ihm selten vorkam, dem predigenden Bischof, seine Traurede zu kürzen. Sollte Alexanders Ungeduld in diesem Fall allerdings durch die Neugierde auf die Diamanten und Juwelen hervorgerufen worden sein, die der Kardinal Ippolito Este anschließend der Braut als Geschenke des Herzogs übergab, so mußte er eine Enttäuschung erleben. Zwar hatte der Lucrezia übergebene Schmuck einen Wert von ungefähr 70 000 Dukaten, doch auf ausdrückliche Anordnung Ercoles wurde bei der Übergabe in einer Urkunde festgehalten, daß Lucrezia den Ehering geschenkt erhalte; der übrige Schmuck wurde aber in der Schenkungsurkunde nicht erwähnt. Damit wollte Ercole, wie er offen bekannte, sicherstellen, daß der Schmuck den Este nicht verloren ging, falls die Ehe wegen Untreue Lucrezias aufgelöst werden müsse.

Nach der Hochzeit gingen päpstliche Beamte daran, den Leuten Ercoles das in dem Ehevertrag als Mitgift Lucrezias vereinbarte Bargeld auszubezahlen, denn vor Auszahlung der Mitgift wollten die Este Lucrezia nicht in Ferrara aufnehmen. Bei der Auszahlung kam es dann noch zu einem grotesken Zwischenfall, als die Leute Ercoles erst einige gekippte, also zu leichte Münzen, und dann auch noch Falschmünzen entdeckten. Da die Ferraresen daraufhin die Geldstücke noch gründlicher prüften, zögerte sich die Übergabe der Mitgift hinaus, so daß Lucrezia erst am 6. Januar 1502 ihre unter so peinlichen Begleitumständen zustandegekommene Reise nach Ferrara antreten konnte.

Natürlich hatte Alexander alles getan, um Lucrezia mit einem eindrucksvollen 180 Personen zählenden Gefolge auszustatten. Die eben von den Borgia entmachteten Colonna waren mit Francesco Colonna von Palestrina und seiner Ehefrau ebenso vertreten wie die Orsini durch Fabio Orsini. Angehörige der Häuser Farnese, Frangipani, Cesarini, Massimi und Mancini, vervollständigten den Zug. Allein 120 Maultiere und zahlreiche Wagen waren zum Transport der Mitgift Lucrezias notwendig, mit der, wie ein Chronist anmerkte, »der Papst dem Gebot der Kirche, Frauen und Jungfrauen zu verheiraten, Genüge tun wollte.«[10] Kein Platz fand sich dagegen in dem Zug für den kleinen Rodrigo, Lucrezias Sohn aus ihrer Ehe mit Alfonso von Bisceglie. Wenngleich die Este sicher nicht darauf versessen gewesen sein dürften, neben der ungeliebten Lucrezia auch noch deren Sohn aus einer vorangegangenen Ehe an ihrem Hof zu sehen, scheint der Verzicht, Rodrigo nach Ferrara mitzunehmen, von den Borgia ausgegangen zu sein.

Natürlich dachten weder die Borgia noch die Este daran, die Kosten der Reise zu übernehmen. Diese bürdete Alexander den Städten und Gemeinden auf, durch die der Zug seinen Weg nach Ferrara nahm, wie ein Breve zeigt, zu dem Gregorovius mit Recht angemerkt hat, daß es auch ein persischer Großkönig nicht lakonischer hätte abfassen können:

»Geliebte Söhne, Gruß und den apostolischen Segen.

Weil bei der Reise unser in Christo geliebten Tochter, der edlen Frau Herzogin Lucrezia Borgia, welche von hier am nächsten Montag zu dem edlen Alfonso von Ferrara, des Herzogs Erstgeborenem, ihrem Gemahl, mit einem großen Geleit von Edlen hinübergeführt werden soll, zweihundert Reiter zu Euch den Nebenweg nehmen werden, so wollen Wir und so befehlen Wir Euch, sofern ihr Unsere Gnade wert haltet und Unsere Ungnade vermeiden wollt, daß ihr die genannten zweihundert Reiter, die einen Tag und zwei Nächte bei Euch bleiben werden, aufnehmet und sie ehrenvoll traktieret, denn so wird Euch aus Eurer Bereitwilligkeit bei Uns ein verdienter Beifall erwachsen.

Gegeben zu Rom unter dem Fischerring, am 28. Dezember 1501, dem 10. Jahre Unseres Pontifikats.«[11]

Mit solchen Empfehlungen versehen läßt sich natürlich in Ruhe reisen, und so verwundert es nicht, daß Lucrezia und ihr Gefolge erst am 2. Februar in Ferrara einzogen. Die Este waren klug genug, den – wie sie es sahen – Makel der Eheverbindung des Erbprinzen ihres Hauses nicht noch durch eine brüskierende Behandlung Lucrezias in aller Öffentlichkeit hervorzuheben, und bereiteten ihr einen Empfang, der zu einem der glänzendsten Schauspiele jener prunkfreudigen Epoche wurde.[12] Für den Adel Ferraras sowie die zu diesem Anlaß nach Ferrara geeilten Gesandtschaften aus ganz Europa und die versammelte hohe Geistlichkeit war es ohnehin eine Selbstverständlichkeit, sich bei diesem Ereignis so eindrucksvoll wie nur irgend möglich in Szene zu setzen:

Gegen zwei Uhr nachmittags wurden die Kavalkaden der Este und Lucrezias von einem Zug eingeholt, den 75 in den weiß-roten Farben der Este bekleidete berittene Bogenschützen anführten. Hinter ihnen sorgten mehr als 100 Trommler, Posaunenbläser und Pfeifer lautstark für die akustische Untermalung. Auf sie folgte die estensische Kavalkade, in deren Reihen nun auch der gesamte Adel des Herzogtums mitritt. Dann kamen der ganz in schwarzem Atlas und schwarzer Seide gekleidete Hofstaat der Herzogin von Urbino und der nicht minder eindrucksvolle Hofstaat der Markgräfin von Mantua. In der Wirkung übertroffen wurden beide freilich durch Alfonso sowie die Adligen aus seiner persönlichen Umgebung und Verwandtschaft. Der mit seinen Pagen der Gruppe voranreitende Annibale Bentivoglio war ganz in rotem Samt und Gold gekleidet. Noch sein Pferd trug eine mit Gold geschmückte Karmesindecke. Alfonso selbst hatte eine mit Reliefplatten verzierte Goldrüstung angelegt, die er zu diesem Anlaß in Venedig in Auftrag gegeben hatte. Hinter Alfonso ritt dann die Kavalkade Lucrezias, deren Ausstattung eine der Ursachen für die bereits erwähnte zeitweilige Hochbeschäftigung der Goldschmiede Neapels gewesen ist. Die von Pagen und Hofbeamten umgebenen Reiter waren in Goldbrokat und in schwarzem Samt gekleidet. Nach ihnen kam die von fünf Bischöfen angeführte Geistlichkeit, gewissermaßen als standesgemäße Vorhut für die Eheschließung einer Papsttochter. Diese ritt, begleitet von den Gesandten der italienischen und ausländischen Mächte, unter einem Baldachin auf einem Schimmel. Über Lucrezias Ausstattung an diesem Tage schwärmte ihre Biographin Maria Bellonci:

»Das Hochzeitsgewand der Herzogin von Ferrara war ein reines Kunstwerk. Es besaß in ganzer Länge Streifen aus braunem Atlas und kostbarem Goldgewebe; die Ärmel waren nach französischer Mode weit gearbeitet und mit Hermelin gefüttert. Der Umhang bestand aus Goldstoff und war ganz mit Hermelin gefüttert; das Gold und der Hermelin wurden von dem dunklen Hintergrund des braunen Atlas noch hervorgehoben und zum höchsten Glanz gebracht durch die berühmten Juwelen des Hauses Este, durch Rubine und Diamanten am Hals und Rubine und Diamanten auf der Goldhaube, die die Stirn freiließ und das lange, in leichten Wellen über den Rücken fallende Haar kaum festhielt.«[13]

Auf Lucrezia folgte Herzog Ercole, dem es bei so viel Gold in dem Hochzeitszug wohl angebracht schien, in schwarzem Samt auf einem mit demselben Tuch gedeckten Rappen zu reiten. Hinter Ercoles Gefolge und vierzehn reichgeschmückten Galawagen mit Ehrendamen bildeten 86 Maultiere, die Lucrezias Mitgift trugen, den Abschluß des Zuges. »Als dieser lange Zug durch die gaffende Volksmenge einherzog, mochten sich die guten Ferraresen sagen, daß es eine reiche Braut sei, die Alfonso erwählt hatte, aber nur wenige sich vorstellen, daß alle diese mit prahlerischem Prunk herbeigeschleppten Ballen, Kisten und Kasten das verschwendete Eigentum der gebrandschatzten Christenheit seien.«[14]

Auf dem Weg des Zuges zur herzoglichen Residenz kam es dann noch zu einem Zwischenfall. Möglicherweise hatten sich die Musiker ihren Trommeln, Posaunen und Pfeifen mit mehr Temperament gewidmet, als dies für ein gutartiges Pferd erträglich war, vielleicht war auch ein Böllerschuß die Ursache: Jedenfalls scheute Lucrezias Schimmel und warf die Hauptperson der ganzen Festlichkeiten ab, worauf es Lucrezia vorzog, den Rest ihres Weges zur herzoglichen Residenz auf einem Maultier zurückzulegen.

Im Palast Ercoles wurde Lucrezia von dessen Tochter Isabella Gonzaga, der Markgräfin von Mantua, begrüßt, die ihr die Damen des Hauses Este vorstellte. Sollte Lucrezia je unter ihrer unehelichen Geburt gelitten haben, so konnte sie sich in diesem Kreise damit trösten, eine nicht geringe Anzahl von Damen anzutreffen, die dies Schicksal teilten. Unter ihnen war auch eine Tochter Ercoles, die ebenfalls den Namen Lucrezia trug und mit Annibale Bentivoglio verheiratet war. Nach der Vorstellung hielt der Humanist Pellegrino Prisciano eine reichlich weitschweifige Begrüßungsrede. »Wenn sich jemals einer rühmen durfte, ganz auf den Anfang zurückgegriffen zu haben, um sein Thema vollständig darzulegen, so war dies gewiß Prisciano, denn dieser begann nicht mit Adam und Eva, sondern erst einmal mit der Vermählung der Elemente des Meeres und der Erde.«[15]

Auch wenn diese Rede und die sich anschließende Vorstellung des Hofstaates kaum eine geeignete Einstimmung auf die Hochzeitsnacht gewesen sein dürften, so wußte doch Ercole hierüber in einem Brief an Alexander zu berichten: »Diese Nacht haben der erlauchteste Alfonso,

Unser Sohn, und sie einander Gesellschaft geleistet, und wir glauben, daß sowohl der eine wie der andere Teil recht zufrieden gewesen.«[16]

Es traf sich gut, daß die Hochzeitsfeierlichkeiten gerade in die letzte Karnevalswoche fielen. Größere Feiern und Feste waren am Hofe Ercoles ohne Theateraufführungen nicht denkbar. Der Herzog war ein leidenschaftlicher Theaterliebhaber und nahm sich dessen Pflege und Entwicklung so sehr an, daß er als der eigentliche Gründer des Renaissancetheaters gilt. Seine erklärten Lieblinge waren Terenz und Plautus, dessen »Menächmen« (Zwillinge) er 1486 erstmals in italienischer Sprache aufführen ließ. Bei derartigen Aufführungen muß es teilweise recht munter zugegangen sein, denn »mit der Pracht der Ausstattung wetteiferte die Zweideutigkeit mancher Stücke.«[17]

Natürlich nutzte Ercole eine so günstige Gelegenheit wie die Hochzeit Lucrezias, um den zahlreichen Gästen den hohen Stand und die glänzende Ausstattung seines Theaters vorzuführen. Er ließ es sich nicht nehmen, den Gästen die 110 Kostüme zu zeigen, die bei der Aufführung der fünf Komödien von Plautus verwendet werden sollten, »damit man sehe, daß keines zweimal diene. Aber was sollte dieser Luxus von Taffet und Kamelot im Vergleich mit der Ausstattung der Ballette und Pantomimen, welche als Zwischenakte der plautinischen Stücke aufgeführt wurden.«[18]

Gespielt wurde in dem gewaltigen Saal des Palazzo della Ragione vor nicht weniger als 3000 in festlichen Kostümen gekleideten Gästen. Die Este, die Gonzaga und die Bentivoglio trugen dabei so viel mit Goldstickereien besetzten Brokat, daß man glauben konnte, »hier sei eine Goldmine.«[19] Das Publikum saß auf den 13 mit Polster bedeckten Sitzreihen des amphitheaterähnlichen Zuschauerraumes, sofern es nicht die Ehre hatte, das Schauspiel auf den mit Goldbrokat bespannten Sitzen der herzoglichen Loge verfolgen zu dürfen.

Trotz allen Glanzes auf der Bühne und im Publikum scheint Ercole mit seiner Theaterleidenschaft für manchen Geschmack zu weit gegangen zu sein. Selbst seine geistvolle Tochter Isabella Gonzaga klagte in einem Brief an ihren Mann über die Langeweile, die sie bei den Vorstellungen zeitweise empfunden habe. Unverständlich ist dies nicht, denn die Stücke wurden meist von sechs oder sieben Uhr abends bis gegen Mitternacht gespielt, und dies während der Hochzeitsfeierlichkeiten gleich fünfmal innerhalb von sechs Tagen.

Vermutlich wäre es nicht nur Isabella lieber gewesen, wenn Ercole mehr Bälle veranstaltet hätte. Jedenfalls war bei dem schon mittags beginnenden Ball am 3. Februar der Andrang in seiner Residenz so groß, daß kaum getanzt werden konnte und einige Frauen ohnmächtig wurden.

Am letzten Festtag, dem Karnevalsdienstag, überreichten die Gesandten ihre Geschenke, was für mancherlei Gesprächsstoff sorgte. So erhielt Alfonso von dem Vertreter Ludwigs XII. neben anderen Geschenken einen Schild, auf dem ausgerechnet die Sünderin Maria Magdalena abgebildet war, mit den taktvollen Worten des Gesandten, sein König wolle damit ausdrücken, daß sich Alfonso eine Gemahlin erwählt habe, die Magdalena an Tugend ähnlich sei. Beträchtliches Aufsehen, wenn auch auf andere Art, erregte das Geschenk Venedigs. Zwei Gesandte der Serenissima traten in kostbaren Mänteln gekleidet vor Lucrezia und hielten, der eine lateinisch, der andere italienisch, eine längere Rede. Dann verabschiedeten sie sich, gingen in einen Nebenraum, wo sie ihre Mäntel ablegten, um sie dann Lucrezia als Geschenk überbringen zu lassen. Man wäre geneigt, diesen Vorgang mit für uns nicht verständlichen Gebräuchen der Renaissance erklären zu wollen, aber auch die Zeitgenossen, Ferraresen wie die übrigen Gäste, fanden die Zeremonie reichlich komisch. Dabei hatte sich Venedig solche Mühe gegeben, mit diesem Geschenk Eindruck zu machen. Vor ihrer Abreise hatten die beiden Gesandten die Mäntel öffentlich vorführen müssen, erst vor 4000 Personen im Saal des Großen Rates und dann auf dem aus diesem Anlaß überfüllten Markusplatz.[20]

Am Aschermittwoch reisten die Gäste ab. Zurück blieb noch das Gefolge Lucrezias, weil es von Alexander den Auftrag hatte, die Ankunft von Cesares Frau Charlotte d'Albret abzuwarten. Immerhin fand Lucrezia, die bislang ganz von den Hochzeitsfeierlichkeiten in Anspruch genommen worden war, Zeit, ihre neue Umgebung näher kennenzulernen.

Das heute eher gemächlich wirkende Ferrara war unter den Este zwischen dem 14. und 16. Jahrhundert ein Zentrum der Kunst, vor allem des von Ercole besonders geförderten Theaters sowie der Literatur: Ariost, Tasso, Strozzi und Bembo wirkten hier. Auch die Universität der Stadt hatte einen ausgezeichneten Ruf. Sie zählte 1474 schon 75 Professoren und war von Ercole, der dort auch den Buchdruck eingeführt hatte, noch vergrößert worden.[21]

Darüber hinaus hatte Ercole 1493 dem berühmten Architekten Biagio Rossetti den Auftrag gegeben, die Fläche der Stadt zu verdoppeln. Allein zwölf Kirchen und 20 Paläste wurden daraufhin in 10 Jahren errichtet. Der glanzvollste der Paläste mit dem klangvollen Namen »Schifanoia« – ein Name, den man zugegebenermaßen mehr schlecht als recht mit »Schrecken der Langeweile« übersetzen könnte, wenn man will, das »Sanssouci«[22] der Este, war mit so galanten Fresken bemalt, daß sich später ein päpstlicher Legat bei ihrem Anblick das Gesicht verhüllte, ehe er sie dann übermalen ließ.

Natürlich hatte es am Hofe der Este wie an fast allen Fürstenhöfen blutige Familiendramen gegeben. Für das wohl bekannteste und von Byron literarisch behandelte war ausgerechnet jener Niccolo III. verantwortlich, dem der Volksmund alle Kinder links und rechts vom Po – realistischere Schätzungen belaufen sich auf ungefähr 300 – zuschrieb. Eine seiner Frauen, die gleichermaßen hübsche wie beliebte junge Parisiana Malatesta, verliebte sich in ihren Stiefsohn Ugo und soll mit ihm Ehebruch getrieben haben. Niccolo brachte für diesen angeblichen Fehltritt nicht das geringste Verständnis auf und ließ Frau und Sohn gnadenlos im Hofe des Castell Vecchio enthaupten. In seinem Zorn ordnete er dann auch noch gleich die Todesstrafe für alle des Ehebruchs überführten Frauen Ferraras an.

Aber nicht nur unter Niccolo ging es im Hause Este gelegentlich recht bewegt zu. Ursache für die häufigen Auseinandersetzungen waren nicht zuletzt die zahlreichen unehelichen Söhne der Fürsten. Mehrmals mußte einer von ihnen nach entdecktem Komplott vom Hof fliehen, wobei er auch in der Fremde vor nachgesandten Mördern nicht sicher war. Selbst Ercole stand im Verdacht, 1493 seine Gemahlin vergiftet zu haben, nachdem er entdeckt hatte, daß diese ihn im Auftrag ihres Bruders Ferrante von Neapel vergiften wollte.[23] Es fällt schwer, diesem Gerücht bei einem Charakter wie Ercole Glauben zu schenken: Von ihm ist keine Bluttat bekannt, und seine religiöse Einstellung ist nicht nur bei der Entführung der Lucia da Norni, sondern vor allem durch seine Bereitschaft, Savonarola gegen die Borgia zu schützen, deutlich geworden. Andererseits ist es ein Grundzug aller estensischer Herrscher, daß sie bei Angriffen mit gnadenloser, ja teilweise grausamer Härte zurückschlugen. Es kam nicht von ungefähr, daß sich gerade ihr Haus in den Kämpfen und Wirren der vorangegangenen Jahrhunderte in Italien mit am erfolgreichsten durchgesetzt und behauptet hatte.

Lucrezia als Herzogin von Ferrara

Der glanzvolle Empfang Lucrezias konnte nicht über die Distanz und Herablassung hinwegtäuschen, mit der man ihr vielfach begegnete. Der französische König und sein Botschafter hätten sich ihre Taktlosigkeit bei der Überreichung der Geschenke wohl kaum erlaubt, wenn sie sich nicht der schadenfrohen Zustimmung der meisten Gäste sicher gewesen wären.

Es war auch nicht zu übersehen, daß keiner der regierenden Fürsten Italiens zur Hochzeit in Ferrara erschienen war. Selbst der Markgraf von Mantua und Bentivoglio von Bologna waren trotz ihrer engen verwandtschaftlichen Beziehungen zu den Este ebensowenig gekommen, wie der mit Isabella Este verschwägerte Herzog von Urbino. Noch mehr fiel auf, daß es sogar Ippolito Este vorgezogen hatte, während der Hochzeitsfeierlichkeiten in Rom zu bleiben. Es dürften schwerlich unaufschiebbare Amtsgeschäfte gewesen sein, die den Kardinal dort zurückgehalten haben, denn Alexander hätte gewiß alles getan, um ihm die Rückkehr nach Ferrara zu ermöglichen. Vergeblich wartete man auch auf Cesares Frau Charlotte d'Albret, obwohl Alexander den französischen König nachdrücklich um deren Entsendung gebeten hatte.

Lediglich ihr Bruder, der Kardinal, hatte sich auf der Durchreise von Frankreich nach Rom kurz in Ferrara aufgehalten.

Von anfänglich tiefem Widerwillen gegen Lucrezia war auch ihre Schwägerin Isabella erfaßt. Die ebenso kluge wie charmante Kunstliebhaberin schrieb an ihren Ehemann, sie habe Lucrezia bei der Begrüßung mit »Furie« umarmt. Man hat die Abneigung Isabellas mit der Eifersucht auf die sechs Jahre jüngere und vielleicht auch hübschere Lucrezia zu erklären versucht. Aber in diesem Falle hätte Isabella nicht nur ihre Klugheit, sondern auch ihr persönlicher Stil geboten, sich mit abwertenden Äußerungen zurückzuhalten. Als sie später wirklich einigen Anlaß zur Eifersucht haben konnte, hat sie dies mit keiner Silbe und keiner Geste zu erkennen gegeben. Isabella d'Este mag zwar nicht unbedingt »la prima donna del mondo« (die erste Dame der Welt) gewesen sein, als die sie der Poet Niccolo da Corregio schwungvoll bezeichnete, sicher war sie aber eine der bedeutenden Frauengestalten der Renaissance.[1] Wenn sie mit ihrem beträchtlichen Einfluß auf Ercole und Alfonso aus ihrer Animosität gegen Lucrezia kein Hehl machte, so zeigt dies deutlich, daß Lucrezia damals kaum hoffen konnte, in Ferrara mehr als eine Außenseiterin zu sein, die zudem damit rechnen mußte, spätestens bei dem Tode ihres Vaters vom Hofe gejagt zu werden.

Der äußerlich glanzvolle Aufstieg Lucrezias zur Herzogin von Ferrara, den auch sie zweifellos gewünscht und gefördert hat, war zugleich mit einem schmerzvollen Rollenwechsel verbunden. Die Papsttochter Lucrezia mochte zwar in Rom unter der Bevormundung ihres Vaters und Cesares gelitten haben, ihr gelegentliches, kurzes und vergebliches Aufbäumen, wie etwa nach der Ermordung ihres Ehemannes Alfonso von Bisceglie, belegen dies. Aber niemand außer dem Vater und Cesare, nicht einmal die ältesten und einflußreichsten Mitglieder des Kardinalkollegiums hätten es in Rom gewagt, sich den Wünschen der Papsttochter zu widersetzen. Ein Affront Lucrezias wie in Ferrara bei der Überreichung der Hochzeitsgeschenke wäre in Rom völlig undenkbar gewesen. Selbst ein Diplomat des französischen Königs wäre nach einer solchen Frechheit Opfer der Rache Cesares geworden, sofern es ihm überhaupt gelungen wäre, den Raum lebend zu verlassen.

Wie kühl dagegen in Ferrara selbst die Angehörigen des Herzogshauses Lucrezia behandelten, zeigt ihr erster Briefwechsel mit Isabella d'Este. Diese schrieb am 18. Februar 1502 an die Schwägerin:

»Erlauchte Herrin. Die Liebe, welche ich zu Ew. Herrlichkeit hege und der Wunsch, zu erfahren, daß sie in jener guten Gesundheit fortdauern, in welcher Sie sich bei meiner Abreise befunden haben, machten mich glauben, daß auch Sie in derselben Erwartung in betreff meiner sind, und deshalb benachrichtige ich Sie, in der Hoffnung, Ihnen damit etwas Angenehmes zu erweisen, daß ich am Montag in dieser Stadt wohl und gesund eingetroffen bin, wo ich auch meinen Erlauchtesten Herrn Gemahl in der besten Gesundheit gefunden habe. Es bleibt nur übrig, daß ich auch von Ew. Herrlichkeit Befinden unterrichtet werde, damit ich wie an einer herzlichen Schwester mich dessen erfreue. Und obwohl ich es für überflüssig halte, Ihnen anzubieten, was Ihnen gehört, so will ich Sie doch ein für allemal erinnern, daß Sie über meine Person und mein Vermögen verfügen können, als wie über Ihr Eigentum. Ihnen sei ich immerdar empfohlen, und ich bitte, empfehlen Sie mich Ihrem Erlauchtesten Herrn Gemahl, meinem geehrtesten Bruder.«[2]

Lucrezia antwortete ihr:

»Meine erlauchteste Herrin, Schwägerin und geehrteste Schwester. Obwohl es meine Pflicht gewesen ist, Ew. Exzellenz in dem Beweis von Liebenswürdigkeit zuvorzukommen, welchen Sie mir gegeben haben, so will ich doch diese Unterlassung ertragen, nur damit Ew. Erlauchte Herrlichkeit mich um so mehr zu Ihrem Dienst verpflichtet halten. Ich kann Ihnen niemals ausdrücken, mit welcher Freude und Genugtuung ich Ihre glückliche Ankunft in Mantua und das Wohlbefinden Ihres Erlauchten Herrn Gemahls vernommen habe; möge derselbe zugleich mit Ew. Herrlichkeit, wie ich Gott bitte, fortfahren in allem Glück und Zuwachs des Guten, Ihrem Wunsch gemäß. Und um dem Befehle Ew. Herrlichkeit, wie ich wünsche und muß zu gehorsamen, gebe ich Ihnen zu wissen, daß ich mich durch die Gnade Gottes wohl befinde und immer bereit bin, Ihnen zu willfahren.

Ferrara am 22. Februar 1502. Ergebene Schwester, welche Ihnen zu dienen wünscht, Lucrezia Estensis de Borgia.«[3]

Auch wenn beide Schreiben offiziellen Charakter gehabt haben mögen, so zeigt doch ihre völlige Beschränkung auf höfliche Floskeln und Bekundungen gegenseitigen Wohlwollens, wie fremd sich die beiden Frauen damals gegenüberstanden, und der Geist dieser Briefe dürfte kennzeichnend sein für Lucrezias Aufnahme in ihrer neuen Umgebung.

Eine Ausnahme scheint allerdings die Bevölkerung von Ferrara gemacht zu haben, wie der Chronist Zambotto durchaus glaubwürdig berichtet:

»Die Braut ist... sehr schön von Antlitz, mit lebhaften und fröhlichen Augen, schlank von Gestalt, scharfsinnig, sehr klug und verständig, heiter, anmutig und human. Sie gefiel dem Volk so sehr, daß alle die höchste Befriedigung empfinden und Schutz und gutes Regiment von ihrer Herrlichkeit erwarten. Sie sind wahrhaft erfreut, denn sie hoffen, daß dieser Stadt durch sie viel Gutes widerfahren werde, zumal durch die Macht des Papstes, welcher seine Tochter gar sehr liebt, wie er das durch die ihr geschenkte Mitgift und durch die Alfonso verliehenen Städte bewiesen hat.«[4]

Aber Lucrezia machte am Hofe Ferraras nicht nur ihr zweifelhafter Ruf, sondern auch das eigene Gefolge zu schaffen: Jedenfalls teilte Ercole dem Papst schon in einem Schreiben vom 14. Februar mit, er habe die Edelleute des erlauchten Herzogs der Romagna nach zwölftägigem Aufenthalt am Hofe von Ferrara wegen ihrer Impertinenz verabschiedet. Die Lucrezia begleitenden Damen erregten wegen der Kosten, die sie verursachten, ebenfalls das Mißfallen des Herzogs. Auch sie wurden dann auf Druck Ercoles von Alexander nach Rom zurückgerufen. Nur einige wenige durften bei Lucrezia bleiben, unter ihnen Adriana de Mila und Angela Borgia, eine weitere Verwandte Lucrezias.

Für Lucrezias Stellung am Hofe und das fragwürdige Selbstverständnis der Borgia ist Alexanders Freude bezeichnend, als er erfuhr, daß Alfonso sich zwar tagsüber bei Mätressen und Prostituierten vergnüge, die Nacht aber regelmäßig bei seiner Tochter verbringe. »Er geht zwar am Tage woanders seinen Freuden nach, da er jung ist, doch daran tut er sehr gut«, entschuldigte Alexander seinen Schwiegersohn.[5]

Lucrezia dürfte jedoch über dieses Verhalten ebensowenig erfreut gewesen sein wie über ihre neue Residenz. Ercole wies dem Paar ausgerechnet jenes düstere Castell Vecchio zu, in dessen Hof Niccolo seine Ehefrau und seinen Sohn hatte enthaupten lassen. Lucrezia mag sich gefragt haben, ob Ercole bei dieser Entscheidung völlig frei von Hintergedanken war.

Doch der Ernst des Palazzo Vecchio, an den sie sich nie gewöhnen konnte, der Abschied von dem größten Teil ihres Gefolges, der offene Umgang Alfonsos mit Kurtisanen und all die anderen Brüskierungen scheinen Lucrezia nicht sonderlich beeindruckt zu haben. Jedenfalls tröstete sie sich – wenn man ihrer Biographin Maria Bellonci glauben darf – über all dies auf eine Weise hinweg, die weder starken Schmerz noch eine allzu starre Moral verrät:

»Das ist der Augenblick, da Hilfe nottut, und Nicola, die sich auf zarte Wollust versteht und diese auch auszudrücken weiß, schlägt einen Nachmittag köstlicher Vertrautheit vor. Mit festlicher Miene holt sie, unterstützt von der Kammerzofe Lucia, Pulver, Kohlenbekken, Goldnetze, maurische Hemden und eine große Wanne mit warmem, aromatisch duftendem Wasser. Lucrezia schickt alle fort und schließt sich mit ihrem Liebling ein. Sie legt das Brokatgewand ab, läßt auch das Mädchen sich entkleiden und steigt mit ihr in das Bad, das die kleine Lucia mit ganz heißem Wasser nachfüllt. Die beiden jungen Frauen scherzen und lachen. Dann strecken sie sich, nur mit dem Hemd bekleidet und das Haar vom Goldnetz festgehalten, zwischen Kissen aus, um Wohlgerüche in den schwelenden Kohlenbekken zu verbrennen. Die Höflinge gaben einander die Einzelheiten dieser Szene weiter, die nicht nur in Ferrara, sondern durch die Indiskretion des ›Priesters‹ auch in Mantua erzählt wurden.«[6]

Freilich sollte man Lucrezias Badevergnügen nicht allzu viel Bedeutung beimessen. Episoden wie diese waren in der Renaissance nicht selten. So berichtet eine der Hofdamen der so hoch angesehenen Isabella d'Este ganz ungezwungen an deren Ehemann, wie sie von Isabella während einer Reise in deren Bett gerufen wurde, um sie zu wärmen. Sie habe, so schreibt die Dame, das Beste versucht, der jüngeren Marchesa diesen Gefallen zu tun, aber die habe ihr gezeigt, um wieviel geeigneter der Gatte gewesen wäre, denn, so fügte sie hinzu, »ich hatte nicht die Mittel«.[7]

Mehr als die oben geschilderte Badeszene würden allerdings in diesem Zusammenhang Einzelheiten über die unglaublich gut unterrichteten Informanten der Biographin interessieren, denn diese weiß sogar zu berichten, daß sich Alfonso in der Hochzeitsnacht als »galanter, kräftiger Gatte gezeigt habe«, obwohl das Brautpaar die Nacht alleine verbracht hatte.[8]

Bereits vor Ostern wurde bekannt, daß Lucrezia schwanger war. Dies hinderte sie jedoch nicht, ihren Kampf gegen die Abneigung weiter Kreise des Hofes zu beginnen. Die nun 22jährige Herzogin von Ferrara war längst nicht mehr jenes kindlich-zerbrechliche Wesen, als das sie noch Pinturicchio gemalt hat. Auch wenn sie sich äußerlich von ihren Brüdern unterschied, so verfügte sie doch auch über deren Robustheit und Selbstbewußtsein. Sie war nicht gewillt, am Hofe von Ferrara eine Nebenrolle zu spielen.

Tatkräftig bemühte sich Lucrezia um das Kulturleben Ferraras. Vor allem die Förderung der Literatur lag ihr am Herzen. So zog sie mit Ercole Strozzi schon bald den bedeutendsten Humanisten und Dichter Ferraras an sich. Strozzi entstammte dem reichen florentinischen Kaufmannsgeschlecht, das gegen die Mitte des 15. Jahrhunderts von den Medici vertrieben worden war, aber auch in Ferrara bald zu höchsten Ehren aufstieg. Bereits der Vater Ercoles genoß einen hervorragenden Ruf als Berater des Herzogshofes und Dichter. Er wurde jedoch übertroffen von seinem verkrüppelten Sohne Ercole, der schon 1502 mit dreißig Jahren zu den bedeutendsten Dichtern und Humanisten Italiens gehörte. Obwohl Strozzi damals mit dem Gedanken gespielt zu haben scheint, Ferrara zu verlassen, begegnet er uns schon bald in der Rolle eines engen Vertrauten Lucrezias. Durch Strozzi lernte Lucrezia den berühmten venezianischen Adligen Pietro Bembo kennen, in dessen Leben Lucrezia eine Rolle spielen sollte, die der Lauras im Leben Petrarcas nicht unähnlich war.

Freilich konnte Lucrezia sich nicht uneingeschränkt ihrem Bestreben widmen, Ferrara zum literarischen Mittelpunkt Italiens zu machen. Ihre Gesundheit war damals, möglicherweise als Folge der Schwangerschaft, angegriffen. Hinzu kamen Nachrichten über Cesare, die auch nicht geeignet waren, ihren inneren Frieden zu fördern.

Cesares dritter Romagnafeldzug

Nach der erfolgreichen Heirat Lucrezias gingen die Borgia Anfang 1502 daran, sich zu den alleinigen Herren im Kirchenstaat aufzuwerfen. Innerhalb von knapp drei Jahren hatten Alexander und Cesare die Güter der römischen Barone, mit Ausnahme der Orsini, sowie der Herrschaft über Imola, Castell Bolognese, Faenza, Forlì, Cesena, Rimini, Pesaro und Piombino an sich gerissen. In Ferrara war Lucrezia mit dem künftigen Herzog verheiratet. Nur die Herren von Bologna, Urbino, Camerino und Senigallia sowie die von Cesares Kondottieri Gian Paolo Baglioni, Vitellozzo Vitelli und Oliverotto Effreducci beherrschten Gebiete waren innerhalb des Kirchenstaates noch nicht in der Gewalt der Borgia.

Beinahe hätte jedoch eine Seereise Alexanders und Cesares nach Piombino den Plänen der Borgia ein rasches Ende bereitet. Als die Reisegesellschaft am 5. März zu Schiff nach Rom zurückkehren wollte, geriet sie in einen schweren Sturm. Während Cesare noch sein Schiff verlassen und auf einer Barke an Land rudern konnte, trieb das Schiff Alexanders hilflos auf der tobenden See, so daß unter Alexanders Gefolge und der Besatzung eine Panik ausbrach. Nur der Papst selbst behielt die Nerven, während sich Besatzung und Begleitung Alexanders auf den Boden warfen, betrachtete er in aller Ruhe das aufgewühlte Meer und sagte nur bekreuzigend »Jesus«. Die in Todesängsten schwebende Besatzung bat er, ihm ein Essen zu bereiten. Da jedoch wegen des Seegangs kein Feuer entzündet werden konnte, mußte er sich mit der von ihm gewünschten warmen Mahlzeit gedulden, bis sich das Meer wieder beruhigt hatte.

Die Finanzierung von Cesares geplantem Zug in die Romagna bereitete zunächst einige Schwierigkeiten wegen der Unsummen, die man für Lucrezias Hochzeit und Mitgift aufgewendet hatte. Aber mit solchen Problemen fertig zu werden, war Alexander nie schwer gefallen. Im Frühsommer 1502 hatten die Borgia jedenfalls wieder genügend Geld, um Rüstung im großen Stil zu betreiben. So konnte Cesare in der Zeit vom 10. Mai bis 12. Juli 1502 84000 Pfund Pulver für mehr als 35000 Dukaten und die Artillerie des vertriebenen neapolitanischen Königs für 50000 Dukaten erwerben. Allein im Mai bezog Cesare von der apostolischen Kammer 50000 Dukaten Soldgelder.[1]

Anfang Juni begann Cesares Feldzug, ohne daß jemand genau zu sagen wußte, ob er sich gegen Urbino, Bologna oder Camerino richten würde. Allgemein glaubte man jedoch, Cesare habe die Varano von Camerino ins Visier genommen, denn diese hatte Alexander schon am 28. Februar wegen angeblicher Verletzung ihrer Lehenspflichten gegen die Kirche in bewährter Weise exkommuniziert. Cesare zog mit 10000 Mann und seiner hervorragenden Artillerie zunächst die alte Via Flaminia über Spoleto nach Foligno hinauf. Um nach Camerino zu gelangen, hätte Cesare nun aber nach Osten abbiegen müssen. Er zog indessen auf der Flaminia weiter in Richtung Nocera. Zuvor hatte er von Spoleto aus den Herzog von Urbino um Durchzug durch dessen Gebiet, Versorgung seiner Truppen und um militärische Unterstützung für Vitellozzo und Baglioni gebeten, die vom Val di Chiana aus die Toskana beunruhigten. Guidobaldo von Montefeltre kam allen Wünschen Cesares nach, der sein Schreiben an ihn mit der Versicherung geschlossen hatte, daß er keinen anderen Bruder als ihn in Italien habe. Vielleicht hätte sich Guidobaldo im Hinblick auf das Schicksal des Herzogs von Gandìa vor Augen führen sollen, daß Cesares brüderliche Gefühle kein Grund waren, sich ihm gegenüber in Sicherheit zu wiegen. Jedenfalls schwenkte Cesare am 20. Juni plötzlich mit 2000 Mann von der Flaminia in Richtung Urbino ab, um dort innerhalb von 24 Stunden unversehens vor dem 65 Kilometer entfernten San Leo, der nach Urbino zweitstärksten Festung Guidobaldos, aufzutauchen. Zugleich marschierten von San Marino im Norden und Fano im Osten weitere Kontingente von Cesare in das Herzogtum ein, um Guidobaldo die Fluchtwege abzuschneiden. Der Angriff kam so überraschend, daß Guidobaldo Urbino mit seiner Frau und einem kleinen Neffen in wilder Flucht verlassen mußte, um sich unter größten Schwierigkeiten nach Mantua durchzuschlagen, wo er am Hofe der Gonzaga Asyl fand.

Kurze Zeit nach der Vertreibung des Herzogs von Urbino wurde auch Camerino durch Cesares Kondottieri Oliverotto Effreducci und Francesco Orsini für die Borgia erobert. Giulio Cesare Varano, der bisherige Herr über Camerino, geriet in Gefangenschaft, wo er dann zweieinhalb Monate später, vermutlich von Michelotto erwürgt, starb. Zwei seiner Söhne wurden in Cattolica hingerichtet. Ein weiterer Sohn, der siebzehnjährige Pietro, konnte nach Venedig fliehen. In seinem jugendlichen Unverstand versuchte er jedoch bald darauf, wieder nach Camerino zurückzukehren. Er kam bis Pesaro, wo er Cesares Leuten in die Hände fiel und öffentlich durch die Garotte erwürgt wurde. Pietro lebte jedoch noch, als man ihn losband und wurde von einigen Hilfsbereiten in die nächste Kirche getragen, wo es dann einem Mönch vorbehalten blieb, Cesares Schergen zu benachrichtigen.

Von Urbino aus schrieb Cesare an die immer noch erkrankte Lucrezia nach Ferrara:

»Erlauchte Herrin und unsere teuerste Schwester. Ich halte für gewiß, daß es für die augenblickliche Krankheit Ew. Exzellenz keine wirksamere und heilsamere Medizin geben kann, als gute und glückliche Nachrichten zu bekommen. Wir geben Ihnen kund, daß wir in diesem Augenblick die Gewißheit von der Einnahme Camerinos empfangen haben. Wir bitten Sie diese Neuigkeit dadurch zu ehren, daß Ihr Zustand sich wirklich bessert, und dies uns wissen zu lassen. Denn Ihre Unpäßlichkeit verwehrt uns, sowohl über diese als über andere Nachrichten Freude zu empfinden. Wir bitten Sie auch, Gegenwärtiges dem Erlauchten Herrn Don Alfonso, Ihrem Gemahl und unserem Schwager, als unserem geliebtesten Bruder mitzuteilen, welchem wir aus Eile diesmal nicht selber schreiben.

Urbino, am 20. Juli 1502. Ew. Herrlichkeit Bruder, der Sie wie sich selbst liebt. Cesar.«[2]

Lucrezia dürfte die Nachricht von den Erfolgen ihres Bruders mit gemischten Gefühlen aufgenommen haben. Die Vertreibung des mit ihnen eng verbundenen Herzogs von Urbino erschütterte die Este und Gonzaga gleichermaßen. Wenn sie Cesare gleichwohl gratulierten, so zeigt dies nur, wie sehr sie die Borgia beunruhigten, und dies war nicht dazu angetan, ihre Vorbehalte gegen Lucrezia zu verringern.

Unterdessen wurde der Hof der Montefeltre in Urbino, wo sich Cesare einquartiert hatte, zum Treffpunkt illustrer Persönlichkeiten. In Cesares Gefolge war kein geringerer als Leonardo da Vinci in Urbino eingezogen. Es ist allerdings nur wenig, was man über die Beziehungen zwischen Cesare und Leonardo weiß, die es ja beide gleichermaßen liebten, ihre Persönlichkeit zu verschleiern. Leonardo muß irgendwann im Laufe des Jahres 1500 oder 1501 in Cesares Dienste getreten sein. Jedenfalls entwarf er im Mai 1501 für Cesare Pläne zur Trockenlegung der Sümpfe bei Piombino. Im Juli unterstützte er dann Cesares Kondottieri bei einem in Arezzo angezettelten Aufstand gegen Florenz mit Kartenmaterial, das sich heute teilweise in der Royal

Library von Windsor befindet. Ob allerdings Leonardos Kreidestudie eines Kopfes in drei Ansichten in Turin Cesare Borgia darstellt, ist umstritten.

In Urbino sollte Leonardo dann erstmals mit einer anderen Renaissancegestalt zusammentreffen, deren Name bis heute nichts von seiner Faszination verloren hat: Niccolo Machiavelli erschien als Gesandter von Florenz an Cesares Hof. Obwohl beide Männer in verschiedenen Lagern standen, kam es zwischen ihnen zu einer Freundschaft, deren bedeutendstes historisches Zeugnis Leonardos großes Fresko der Schlacht von Anghiari im Palazzo Vecchio von Florenz werden sollte, denn Leonardo hatte diesen Auftrag der Fürsprache Machiavellis zu verdanken.

Weniger fruchtbar wirkte sich die Freundschaft der beiden großen Geister bei ihrem Versuch aus, 1503 den langjährigen Konflikt zwischen Pisa und Florenz zu beenden, indem sie den Arno vor Pisa ins Meer ableiteten und so die hartnäckige Gegnerin von Florenz durch Wassermangel in die Knie zwingen wollten. Zwar gelang es Machiavelli und Leonardo mit vereinten Kräften, die skeptische Signoria von Florenz zur Durchführung des Plans zu überreden. Doch die Ableitung von Flüssen zur Eroberung von Städten war so eine Sache. Bereits 1430 hatten die Florentiner versucht, Lucca durch die Verlegung des Serchio unter Wasser zu setzen. Doch damit hatten sie kein Glück:

»Denn die Luccesen warfen nach jener Seite, wo man den Fluß hinleitete, einen Damm auf und durchstachen dann nachts den Deich des Kanals, in welchen man das Wasser eingelassen, so daß dieses, da es auf der Stadtseite wegen des erhöhten Terrains Widerstand fand, durch die Öffnung sich in die Ebene ergoß und die Florentiner nötigte, ihr Lager statt näher weiter weg zu rücken.«[3]

Auch Leonardo und Machiavelli scheiterten mit ihrem Plan. Obwohl die Florentiner an Mitteln nicht geizten, hatte das kühne Unternehmen nicht den gewünschten Erfolg. Es kam sogar noch schlimmer, als es die Gegner des Vorhabens vorhergesagt hatten: Das Wasser des Arno sollte nicht wie geplant ins Meer, sondern teilweise in Richtung auf das florentinische Feldlager fließen. Dies führte dann zur ebenso raschen wie wenig rühmlichen Beendigung des Versuchs.[4]

Machiavelli traf zusammen mit seinem Kollegen Soderini am Abend des 24. Juni 1502 in Urbino ein. Erst auf ihrer Reise hatten sie vom Fall Urbinos erfahren, als sie ein Eilbote der Signoria beauftragte, Cesare zu seinem Erfolg im Namen der Republik ihre Glückwünsche auszusprechen. Natürlich freute sich in Florenz niemand in Wirklichkeit über Cesares gelungenen Handstreich. Im Gegenteil, die Angst vor dem eroberungssüchtigen und unberechenbaren Papstsohn, die allein der Grund war, Machiavelli und Soderini zu Cesare zu schicken, wurde noch größer. Diese Angst war keinesfalls unbegründet, denn Cesares Kondottieri Baglioni und Oliverotto war es mittlerweile gelungen, vom Chianatal aus die ganze Toskana in Unruhe zu versetzen und gegen Florenz aufzubringen. Sie eroberten Arezzo und unterstützten Pisa, die Erbfeindin von Florenz, nachhaltig. Mit größter Sorge blickten die Florentiner daher nach Süden, wo Cesare mit seinen Kontingenten stand. Militärisch hatte Florenz weder Baglioni noch Oliverotto und schon gar nicht Cesare etwas entgegenzusetzen. Die reiche Kaufmannsoligarchie, die Florenz beherrschte, liebte es nicht, Geld für Söldner auszugeben, und so war Florenz traditionsgemäß die militärisch schwächste italienische Großmacht. Noch weniger als für eigene Soldaten wollten die Florentiner allerdings ihr Geld Cesare in den Rachen werfen, und so hatte man die diesbezüglichen Vereinbarungen von Campi, vor allem die für Cesare vorgesehene Kondotta, schnell vergessen. Nicht so Cesare. Schon vor dem Fall Urbinos hielt er die Zeit zur Abrechnung mit Florenz für gekommen und hatte die Republik gedrängt, ihm Gesandte zu schicken. Unter dem Eindruck von Cesares militärischer Macht kam die Signoria diesem Wunsch nach, und so trafen am Abend des 24. Juni Machiavelli und Soderini in Urbino ein.

Viel Zeit blieb den beiden Gesandten nicht, sich von den Anstrengungen der Reise zu erholen. Wenige Stunden nach ihrer Ankunft wurden sie mitten in der Nacht zu Cesare ins Schloß geführt. Bei Cesare, der für Gesandte sonst oft wochenlang nicht ansprechbar war, so rasch vorgelassen zu werden, war ein Zeichen dafür, daß sich Cesare schwerlich auf den Austausch von Höflichkeitsfloskeln beschränken würde. Cesare nahm sich dann auch gerade noch Zeit, die Glückwünsche der Gesandten zur Eroberung Urbinos entgegenzunehmen und der Republik zu danken, daß sie seinem Wunsch nach Verhandlungen entsprochen habe. Doch dann wurde sein Ton sehr rasch schärfer, bedrohlich scharf. Cesare wollte offensichtlich seine Gesprächspartner beeindrucken und einschüchtern. Dies gelang ihm auch nachhaltig, wie ein Brief Soderinis vom 26. Juni an die Signoria von Florenz zeigt: »Dieser Herr ist so kühn, daß ihm auch ganz große Dinge klein erscheinen. In seiner Begierde nach Ruhm und nach einem Staat kennt er weder Mühe noch Gefahr. Er kommt immer früher an, als man seine

Abreise erfahren hat. Seine Soldaten lieben ihn. Er hat sich die besten Leute aus Italien ausgesucht. Und außerdem ist das Glück immer auf seiner Seite.«[5]

Natürlich warf Cesare den Gesandten vor, daß Florenz den Vertrag von Forno di Campi nicht eingehalten habe. Soderini versicherte darauf Cesare mit möglichst fester Stimme des Wohlwollens seiner Republik. Ohne Umschweife erwiderte Cesare hierzu, daß die Republik ihn hasse und versucht habe, ihn beim Papst und dem französischen König anzuschwärzen. Boshaft fügte er noch hinzu, die Republik könne ja ihren guten Willen beweisen, indem sie ihre Regierung auswechsele. Da Florenz damals von den Gegnern der Medici regiert wurde, und der vertriebene Piero de Medici in engster Verbindung mit den Borgia stand, waren diese Worte Cesares nichts anderes als ein Hinweis auf die Möglichkeit, die derzeitigen Machthaber in Florenz gegen ihren Todfeind auszuwechseln.

Vergeblich versuchten die Gesandten, dem Gespräch eine günstigere Wendung zu geben, indem sie auf die Untaten von Cesares Kondottieri in der Toskana hinwiesen. Cesare antwortete ungerührt, diese hätten völlig auf eigene Faust gehandelt und fügte noch genüßlich hinzu, daß er die dadurch den Florentinern entstandenen Schäden und Verluste nicht ohne Vergnügen sehe und auch nichts dagegen habe, wenn dies so weitergehe. Er selbst, erklärt Cesare, habe keine Absicht, florentinisches Gebiet zu erobern. Entsprechende Vorschläge seiner Kondottieri habe er immer zurückgewiesen. Er sei nicht der Mann, den Tyrannen zu spielen, vielmehr wolle er die Tyrannen beseitigen. Florenz müsse sich jedoch rasch für ihn entscheiden, denn Urbino sei ein Bergland, in dem er sich nicht mehr lange halten könne, da es bald von den zur Versorgung seiner Leute notwendigen Gütern entblößt sei.

Spätestens nach diesem Gespräch war den Gesandten klar, daß Florenz von Cesare nichts Gutes zu erwarten hatte. Ihnen blieb nur noch die Hoffnung, daß Frankreich, zu dem Florenz sehr enge und gute Beziehungen hatte, Cesare in den Arm fallen werde. Natürlich war auch Cesare klar, daß er sich Florenz nur gefügig machen konnte, wenn er den Florentinern die Hoffnung auf französische Unterstützung raubte. Schon am Morgen nach dem nächtlichen Gespräch mit den Gesandten erschienen dann die beiden Kondottieri Cesares, Paolo und Giulio Orsini, bei Machiavelli und Soderini, um den Nervenkrieg fortzusetzen. Den noch unter dem Eindruck von Cesares nächtlichem Auftritt stehenden Gesandten hielten sie ein Schreiben des Kardinals von Rouen, dem einflußreichen Berater von Ludwig XII., unter die Nase, in dem dieser Cesare empfahl, gegen Florenz so rasch wie möglich vorzugehen. Frankreich könne zwar selbstverständlich der Signoria nicht die vertraglich zugesicherte Unterstützung verweigern, aber seine Söldner müßten ja nicht unbedingt in Eilmärschen nach Florenz kommen, sondern könnten unter Umständen erst eintreffen, wenn es zu spät sei. Sie selbst, fügten die beiden Orsini noch hinzu, könnten mit ihrer Kavallerie 60 Kilometer an einem Tag zurücklegen und damit Florenz erreichen, bevor dessen Boten überhaupt am französischen Hof angekommen seien. Wiederum gegen Mitternacht gewährte Cesare dann den Gesandten eine weitere Audienz, in der er Florenz ultimativ aufforderte, sich innerhalb von vier Tagen für ihn zu erklären.

Daraufhin jagte Machiavelli nach Florenz zurück. Doch die Signoria war von Cesares Drohung weniger beeindruckt als ihre Gesandten. Cesare bekam zwar innerhalb der von ihm gesetzten Frist eine Antwort, aber nicht die gewünschte: »Worte, nichts als Worte«, wie er selbst wütend zu Soderini sagte. Nunmehr drohte Cesare offen, mit seinen und Vitellis Truppen nach Florenz zu ziehen. Mit dieser Drohung kam Cesare scheinbar seinem Ziel näher, denn nun wurde Soderini ermächtigt, die Einhaltung des in Campi abgeschlossenen Vertrages zu bekräftigen und Cesare einen Teil des versprochenen Geldes zu übergeben. Dies wäre immerhin ein Fortschritt gewesen, wenn die Florentiner ihr Entgegenkommen nicht noch mit einem Zusatz verbunden hätten, durch den sie Cesare mit seinen eigenen Waffen schlugen. Cesare pflegte in Verhandlungen, wenn er sich in einer Frage nicht festlegen lassen wollte, darauf hinzuweisen, daß er noch die Meinung des Papstes einholen müsse. Nun erklärte ihm Soderini seinerseits beflissen, die Signoria wolle im Interesse einer möglichst raschen Klärung aller Fragen die weiteren Einzelheiten unmittelbar mit dem Papst klären. Mit diesem Schachzug hatten die Florentiner die Zeit gewonnen, die sie benötigten, um sich dem Würgegriff Cesares zu entziehen. Beide Seiten wußten, daß der französische König bereits von Neapel auf dem Weg nach Mittelitalien war und Florenz seine Unterstützung nicht versagen konnte. Sollte sich Cesare noch irgendwelchen Illusionen über die Haltung Ludwigs hingegeben haben, so wurde er schnell eines besseren belehrt, als Ludwig von Asti aus Hilfstruppen in Eilmärschen nach Florenz schickte. Cesare war gescheitert. Den einzigen Erfolg, den er – sicher ohne sich dessen bewußt zu sein – bei seiner Auseinandersetzung mit Florenz verbuchen konnte, war die

Begegnung mit Machiavelli, der so viel für Cesares Nachruhm tun sollte.

Mit der Ankunft Ludwigs in Mittelitalien verbanden die Gegner der Borgia große Hoffnungen. Abgesandte von Venedig, sowie die della Rovere, ein Sohn Bentivoglios von Bologna, Francesco Gonzaga von Mantua, Giovanni Sforza von Pesaro und der eben vertriebene Guidobaldo von Montefeltre suchten Ludwig auf und lagen ihm mit Klagen über die Unersättlichkeit Cesares in den Ohren. Dieser Vorwurf war sicher nicht aus der Luft gegriffen, denn Cesare war zu dieser Zeit gerade damit beschäftigt, das gesamte bewegliche Vermögen der Montefeltre, dessen er habhaft werden konnte, von Urbino nach Forlì zu schaffen. Glaubt man einem Chronisten, so waren hierzu einen Monat lang täglich 180 Maultiere unterwegs.

Obwohl Cesare natürlich um die Wühlarbeit seiner Gegner im Lager des französischen Königs, der mittlerweile in Mailand eingetroffen war, wußte, verspürte er keine Neigung, Ludwig aufzusuchen und zog stattdessen die Jagd mit Leoparden im Gebiet von Fermignano vor. Aber als man schon allgemein glaubte, Cesare wage es nicht, am französischen Hof zu erscheinen und seine Eigenmächtigkeiten in der Toskana zu rechtfertigen, verließ Cesare als Ritter des Johanniterordens verkleidet heimlich Fermignano, um schon 24 Stunden später in dem 130 Kilometer entfernten Forlì aufzutauchen. Von dort zog er nach kurzer Rast weiter an den Hof von Ferrara. Hier unterbrach er dann allerdings seine Reise und suchte Lucrezia auf, die immer noch leidend war. Ob dieser Krankenbesuch allerdings der einzige Grund für die Unterbrechung war, ist fraglich. Fest steht nur, daß Cesare sich für den Ritt von Ferrara nach Mailand mehr als eine Woche Zeit ließ und erst am 5. August zur völligen Überraschung von Cesares Gegnern an Ludwigs Hof auftauchte. Ludwig selbst war allerdings schon zuvor von einem Boten des Herzogs von Ferrara über die bevorstehende Ankunft Cesares unterrichtet worden. Da er gerne unter Beweis stellte, über welch vorzügliches Nachrichtennetz er verfügte, äußerte er, so daß es alle Umstehenden hören konnten, zu Chaumont, dem Gouverneur von Mailand: »Ich habe eine Nachricht, die dich überraschen wird, Cesare ist in Ferrara und wird bald nach Mailand aufbrechen.« Chaumont erwiderte hierauf, er verfüge über eine noch bessere Nachricht, denn Cesare sei schon von Ferrara aufgebrochen und werde bald in Mailand eintreffen. Chaumont hatte recht.

Cesare brauchte sein Erscheinen am Hofe Ludwigs nicht zu bereuen. Über seinen Empfang berichtet ein Gesandter: »Der Allerchristlichste König begrüßte und umarmte ihn mit großer Freude und führte ihn zum Schloß, wo er ihn in der Kammer unterbrachte, die der seinen am nächsten lag und er selbst gab Anweisungen für das Abendessen und wählte verschiedene Gerichte aus, und an diesem Abend ging er drei- oder viermal, als es Zeit war, ins Bett zu gehen, zu Cesare in Hemdsärmeln in dessen Zimmer. Und gestern befahl er, daß dieser seine eigenen Hemden, Unterkleider und Gewänder anziehen solle, denn der Herzog Valentino hatte keine Gepäckwagen mitgebracht, sondern nur Pferde. Kurz, er hätte für einen Sohn oder Bruder nicht mehr tun können.«[6]

Kein Zweifel, Cesares Erscheinen und sein Empfang am französischen Hof waren ein harter Schlag für die Gegner der Borgia. Ob man indessen in Cesares Ritt in das französische Lager einen Beweis von dessen Kühnheit sehen kann, wie dies häufig behauptet worden ist, erscheint fraglich. Mit ziemlicher Sicherheit sind dem Erscheinen Cesares Verhandlungen zwischen den Borgia und Ludwig vorangegangen. Eines ihrer Ergebnisse war, daß Cesare bereits Mitte Juli seinen Würgegriff um Florenz lockerte und seine beiden – angeblich auf eigene Faust handelnden – Kondottieri Baglioni und Vitellozzo aus der Toskana, in der sie so erfolgreich operierten, zurückbeorderte. Während Baglioni Instinkt genug gehabt hatte, um die Aussichtslosigkeit einer Fortsetzung seiner Raubzüge gegen den Willen Cesares und des heranziehenden französischen Königs zu erkennen, konnte Cesare Vitellozzo erst mit der Drohung, dessen Stadt Città di Castello in seine Gewalt zu bringen, zum Einlenken bewegen.

Der ganze Vorgang zeigt aber, daß Cesare schon vor seinem Eintreffen im französischen Lager Ludwig zu verstehen gegeben hat, daß er bereit sei, sich ihm unterzuordnen.

Diese Unterordnung war freilich keine Kapitulation. Zwar mußte Cesare auf die Toskana verzichten, aber Ludwig hatte nichts dagegen, daß er das Herzogtum Urbino behielt und gab den Borgia sogar Bentivoglio von Bologna, der bisher unter seinem Schutz gestanden hatte, preis. Dies war allerdings eine Konzession von zweifelhaftem Wert. Trotz seines vertrauenserweckenden Namens (Ben ti voglio = ich will Dir gut) war der Herr Bolognas durch seine Intelligenz, Skrupellosigkeit und Macht auch ohne den Schutz des französischen Königs ein nicht zu unterschätzender Gegner.

Die Genugtuung, die Cesare über den Verlauf seines Feldzuges und des Treffens mit Ludwig XII. empfunden haben dürfte, wich jedoch bald der Sorge um den einzigen Menschen, mit dem ihn eine tiefere, engere Beziehung verband: Lucrezia brachte am 5. September eine tote Tochter zu Welt und schwebte selbst in Lebensgefahr. Cesare befand sich auf diese Nachricht bereits zwei Tage später an dem Krankenlager der Schwester. Ein Sekretär Ercoles berichtete dem Herzog:

»Heute haben wir um die zwanzigste Stunde Madonna am rechten Fuß die Ader geschlagen; dies war unglaublich mühevoll, und ohne den Herzog von Romagna, welcher ihr den Fuß hielt, wäre es nicht möglich gewesen. Ihre Herrlichkeit hat sich zwei Stunden lang mit dem Herzog erheitert, der sie zum Lachen bringt und ihr guten Mut einflößt.«[7]

Cesare blieb noch zwei Tage in Ferrara und reiste erst ab, als Lucrezia ihre Krise überwunden hatte. Mit der Genesung Lucrezias nahmen auch die schon bald nach ihrer Erkrankung aufgekommenen Gerüchte ein Ende, die Este wollten sie vergiften.

Lucrezia verließ am 8. Oktober das sie bedrückende Castell Vecchio, um sich im Kloster Corpus Domini zu erholen. Die gewünschte Ruhe dürfte sie aber auch dort kaum gefunden haben angesichts der Gefahr, welcher sich Cesare nach seiner Rückkehr in die Romagna plötzlich ausgesetzt sah.

Der Aufstand der Kondottieri

Spätestens als die Borgia nach der Vertreibung des Herzogs von Urbino und der Vernichtung der Varanos von Camerino darangingen, einen Feudalherren vom Range Bentivoglios von Bologna anzugreifen, mußten die sich in ihrer Machtstellung verbliebenen Feudalherren Mittelitaliens fragen, wie lange sie noch von den Borgia verschont bleiben würden. Besonders beunruhigt waren natürlich die Orsini, deren Befürchtungen noch durch Nachrichten aus dem französischen Lager geschürt wurden. Giulio Orsini scheute sich denn auch nicht, Alexander vorzuhalten, die Franzosen hätten den Kardinal Orsini davon informiert, daß die Borgia die Vernichtung ihres Hauses planten. Bezeichnenderweise zweifelte Alexander diese Behauptung Giulios gar nicht an, sondern beschränkte sich darauf, die Franzosen als Lügner zu bezeichnen. Diese Reaktion Alexanders war natürlich nicht dazu angetan, die Orsini in Sicherheit zu wiegen. Sie, die schon Calixt gezwungen hatten, seine Inthronisationsfeierlichkeiten abzubrechen, hatten auch in der Folge immer zu den stärksten und gefährlichsten Gegnern der Borgia gezählt. Wenngleich es zwischen den beiden Geschlechtern durchaus auch Berührungspunkte gab, wie etwa die Beschäftigung von Orsini Kondottieri in Cesares Diensten zeigt, so war der gegenseitige Haß doch so groß, daß sich die Orsini schwerlich der Illusion hingeben konnten, ausgerechnet sie würden von dem Machtstreben der Borgia verschont bleiben.

Der erste Schritt, den die Orsini zu ihrem Schutz taten, erregte beträchtliches Aufsehen. Auf einer ihrer mächtigen Burgen, der am Trasimenischen See gelegenen La Magione, fand in den ersten Oktobertagen des Jahres 1502 eine Versammlung statt, die bald zum Gegenstand wildester Gerüchte und Vermutungen wurde. Denn zu den Versammelten gehörten fünf der bekanntesten und gefürchtesten Kondottieri Cesare Borgias. Außer den Orsini Kondottieri Francesco, Herzog von Gravina und Paolo, Graf von Palombara fanden sich auch Cesares Artilleriespezialisten Vitelli, Fermo und Baglioni ein.

Lag die Bedeutung der Orsini Kondottieri in ihrer Zugehörigkeit zu einem der mächtigsten Häuser Italiens, so hatten Baglioni, Oliverotto und Vitellozzo ihren gefürchteten Ruf hauptsächlich ihren eigenen Taten und Untaten zu verdanken. Die herausragende Gestalt unter ihnen und wohl der ganzen Verschwörung, um nichts anderes handelte es sich bei diesem Treffen, war sicher Gian Paolo Baglioni aus Perugia. Die Baglioni, eines der berüchtigsten Adelsgeschlechter Italiens, hatten bis Mitte des 15. Jahrhunderts mit dem Geschlecht der Oddi in einem Kampf, der an Heftigkeit den Auseinandersetzungen der Colonna mit den Orsini nicht nachstand, um die Vorherrschaft in Perugia und Umbrien gerungen. 1445 gelang es den Baglioni dann, die Alleinherrschaft in dem fast 50000 Bewohner zählenden durchaus wohlhabenden Gebiet an sich zu reißen. Formell waren die Päpste zwar ihre Oberherren. Doch die für Kühnheit wie für ihre Schönheit gleichermaßen berühmten Baglioni übten ihre Herrschaft so ungezügelt aus, daß sie sowohl ihre päpstlichen Lehensherren als auch ihre Untertanen wiederholt an den Rand der Verzweiflung brachten. Als es ihnen nach der Niederwerfung und Vertreibung der Oddi an gleichwertigen Gegnern fehlte, gingen sie dazu über, sich gegenseitig mit voller Hingabe zu bekämpfen. Nicht gerade zum Wohle Umbriens. Vergeblich versuchten die Päpste den Niedergang des einst wohlhabenden Gebietes zu verhindern, indem sie immer wieder Legaten schickten, um Ordnung zu schaffen. Aber diese betrachteten es schon nach kurzer Zeit als Erfolg, wenn sie Perugia mit heiler Haut verlassen konnten. »Denn so viele derer auch kamen, so viele gingen wieder, denn manchem wurde gedroht, ihn aus dem Fenster des Palastes zu werfen, so daß jeder Kardinal oder andere Prälat sich fürchtete, nach Perugia zu kommen.«[1]

Selbst Alexander mußte sich von einem Kardinal fragen lassen, »was soll man mit diesen Teufeln anfangen, die vor dem Weihwasser nicht fliehen.«

Den Höhepunkt der gnadenlosen Familienfehden sollte dann die »Perugianer Bluthochzeit« im Jahr 1500 bilden, die Cesares Kondottiere Gian Paolo Baglioni zum Alleinherrscher von Perugia machte.

Im Juni dieses Jahres waren die Baglioni von ihren Burgen und Gütern nach Perugia gekommen, um die Hochzeit eines Angehörigen ihres Geschlechts mit einer Sforza zu feiern. Diese Gelegenheit nutzte ein Nebenzweig zu einem nächtlichen Mordanschlag auf die führenden Vertreter der herrschenden Linie, zu der auch Cesares Kondottiere Gian Paolo gehörte. Zwar gelang es den Verschwörern, die meisten ihrer Opfer im Schlaf zu töten, doch Gian Paolo konnte entkommen. Noch am folgenden Tag kehrte er an der Spitze von bewaffneten Gefolgsleuten nach Perugia zurück und setzte nun seinerseits das Familienblutbad fort. Dann ließ er noch Dutzende der tatsächlichen oder vermeintlichen Anhänger der Verschwörer erschlagen und ihre Köpfe am Rathaus aufstecken. Er ging dabei so gründlich vor, daß er nach diesen blutigen Tagen der unangefochtene Herr Perugias war, das er an der Seite seiner Schwester regierte, mit der er in offener Blutschande lebte.[2] Angeblich pflegte Gian Paolo sogar fremde Gesandte gemeinsam mit seiner Schwester im Bett zu empfangen.

Zeuge jener blutigen Familienfehde war der junge Raffael. Ihn hatte sein Vater Giovanni Santi – selbst schon ein so geschätzter Maler am Hofe von Urbino, daß er sich in der Stadt ein großzügiges Haus leisten konnte, dessen Räume heute noch ein schönes Beispiel der Wohnkultur des reichen Bürgertums jener Zeit sind – nach Perugia zu Perugino in die Lehre geschickt, der als der bedeutendste Maler jener Zeit galt.[3] Raffael hat später den großen Eindruck, den die »schönen, wilden Baglioni« auf ihn machten, in den Stanzen des Vatikans wiedergegeben.[4] Er war aber auch einer der bevorzugten Maler des Hauses Baglioni und malte für Atalanta Baglioni, die Mutter eines der getöteten Anführer der Verschwörung in der Kirche von San Francesco, ein Werk, das den Schmerz wiedergeben sollte, »welchen die nächsten und treuesten Angehörigen empfinden, die den Leichnam eines ihrer geliebtesten Verwandten zu Grabe tragen.«[5]

Übte die Gestalt von Gian Paolo Baglioni auf seine Zeitgenossen eine ähnlich zwiespältige Faszination wie Cesare aus, so rief der Name seines auf La Magione erschienenen Kollegen Oliverotto Effreducci da Fermo blanken Abscheu hervor. Die Art und Weise, wie er nur wenige Monate vor der Verschwörung die Macht in Fermo an sich gerissen hatte, entsetzte selbst seine in jener Epoche in moralischer Hinsicht so nachsichtigen Zeitgenossen.

Fermo war damals von einem Bruder der Mutter Oliverottos regiert worden. Dieser hatte Oliverotto nach dem frühen Tod seiner Eltern zu sich genommen und – so wird berichtet – liebevoll aufgezogen. Der alte Herr hatte daher auch nicht die geringsten Bedenken, an einem Gastmahl teilzunehmen, zu dem Oliverotto ihn und die gesamte Verwandtschaft einlud. Gegen Ende des harmonischen Familientreffens brachte Oliverotto dann, wie Machiavelli berichtet, das Gespräch auf die bedrohlich wachsende Macht der Borgia.[6] Dabei lockte er seinen Onkel mit der Bemerkung, daß man über solche

Dinge besser im kleinen Kreise spreche, in einen Nebenraum, wo dieser von Oliverottos Spießgesellen umgebracht wurde. Anschließend ließ Oliverotto gleich noch seine gesamte Verwandtschaft, auch Frauen und Kinder, umbringen.

Der ebenfalls an der Verschwörung beteiligte Stadtherr von Città di Castello, Vitellozzo Vitelli, war auch nicht eben eine Lichtgestalt. Vitellozzo und sein Bruder Paolo genossen allerdings wegen ihrer modernen Artillerie einen so hervorragenden Ruf, daß Florenz sie mit der wieder einmal in Angriff genommenen Niederwerfung Pisas beauftragte. Hierbei widerfuhr, wie schon kurz angedeutet, den Vitelli allerdings, was so oft und sicher nicht immer ohne Grund das Schicksal der Kondottieri sein sollte: Ihrem Auftraggeber kamen Zweifel an ihrer Zuverlässigkeit. Die Florentiner ließen deshalb Paolo durch einen Handstreich, an dem auch Machiavelli beteiligt war, kurzerhand in dessen Feldlager verhaften. Vitellozzo entkam noch rechtzeitig. Seinem Bruder wurde jedoch in Florenz der Prozeß gemacht. Trotz Anwendung härtester Folter brachten die Verhöre keine Anhaltspunkte und schon gar keine Beweise für einen Verrat, »denn es war, als foltere man einen Sack.«[7]

Die Florentiner befanden sich nun in derselben Lage wie die Venezianer, als sie 1432 ihren berühmten Kondottiere Carmagnola verhafteten, ohne ihm in der folgenden Untersuchung eine Schuld nachweisen zu können. Wie die Venezianer wagten es auch die Florentiner nicht, ihren gefährlichen Gefangenen, dessen Feindschaft sie nach der Verhaftung und Folterung sicher sein konnten, wieder frei zu lassen. So wurde dann Paolo Vitelli, wie schon Carmagnola vor ihm, ohne Nachweis seiner Schuld hingerichtet. Damit hatten sich die Florentiner allerdings den Bruder des Hingerichteten zum Todfeind gemacht. Dieser ließ sich sofort von Cesare anwerben und versetzte, wie bereits geschildert, mit Gian Paolo Baglioni zusammen Florenz und die Toskana in Angst und Schrecken. Der Eindruck, den Vitellozzo dabei auf die Florentiner gemacht hat, läßt sich einem späteren Bericht Machiavellis an die Signoria entnehmen, in dem Machiavelli Vitellozzo als den Mann bezeichnet, unter dessen Führung im Jahre 1502 zweimal versucht worden sei, den französischen König aus Italien zu vertreiben. Hier dürfte Machiavelli zwar dem Todfeind seiner Republik doch etwas zu viel der Ehre angetan haben. Immerhin zeigt diese Überbewertung Vitellis durch den sonst nüchtern urteilenden Machiavelli, welchen Ruf der Kondottiere damals genoß.

Vervollständigt wurde die illustre Versammlung auf La Magione noch durch Abgesandte des Herzogs von Urbino, Bentivoglios von Bologna sowie von Pandolfo Petrucci, dem Herrn von Siena, der sich im Hintergrund hielt.

Cesare stand während des Treffens von La Magione mit 3000 Berufssoldaten in der Romagna. Die Kräfte seiner Gegner wurden auf etwa 10000 Mann – also mehr als das dreifache – geschätzt. Noch bezeichnender als diese Zahlen dürfte für das Kräfteverhältnis und die Selbsteinschätzung der Verschwörer die Tatsache sein, daß sie sich nicht scheuten, auf La Magione über ihr Vorgehen gegen Cesare ganz offen zusammenzukommen und nicht versuchten, wie man dies bei einer Verschwörung hätte erwarten können, ihr Treffen zu verheimlichen.

Noch während man auf La Magione verhandelte, rückte Bentivoglio mit starken Kräften an die Nordgrenze seines Gebietes zur Romagna. Ebenso bedrohlich entwickelten sich die Dinge für Cesare in Urbino, wo am 6. Oktober ein Aufstand der Anhänger Guidobaldos gegen Cesares Truppen losbrach. Ihren Ausgang hatte die Erhebung in der Bergfestung von San Leo genommen. Dort hatten sich Anhänger Guidobaldos als Bauern verkleidet bei Ausbesserungsarbeiten an der Festung beteiligt und das hierfür benötigte Holz in solchen Mengen auf der Zugbrücke aufgeschichtet, daß diese sich nicht mehr hochziehen ließ, und die Aufständischen ungehindert eindringen konnten.[8] Der Aufstand war so heftig, daß die Truppen, die Cesare unter Ugo de Moncada und Michelotto zurückgelassen hatte, nach Rimini abziehen mußten. Am 18. Oktober kehrte Guidobaldo bereits aus Venedig in sein Herzogtum zurück.

Alexander und Cesare reagierten auf die Ereignisse recht unterschiedlich. Während Alexander seiner Erregung freien Lauf ließ und sich in heftigen Ausfällen, vor allem gegen die Orsini erging, war bei Cesare nicht das geringste Anzeichen von Unruhe zu bemerken.

Noch auf dem Höhepunkt der Krise, am Abend des 7. Oktobers, also des Tages als Cesare die Nachricht von dem Aufstand in Urbino erhalten haben muß, äußerte er zu Machiavelli: »Ich will mich nicht brüsten. Aber ich möchte, daß die Ergebnisse, wie immer sie aussehen, zeigen, was für Männer das sind und wer ich bin. Und ich halte um so weniger von ihnen, je besser ich sie kenne, sie selbst und ihre Soldaten. Und Vitellozzo, der einen solchen Ruf genießt, ich kann nicht sagen, daß ich ihn jemals etwas als einen tapferen Mann hätte tun sehen, denn er entschuldigt sich immer mit der Franzosenkrankheit. Er taugt nur dazu, unverteidigte Orte zu verwüsten und zu berauben ...«[9] Freilich dürften die Ruhe und Selbstsicherheit, mit der Cesare in jenen kritischen Tagen auf Machiavelli Eindruck machte, mehr das Ergebnis seiner Selbstbeherrschung, als Ausdruck der wirklichen Einschätzung seiner Lage gewesen sein. Cesare war bekannt dafür, daß er bei der Anwerbung seiner Truppen das beste nahm, was er bekommen konnte. Wenn er die ihm jetzt feindlich gegenüberstehenden Kondottieri in seinen Dienst genommen hatte, so kann er sie kaum so gering eingeschätzt haben, wie er dies Machiavelli gegenüber vorgab. Zudem haben gerade die Orsini den Borgia des öfteren gezeigt, daß sie nicht zu unterschätzende Gegner sein konnten.

Cesares weiteres Vorgehen zeigt dann auch, daß er sehr wohl die Überlegenheit seiner Gegner erkannte und fürchtete. Mit fieberhafter Eile machte er sich daran, seine eigenen Kräfte zu verstärken. In nur zwei Wochen verdoppelte er die Zahl seiner Söldner durch die Anwerbung von 1500 Schweizern, 800 Mann aus dem für seine guten Infanteristen bekannten Val di Lamone und 500 Gascognern. Außerdem bildete er in der Romagna eine Art Bürgerwehr mit 6000 Mann, deren Bedeutung allerdings nicht so groß gewesen sein dürfte, wie sie Machiavelli als überzeugter Gegner der Berufssöldner darstellt.

Während Cesare mit Energie und Schnelligkeit daran arbeitete, das militärische Übergewicht seiner Gegner auszugleichen, kamen die Verhandlungen auf La Magione nicht richtig voran. Vergeblich drängte Gian Paolo Baglioni auf eine rasche Vernichtung des, wie er es ausdrückte, Drachen, der sie sonst alle einen nach dem anderen verschlingen werde. Ausgerechnet die Orsini, vor allem Paolo Orsini, scheinen es gewesen zu sein, die vor einer entscheidenden Auseinandersetzung mit Cesare zurückschreckten. Für dieses Zaudern gab es freilich einen gewichtigen Grund. Die Orsini hatten ihre Politik auf die Allianz mit dem französischen Königshaus aufgebaut. Cesare war aber französischer Herzog und durch seine Ehe mit dem französischen Königshaus verwandtschaftlich verbunden. Zudem schien Cesares wenige Monate zurückliegender Empfang durch den französischen König in Mailand darauf hinzudeuten, daß Cesare sich der Wertschätzung des französischen Königs erfreute.

Unter diesen Umständen mochten sich die Orsini fragen, ob es sich für sie auszahlen würde, einen Kampf gegen Cesare zu beginnen, dessen Ausgang ebenso ungewiß war wie die Reaktion des französischen Königs im Falle einer Vernichtung ihres Gegners. Auch wenn es unwahrscheinlich war, daß der französische König aus eigenem Antrieb als Rächer Cesares auftreten würde, so war es nicht undenkbar, daß

Alexander, auf dessen Unterstützung Ludwig bei seinen neapolitanischen Plänen angewiesen war, ihn mit Erfolg zu einem derartigen Schritt drängen könnte.

Neben der Besorgnis über die möglichen Auswirkungen eines Kampfes gegen Cesare auf ihre Beziehungen zu dem französischen Königshaus dürfte jedoch ein völlig unpolitischer Grund die Ursache für das Zaudern der Orsini gewesen sein: Ihr wichtigster Kondottiere Paolo Orsini scheint in hohem Maß von Cesares Persönlichkeit gefesselt gewesen zu sein. Jedenfalls redeten die über dessen zwiespältige Haltung gegenüber Cesare verärgerten Mitverschworenen von ihm bald als der Madonna Paola.

Cesare muß um seine Wirkung auf Paolo Orsini gewußt haben. Jedenfalls war sein erster Schritt, um das Zustandekommen einer einheitlichen Front seiner Gegner zu verhindern, den ebenfalls in seinen Diensten stehenden Roberto Orsini nach La Magione zu schicken, um Paolo eine neue Kondotta zu verbesserten Bedingungen anzubieten.

Nach einer Woche endete das Treffen auf La Magione am 9. Oktober, ohne daß man sich zu einem raschen Schlag gegen Cesare hätte durchringen können. Die Beteiligten schlossen zwar eine Art Beistandspakt, in dem sie sich gegenseitig der Hilfe versicherten, wenn einer von ihnen angegriffen würde. Auch deuten die Ereignisse der folgenden Wochen darauf hin, daß man sich auf militärische Schritte gegen Cesare einigte. Offensichtlich sollte Bentivoglio von Norden und die Orsini – unter Ausnutzung der Unruhen in der Romagna – Cesare von Süden her angreifen. Bentivoglio rückte dann auch mit mehr als 2000 Fußsoldaten bis zum Castell San Pietro vor, das zwölf Kilometer von Cesares Hauptquartier in der Romagna entfernt war. Zudem konnten die Orsini am 17. Oktober Ugo de Moncada und Michelotto bei Calmazzo schlagen, was einmal mehr zeigt, daß sie so ungefährlich nicht waren, wie Cesare dies gegenüber Machiavelli zu glauben vorgegeben hatte.

Aber im Grunde waren dies Einzelaktionen, und Cesare hatte die größte Gefahr schon überwunden, als sich die auf La Magione versammelten Verschwörer nicht zu einem raschen Schlag ihrer gesamten Kräfte gegen ihn aufraffen konnten. Mit der Macht und dem Geld seines Vaters im Rücken und gestützt auf das Wohlwollen des französischen Königs war Cesare langfristig allemal in der Lage, sich seiner Gegner zu erwehren. Dies sahen auch die Verschwörer, und so suchten sie nun mit Ausnahme Baglionis ihr Heil in einer Versöhnung mit Cesare.

Die Kontakte zwischen Cesare und den meisten der Verschwörer waren ohnehin nie ganz abgerissen. Die Verhandlungen zwischen den Orsini und Cesare führten schließlich dazu, daß Paolo Orsini am 25. Oktober in Cesares Lager bei Imola kam, um sich mit ihm im Namen der Orsini auszusöhnen. Paolo erhielt, wie ihm Cesare dies angeboten hatte, eine Kondotta zu verbesserten Bedingungen, wobei von den Orsini immerhin noch ausbedungen wurde, sich nicht einem Vorgehen Cesares gegen Bentivoglio von Bologna anschließen zu müssen, da sie diesem gegenüber im Wort stünden.

Bentivoglio seinerseits hatte es ebenfalls eilig, mit Cesare zu einer Einigung zu kommen. Im Unterschied zu den Orsini fühlte er sich zu keinerlei Rücksichtnahme verpflichtet und bedeutete Cesare, daß er bereit sei, gegebenenfalls auch die Orsini fallen zu lassen. Cesare, der natürlich das größte Interesse hatte, die gegnerische Front – soweit man von einer Front in diesem Zusammenhang noch sprechen kann – aufzusplittern und die Bedrohung durch Bentivoglio von Norden her zu beenden, ging auf dessen Vorschläge ein und erklärte sich bereit, auf einen Kriegszug gegen Bologna zu verzichten. Dieser Verzicht war sogar ernst gemeint. Auch Cesare war mittlerweile klar geworden, daß Bologna – zumindest vorläufig – für ihn, wie er es ausdrückte, ein zu fetter Brocken war.

Ähnlich wie im Falle von Ferrara versuchte Cesare daher auch das Herrscherhaus Bolognas durch Heirat an die Borgia zu binden. Zu diesem Zweck sollte eine Borgia, die Schwester des Erzbischofs von Elne, den ältesten Sohn und mutmaßlichen Nachfolger Bentivoglios heiraten.[10]

Da auch Oliverotto und Vitellozzo bald nur noch bestrebt waren, ihre herausfordernde Haltung von La Magione vergessen zu machen, standen Ende November mit Paolo und Francesco Orsini sowie Oliverotto und Vitellozzo, vier der fünf Kondottieri, die vor wenigen Wochen über seine Vernichtung beraten hatten, wieder aktiv in Cesares Diensten. Allein Gian Paolo Baglioni machte eine Ausnahme und zog es vor, sich von Cesare fernzuhalten. Doch dieser Verlust wurde reichlich ausgeglichen durch die militärische Unterstützung, die Cesare jetzt von Bentivoglio von Bologna erhielt.

Wie stark die Stellung Cesares gegenüber seinen Kondottieri nicht einmal zwei Monate nach dem Treffen von La Magione war, zeigt die Tatsache, daß diese sich verpflichten mußten, die während ihrer Rebellion verlorengegangenen Gebiete zurückzuerobern. Bereits im Dezember waren Camerino und Urbino wieder in Cesares Gewalt. So wenig zählte der Beistandspakt von La Magione, daß die Kondottieri sich nicht scheuten, Guidobaldo, der während der Rebellion auf ihrer Seite gestanden hatte, wieder in das ihm schon wohlbekannte Exil nach Venedig zu vertreiben. Zu ihrer Entschuldigung ließe sich allerdings anführen, daß Guidobaldo sich nach der Rückkehr in sein Herzogtum auch nicht mehr um die Belange der Mitverschworenen gekümmert hatte.

Nach der Vertreibung Guidobaldos verließ Cesare am 10. Dezember mit seinen Truppen Imola. Alle Welt rätselte über seine Pläne. Selbst Alexander beklagte sich – wie es scheint aufrichtig – über die Verschwiegenheit seines Sohnes. Auch Machiavelli konnte seiner Signoria nur mitteilen, daß wohl niemand außer Cesare selbst wisse, was er plane. Nicht zu übersehen war jedoch für Machiavelli, daß Cesare seine ohnehin starken Kräfte ständig weiter verstärkte. So tauchten dann Mitte Dezember erste Gerüchte auf, Cesare wolle sich an seinen Kondottieri rächen. Doch dann kam es zwischen Cesare und den Führern seines französischen Kontingents zu heftigen Auseinandersetzungen, die dazu führten, daß Cesare sie mit der Begründung entließ, er brauche sie nicht mehr. Aus dieser Trennung Cesares von seinen französischen Kontingenten wurde geschlossen, daß er jedenfalls für absehbare Zeit keine bedeutenden militärischen Schritte plane.

Tatsächlich schien Cesare im Augenblick in erster Linie bemüht zu sein, in seinem Herzogtum Ordnung zu schaffen und die Unzufriedenheit, die die Härte seines Gouverneurs Ramiro de Lorqua bei seinen Untertanen hervorgerufen hatte, wieder aus der Welt zu schaffen. Diesem Bestreben verlieh er dann auf eine für ihn typische Weise Ausdruck. Am Morgen des ersten Weihnachtsfeiertages fanden die Bürger von Cesena auf ihrem Marktplatz die zweigeteilte Leiche Ramiros im vollen Brokatgewand ausgestellt.

Einen Tag später eroberten die Kondottieri Cesares die Stadt Senigallia. Nur die Zitadelle unter dem Kommando des nachmals berühmten Andrea Doria leistete noch Widerstand. Auf die Nachricht von der Einnahme der Stadt setzte sich Cesare mit seinem Heer in Richtung Senigallia in Bewegung. Die Truppen marschierten auf Befehl Cesares in loser Ordnung in Gruppen von höchstens 100 Mann. Als Sammelpunkt war Fano bestimmt, wo das Heer am 30. Dezember ankam. Über die folgenden Ereignisse berichtete Machiavelli, der Cesare begleitete, an die Signoria:

»Da er früh morgens nach Senigallia reiten wollte, gab er allen seinen Unterführern den Befehl, an der Spitze ihrer Kompanien zur festgesetzten Stunde sechs Meilen von Fano unweit eines Flusses Aufstellung zu nehmen. Der Vorhut, Nachhut und dem Fußvolk wies er ihre Plätze an. So war jeder am Morgen auf seinem Posten: Die Vorhut mit dem Grafen della Mirandola, R. de Pazzi und zwei anderen Kondottieri, 500 Pferden sowie einer Schar Gascogner und Schweizer, mehr als 1000 Mann. Dann kam Seine Exzellenz, gewappnet auf geharnischtem Roß, inmitten seiner Eskadron; schließlich die schweren und die leichten Reiter und zur Rechten, bergwärts, der Rest des Fußvolks. Um die Feinde in Sicherheit zu wiegen und ein tolles Durcheinander vorzutäuschen, hatte Borgia dem Fuhrwerk, mit dem das Heer reichlich versehen war, weder einen bestimmten Platz angewiesen noch ihm die Gangart vorgeschrieben, sondern es regellos vorausgeschickt. Wie Euren Herrlichkeiten bekannt sein dürfte, beträgt die Entfernung zwischen Fano und Senigallia etwas über sechs Meilen. Beide Städte liegen an der Küste. Der Weg führt also auf einer Geländestufe zwischen Bergen und Meer, wobei die Berge stellenweise so nahe ans Meer herantreten, daß der Abstand kaum 30 Klafter beträgt, nie jedoch mehr als eine halbe Meile. Senigallia hat das Meer im Norden, ebenso wie die Zitadelle. Im Westen strömt ein breiter Fluß die Mauern entlang. Man muß ihn überschreiten, wenn man von Fano kommt. Nur eine Holzbrücke führt hinunter, aber nicht zum Tor, sondern zu den Wällen; ist man drüben, steht man linker Hand bald vor einem Pförtchen, rechter Hand, etwa zwei Armbrustschüsse weit, vor einem großen Tor mit Zugbrücke und den üblichen Kriegsgeräten; zu ihm gelangt man nur rings um die Mauern und wenn man sich vom Fluß entfernt. Vor diesem nach Süden gelegenen Tor erhebt sich eine Anzahl von Häusern, die keinen Vorort bilden, vielmehr vereinzelt stehen und einen Platz aussparen, der an einer Seite bis zum erwähnten Fluß reicht. Während sich der Herzog in Fano aufhielt, befanden sich in Senigallia Vitellozzo, Paolo Orsini, der Herzog von Gravina und Oliverotto da Fermo mit 2000 Fußsoldaten und 300 Stutzbüchsen-Reitern. Ihre gesamten übrigen Truppen lagen in verschiedenen Burgen der Umgebung nicht ganz sechs Meilen weit. So sahen die Herren aus, die dem Herzog Gewalt anzutun gedachten und denen nun der Herzog Gewalt antun mußte. Er kannte ihre Pläne, kannte die Lage der Stadt, wußte, wie er angegriffen werden und selbst angreifen konnte. So schrieb er abends den Orsini, daß er anderntags Fano verlasse, sie sollten ihre Truppen aus der Stadt nehmen, in die Häuser nahe dem Tor einquartieren und nach Belieben dort selbst Quartier beziehen. Er erwarte überdies, daß alle Tore geschlossen würden, außer jenen, die nach jenen Häusern liegen, so daß nur die von ihm bestimmten Männer in die Stadt gelangen konnten. Nachdem derart der Vormarsch seiner Truppen genau geregelt war, auch wie die Orsini sie empfangen sollten, brach Cesare im Morgengrauen von Fano auf und zog mit der Schnelligkeit in guter Marschordnung vorrückender Infanterie gegen Senigallia. Und wahrhaftig: Zahl und Beschaffenheit dieses Heeres sowie die geradezu menschliche Natur, die den Blick allseits freigab, erschien mir als ein Schauspiel, wie man es nur selten zu sehen bekommt. Die Spitze des Heeres war von Senigallia noch drei Meilen entfernt, als die Orsini und nach ihnen Vitelli auftauchten. Sie ritten dem Herzog entgegen, nicht in einer Gruppe, sondern hintereinander. Daraus darf geschlossen werden, daß dies weniger nach vorbedachtem als nach improvisiertem Plan geschah, den ihnen die Umstände aufdrängten, ihre Verlegenheit, der Stern ihres Feindes, ihr eigener Unstern. Vitellozzo saß auf einem kleinen Maultier, unbewaffnet, bekleidet mit einem schwarzen, zu engen und zerrissenen Mäntelchen unter schwarzem, grüngefüttertem Umhang. Nie hätte man in ihm den Mann vermutet, unter dessen Führung schon zweimal in diesem Jahr versucht worden war, den König von Frankreich aus Italien zu verjagen. Auf seinem bleichen, zerstörten Antlitz standen die Zeichen des Todes, der ihn erwartete ...«[11]

»Als die drei Anführer vor dem Herzog hielten und ihn höflich begrüßten, wurden sie von diesem mit freundlicher Miene empfangen und sogleich von den Männern in die Mitte genommen, die Auftrag hatten, sie zu bewachen. Da aber der Herzog bemerkte, daß Oliverotto fehlte, der bei seinen Soldaten in der Vorstadt geblieben war und mit ihnen Übungen abhielt, zwinkerte er Don Michelotto zu, dem Oliverotto anvertraut war, er solle dafür Sorge tragen, daß dieser ihm nicht entkäme. Don Michelotto ritt daher voraus zu Oliverotto und hielt ihm vor, es sei jetzt nicht die Zeit, die Leute außerhalb ihrer Quartiere zu beschäftigen, denn diese könnten sonst von den Soldaten des Herzogs bezogen werden; er forderte ihn auf, sie einrücken zu lassen und mit ihm zur Begrüßung des Herzogs zu kommen. Oliverotto kam dem Befehl nach. Da ritt der Herzog heran und rief ihn zu sich. Oliverotto grüßte ihn ehrerbietig und schloß sich seinen Gefährten an. Sie ritten in Senigallia ein, stiegen vor dem Quartier des Herzogs vom Pferde, traten mit ihm in ein geheimes Zimmer und wurden sofort dingfest gemacht. Sogleich saß nun der Herzog wieder auf und gab Befehl, die Soldaten des Oliverotto und der Orsini zu entwaffnen, was auch unverzüglich mit denen Oliverottos geschah, die sich in seiner Nähe befanden. Jene der Orsini und Vitellis waren etwas weiter entfernt. Sie hatten gemerkt, daß ihren Herren übel mitgespielt wurde, und vermochten sich zu sammeln. Eingedenk der Tapferkeit und Manneszucht, zu der sie von den Häusern Orsini und Vitelli gedrillt worden waren, zogen sie sich, trotz der Feindseligkeit der Einwohner und der gegnerischen Truppen, in guter Ordnung zurück und brachten sich in Sicherheit. Doch die Soldaten des Herzogs waren höchst unzufrieden darüber, daß sie bloß die Leute Oliverottos hatten ausplündern können. Sie fielen über Senigallia her und hätten es gewiß auch gänzlich ausgeraubt. Da aber gebot der Herzog Einhalt und ließ viele kurzerhand töten.

Als die Nacht gekommen war und der Tumult sich gelegt hatte, schien es dem Herzog an der Zeit, Vitellozzo und Oliverotto hinrichten zu lassen. Er befahl, beide in den dafür vorgesehenen Raum zu führen und zu erdrosseln... Keiner äußerte auch nur ein einziges Wort, das ihres früheren Lebens würdig gewesen wäre. Vitellozzo bat, man möge den Papst anflehen, daß er ihm vollen Ablaß seiner Sünden erteile. Oliverotto weinte und schlug die Schuld an dem gegen den Herzog begangenen Unrecht auf Vitellozzo.«[12]

Cesare führte die Orsini zunächst als Gefangene mit. Noch waren die Orsini so mächtig, daß Cesare über ihr Schicksal erst entscheiden konnte, wenn der Ausgang des nächsten Schlages gegen sie feststand, den Alexander in Rom führen sollte. Alexander ließ dort dem Kardinal Giambattista Orsini mitteilen, daß sich Senigallia Cesare und seinen Kondottieri ergeben habe. Der Kardinal ritt daraufhin noch in derselben Nacht mit großem Gefolge in den Vatikan, um den Papst zu beglückwünschen. Kaum war er in den päpstlichen Gemächern eingetroffen, sah er sich von Waffen umringt, die ihn und einige andere führende Orsini, wie den Erzbischof von Ravenna, in die Verliese des Vatikans führten.

Auf die Nachricht von der gelungenen Gefangennahme des Kardinals Orsini ließ Cesare dann am 18. Januar die von ihm gefangenen beiden Kondottieri im Castell Pieve erwürgen.

Einen Monat später starb dann auch Kardinal Orsini in seinem Gefängnis. Vermutlich hat ihn Alexander vergiften lassen. Jedenfalls deutet die nachstehend zitierte Bemerkung Burchards in seinem Tagebuch darauf hin, daß bei dem Tode des Kardinals nicht alles mit rechten Dingen zugegangen ist: »Der Papst betraute meinen Kollegen Bernardino Gutterii mit der Sorge für das Leichenbegängnis. Daher war ich, der ich nicht mehr als nötig wissen wollte, auch nicht dabei und habe mich auch nicht hineingemischt.«[13]

Eine vielsagende Bemerkung.

Noch auf La Magione hatte Gian Paolo Baglioni vor Cesare als dem Drachen gewarnt, der sie alle, einen nach dem andern, zu verschlingen drohe. Als Cesare dann Baglioni nach der scheinbaren Versöhnung mit den anderen Kondottieri aufforderte, sich ebenfalls an der Einnahme Senigallias zu beteiligen, meinte dieser, wenn Cesare sein Fell wolle, solle er es sich hier in Perugia mit dem Schwert holen. Klarsichtige Worte des intelligentesten von Cesares damaligen Gegenspielern, dessen Warnung von La Magione noch durch die Wirklichkeit von Senigallia übertroffen werden sollte. Nicht einen nach dem andern, sondern vier seiner gefährlichsten Gegner hatte Cesare mit einem Schlag gefangennehmen und erwürgen lassen.

Über die Hintergründe des Dramas gibt es verschiedene Versionen. Wie aus dem oben zitierten Bericht von Machiavelli hervorgeht, war er der Auffassung, Cesare sei in Senigallia nur einem Anschlag seiner Gegner zuvorgekommen. Machiavelli stützt sich dabei, wie man von ihm an anderer Stelle erfährt, unmittelbar auf eine Behauptung Cesares. Alexander äußerte sich ähnlich: In einem Gespräch mit einem venezianischen Gesandten behauptete er, Ramiro de Lorqua, der in Cesena so grausam hingerichtete Gouverneur der Romagna, habe mit Vitellozzo und Oliverotto die Ermordung Cesares geplant. Aus diesen Bemerkungen Cesares und Alexanders ist dann geschlossen worden, die Kondottieri hätten Cesare in Senigallia umbringen wollen, wobei Ramiro de Lorqua in das Komplott einbezogen gewesen sei.[14]

Diese Version hat für sich, daß sie Cesares erbarmungsloses Vorgehen – sowohl gegen die Kondottieri als auch gegen de Lorqua – zu erklären scheint, soweit es bei Cesares Charakter hierfür überhaupt einer Erklärung bedarf.

Tatsächlich ist es jedoch völlig unwahrscheinlich, daß Ramiro in irgendein Komplott der Kondottieri gegen Cesare verwickelt war. Wäre dies der Fall gewesen, so hätte Cesare ihn sicher nicht unmittelbar vor Senigallia hinrichten und seine Leiche öffentlich zur Schau stellen lassen. Spätestens nach dem Treffen der Kondottieri auf La Magione war ihr Verhältnis zu Cesare durch großes Mißtrauen und die schlimmsten Befürchtungen gekennzeichnet.

Es kann auch den großmütigsten Menschen nicht gleichgültig lassen, wenn eine Gruppe einflußreicher Gegner eine Woche lang vor den

Augen einer hochinteressierten Öffentlichkeit über seine Vernichtung und seinen Tod berät. Genau dies war aber auf La Magione geschehen, und Cesare war alles andere als ein großmütiger Zeitgenosse: »Seine Rache ist hart«, charakterisierte ein Gesandter Cesare wörtlich schon vor den Ereignissen von Senigallia.[15] Und den Kondottieri war dieser Charakterzug nicht verborgen geblieben. Wenn es insoweit noch eines Beweises bedürfte, so liefert ihn Machiavellis Schilderung über das Zusammentreffen der Kondottieri mit Cesare vor Senigallia: Vitellozzo scheint nach diesem Bericht seinen bevorstehenden Tod förmlich geahnt zu haben, und die Tatsache, daß Oliverotto es anstelle der Begrüßung Cesares vorzog, mit seinen Truppen zu üben, dürfte auch nicht in erster Linie ein Ausdruck seiner Exerzierfreudigkeit gewesen sein. Was schließlich Gian Paolo Baglioni von Cesare und seinen Absichten hielt, ist bereits erwähnt worden.

Vor dem Hintergrund dieser gespannten Atmosphäre erscheint es nahezu ausgeschlossen, daß de Lorqua wenige Tage vor Senigallia hingerichtet und seine Leiche öffentlich zur Schau gestellt worden wäre, wenn er mit den Kondottieri unter einer Decke gesteckt hätte. Die Kondottieri hätten sich dann sicher nicht durch Cesares Erklärung beruhigen lassen, daß diese Hinrichtung die Strafe für de Lorquas Untaten als Gouverneur der Romagna gewesen sei. Vielmehr mußten sie in dieser Hinrichtung eine Warnung sehen, die sie nur veranlassen konnte, entweder, wie Gian Paolo Baglioni, einem Zusammentreffen mit Cesare aus dem Wege zu gehen oder aber sich auf einen Kampf auf Leben und Tod vorzubereiten. Warum aber hätte Cesare, der ja de Lorqua schon in seiner Gewalt hatte, den noch gefährlichen Kondottieri eine solche Warnung zukommen lassen sollen? Vermutlich hat Machiavelli recht, als er abweichend von seinem Bericht über Senigallia in seinem »Principe« schrieb, Cesare habe den verhaßten de Lorqua hinrichten lassen, um sich bei der Bevölkerung der Romagna beliebt zu machen. Wahrscheinlich wollte sich Cesare durch den Zeitpunkt der Hinrichtung das Wohlwollen seiner Untertanen für den Fall sichern, daß sein Handstreich in Senigallia mißlingen und sich der Kampf mit den Kondottieri hinziehen würde.[16]

Die Tatsache, daß de Lorqua an keinem Mordkomplott gegen die Kondottieri beteiligt war, schließt natürlich nicht aus, daß diese ohne dessen Beteiligung Cesares Vernichtung geplant haben.

Hatten sie aber tatsächlich vor, in Senigallia zuzuschlagen?

Wohl kaum, denn Machiavellis Bericht zeigt eigentlich deutlich, daß ein solcher Plan nicht bestanden haben dürfte.

In Senigallia selbst konnten die Kondottieri nicht zuschlagen, denn dort befanden sich nur die Leute Oliverottos, die Cesares Kräften unterlegen waren. Wenn die Kondottieri zuschlagen wollten, mußten sie es vor Senigallia auf freiem Feld tun, wo sie Cesare mit ihren vereinten Truppen zahlenmäßig überlegen waren. Aber wo waren diese Truppen bei der Ankunft Cesares? Die Kräfte der Orsini und Vitellozzos lagen, wie Machiavelli berichtet, verstreut vor Senigallia, und Oliverottos Kräfte, die man in einem solchen Fall ja sinnvollerweise hinzugezogen hätte, befanden sich in Senigallia, so daß sie bei einem Kampf auf freiem Feld jedenfalls nur mit reichlicher Verzögerung am Ort des Geschehens eintreffen konnten.

Gegen einen geplanten Mordanschlag der Kondottieri spricht aber auch und vor allem das Fehlen der treibenden Kraft unter den Gegnern Cesares: Gian Paolo Baglioni war trotz der Aufforderung Cesares nicht zu dem Treffen erschienen. Die deutlichen Worte, mit denen er Cesares Einladung ablehnte, sind ein weiterer Beweis für das, was in Senigallia bevorstand: ein tödlicher Schlag Cesares gegen seine Kondottieri, nicht aber umgekehrt.

Aber gerade die Tatsache, daß die Kondottieri in klarer Erkenntnis eines drohenden Racheaktes Cesare wie hypnotisiert in die tödliche Falle von Senigallia gefolgt sind, hat, wie wohl keine andere Tat, dazu beigetragen, der Gestalt Cesares jene dämonischen Umrisse zu verleihen, die ihn bis heute als das Sinnbild des Verbrechers großen Stils erscheinen lassen. Kein Ereignis, nicht einmal die zahlreichen Morde, mit denen sein Name – häufig zu Recht – in Zusammenhang gebracht wird, haben soviel für das historische Bild von Cesare als dem »Gran Maestro« des Verbrechens getan wie das Drama von Senigallia am Silvestertag 1502.

Es hat freilich auch nicht an Stimmen gefehlt, Carl Jacob Burckhardt sei hier genannt, die trotz Senigallia davor gewarnt haben, in Cesare jenen dämonischen Übermenschen zu sehen, als den ihn beispielsweise Friedrich Nietzsche darstellt.[17] Im Zusammenhang mit den Ereignissen von Senigallia ist daher die Vermutung geäußert worden, daß Cesares Opfer eben längst nicht die bedeutenden Persönlichkeiten gewesen seien, als die sie vielen ihrer Zeitgenossen galten. Zum Beweis hierfür wird vielfach das geringschätzige Urteil Cesares über seine Kondottieri während der Tage von La Magione herangezogen, über das Machiavelli berichtet hat.

Das Drama von Senigallia mit der geistigen Beschränktheit seiner Opfer erklären zu wollen, hieße allerdings, sich über so ziemlich alle

Fakten hinwegsetzen, die über die Ermordeten bekannt sind. Die vier Männer, die Cesare in die tödliche Falle von Senigallia gegangen sind, waren – ausgenommen vielleicht der wegen seiner Jugend noch unerfahrene Herzog von Gravina – nach allem, was man über sie weiß, hochintelligente und aufgrund ihrer langen Erfahrung unerschrokkene, hartgesottene Söldnerführer.

Es wäre indessen voreilig, aus dieser Feststellung – wie dies gelegentlich heute noch geschieht – auf eine geradezu übermenschliche Ausstrahlungskraft ihres Bezwingers Cesare schließen zu wollen.

Vielmehr dürfte der Untergang der Kondottieri – so abwegig dies zunächst gerade in diesem Zusammenhang klingen mag – seine Ursache in den Ehrbegriffen jener Zeit gehabt haben. Mit aller Wahrscheinlichkeit sind Paolo Orsini und mit ihm die anderen Kondottieri durch den Bruch eines Ehrenwortes Cesares in die tödliche Falle von Senigallia geraten. Jedenfalls soll Paolo Orsini bei seiner Gefangennahme Cesare lautstark vorgeworfen haben, sein Ehrenwort gebrochen zu haben. Entscheidend ist, daß die Kondottieri niemals ohne eine verbindliche Zusicherung Cesares, sie nicht anzugreifen, sich so vollkommen in die Gewalt ihres gefährlichen Gegenspielers begeben hätten, wie dies in Senigallia geschehen ist. Natürlich kann man auch in der Tatsache, daß die Kondottieri letztlich einem Ehrenwort Cesares vertrauten, einen Beweis für ihre Beschränktheit und die Überlegenheit Cesares sehen. Gleichwohl wird das Verhalten der Kondottieri und vor allem Paolo Orsinis verständlicher, wenn man sich vergegenwärtigt, welche Bedeutung ein Ehrenwort für die damalige Zeit und auch unzweifelhaft für die Person Cesares selbst hatte. Immerhin sollte ausgerechnet Cesare noch in zwei entscheidenden Situationen seines Lebens Opfer des Vertrauens in das Ehrenwort seines jeweiligen Gegenspielers werden. Die Argumente, mit denen Cesares Biographin Sarah Bradford ihren Helden in diesem Zusammenhang verteidigt, gelten sicher in noch höherem Maße für die Opfer des Wortbruches Cesares in Senigallia:

»Es mag auf den ersten Blick seltsam erscheinen, daß der Ehrbegriff in einem Zeitalter der politischen und sittlichen Skrupellosigkeit eine solche Bedeutung gehabt haben sollte – und vor allem für einen Mann wie Cesare. Es ist aber vielleicht weniger seltsam, wenn man bedenkt, daß dasselbe für die sizilianische Mafia unserer Tage gilt. Dieser Begriff stammte noch aus der mythischen Zeit des Rittertums, das die Vorstellungen der Renaissance noch stark beeinflußte. Lügen, Intrigen, Täuschung und Verrat waren eines – Kriegslisten, denen man

Beifall zollte, wenn sie glückten –, aber die öffentliche Ehre und die Einhaltung eines feierlich gegebenen Versprechens waren etwas ganz anderes. ›Mancanza di fede‹, Treuebruch, war der schwerste Vorwurf, den man gegen einen Mann erheben konnte. Es war die Anklage, die der verzweifelte Paolo Orsini bei seiner Verhaftung in Senigallia Cesare ins Gesicht geschrien hatte, während Cesare seine Tat damit rechtfertigte, daß ihm die Kondottieri wiederholt die Treue gebrochen hatten.«[18]

Es ist keine Frage, daß für die Orsini ein Ehrenwort noch die von Sarah Bradford beschriebene Bedeutung hatte, wie schon die Tatsache zeigt, daß sie Cesare nach La Magione ihre Dienste mit der Einschränkung anboten, nicht gegen Bentivoglio von Bologna vorgehen zu müssen, weil sie diesem gegenüber im Wort standen. Cesare hatte in Senigallia unter Beweis gestellt, daß er die Kunst hervorragend beherrschte, mehr Vertrauen zu erwecken, als er verdiente. Ob indessen diese Fähigkeit, die jeden gewöhnlichen Betrüger auszeichnet, jene Faszination rechtfertigt, die der Gestalt Cesare gerade wegen der Vernichtung der Kondottieri in Senigallia vielfach entgegengebracht wird, erscheint doch äußerst fraglich.

»Als der Herzog sehr mächtig geworden war«

Natürlich machte Cesares Schlag gegen die Kondottieri auf die Zeitgenossen einen großen Eindruck. Bereits unmittelbar auf die Nachricht von der Hinrichtung Oliverottos und Vitellozzos unterwarfen sich Cesare deren Städte Fermo und Città di Castello. Cesare selbst verließ noch am 1. Januar 1503 mit seinen Truppen Senigallia, um gegen Gian Paolo Baglioni nach Perugia zu ziehen. Baglioni zog es nach Cesares Erfolgen vor, nicht dessen Ankunft abzuwarten. Er verließ Perugia, dessen Bürger bereits am 5. Januar Cesare die Herrschaft über ihre Stadt antrugen.

Nichts hätte den Aufstieg der Borgia besser symbolisieren können, als die Kapitulation dieser Stadt, in die sich die Vertreter der Päpste noch zu Beginn der Regierungszeit Alexanders nicht oder allenfalls zitternd vor Angst gewagt hatten. Kaum ein Papst hatte jemals über eine solche Macht im Kirchenstaat verfügt, wie die Borgia zu Beginn des Jahres 1503:

Die mächtigen römischen Adelsgeschlechter der Colonna, Savelli und Gaetani waren bezwungen. Die wichtigsten Häupter der Orsini, wie Kardinal Giambattista und die Kondottieri Paolo sowie der Herzog von Gravina befanden sich in der Gewalt der Borgia und sollten nicht mehr lange leben. Die Marken waren nach der Ermordung der wichtigsten Angehörigen des Hauses Varano von Camerino und von Oliverotto da Fermo fest im Griff der Borgia. Ebenso Umbrien nach der Ermordung Vitellozzos sowie der Vertreibung der Montefeltre aus Urbino und der Baglioni aus Perugia. Erst recht kein Widerstand regte sich in der Romagna und an der Adriaküste. Die beiden Manfredi aus Faenza, die den Borgia wegen ihrer Beliebtheit hätten gefährlich werden können, waren umgebracht. Von den Sforza, die in Imola, Forlì und Pesaro den Ton angegeben hatten, war ebenfalls nichts mehr zu spüren. Die einst so gefürchteten Malatesta waren aus Rimini vertrieben, und nun hatte sich am Neujahrstag auch Senigallia ergeben. Längst war auch schon das Gebiet an der Küste des Tyrrhenischen Meeres mit Piombino in der Gewalt der Borgia. Nur Ferrara und Bologna hatten ihre unabhängige Stellung im Kirchenstaat retten können. Aber in Ferrara war Lucrezia bereits mit dem ältesten Sohn des Herzogs verheiratet, und Bologna hatte sich den Borgia durch ein Bündnis verpflichtet.

Mochten die Borgia im Kirchenstaat so unumschränkt herrschen wie kaum je Päpste vor ihnen, so war die Lage des Papsttums außerhalb des Kirchenstaates kritisch. Von den vier italienischen Mächten, die neben dem Kirchenstaat das italienische Kräftegleichgewicht bestimmt hatten, dem Herzogtum Mailand und den Republiken von Venedig und Florenz im Norden und dem Königreich Neapel im Süden, existierte nur noch Venedig als wirkliche Macht. Neapel hatte nach dem Vertrag von Granada aufgehört, ein selbständiges Königreich zu sein, und war Zankapfel zwischen Frankreich und Spanien. Mailand war fest in der Hand der Franzosen und Florenz völlig von Frankreich abhängig. Es wurde schon an anderer Stelle erwähnt, wie sehr gerade die klügsten Köpfe Italiens, Päpste gleichermaßen wie Herrschergestalten vom Format der Visconti, Lorenzo il Magnificos und Ferrantes von Neapel bei allen sonstigen Gegensätzen immer bestrebt gewesen waren, die Festsetzung ausländischer Mächte in Italien zu verhindern. Nun war eingetreten, was sie für Italien so sehr befürchtet hatten. Nördlich und südlich des Kirchenstaates saßen mit Frankreich und Spanien gleich zwei ausländische Großmächte.

Die Folgen bekamen die Borgia sehr bald in mehrfacher Hinsicht zu spüren. Unmittelbar nach der Vertreibung Baglionis machte sich Cesare wieder an die Verwirklichung seines Traumes, auch die Toskana zu beherrschen. Als erstes Opfer waren Siena und dessen Herrscher Pandolfo Petrucci ausersehen. Obwohl Petrucci durch die Ermordung seines Schwiegervaters an die Macht gekommen war, galt er als guter und bei der Bevölkerung beliebter Herrscher. Die Eigenheit, sich gelegentlich damit zu amüsieren, daß er in seinem hügeligen Herrschaftsgebiet Felsbrocken auf Pilgerzüge herabrollen ließ, sah man ihm offenbar nach. Nicht nachgesehen wurde ihm dagegen von Cesare seine Teilnahme an der Verschwörung der Kondottieri, denn Cesare sah in ihm einen der Hauptdrahtzieher der Angelegenheit. Möglicherweise hat Cesare hier die Bedeutung Petruccis bewußt etwas übertrieben, um einen Vorwand für den Angriff auf Siena zu haben, denn Petrucci war auf La Magione nur durch einen seiner Räte vertreten, und es ist eigentlich schwer vorstellbar, daß dieser gegenüber den dort versammelten Kondottieri eine bestimmende Rolle gespielt haben könnte. Aber in jenen Januartagen nach Senigallia war Cesares Stellung so stark, daß Petrucci eben als einer der Hauptverantwortlichen für die Verschwörung von La Magione zu gelten hatte, wenn Cesare dies behauptete. Petrucci gab daher klein bei, als dieser ihn aufforderte, Siena zu verlassen. Cesare erlaubte ihm, sich in Lucca niederzulassen, und bat die Stadt sogar in einem Schreiben, den Vertriebenen wohlwollend aufzunehmen. Petrucci ließ sich indessen durch soviel Großmut nicht täuschen. Cesares Schergen warteten vergeblich auf ihn an dem Weg, den er von Siena nach Lucca hätte nehmen müssen. Petrucci, dem wohl die Ereignisse von Senigallia zu gut in Erinnerung waren, hatte eine andere Route gewählt.

Wenngleich Cesare die Bedeutung der Rolle Petruccis bei der Verschwörung von La Magione bewußt übertrieben haben dürfte, so hat er in ihm fraglos einen ernstzunehmenden Gegner gesehen. Bereits vor dessen Vertreibung aus Siena äußerte er über ihn am 10. Januar 1503 zu Machiavelli: »In Anbetracht seines Verstandes, des Geldes, das er bekommen kann, und des Ortes, wo er sich aufhält, wäre er, solange er die Macht hat, ein Funke, von dem man große Brände befürchten müßte: ich möchte ihn in der Hand haben.«[1]

Was aber machte den sicherlich intelligenten und verschlagenen, aber letztlich doch zweitrangigen sienesischen Stadttyrannen in den Augen Cesares zu einem so gefährlichen Gegner? Von wem sollte Petrucci das Geld erhalten, das er nach Meinung Cesares bekommen konnte, und warum sollte ausgerechnet die Macht über Siena zu einem Gefahrenherd werden, den Cesare nach eigenen Worten fürchtete? Über die Antwort dürfte zwischen Cesare und Machiavelli schon während ihrer Unterredung kein Zweifel bestanden haben. Siena gehörte nicht mehr zum Kirchenstaat, sondern war eine unabhängige Stadt in der Toskana. Für die Toskana aber interessierte sich kein anderer als der französische König. Dies war bereits im vergangenen Sommer klargeworden, als Cesare die Vorstöße seiner Kondottieri Baglioni und Vitelli in die Toskana auf Geheiß Ludwigs beenden mußte. Die neuerlichen Erfolge Cesares machten den französischen König im Januar 1503 noch weniger geneigt, dessen Bemühungen um die Toskana zu unterstützen. Zwar unternahm Ludwig nichts, um die beiden Orsinikondottieri sowie den Kardinal dieses Geschlechts aus der tödlichen Gefangenschaft der Borgia zu befreien, obwohl ihm dies sicherlich möglich gewesen wäre. Im Gegenteil, zynisch überließ er die Gefangenen ihrem Schicksal, wohl hoffend, aus dem dadurch wachsenden Haß zwischen den Borgia und den Orsini selbst noch Gewinn ziehen zu können. Aber so bereitwillig Ludwig den Borgia freie Hand gegenüber den gefangenen Orsini ließ, so wenig war er bereit, einen Vorstoß Cesares in die Toskana hinzunehmen:

Schon der Vormarsch Cesares nach Siena wurde durch Nachrichten aus dem römischen Gebiet empfindlich gestört. Dort hatten Giangiordano Orsini, das Oberhaupt des Geschlechts, Niccolo von Pitigliano, der spätere Befehlshaber der venezianischen Truppen bei der Schlacht von Agnadello, sowie Fabio Orsini, der Sohn des erwürgten Paolo, den ehemaligen Sitz Paolos, Palombara, zurückerobert und dann die päpstlichen Truppen bis nach Rom zurückgedrängt. Alexander forderte vergeblich vom französischen König die Auslieferung von Giangiordano Orsini, der sich bezeichnenderweise ins französische Lager begeben hatte. Wütend erklärte Alexander daraufhin, das ganze Geschlecht ausrotten zu wollen, was ihm allgemein geglaubt wurde.

Trotz der Angriffe der Orsini brach Cesare seinen Marsch auf Siena erst ab, als ihm in Pienza Gesandte die Unterwerfung der Stadt anboten. Die Orsini zogen sich bei der Nachricht von dem Anrücken Cesares in die ihnen verbliebenen und zurückeroberten Plätze wie Ceri, Cerveteri, Palombara und Vicovaro zurück. Die volle Wucht des Angriffs von Cesare richtete sich gegen Ceri, das von Giulio Orsini, dem Bruder des ermordeten Kardinals, entschlossen verteidigt wurde. Aber nach einem Dauerbeschuß mit mehr als 5000 Kugeln sah sich Giulio Anfang April 1503 gezwungen, den Mörder seines Bruders um Waffenstillstand zu bitten. Die anderen noch von den Orsini gehaltenen Festungen folgten. Natürlich wollten die Borgia – Alexander verkündete dies ohne Umschweife – von einem Waffenstillstand nichts wissen. Aber nun zeigte sich deutlich, was sich schon am 30. März angedeutet hatte, als es sich Pandolfo Petrucci erlauben konnte, nach Siena zurückzukehren: Die Borgia waren längst nicht mehr Herr im eigenen Hause. Es war der französische König, der den Borgia einen Waffenstillstand mit den Orsini aufzwang. Schon am 8. April 1503 kam es in Anwesenheit von französischen Vermittlern zu einem Vertrag zwischen den Borgia und den Orsini, dessen Bestimmungen zwar die Macht der Orsini in der Campagna di Roma brach, aber von dem eigentlichen Ziel der Borgia, diese lästigen Gegner ein für allemal zu vernichten, weit entfernt blieb: Cesare mußte Giulio Orsini erlauben, sich nach Pitigliano zurückzuziehen. Giangiordano behielt die Festung Vicovaro, und die Borgia mußten zudem noch Rinaldo Orsini, den Erzbischof von Florenz, der den ermordeten Kardinal bei seinem verhängnisvollen Gang in den Vatikan begleitet hatte und ebenfalls festgenommen worden war, wieder freilassen.

Alexander tobte und bezeichnete den französischen König in aller Öffentlichkeit als undankbar, unverschämt und raubgierig.

Die Borgia zwischen Frankreich und Spanien

Im Vertrag von Granada hatten Frankreich und Spanien ihre neapolitanische Beute recht konfliktträchtig aufgeteilt: Die Campagna, die Terra di Lavoro sowie die Städte Neapel und Salerno gingen an die französische, der Süden mit Kalabrien und Apulien an die spanische Krone. Offen blieb indessen die Frage, wem die Herrschaft über die Regionen Basilicata und Capitanata zufallen sollte.

Den ersten Schritt zur Annektion dieser Gebiete unternahm der französische König, indem er durch seine unter dem Befehl des Schotten Stuart d'Aubigny stehenden Elitetruppen einen Teil der Capitanata und Basilicatas besetzen ließ. Im Gegenzug schnitt Gonsalvo de Cordoba mit der Besetzung von Atella und Melfi den Franzosen den Zugang zum Hafen von Barletta und damit den Nachschub vom Meer ab. Dieser Schritt sollte sich als der Anfang vom Ende der französischen Träume von der Herrschaft über Süditalien erweisen. Durch Siege in der Schlacht von Seminara am 21. April 1503 über Stuart d'Aubigny und eine Woche später über den Herzog von Nemours bei Cerignola brachte de Cordoba Süditalien mit Ausnahme von Gaeta vollständig in spanische Hand.

Für die über den französischen König ohnehin verärgerten Borgia waren diese Erfolge ihres Landsmannes de Cordoba Anlaß genug, sich nun verstärkt Spanien zuzuwenden. Derartige politische Richtungsänderungen verliefen bei den Borgia, wie gelegentlich auch anderswo, nicht immer unblutig. Nicht ganz unschuldiges Opfer war diesmal Francesco Troches, Bischof von Avila, lange Zeit enger Vertrauter Cesares und dessen Verbindungsmann zum französischen Hof. Troches warnte, aus welchen Gründen auch immer, den französischen König in einem Brief vor der Abwendung der Borgia von Frankreich. Dies hätte er besser nicht getan; jedenfalls nicht schriftlich. Ludwig schickte einen Gesandten mit dem Brief zu Alexander, der bei dessen Lektüre leichenblaß wurde und Troches beschuldigte, ein »agent provocateur« zu sein. Troches, der davon erfuhr, versuchte zu fliehen. Er kam aber nur bis Korsika, wo ihn Agenten der Borgia gefangennahmen und nach Ostia brachten, wo ihn Cesare verhörte. Über das Ende der Vernehmung berichtet ein Gesandter: »Seine Exzellenz stellte sich an einem Ort auf, wo sie sehen, aber nicht gesehen werden konnte, und Troches wurde von der Hand Don Micheles erdrosselt.«[1]

Fast gleichzeitig ließen die Borgia einen römischen Adeligen, Jacopo di Santa Croce, wegen frankreichfreundlicher Umtriebe hinrichten. Ebenfalls im April 1503 starb dann noch unter verdächtigen Umständen der venezianische Kardinal Michiel, der ein Vermögen von 200000 Dukaten hinterließ. Die Schnelligkeit, mit der die Borgia ihre Hand auf sein Vermögen legten, ließ allgemein den Verdacht aufkommen, daß sie – nur zwei Monate nach dem Tod des Kardinals Orsini – ein weiteres Mitglied des Kardinalskollegiums mit der Cantarella vergiftet hatten.

Was hat es nun mit diesem berüchtigten Gift der Borgia tatsächlich auf sich? Der Berliner Toxikologe Louis Lewin schrieb hierzu:

»Die ›Cantarella‹, das Gift der Borgia, wurde sicherlich auch sonst in Italien von Mächtigen und von Wissenden benutzt, falls sie sicher vor Entdeckung waren. Es war das Gift des Cinquecento. Es war ein weißes Pulver, das meistens in Dosen verabreicht wurde, die eine subakute Vergiftung erzeugten und dadurch die falsche Vorstellung erweckte, als könne man damit zu einem bestimmten Zeitpunkt töten. Es war eine Arsenverbindung, sehr wahrscheinlich arsenige Säure, jener Stoff, der, wie ich schon angegeben habe, unter der deutlichen französischen Bezeichnung ›arsenic sublimat‹ bereits im Jahre 1380 zu Vergiftungszwecken, und wahrscheinlich auch schon lange Zeit vorher, in karolingischer und normannischer Zeit in roher Form verwendet worden war. Die Beibringung war und ist leichter als die der meisten Pflanzengifte, die einen auffallenden, schwer oder gar nicht zu verdeckenden Geschmack haben, und die Wirkung eine zuverlässige, gleichgültig, in welcher Form das Mittel in den Körper gebracht wird. Wohl kannte man damals... noch andere Gifte, z. B. das Aconit. War es doch sogar bekannt genug, daß Matthiolus mit dieser Pflanze, von der die Alten angaben, daß sie dem Geifer des Zerberus entstammt sei, auf Befehl des Papstes Clemens VII. in Rom im Jahre 1524 Versuche an Verbrechern angestellt hat, die die furchtbare Wirkung derselben weiter bekannt machten. Und doch mußten diese und andere Giftpflanzen aus den genannten Gründen zurücktreten gegen die bequemere Arsenverbindung. Die wenngleich nur dürftigen Angaben über die an den Giftopfern der Borgia beobachteten Symptome sind dem Kundigen

Arsenfolgen. Man kann von den Historikern jener Tage, als Laien, nicht erwarten, daß sie ihre Nachforschungen so weit zu treiben versuchten, um über die Erkrankungserscheinungen derjenigen Bericht erstatten zu können, die in streng von der Außenwelt abgesperrten Kerkern, z. B. der Engelsburg, oder während ihres gewöhnlichen Alltagslebens akut, subakut oder chronisch dem ihnen gereichten Gift unterlagen und dadurch nur für eine gewisse Zeit erkrankten. Wie sollten sie dies auch ermöglichen? Stets hat man es für gut befunden, den dichtesten Schleier des Geheimnisses gerade über diese Tötungsart zu breiten.«[2]

Man sollte aus diesen Zeilen des Mentors der Deutschen Toxikologie allerdings keine voreiligen Schlüsse ziehen. Dabei sei dahingestellt, ob der durch Ludwig von Pastor gegen Lewin erhobene Vorwurf, er sei allzu schnell bereit, in jedem Todesfall einen Giftmord zu sehen, berechtigt ist.[3] Eines steht jedenfalls fest: Die Zahl der Todesfälle im Kardinalskollegium lag während der elfjährigen Amtszeit Alexanders nicht höher als während des Pontifikats anderer Päpste. Dies schließt natürlich nicht aus, daß die Borgia mit Gift gearbeitet haben; besonders der Tod des Kardinals Orsini legt diese Vermutung nahe. Aber es kann sich hier doch nur um Einzelfälle gehandelt haben. Das Bild von den giftmörderischen Borgia, die sogar geplant haben sollen, das ganze Kardinalskollegium zu vergiften, ist ein lächerliches Phantasieprodukt, das durch die historischen Fakten nicht einmal ansatzweise belegt wird.

Wie immer auch das Verhältnis der Borgia zum Gift und dessen Einsatz im einzelnen gewesen sein mag, ihr eigentliches Problem im Jahre 1503, die Macht Frankreichs im Norden und Spaniens im Süden Italiens, ließ sich schon wegen der Vorkoster der beiden Könige mit Gift nicht lösen. Alexander war sich darüber im klaren, daß die Anwesenheit Spaniens und Frankreichs auf italienischem Boden für das Papsttum nicht von Vorteil sein konnte. Konsequenterweise versuchte er eine Annäherung an die neben dem Kirchenstaat noch einzige wirkliche Macht Italiens: Venedig.

Venedig, heute Symbol vergangenen Glanzes, war in der Renaissance unter den italienischen Mächten die bedeutendste. Ihre Größe wird paradoxerweise in der Niederlage sichtbar, die die Republik dem Borgia-Nachfolger Julius II. am 14. Mai 1509 in der Schlacht von Agnadello zu verdanken hat. Vorangegangen waren heftige Auseinandersetzungen zwischen dem eigenwilligen Papst und der stolzen Serenissima um die Besitzungen Venedigs auf dem italienischen Festland, in deren Verlauf Julius eines Tages gegenüber dem venezianischen Botschafter Pisani die Drohung ausstieß, Venedig wieder zu einem Fischerdorf machen zu wollen. Dies veranlaßte den venezianischen Aristokraten zu der Antwort: »Und wir, Heiliger Vater, werden Euch zu einem kleinen Pfarrer machen, wenn Ihr nicht verständig seid.«[4] Damit sollte der selbstbewußte Venezianer indessen nicht recht behalten. In der Liga von Cambrai vereinigten sich unter Führung des Papstes mit Frankreich, Spanien, Habsburg und einem Großteil der italienischen Fürsten fast das gesamte Europa, um die Großmacht Venedig in die Knie zu zwingen. Mit Erfolg, denn diesen vereinten Kräften ihrer Gegner waren die Truppen Venedigs unter ihren Heerführern Niccolo di Pitigliano und d'Alviano in der Schlacht von Agnadello letztlich doch nicht gewachsen.

Im Lichte dieser Schlacht, die den langsamen Untergang Venedigs einleitete, ist es vielen Historikern als ein großer Fehler erschienen, daß die Venezianer auf das Bündnisangebot der Borgia im Jahre 1503 nicht eingegangen sind. Da die Geschichte aber keinen Konjunktiv kennt, belassen wir es mit der Feststellung, daß die Venezianer, wie auch schon früher, an einer Verbindung mit den Borgia nicht interessiert waren. Sie glaubten nicht daran, daß sich die Borgia trotz ihrer Erfolge auf Dauer in Italien als Macht halten könnten. Nach Alexanders Tod, davon waren sie überzeugt, würde die Macht Cesares, wie die noch jedes Papstnepoten vor ihm, wie ein Strohfeuer erlöschen. Was schließlich den Tod des Papstes betraf, so konnte man, falls sich dies als erforderlich erweisen sollte, dem Lauf der Dinge etwas nachhelfen. Immerhin enthielten die venezianischen Haushaltspläne eine Stelle, in der mit schöner Offenheit Mittel zur Ermordung fremder Potentaten ausgewiesen wurden.[5] Dabei war zwar in erster Linie an die osmanischen Sultane gedacht, mit denen Venedig häufig Konflikte hatte; aber gegebenenfalls ließen sich diese Mittel auch anderweitig einsetzen. Die Einstellung Venedigs zu den Borgia wird aus einem Schreiben jener Zeit an Gian Paolo Baglioni deutlich, in dem es unter anderem heißt: »In Wahrheit haben wir immer all die Häuser der Orsini und Baglioni und all der anderen Signori geliebt.«[6] Dies waren keine leeren Worte, denn die Venezianer gewährten jedem Gegner der Borgia, der das Glück hatte, wenigstens sein Leben retten zu können, Asyl.

Nachdem feststand, daß ein Bündnis mit Venedig nicht zustande kommen würde, mußten sich die Borgia zwischen Spanien und Frankreich entscheiden. Neutral bleiben konnten sie nicht. Cesare war schließlich als französischer Herzog dem französischen König zur Gefolgschaft verpflichtet. Verweigerte er diese, so war klar, daß damit die gesamten Erfolge der frankreichfreundlichen Politik der Borgia, insbesondere der Bestand von Cesares Herzogtum in der Romagna, aufs Spiel gesetzt würden.

Zugleich hatten jedoch die Ereignisse im Frühling dieses Jahres in der Toskana gezeigt, daß Ludwig nicht gewillt war, Cesare die so heiß begehrte Toskana zu überlassen. Frankreich würde, solange es die Macht dazu hatte, immer zwischen den Borgia und diesem Gebiet stehen.

Am 31. Mai 1503 schritt dann Alexander zu einer Kardinalserhebung, mit der er sich eindeutig auf die Seite Spaniens stellte. Von neun Kardinälen, die er ernannte, waren nicht weniger als fünf Spanier. Von den restlichen vier waren drei Kardinäle italienischer und einer, der mit Rücksicht auf Maximilian ernannte Melchior Copis von Meckau, deutscher Herkunft. Dagegen hatte Alexander keinen einzigen Franzosen berücksichtigt.

Diese offene demonstrative Hinwendung der Borgia zu Spanien gab zu zahlreichen Spekulationen und Befürchtungen Anlaß. Im Grunde ließ sie darauf schließen, daß die Borgia mit einem baldigen Ende der Großmachtstellung Frankreichs in Italien rechneten. Bezeichnenderweise wird Alexander nach dieser Kardinalserhebung mit dem Satz zitiert: »Was bisher geschehen ist, ist nichts im Vergleich zu dem, was noch sein wird.«[7] Das vorläufige Ziel der Borgia war klar. Die Romagna, die Marken, Umbrien und Latium waren in ihrer Hand. Die reiche Toskana wollten sie mit Hilfe ihrer spanischen Verbündeten an sich bringen, denen sie dafür die Investitur im Königreich Neapel zu gewähren bereit waren. Damit konnten Mittel- und Süditalien in der Hand der Borgia und der spanischen Krone zusammen einen Machtblock bilden, der mit dem Papsttum und den spanischen Truppen unter Gonsalvo de Cordoba gleichermaßen über die stärkste geistliche und militärische Macht jener Zeit verfügte. Auf diesem Fundament ließ sich noch Größeres aufbauen. Nicht ohne Grund ist Cesare zum historischen Vorbild für den »Principe« Machiavellis geworden, jener Gestalt also, die Italien nach der Vorstellung Machiavellis zu einem Nationalstaat einigen sollte. Doch der Höhenflug der Borgia sollte ein jähes Ende nehmen.

Der mysteriöse Tod Alexanders VI.

Am Samstag, dem 12. August 1503, erkrankten Alexander und Cesare fast gleichzeitig schwer. Beide litten an starkem Fieber, das bei Alexander, der sich schon den ganzen Tag über unwohl gefühlt hatte, zwischen sechs und sieben Uhr abends auftrat. In den darauffolgenden Tagen schwankte das Befinden von Alexander und Cesare, ohne daß eine entscheidende Besserung eingetreten wäre. Es wurde im Gegenteil bald klar, daß Alexander und Cesare um ihr Leben kämpften.

Um den schon in Rom aufkommenden Unruhen entgegenzuwirken, verbot man den behandelnden Ärzten, den Vatikan zu verlassen. Diese versuchten ihren Patienten mit unterschiedlichen Methoden zu helfen. Während man Alexander große Mengen Blut abnahm, verordnete man Cesare Wechselbäder.

Gegen Mitte der Woche sah es kurze Zeit so aus, als ob Alexander die Krankheit überstehen könnte, während man Cesares Aussichten schlecht beurteilte. Doch dies änderte sich bald, wohl nicht zuletzt als Folge der unterschiedlichen Widerstandskraft des über 70 Jahre alten Papstes und seines robusten Sohnes.

Nach der kurzen Phase der Besserung verschlechterte sich Alexanders Zustand rasch, und dieser war sich, wie der Bericht Burchards über die letzten Stunden des Papstes zeigt, sehr wohl bewußt, daß sein Ende nahte:

»Am Freitag, dem 18., zwischen neun und zehn Uhr legte er dem Bischof Gamboa von Carignola die Beichte ab, der dann vor ihm die Messe las; nach seiner Kommunion gab er dem im Bett sitzenden Papst das Sakrament der Eucharistie. Dann vollendete er die Messe, der fünf Kardinäle beiwohnten: Serra, Juan und Francesco Borgia, Casanova und Loris. Zu ihnen sagte der Papst darauf, es gehe ihm schlecht.

Zur Vesperstunde verschied Alexander nach der Letzten Ölung, die ihm Gamboa erteilt hatte, außer dem nur noch der Datarius und die päpstlichen Reitknechte zugegen waren.«[1]

Über die Ereignisse unmittelbar nach dem Tode Alexanders berichtete Burchard weiter: »Cesare, der krank lag, entsandte Michelotto mit zahlreicher Mannschaft, die alle Türen nach dem Ausgang und der Wohnung des Papstes verschlossen. Einer von ihnen zückte einen Dolch und bedrohte den Kardinal Casanova: Wenn er ihm nicht die Schlüssel und das Geld des Papstes gebe, werde er ihn erstechen und aus dem Fenster werfen. Der erschrockene Kardinal gab die Schlüssel heraus. Sie drangen nun nacheinander in den Raum hinter dem Zimmer des Papstes und nahmen alles Silber, das sie fanden, sowie zwei Kassen mit etwa 100000 Dukaten. Um acht Uhr abends öffneten sie wieder die Türen, und der Tod des Papstes wurde bekannt. Inzwischen hatten die Diener, was noch in den Garderoben und im Zimmer vorhanden war, an sich genommen und ließen nichts übrig als die päpstlichen Sessel, ein paar Kissen und die Teppiche an den Wänden. Cesare erschien während der ganzen Krankheit und auch beim Tode nicht beim Papste, und auch dieser gedachte selbst in der Krankheit nicht mit dem kleinsten Wörtchen Cesares oder Lucrezias.«[2]

Es ist schon viel über Glanz, Elend, Faszination und Einsamkeit der Macht geschrieben worden. Aber auch in den geistvollsten Betrachtungen dürften deren Facetten und ganze Fragwürdigkeit kaum deutlicher zutage treten als in dem letzten Satz dieses trockenen Berichtes des Chronisten Burchard über den Todestag Alexanders.

Man kann die Bedingungslosigkeit, mit der sich Alexander gerade auch als Papst für seine Familie und Verwandten eingesetzt hat, je nach Einstellung verdammen oder bewundern. Vielleicht beides, denn das Verhalten des Papstes Alexander läßt sich in diesem Punkt kaum entschuldigen und schon gar nicht rechtfertigen. Dem Familienvater Rodrigo Borgia wird man Verständnis und Achtung ebensowenig versagen können, wie man sie dem jungen Rodrigo Borgia versagen konnte, der ungeachtet der Gefahren durch das unruhige Rom zu seinem von allen verlassenen sterbenden Onkel Calixt zurückgeeilt ist, um ihm in dessen letzter Stunde beizustehen.

Was muß in diesem Mann vorgegangen sein, der in einer fast beispiellosen Laufbahn seine Familie zu einer der mächtigsten gemacht hatte, als er nun in dem mit den Borgia und ihrer Anhängerschaft überfüllten Vatikan allein und verlassen, nur in der Gesellschaft von ein paar Gardesoldaten und seines Beichtvaters, auf seinen Tod wartete.

Zwar waren noch bei der Messe am Morgen zwei Kardinäle aus dem Hause Borgia und drei weitere Alexander vertraute Kardinäle anwesend. Aber keiner hatte es für nötig befunden zu bleiben. Gewiß, sie hatten ihre Gründe: Längst waren in Rom die beim Hinscheiden eines Papstes üblichen Unruhen ausgebrochen, und dies, wie man sich beim Tode eines Papstes, der sich den gesamten römischen Adel zum Todfeind gemacht hatte, unschwer vorstellen kann, mit äußerster Heftigkeit. Jetzt mußten die Borgia sich jener erwehren, die sie noch vor Tagen – mit Erfolg, wie es schien – völlig zu vernichten suchten.

Aber war die Lage, in der Rodrigo Borgia durch Rom an das Sterbebett Calixts geritten war, soviel anders gewesen? Und selbst wenn der Aufruhr in Rom noch das Verhalten der Verwandten Alexanders halbwegs verständlich machte, was soll man dann zu dem seines Sohnes Cesare sagen? Sicher war auch Cesare erkrankt; aber doch nicht so schwer, als daß er nicht Michelotto den Befehl hätte geben können, die Gemächer seines Vaters zu plündern. Sehr aufschlußreich in diesem Zusammenhang ist allerdings die Tatsache, daß Cesare offenbar geglaubt hat, nur durch einen Gewaltakt an das in den Privatgemächern seines Vaters lagernde Vermögen heranzukommen. Nicht weniger interessant ist, daß Cesare von seinem Vater ganz offensichtlich weder über den Umfang noch den genauen Aufbewahrungsort informiert worden war, denn sonst hätte Michelotto schwerlich übersehen können, daß außer den gefundenen 100000 Dukaten und dem Silber, dessen Wert auf 200000 Dukaten geschätzt wurde, in den Gemächern noch weiteres Silber und insbesondere Juwelen von hohem Wert verborgen waren.

Der Todesgottesdienst am 21. August in Sankt Peter stand an Würdelosigkeit den Ereignissen am Todestag des Papstes nicht nach, wie Burchard getreulich berichtet: »Als der Sarg in der Mitte der Kirche niedergesetzt war, mußte hergesagt werden: Non intres in iudicium etc., aber es war kein Buch da; während man vergeblich darauf wartete, stimmte der Klerus das Responsorium an: ›Libera me Domine‹. Während des Gesanges wollten etliche Soldaten der Palastwache verschiedene Fackeln an sich nehmen. Der Klerus verteidigte sich gegen sie; die Soldaten kehrten die Waffen gegen den Klerus, der den Gesang Gesang sein ließ und sich nach der Sakristei flüchtete. Und der Papst stand fast allein. Ich ergriff mit drei anderen die Bahre mit dem Papst und wir trugen ihn zwischen den Hauptaltar und seinen Thronsitz, mit dem Kopf dem Altar zu. Hinter dem Sarg wurde der Chor verschlossen. Der Bischof von Sessa befürchtete, wenn das Volk zu dem Toten herankäme, möchte ein Skandal entstehen, d. h. jemand, den der Tote gekränkt hatte, könnte sich an ihm rächen. Daher ließ er den

Sarg wieder wegnehmen und am Eingang der Kapelle zwischen den Treppen aufstellen, die Füße so nahe am Gitter und der Tür, daß man sie durch das Gitter mit der Hand bequem berühren konnte. Hier stand er den ganzen Tag über hinter dem wohlgeschlossenen Gitter. Von dort wurde die Leiche am folgenden Abend entfernt, weil sie sich verfärbte und schließlich aussah wie das schwärzeste Tuch oder der dunkelste Neger, vollständig fleckig, die Nase geschwollen, der Mund ganz breit, die Zunge wie doppelt, so daß sie über die Lippen hervorquoll, der Mund offen, kurz so entsetzlich, wie noch nie jemand etwas Ähnliches sah oder zu kennen erklärte.«[3]

Man brachte den Leichnam nach der Kapelle Maria delle Febbri, wo sich der bereitgestellte Sarg als zu eng und zu kurz erwies: »Sie legten ihm die Mitra an die Seite, bedeckten ihn mit einem alten Teppich und halfen mit den Fäusten nach, damit er in den Sarg ginge, alles ohne Fackeln oder sonstige Beleuchtung, ohne einen Priester oder eine Person, die sich um seinen Leib kümmerte.«[4]

Nicht zuletzt die Verwesungserscheinungen an der Leiche Alexanders ließen bald das Gerücht aufkommen, er sei vergiftet worden. Bei dem Verhalten Cesares gegenüber seinem sterbenden Vater und der Tatsache, daß Alexander selbst in seinen letzten Tagen und Stunden nie von Cesare sprach, ist es auch kein Wunder, daß bald das Gerücht aufkam, Cesare selbst sei am Tod seines Vaters schuld. Kern dieses Gerüchtes ist ein Gastmahl, das der Kardinal Adriano de Corneto am 5. oder 6. August in einem seiner Weinberge gab und an dem neben zahlreichen Kardinälen auch Alexander und Cesare teilgenommen hatten. Nach einer weitverbreiteten und noch heute geglaubten Version soll zumindest Cesare die Absicht gehabt haben, den Gastgeber – nach anderen Versionen gleich alle anwesenden Kardinäle – zu vergiften. Zu diesem Zweck sei ein Bediensteter des Kardinals mit 10000 Dukaten bestochen worden, um einen Teil des Weines zu vergiften. Der Wein sei jedoch verwechselt worden, so daß schließlich Alexander und Cesare selbst den vergifteten Wein getrunken hätten.

Hierzu ist zunächst einmal festzustellen, daß es heute keinen Mediziner gibt, der in den Verwesungserscheinungen der Leiche ein Vergiftungssymptom oder gar den Beweis für eine Vergiftung sehen würde. Schon Lewin hat darauf hingewiesen, daß derartige Erscheinungen bei einem Leichnam, der zwei Tage offen in glühender Sommerhitze aufgebahrt ist, durchaus natürlich sind.[5] Noch deutlicher ist ein von Cesares Biograph René Guerdan zu Rate gezogener französischer Gerichtsmediziner:

»Die Beschreibung des Leichnams Alexanders mit seinem schwarzen Gesicht, seinen geschwollenen Lippen... stimmt vollkommen mit den Verwesungserscheinungen bei einer Leiche überein, die längere Zeit der freien Luft ausgesetzt war. Wir heutigen Gerichtsmediziner bedienen uns des Ausdrucks ›Negerkopf‹, um die Verwesungserscheinungen eines Leichnams zu beschreiben, der diese gleichermaßen charakteristische wie entsetzliche Form annimmt.«[6]

Als weiteres Argument gegen die Wahrscheinlichkeit eines Gifttodes von Alexander ist auch vorgebracht worden, daß der August im Rom jener Zeit ohnehin ein todbringender Monat war. Dies ist nicht zu bestreiten: Im August ist bereits der erste Borgia-Papst Calixt ebenso verstorben wie drei der vier Päpste, die zwischen Calixt und Alexander regierten. Sowohl Pius II. als auch Sixtus IV. und Innozenz VIII. starben im August. Lediglich Paul II. machte eine Ausnahme, wobei an seinem Todestag, einem 26. Juli, bereits ebenfalls die gefürchtete römische Sommerhitze herrschte.

So gesehen läßt sich der Tod des damals 73jährigen Alexanders sehr wohl auf natürliche Ursachen zurückführen. Merkwürdig ist indessen, daß die für ihre Robustheit bekannten Alexander und Cesare, denen bisher auch der heißeste römische Sommer nicht das geringste anzuhaben vermochte, plötzlich am selben Tag wegen dieses Klimas auf das schwerste erkrankten. Verstärkt werden die Zweifel an einem natürlichen Tod Alexanders durch die Tatsache, daß ihn die Krankheit zu einem Zeitpunkt traf, als die Borgia auf dem Höhepunkt ihrer Macht standen und ihren Gegnern – soweit noch vorhanden – gefährlicher denn je erscheinen mußten. Es ist kein Zufall, daß ausgerechnet der bedeutendste Historiker der Päpste, von Pastor, der allerdings einen natürlichen Tod Alexanders für wahrscheinlich hält, sein letztes Kapitel vor der Erkrankung dieses Papstes mit der Überschrift »Ausschweifende Pläne Cesare Borgias« versehen hat und in diesem Zusammenhang ausführt: »Gewiß war nur das eine, daß die Entwürfe Cesares und Alexanders gerade damals einen höheren Flug nahmen. Der Papst strotzte vor Gesundheit und fühlte noch in keiner Weise die Beschwerden des Alters. Er selbst wie seine Umgebung hofften mit Sicherheit auf eine längere Regierung. Dementsprechend waren die ausschweifenden Pläne Cesares, der sich bereits als Herrscher der herrlichen Toskana träumte. Der ferraresische Gesandte berichtet noch am 10. August von Verhandlungen des Papstes mit dem Kaiser, um Cesare die Investitur von Pisa, Siena und Lucca zu verschaffen.«[7] Fest steht jedenfalls, daß die Gegner der Borgia zu keinem früheren Zeitpunkt mehr Anlaß hatten, deren Tod herbeizuwünschen, als in jenem August des Jahres 1503.

Mit Sicherheit sind die Borgia aber nicht an dem von ihnen vergifteten Wein gestorben. Auch wenn sie nicht jene Genies des Verbrechens waren, als die sie vielfach gesehen werden, gibt es keinen Anlaß, ihnen einen derart dümmlichen und riskanten Mordschlag zuzutrauen. Wenn tatsächlich Gift im Spiel gewesen sein sollte, so ist sicherlich die Vermutung von Susanne Schüller-Piroli am wahrscheinlichsten: Sie verweist darauf, daß der Gastgeber jener Abendgesellschaft vom 5. oder 6. August, der Kardinal Hadrian von Corneto, nach dem Tode Alexanders noch in mehrere Giftmordaffären verwickelt war und im Zusammenhang mit einem Anschlag auf Papst Leo X. aus Rom fliehen mußte. Man wird unterstellen dürfen, daß er, um sich dem Zugriff des angesehenen Medici-Papstes zu entziehen, dorthin geflohen ist, wo er sich am sichersten fühlte. Als diesen sichersten Ort sah er Venedig an. Darin hatte er sich nicht getäuscht: Venedig weigerte sich standhaft, dem Auslieferungsersuchen des Papstes nachzugeben.

Aus welchem Grund zog sich Venedig lieber den Zorn des hochangesehenen Medici-Papstes Leo X. zu, als daß es den eines versuchten Mordes an diesem Papst hochverdächtigen Kardinal auslieferte?

Lucrezia und der Tod ihres Vaters

Lucrezia erhielt die Nachricht vom Tode Alexanders schon am 19. August. Ein Trostbrief ihres Freundes Pietro Bembo läßt ahnen, wie tief ihre Trauer gewesen sein muß:

»Ich kam gestern zu Ew. Herrlichkeit, teils um Ihnen die Größe meines Kummers um Ihr Unglück zu erkennen zu geben, teils um Sie so gut ich konnte zu trösten und Sie zu bitten, sich zu beruhigen, da ich vernahm, daß Sie einem unmäßigem Schmerze sich hingeben. Doch weder das eine noch das andere vermochte ich. Denn nicht so bald sah ich Sie in diesem verdunkelten Gemach und in diesem schwarzen Gewande traurig und weinend daliegen, so preßte sich auch alles Gefühl in meinem Herzen zusammen, daß ich lange dastand, ohne reden zu können oder doch ohne zu wissen, was ich reden sollte. Eher bedurfte ich selbst des Trostes, als daß ich ihn geben konnte, und so ging ich davon, in der Seele von diesem mitleidsvollen Anblick erschüttert, halb stumm und halb stammelnd, wie Sie das bemerkt haben oder bemerken konnten. Vielleicht widerfuhr mir das, weil Sie weder meiner Klage noch meiner Tröstung bedurften; denn meine Ergebenheit und Treue wohl kennend, kennen Sie auch meinen Schmerz um Ihren Schmerz, und Sie schöpfen aus Ihrer unendlichen Weisheit von selbst Trost, ohne ihn von anderen zu erwarten. Deshalb will ich nicht soviel mich selbst anklagen, den seine wenige Kraft in jenem Augenblicke verließ. Aber wenn ich sowohl hier als dort Ihnen ein scheinbares Zeichen zu geben habe, so hatte wahrscheinlich das Schicksal kein anderes Mittel, mich vollkommen traurig und unglücklich zu machen, als indem es Ihnen Ursache zur Klage und Trauer gab; noch konnte keines seiner Geschosse meine Seele so tief durchdringen als dieses, welches von Ihren Tränen naß, mich durchbohrte. Was sodann den Trost betrifft, so kann ich Ihnen nichts anderes sagen, als Sie möchten eingedenk sein, daß die Zeit jeden unserer Schmerzen mildert und mindert. Diese Zeit aber zu verlängern, statt sie mit Verstand zu verkürzen, ziemt Ihnen um so weniger, je größer die Erwartung von Ihrer Klugheit ist, und die täglichen Beweise Ihrer Seelenstärke lassen deren höchsten Grad bei jedem Ereignis erwarten. Denn obwohl Sie jetzt Ihren Vater verloren haben, der so groß war, daß Fortuna selbst keinen größeren Ihnen geben konnte, so ist das doch nicht der erste Schlag, den Sie von einem feindlichen und boshaften Geschick empfangen haben. Denn so viel Schweres haben Sie zuvor erlitten, daß Ihre Seele jetzt gegen das Unglück gestählt sein muß. Außerdem, da die gegenwärtigen Verhältnisse das erfordern, so darf man niemand glauben machen, daß Sie nicht sowohl um den Sturz als um den noch dauernden Bestand Ihres Glückes weinen. Doch es ist töricht von mir, Ihnen dies zu schreiben; deshalb will ich schließen, indem ich mich demutsvoll Ihnen empfehle. Leben Sie wohl. Am 22. August 1503. In Ostellato.«[1]

Nicht ohne Grund hatte Bembo Lucrezia davor gewarnt, den Eindruck zu erwecken, sie fürchte um ihre Zukunft in Ferrara. Lucrezias Stellung am Hofe schien nach dem Tode Alexanders so in Frage gestellt, daß jedes Zeichen von Schwäche ihre Lage verschlimmern konnte. Wie man in ihrer Umgebung die Todesnachricht aufnahm, zeigt ein Schreiben Ercoles an seinen Gesandten Giangiorgio Seregni im damals französischen Mailand:

»Giangiorgio. Um Dich über das aufzuklären, wonach Du von vielen gefragt wirst, ob nämlich der Tod des Papstes Uns Kummer bereitet, so geben Wir Dir zu wissen, daß er Uns in keiner Weise unlieb ist. Vielmehr zur Ehre Gottes unseres Herrn, und zum allgemeinen Besten der Christenheit haben Wir schon früher gewünscht, daß Gottes Güte und Vorsehung für einen guten und musterhaften Hirten sorgen möge und daß von seiner Kirche ein so großer Skandal genommen werde. Was Uns im besonderen betrifft, so können Wir nichts anderes wünschen; denn die Rücksicht auf die Ehre Gottes und das allgemeine Wohl wird bei Uns maßgebend sein. Doch außerdem sagen Wir Dir, daß es nie einen Papst gab, von welchem Wir weniger Gunstbezeugungen empfangen haben, als von diesem, auch nach der mit ihm geschlossenen Verwandtschaft. Nur mit Not erhielten Wir dasjenige von ihm, wozu er verpflichtet war. Doch in keiner anderen großen oder kleinen Sache ist er Uns gefällig gewesen. Daran ist, so glauben Wir, zum großen Teil der Herzog der Romagna schuld; denn, weil er mit Uns nicht so verfahren konnte, wie er wohl verfahren wollte, behandelte er Uns wie ein Fremder; nie war er offenherzig zu Uns, nie hat er Uns seine Pläne mitgeteilt, noch teilten Wir ihm die unsrigen mit. Zuletzt, da er sich zu Spanien neigte, während Wir gute Franzosen blieben, hatten Wir weder vom Papst noch von Sr. Herrlichkeit etwas Freundliches zu hoffen. Deshalb hat Uns dieser Todesfall nicht betrübt, weil Wir nichts als Übles von der Größe des vorgenannten Herrn Herzogs zu erwarten hatten. Wir wollen, daß Du dieses Unser vertrauliches Bekenntnis wörtlich dem Herrn Großmeister (Chaumont) mitteilst, welchem Wir Unsere Empfindungen nicht verhehlen wollen; doch zu anderen sprich davon mit Zurückhaltung, und dann schicke diesen Brief zurück an den ehrwürdigen Herrn Gian Luca unseren Rat. Belriguardo am 24. August 1503«[2]

Noch deutlicher als Ercole wurde Ludwig XII., als er nach dem Tode Alexanders zu dem ferrarischen Gesandten an seinem Hofe äußerte: »Ich weiß, daß Ihr niemals mit dieser Hochzeit zufrieden seid, diese Madonna Lucrezia ist auch nicht die wirkliche Gemahlin des Don Alfonso.«[3]

Vermutlich dachte er bei diesen Worten schon daran, die mächtigen und reichen Este durch die Verheiratung einer Angehörigen seines Hauses mit Alfonso an sich zu binden. Doch dieser schwieg zu allem. War es ihm einfach zuwider, seine unter so unerfreulichen Begleitumständen zustande gekommene Ehe auf nicht weniger peinliche Weise aufzulösen, fürchtete er noch die Macht Cesares, oder sollte es schon Zuneigung zu Lucrezia gewesen sein: Von Scheidung wurde jedenfalls am Hofe von Ferrara nicht gesprochen.

Cesare nach dem Tode Alexanders

Die heftigen Unruhen, die schon begonnen hatten, als Alexander noch im Sterben lag, erreichten auf die Nachricht von seinem Tod ihren Höhepunkt. Die Borgia, die angesichts des drohenden Sturmes nicht untätig geblieben waren, wie schon die Tatsache zeigt, daß kein Mitglied ihrer so zahlreich im Vatikan versammelten Sippe die Zeit gefunden hatte, Alexander in seinen letzten Stunden beizustehen, versuchten ihr Heil zunächst im Angriff. Bereits einen Tag nach dem Tod des Papstes stürmten Cesares Leute den Stammsitz der Orsini in Rom auf dem Monte Giordano und setzten ihn in Brand. Wenn die Borgia allerdings gehofft hatten, ihre Gegner durch diese Attacke einschüchtern zu können, täuschten sie sich. Im Gegenteil, die Orsini zogen nun alle ihre Kräfte in Rom zusammen, wo am 23. August der Graf von Pitigliano und Fabio Orsini, der Sohn des von Cesare ermordeten Kondottiere Paolo, mit 400 Pferden und 500 Mann eintrafen. Diese zogen mordend und plündernd durch das spanische Viertel von Rom, wobei sich der Kardinalsenkel Fabio in seinem Haß Hände und Gesicht mit dem Blut eines erschlagenen Borgia gewaschen haben soll.[1]

An den Kern des Borgia-Clan kamen die Orsini jedoch nicht heran. Cesare hatte sich mit zahlreichen Verwandten und sämtlichen Kardinälen im schwer befestigten Vatikan verschanzt. Gleichwohl war die Lage der Borgia äußerst bedrohlich, denn außer den Orsini zogen auch die Colonna unter Führung des in spanischen Diensten stehenden Prospero in Rom ein. Den Borgia drohte nun, was zuvor die Päpste über Jahrhunderte immer gefürchtet und zu verhindern gewußt hatten: eine im Haß vereinte Koalition der beiden mächtigsten römischen Adelsgeschlechter der Orsini und Colonna.

Cesare war sich darüber im klaren, daß diese Koalition für ihn tödlich sein konnte und er unter allen Umständen ein gemeinsames Vorgehen der Orsini und Colonna gegen die Borgia verhindern mußte. Eine Versöhnung mit den Orsini war aber spätestens seit der Ermordung der Kondottieri und des höchst verdächtigen Todes des Kardi-

7 *Caterina Sforza*
Gemälde eines unbekannten Künstlers, um 1490 (?)

8 Der Disput der hl. Katharina
Saal der Heiligen (Sala dei Santi),
eines der Borgia-Gemächer des Vatikans

nals Orsini in den Verliesen des Vatikans unmöglich. Eher durfte Cesare hoffen, die Colonna besänftigen zu können. Gewiß, auch sie waren, wie fast der gesamte römische Adel, eines großen Teils ihrer Güter für verlustig erklärt worden. Aber ihre Konflikte mit den Borgia hatten nie jene mörderischen Formen angenommen wie die der Orsini. Zwar war Cesare etwa an der Eroberung des von Prospero Colonna verteidigten Capua beteiligt gewesen. Aber im Gegensatz zu den ermordeten Orsini Kondottieri stand Prospero jetzt wohlbehalten an der Spitze von starken Kräften in Rom. An ihn wandte sich Cesare deshalb folgerichtig. Sein Angebot an Prospero entsprach der Bedeutung, die die Verhinderung eines Bündnisses zwischen den Colonna und den Orsini für die Borgia hatte: Cesare erklärte sich bereit, den Colonna ihre gesamten entzogenen Güter zurückzugeben. Prospero nahm sofort an. Man darf vermuten, daß ihm diese schnelle Entscheidung nicht allzu schwer gefallen ist, ersparte sie ihm doch, sich an die Seite der ungeliebten Orsini stellen zu müssen. Diese sahen sich nun plötzlich bei ihrem Versuch, den Vatikan zu stürmen, nicht nur den Leuten der Borgia, sondern auch denen Prosperos gegenüber. Den Kräfteverhältnissen Rechnung tragend, zogen sie sich, mit welchen Gefühlen kann man sich vorstellen, in der Nacht vom 23. zum 24. August in die Umgebung von Rom zurück.

Mit der Spaltung der Orsini und der Colonna hatte der wieder genesene Cesare zweifellos die größte Gefahr, die ihm nach dem Tode Alexanders drohte, überwunden. Nun aber sah sich der wegen seiner Intelligenz, Tatkraft, Härte und Verschlagenheit bewunderte und gefürchtetste Mann seiner Zeit vor die bisher schwierigste Aufgabe seines Lebens gestellt, sich ohne den Schutz seines päpstlichen Vaters auf der machtpolitischen Bühne behaupten zu müssen. Jetzt mußte sich erweisen, ob Cesare, wie noch zu Lebzeiten von venezianischen Diplomaten behauptet, nach dem Tode seines Vaters in die Bedeutungslosigkeit zurücksinken würde oder aber die Macht der Borgia dank der ihm nachgesagten überragenden Fähigkeiten verteidigen konnte.

Auf den ersten Blick mochte Cesares Lage in den ersten Septemberwochen des Jahres 1503 hoffnungslos erscheinen, denn fast überall triumphierten seine Gegner. Gian Paolo Baglioni kehrte nach Perugia zurück. Jacopo d'Appiano übernahm wieder die Herrschaft in Piombino. Die Neffen des von Cesare ermordeten Vitellozzo rissen die Macht über Città de Castello an sich, und in Camerino konnte auch die Ermordung von vier Mitgliedern der Familie Varano durch Cesare dieses Geschlecht nicht daran hindern, wieder die Herrschaft über die

Stadt an sich zu bringen. Auch weiter im Norden kamen die von Cesare vertriebenen Feudalherren alle wieder: Guidobaldo von Urbino ebenso wie Giovanni Sforza von Pesaro, und Rimini durfte sich wieder der Herrschaft Pandolfo Malatestas erfreuen. Selbst das Zentrum von Cesares Macht mit Cesena, Imola, Forlì und Faenza wurde durch Venedig und Bentivoglio von Bologna bedroht. Da aber der Kern von Cesares Streitmacht dort lagerte, waren seine Kräfte stark genug, um diese Angriffe abzuwehren. Zudem stießen die Versuche, Cesares Macht in der Romagna zu brechen – auch dies ist bemerkenswert –, auf wenig Gegenliebe bei der einheimischen Bevölkerung, die keinen Grund sah, ihren derzeitigen Herren gegen einen Herrscher von Venedigs oder Bentivoglios Gnaden einzutauschen.

Doch im Grunde waren die ganzen Erfolge von Cesares Gegnern von untergeordneter Bedeutung. Mit Ausnahme von Venedig hatte in der damaligen Lage keiner die Macht, bei der Gestaltung der politischen Zukunft Italiens ein entscheidendes Wort mitzureden. Hier waren zu jener Zeit außer Venedig die Herrscher Frankreichs und Spaniens sowie – unabhängig von der Entwicklung in der Romagna – Cesare Borgia die Hauptakteure. Die Ursache für Cesares Macht lag in der bevorstehenden Papst-Wahl. Der französische König wollte unbedingt seinem vertrauten Berater, dem Kardinal d'Amboise, die Papstwürde verschaffen, was natürlich die spanische Seite zu verhindern suchte.

Bei diesem Kampf kam Cesare eine Schlüsselstellung zu. Das Konklave umfaßte 38 Kardinäle. Zur Wahl waren somit 27 Stimmen notwendig. Cesare verfügte dabei über die Stimmen der zwölf spanischen Kardinäle, deren Treue, wie sich in den Tagen nach dem Tode Alexanders gezeigt hatte, er ziemlich sicher sein konnte. Damit wäre er zwar immer noch zur Bedeutungslosigkeit verurteilt gewesen, wenn sich die übrigen 27 Kardinäle, von denen 23 Italiener waren, auf einen bestimmten Kandidaten einigen könnten. Dies war aber nicht der Fall. Im Gegenteil, es war klar vorauszusehen, daß weder d'Amboise noch irgendein anderer Kandidat, wie etwa della Rovere, auch nur die geringste Chance hatte, von den 27 nichtspanischen Kardinälen alle Stimmen zu erhalten.[2] Gegen den Block der auf Cesare hörenden spanischen Kardinäle konnte sich kein Kandidat Hoffnungen auf den Papstthron machen. Aus diesem Grunde wurde Cesare vom spanischen und französischen König mit größter Aufmerksamkeit behandelt, wobei die knapp 10000 Mann, die er unter Waffen hatte, sein Gewicht noch verstärkten.

Das Kardinalskollegium nahm nach dem Tode Alexanders unter Leitung Carafas mit den in Rom vertretenen Mächten Verhandlungen auf, um zunächst einmal sicherzustellen, daß das bevorstehende Konklave, wie es der Tradition entsprach, ohne die Anwesenheit fremder Söldner abgehalten werden konnte. Dies bedeutete natürlich in erster Linie, daß man Cesare, der den Vatikan besetzt hielt, sowie die Colonna zum Verlassen Roms bewegen wollte. Bei dieser Gelegenheit sollte dann deutlich werden, wie stark Cesares Stellung immer noch war: Als die Unterhändler des Kardinalskollegiums ihn am 25. August aufsuchten, weigerte sich Cesare unter Hinweis auf seinen Gesundheitszustand, ihrer Aufforderung nachzukommen, Rom zu verlassen, und fand dabei die ausdrückliche Zustimmung der ebenfalls anwesenden Gesandten des spanischen und französischen Königs. Schließlich kam es am 1. September dann doch noch zu einer Einigung, in der sich Cesare, die Colonna und die Orsini verpflichteten, Rom innerhalb von drei Tagen zu verlassen und sich der Stadt bis zur Wahl eines neuen Papstes fernzuhalten. Für die Einhaltung dieser Zusage verbürgten sich für Cesare und die Colonna die Gesandten Spaniens und Maximilians, für die Orsini die Gesandten Frankreichs und Venedigs. Doch genau an demselben 1. September, an dem sich der spanische König gegenüber dem Kardinalskollegium für das Wohlverhalten Cesares verbürgte, unterzeichnete dieser seinerseits einen Geheimvertrag mit dem französischen Botschafter de Trans, in dem er sich verpflichtete, Frankreich sowohl bei der Papstwahl als auch mit seinen Söldnern im Kampf gegen Spanien zu unterstützen. Der französische König versprach seinerseits den Schutz Cesares und der übrigen Angehörigen des Hauses Borgia und die Rückgabe bzw. Wiedereroberung sämtlicher von Cesare bei dem Tode Alexanders beherrschten Gebiete.

Nach diesem Streich verließ Cesare dann am 2. September zusammen mit zahlreichen anderen Borgia und seiner Mutter Vanozza Rom. Da er noch zu schwach war, um selbst zu reiten, ließ er sich in einer schwarzen Sänfte aus jener Stadt tragen, die ihn in den letzten Jahren wie keinen zweiten gefürchtet hatte. Freilich hielt ihn diese Schwäche nicht von einem für ihn typischen Täuschungsmanöver ab. Die spanische Seite und Prospero Colonna waren sich Cesares Treue längst nicht mehr sicher. Möglicherweise hatten sie auch schon von dessen Vertrag mit dem französischen König Wind bekommen. Jedenfalls vereinbarten Prospero und Cesare, sich bei der Ponte Molle zu treffen, um von dort gemeinsam in das spanische Lager nach Tivoli zu ziehen. Cesare schickte dem wartenden Prospero dann auch seine Vorhut entgegen. Er selbst schlug jedoch den Weg zu der Borgia-Festung Nepi ein. Lediglich Sancia, die Gattin Joffres, gelangte, auf welchen Wegen auch immer, zu Prospero. Die lebenslustige Dame, die das Pech hatte, bei Joffre an einen ausnahmsweise nicht heißblütigen Borgia geraten zu sein, ließ sich gerne von Prospero ins spanische Lager führen, »wo sie ihn ein wenig trösten konnte«.[3] Vermutlich hat Cesare Sancia nicht ungern ziehen lassen, weil ihm an der Angehörigen des vernichteten aragonesischen Königshauses nicht viel lag und sich ihr Ehemann Joffre bereits zuvor nach Neapel begeben hatte. Die Wege des ungleichen Ehepaares sollten sich gleichwohl bald trennen. Joffre ging nach Spanien und führte dort das ruhige Leben eines spanischen Landedelmannes, während Sancia im spanischen Lager blieb und dort neben Prospero auch Gonsalvo ihre Gunst gewährte.

Einen Tag, nachdem Cesare Rom verlassen hatte, traf dort mit Giuliano della Rovere, der seit 1497 in Frankreich im Exil gelebt hatte, einer seiner gefährlichsten Gegner ein. Am 10. September hielten dann d'Amboise und Ascanio Sforza in Rom ihren Einzug. Der französische König hatte Ascanio, den er seit der Eroberung Mailands in Bourges gefangengehalten hatte, in der Hoffnung freigelassen, dessen Stimme bei der Papstwahl für d'Amboise zu erlangen. Doch Ascanio, der im Gegensatz zu d'Amboise in Rom mit großem Jubel empfangen wurde, sah keinen Anlaß zur Dankbarkeit gegenüber seinem ehemaligen Kerkermeister, der noch seinen Bruder Ludovico in Gefangenschaft hielt. Ermutigt durch den Empfang in Rom, gab er bald zu erkennen, daß er die Wahl seiner eigenen Person zum Papst für die beste Lösung hielt.

Ob Cesare seiner in dem Geheimvertrag mit Ludwig eingegangenen Verpflichtung nachgekommen ist, d'Amboise zu unterstützen, erscheint nach dem Verlauf des Konklaves äußerst fraglich. Vermutlich arbeitete er hinter den Kulissen des am 16. September beginnenden Konklaves nicht weniger auf eigene Rechnung als die anderen Beteiligten. Einem spanischen oder zur spanischen Partei zählenden Kardinal die erforderliche Mehrheit zu verschaffen, konnte er nicht hoffen, weil sich die Borgia zu viele Gegner unter den italienischen Kardinälen geschaffen hatten. An der Wahl des Schützlings des französischen Königs konnte Cesare allerdings auch nicht sehr viel liegen, denn er mußte in diesem Fall befürchten, daß Frankreich ihn – trotz des Geheimvertrages – auf die Dauer nicht in der Romagna als unabhängige Macht dulden würde. Nach Lage der Dinge konnte Cesare nur die Wahl eines italienischen Papstes anstreben, der den Borgia nicht feindlich gesinnt war. Hierzu gehörte zweifellos der Kardinal von Siena, Francesco Todeschini Piccolomini, der am 22. September 1503 zum Papst gewählt wurde.

Piccolomini war ein Nepote von Pius II., der von Calixt zum Kardinal ernannt worden war und seine Wahl zum Papst im Jahre 1458 entscheidend dem damaligen Vizekanzler der Kirche Rodrigo Borgia zu verdanken hatte.

Der Neffe stand zwar den Borgia kritisch gegenüber, aber er war ihnen persönlich nicht feindlich gesinnt, wie etwa della Rovere oder auch Ascanio Sforza. Zudem war er schon zu alt und zu kränklich, als daß von ihm ein Angriff auf die Cesare noch verbliebenen Machtpositionen der Borgia zu befürchten gewesen wäre.

Die Wahl von Pius III., wie sich der neue Papst im Andenken an seinen Onkel nannte, war für Cesare allerdings ein teuer erkaufter Erfolg. Der französische König sah nach dem Scheitern von d'Amboise, woran Cesare und die spanischen Kardinäle nicht unschuldig waren, keinen Anlaß mehr, seine schützende Hand weiter über die Borgia zu halten. Unmittelbar nach dem Konklave zog er dann auch mit seinen ganzen Truppen zur Eroberung des Königreichs Neapel nach Süden weiter. Die in der Festung von Nepi verschanzten Borgia blieben ihrem Schicksal überlassen.

Für die Feinde Cesares, die sich bereits Mitte September unter Gian Paolo Baglioni in Perugia zusammengeschlossen hatten, kam dies der Aufforderung gleich, das verhaßte Geschlecht nun endgültig zu vernichten. Venedig schickte hierzu mit Bartolomeo d'Alviano seinen besten Kondottiere. Über fehlende Unterstützung brauchte er sich nicht zu beklagen. Der Herzog von Urbino, die Vitelli und Varanos schickten ihm Hilfe. Die Orsini und Gian Paolo Baglioni rüsteten ebenfalls zum Kampf gegen Cesare. Dieser erkannte, daß er sich in Nepi mit rund 500 Fußsoldaten und 200 Mann schwerer Reiterei auf die Dauer nicht würde behaupten können. Um der drohenden Gefahr zu entgehen, ließ Cesare durch die spanischen Kardinäle den Papst bitten, ihm die Rückkehr nach Rom in den Vatikan zu gestatten. Pius ließ sich nach anfänglichem Schwanken überreden. »Ich glaubte nie«, sagte er zu dem Gesandten Ferraras, »mit dem Herzog Mitleid zu empfinden, doch ich fühle es in hohem Grade. Die spanischen Kardinäle bitten für ihn und sagen mir, daß er sehr krank sei. Er wünsche zu kommen und in Rom zu sterben. Das habe ich ihm erlaubt.«[4]

Als Cesare am 3. Oktober mit knapp 1000 Mann nach Rom zurückkehrte, mußte Pius feststellen, daß dieser wohl mit anderen Absichten, als in Rom zu sterben, gekommen war. Cesare machte zwar einen geschwächten, aber keineswegs einen todkranken Eindruck. Bereits wenige Tage nach dessen Rückkehr entschuldigte Pius seine Großzügigkeit gegenüber Cesare mit den Worten: »Ich bin weder ein Heiliger noch ein Engel, sondern ein irrtumsfähiger Mensch. Man hat mich getäuscht.«[5]

Die Feinde Cesares waren nicht gewillt, von ihrer Vendetta abzulassen. D'Alviano und Baglioni zogen mit ihren Leuten kurzerhand nach Rom, wo sie mit den Orsini den Vatikan belagerten. Als am 17. Oktober die Orsini auch noch ein Bündnis mit den Colonna eingingen, wurde die Lage für Cesare noch schwieriger als in den kritischen Tagen unmittelbar nach dem Tode von Alexander, denn er konnte nicht hoffen, seine Gegner ein zweites Mal zu spalten. Diese verlangten von Pius die Festnahme Cesares und drohten, den Vatikan zu stürmen. Nun wurde auch Cesare klar, daß er sich mit seiner Rückkehr nach Rom in eine Falle begeben hatte. Er versuchte, heimlich den Vatikan zu verlassen, wurde jedoch mit seinen Leuten von den Belagerern entdeckt und blutig zurückgeschlagen. Als sich der mittlerweile todkranke Pius daraufhin immer noch weigerte, Cesare auszuliefern, stürmten die Orsini den Borgo des Vatikans. Die Orsini und d'Alviano schlossen nun auch die Engelsburg vollständig ein, so daß an ein Entkommen Cesares kaum noch zu denken war. Selbst der Versuch der spanischen Kardinäle, Cesare als Mönch verkleidet zur Flucht zu verhelfen, scheiterte: »Hier, wo einst seine Feinde geschmachtet, saß nun der Mann, der noch vor wenigen Monaten die Hand nach dem Königsthron Mittelitaliens ausgestreckt hatte – nur zwei Diener harrten bei ihm aus.«[6]

Während im Borgo des Vatikans der Kampf zwischen Cesare und seinen Gegnern blutig ausgefochten wurde und der römische Adel sich daranmachte, unter der Führung der Orsini die Engelsburg zu stürmen, lag Pius, der erklärt hatte, kein Papst der Waffen, sondern ein Papst des Friedens sein zu wollen, im Sterben. Frieden freilich gönnten ihm auf seinem Sterbebett nicht einmal seine nächsten Angehörigen, die unbedingt noch die Kardinalserhebung seines Neffen Giovanni Piccolomini durchsetzen wollten. Doch der Todkranke verweigerte seine Einwilligung. Für die Anschauungen und die Verhältnisse jener Epoche ist es aufschlußreich, daß sowohl die Angehörigen des Hauses Piccolomini wie auch ein ihnen nahestehender Historiker später sich nicht scheuten, Pius wegen dieses Verhaltens offen zu kritisieren.[7]

Am Abend des 18. Oktober starb Pius. Überwiegend war man der

Auffassung, daß den gesundheitlich schon bei seiner Wahl angeschlagenen Papst die Anstrengungen des Pontifikates getötet hätten, aber auch das Gerücht, er sei von della Rovere vergiftet worden, machte die Runde.

Für den in der Engelsburg eingeschlossenen Cesare bedeutet der Tod des ihm noch verhältnismäßig wohlgesonnenen Papstes paradoxerweise die Rettung aus seiner hoffnungslos gewordenen Lage. Zu Lebzeiten von Pius waren die zwölf spanischen Kardinäle, die nach wie vor geschlossen zusammenstanden, ohne Zweifel ein Machtfaktor. Auf diesen Machtfaktor mußte man aber, wie das Verhalten des zur Vernichtung Cesares entschlossenen römischen Adels deutlich zeigt, nicht unbedingt Rücksicht nehmen. Nach dem Tode von Pius konnte es sich jedoch – wie schon bei der vorangegangenen Wahl – niemand, der zum Papst gewählt werden oder den Papst stellen wollte, leisten, die Spanier gegen sich zu haben. Cesare genoß nun plötzlich wieder das Wohlwollen der Herrscher Frankreichs und Spaniens. Für die Belagerer der Engelsburg bedeutete dies, daß sie mit Rücksicht auf ihre vielfältigen Beziehungen zu dem französischen und spanischen Königshaus Cesare vorläufig nicht weiter bedrängen konnten.

Daß er ohne die Stimmen der spanischen Kardinäle nicht Papst werden konnte, erkannte natürlich auch Giuliano della Rovere, der gute Aussichten hatte, die Mehrheit der Stimmen der italienischen Kardinäle zu erhalten. Er, der bereits vor der Wahl von Innozenz, Alexander und Pius versucht hatte, Papst zu werden, war entschlossen, nicht auch bei seinem vierten Versuch zu scheitern. Gleichwohl dürfte es ihm nicht leichtgefallen sein, den Sohn des ihm verhaßten Alexander um Unterstützung zu bitten. Immerhin, das Ergebnis lohnte den Versuch. Am Sonntag, den 29. Oktober wurde della Rovere mit Cesare und den spanischen Kardinälen handelseinig. Er verpflichtete sich, Cesare wieder als Gonfaloniere der Kirche zu berufen und ihn bei der Verteidigung und dem Wiedererwerb seiner Besitzungen zu unterstützen. Cesare sicherte seinerseits dem Kandidaten nur jede denkbare Unterstützung zu, und die spanischen Kardinäle versprachen, della Rovere ihre Stimmen bei der Papstwahl zu geben. Welche Vorteile sie hierbei für sich heraushandelten, ist im einzelnen zwar nicht bekannt. Aber schon Tage vor der Wahl berichtete der ferraresische Gesandte an seinen Herzog: »Die spanischen Kardinäle wollen nicht arm aus dem Konklave kommen.«[8]

Für della Rovere war dieses Abkommen mit Cesare und den spanischen Kardinälen der entscheidende Schritt zu seiner Wahl. Unter den italienischen Kardinälen hatte er ohnehin zahlreiche Parteigänger. Nachdem nun auch die Spanier gewonnen waren, beeilte sich der größte Teil der übrigen Kardinäle, noch halbwegs rechtzeitig in das Lager des aussichtsreichsten Kandidaten zu gelangen. So kurz vor dem lang ersehnten Ziel schreckte della Rovere auch nicht zurück, bei der Stimmenwerbung jene Mittel einzusetzen, die er nach seiner Wahl auf das schärfste verdammte: »Wo Versprechungen und sonstige Praktiken nichts halfen, ward ungescheut Bestechung angewendet.«[9] In einem der kürzesten Konklave der Geschichte wurde della Rovere am Morgen des 1. November 1503 zum Papst gewählt.

Als genial und völlig unberechenbar galt Alexanders ehemaliger Gegenspieler, dem nun sein Sohn zur Enttäuschung der Könige Frankreichs, Spaniens und auch Maximilians so vertrauensvoll den Weg auf den Papstthron geebnet hatte.

Der neugewählte Papst behandelte Cesare nach seiner Wahl mit ausgesuchter Freundlichkeit. Auf das versprochene Amt des Gonfaloniere der Kirche wartete dieser freilich ebenso vergeblich wie auf die Unterstützung bei der Rückeroberung seiner Gebiete. Im Gegenteil: Julius II., wie sich della Rovere als Papst nannte, drängte Cesare, ihm seine letzten romagnolischen Besitzungen auszuhändigen, was dieser natürlich ablehnte.

Cesare Cesena, Forlì, Imola und Bertinoro zu entreißen, war freilich nicht nur die Absicht des Papstes, sondern auch die von Venedig. Als Kardinal hatte Julius II. die Venezianer ermuntert, Cesare in der Romagna anzugreifen. Nun sahen die Venezianer – zum größten Entsetzen von Julius – die Gelegenheit gekommen, ihre Pläne zu verwirklichen. Julius zitierte daraufhin den venezianischen Botschafter zu sich, um ihm schärfste Vorhaltungen wegen des venezianischen Vorgehens in der Romagna zu machen. Als dieser erwiderte, die Venezianer führten nur aus, was ihnen der Kardinal della Rovere geraten habe, antwortete Julius, was sich früher gegen die Borgia gerichtet habe, richte sich jetzt gegen die Kirche. Es waren dies die Tage, in denen der Konflikt zwischen Julius und Venedig begann, der sechs Jahre später in der Schlacht von Agnadello Venedigs Weltmacht brechen sollte.

Niemand scheint von der Nichteinhaltung der Versprechen des Papstes gegenüber Cesare mehr überrascht gewesen zu sein als dieser selbst. Cesare wirkte völlig ratlos. Der zum engsten Kreis um Cesare gehörende spanische Kardinal Francesco Loris äußerte damals, Cesare komme ihm vor wie von Sinnen, denn er wisse selber nicht mehr, was er wolle, er sei verwirrt und unstet. Kardinal Soderini bezeichnete Cesare als unschlüssig, launisch und schwankend. Cesare wirkte auf Soderini, als ob ihn die Schicksalsschläge nach dem Tode Alexanders betäubt hätten.[10]

Machiavelli bekam nach einem hysterischen Auftritt Cesares in einer Unterredung am 18. November starke Zweifel, ob dieser wirklich die große Persönlichkeit war, für die er ihn früher gehalten hatte, und vermochte nach seinem eigenen Bekenntnis nicht zu entscheiden, »ob er so von Natur aus war oder ob diese Schicksalsschläge ihn betäubt haben und sein Geist verwirrt ist, weil er nicht gewohnt ist, sie hinzunehmen«.[11]

Für Cesare hatte der Konflikt zwischen dem Papst und Venedig wegen der Romagna immerhin zur Folge, daß sich Julius ihm gegenüber zurückhielt, weil er noch auf seine Unterstützung gegen Venedig hoffte. Gleichwohl war schon Mitte November ziemlich klar, daß Julius den Sturz von Cesare wollte. Die Gesandtschaftsberichte jener Tage belegen dies eindeutig, wenngleich sie vermerken, daß Julius, um nicht als wortbrüchig zu erscheinen, bei der Vernichtung Cesares gerne anderen Mächten den Vortritt lassen würde. Allgemein sprach man in Rom schon damals davon, daß Cesare verloren sei, »nicht durch den Wortbruch des Papstes, sondern durch die Macht der Verhältnisse«.[12]

Cesares Bemühungen, das Blatt noch einmal zu wenden, nahmen Formen an, die allgemein nur belächelt wurden. So bot er sich den Florentinern als Kondottiere an und bat sie um Truppen zur Wiedereroberung der Romagna. Die Florentiner, die schon auf dem Höhepunkt von Cesares Macht versucht hatten, jeder Verbindung mit ihm aus dem Wege zu gehen, sahen natürlich unter den gegebenen Umständen keinen Anlaß, auf Cesares Angebot einzugehen und sich damit den Zorn des Papstes und der übrigen zahlreichen Feinde Cesares zuzuziehen.

Immerhin dämmerte es auch Cesare, daß seine Zukunft nicht in dem von Julius beherrschten Rom liegen konnte. Am 19. November verließ er die Stadt und segelte auf einer Barke den Tiber hinab nach Ostia. Dort hielt er sich eine Woche lang auf, ob freiwillig oder an der Ausfahrt gehindert, ist nicht geklärt. Julius erhielt in dieser Zeit die Nachricht, daß Faenza von den Venezianern erobert worden sei. Er drängte nun Cesare verstärkt, der Kirche seine Besitzungen in der Romagna zu übergeben. Doch dieser glaubte sich noch stark genug, dem Papst die Stirn bieten zu können, und weigerte sich. Noch während die

Unterhändler zwischen dem Vatikan und Ostia hin und her eilten, traf in Rom die Nachricht ein, daß Venedig von den Malatesta Rimini erworben habe. Für Julius war dies Anlaß oder Vorwand genug, nun mit aller Schärfe gegen Cesare vorzugehen:

Er ließ Cesare in Ostia verhaften und trotz dessen Bitte, ihm diese Schmach zu ersparen, als Gefangenen nach Rom bringen. Am 26. November berichtete daraufhin Machiavelli über den von ihm einst so bewunderten Papstsohn, er habe den Eindruck, Cesare gleite seinem Grab entgegen.[13] Eine Woche später schrieb er in einem Bericht vom 3. Dezember 1503 an die Signoria von Florenz: »Von heute an könnt ihr handeln..., ohne die geringste Rücksicht auf ihn zu nehmen.«[14] Machiavellis Urteil war nicht zuletzt durch die Tatsache bedingt, daß Cesare wenige Tage zuvor versucht hatte, die ihm noch in Rom verbliebenen Truppen in die Romagna zu schicken, wo sie nie ankamen, weil sie auf dem Wege dorthin von Gian Paolo Baglioni geschlagen worden waren. Machiavellis Urteil traf zu: Einen Monat nach der Wahl von della Rovere war der als Gefangener im Vatikan sitzende Cesare politisch am Ende, wenngleich Julius dem Drängen verschiedener Gegner Cesares, diesen zu töten, nicht nachgab.

Im Gegenteil, als Gefangener wurde Cesare verhältnismäßig großzügig behandelt. Schließlich fügte er sich dann auch – zumindest scheinbar – in sein Schicksal und erklärte sich bereit, einen seiner Männer zusammen mit päpstlichen Gesandten nach Cesena und Bertinoro zu schicken, um die Kommandanten der Festungen aufzufordern, die Orte dem Papst zu übergeben. Der Kommandant von Cesena war kein anderer als jener Diego Ramirez, der seinerzeit von Cesare für die Entführung von Dorothea Caracciolo verantwortlich gemacht worden und anschließend angeblich unauffindbar untergetaucht war. Der guten Beziehung zwischen Cesare und Ramirez hatte diese Episode allerdings keinen Abbruch getan. Ramirez lehnte nicht nur die Übergabe der Festung ab, sondern ließ auch Cesares Boten kurzerhand aufhängen. Julius, der Cesare des Doppelspiels verdächtigte, bekam daraufhin einen seiner gefürchteten Wutanfälle und gab Weisung, Cesare in die Verliese der Engelsburg zu werfen. Wie gespannt und gefährlich die Lage für Cesare damals war, zeigt die Tatsache, daß die Kardinäle Ludovico Borgia und Remolino aus Rom flohen. Cesare selbst verspürte keine Neigung, dasselbe Schicksal zu erleiden, das er anderen bedenkenlos zugemutet hatte. Es gelang ihm und den noch in Rom verbliebenen spanischen Kardinälen, den Papst soweit zu besänftigen, daß er Cesare nur in den Borgia-Turm sperren ließ, wo er dann seine

Tage in jenen Räumen verbringen durfte, in denen er seinerzeit Lucrezias Ehemann, den Prinzen von Bisceglie, hatte ermorden lassen.

Nach langen Verhandlungen mit dem Papst, die für Cesare hauptsächlich sein ihm treu ergebener ehemaliger Hauslehrer Kardinal Vera führte, kam man schließlich doch noch zu einer Art Kompromiß. Julius erklärte sich bereit, Cesare freizulassen, wenn dieser ihm Cesena und Bertinoro übergebe. Zum Beweis der Ernsthaftigkeit seines Versprechens wurde Cesare in die Festung des ihm wohlgesinnten spanischen Kardinals Carvajal nach Ostia gebracht. Die Spanier sorgten dafür, daß die Nachricht von der Übergabe der Festungen durch Ramirez, der diesmal keine Schwierigkeiten machte, Ostia erreichte, bevor sie in Rom eintraf. Carvajal, der Julius nicht traute, ließ Cesare sofort frei. Dieser bestieg ein von Vera bereitgestelltes Schiff und segelte nach Neapel zu Gonsalvo de Cordoba. Gonsalvo empfing Cesare mit allen Ehren und gestattete ihm sogar, Söldner anzuwerben. Doch am 27. Mai 1504 ließ de Cordoba seinen Gast verhaften und in das Kastell von Istia bringen.

Über die Hintergründe dieser Verhaftung ist viel und teilweise melodramatisch geschrieben worden. So wird berichtet, de Cordoba habe auf seinem Totenbett den Bruch des Cesare zugesagten freien Geleits als eine der drei Sünden in seinem Leben bezeichnet, die er am meisten bereue. Cesare selbst wird mit dem Aufschrei zitiert: »Santa Maria! Ich bin verraten. Wie grausam hat mein Herr Gonsalvo an mir gehandelt!« [15]

Welche Zusagen Gonsalvo gegenüber Cesare tatsächlich gemacht und dann gebrochen hat, ist nie aufgeklärt worden. Zumindest dürfte er Cesare zu verstehen gegeben haben, daß er sich ohne Gefahr den Spaniern Neapels anschließen könne. Aber selbst wenn diese Zusagen unter Bruch eines Ehrenwortes nicht eingehalten worden sein sollten, berührt das Vertrauen in dieses Wort bei einem Mann wie Cesare, der keine zwei Jahre zuvor ebenfalls unter dem Bruch seines Wortes vier seiner Kondottieri in Senigallia kaltblütig ermordet hatte, doch etwas eigenartig. Daß sich Cesare Spanien ohnehin mit völlig unbegründeten Hoffnungen angeschlossen hat, zeigt ein an Deutlichkeit nicht mehr zu überbietendes Schreiben des spanischen Königspaares vom 20. März 1504 an den spanischen Botschafter am päpstlichen Hof:

»Mit äußerstem Mißvergnügen haben Wir von der Ankunft des Herzogs in Neapel Kenntnis genommen, und dies nicht nur aus Gründen politischer Natur. Denn wie Ihr wißt, erfüllt Uns die Schwere seiner Verbrechen mit Entsetzen, und Wir wollen in keiner Weise, daß einer mit seinem Ruf für Unseren Gefolgsmann gehalten werden könnte, auch wenn uns dies Festungen, Leute und Geld einbringen würde. Wir haben an den Herzog von Terranova geschrieben, um jeden Fluchtversuch unmöglich zu machen. Eine Lösung wäre allerdings auch, daß Gonsalvo den Herzog dem römischen König übergibt oder daß er sich nach Frankreich zu seiner Frau begibt. Die Entscheidung über diese Frage ist jedoch so schnell wie möglich zu treffen und auszuführen. Es muß mit aller Macht verhindert werden, daß der Gefangene sich nach Venedig, Florenz oder Ferrara begibt, weil dies den Heiligen Vater verletzen könnte. Ihr werdet Ihrer Heiligkeit erklären, wie sehr Wir den Affront durch den Empfang des Herzogs von Valentinois in Neapel mitempfinden, und Ihm versichern, daß er weder Asyl noch die Möglichkeit erhalten wird, sich in Provinzen zu begeben, von denen aus er Seiner Heiligkeit schaden könnte.« [16]

Bemerkenswert für Cesares Stellung in jener Zeit ist die Tatsache, daß Ferdinand und Isabella offensichtlich nicht die geringsten Bedenken hatten, den ihnen verhaßten Cesare der Gewalt des französischen oder römischen Königs zu überlassen, obwohl ihr Verhältnis zu diesen nicht ungetrübt war.

Gonsalvo hielt Cesare zunächst in einer milden Gefangenschaft und erlaubte sogar dessen Mätresse, ihn aufzusuchen. Diese Milde änderte sich jedoch schlagartig, als Gonsalvo erkennen mußte, daß sie nicht dazu angetan war, Cesare zur Herausgabe von Forlì, seiner letzten Festung in der Romagna, zu veranlassen. Ihr Kommandant, Mirafuente, hielt die Festung eisern für Cesare, obwohl ihm Gonsalvo die Konfiskation seiner Güter androhte. Gonsalvo ließ Cesare schließlich in einen anderen Kerker mit dem aufschlußreichen Namen »il Forno« (der Ofen) bringen. In der hochsommerlichen Augusthitze gab sich Cesare in diesem Kerker schließlich geschlagen. Am 11. August 1504, also genau dem 12. Jahrestag der Wahl seines Vaters zum Papst, gab Cesare in einem Schreiben an Mirafuente den Befehl, die Festung zu räumen. Mirafuente verließ die Festung an der Spitze seiner schwerbewaffneten Truppen zu Pferde mit eingelegter Lanze in Siegerpose unter begeisterten »Duca, duca«-Rufen eines Teils der Bevölkerung, die aber bald verstummten, als während des Auszugs ein schweres Gewitter losbrach.

Da Cesare nach der Herausgabe Forlìs für Gonsalvo in Italien bedeutungslos geworden war, schickte dieser ihn Ende 1504 nach Spanien. Mit Cesares Bewachung wurde Prospero Colonna beauftragt, dem Cesare bei seinem Auszug aus Rom nach dem Tode Alexanders so übel mitgespielt hatte, als er ihn vergeblich vor den Toren Roms warten ließ, um sich Frankreich anzuschließen. Von den vielen Feinden Cesares war das Haupt der Colonna wohl derjenige mit der geringsten Neigung, sich von Cesare nochmals einen Streich spielen zu lassen.

Unter der eisernen Bewachung von Prospero traf der Gefangene im September 1504 in dem valencianischen Hafen Villanueva del Grao ein. Aus demselben Hafen war Alonso Borgia von Spanien nach Rom gesegelt, um dort an der Kurie die Grundlage für die Macht der Borgia zu schaffen.

Von Grao wurde Cesare auf die Festung von Chinchilla gebracht, wo man ihn bis zum Sommer des folgenden Jahres in strenger Einzelhaft hielt. Gleichwohl machte Cesare auch in Chinchilla sehr bald durch einen Fluchtversuch von sich reden:

Nach einer Version soll Cesare versucht haben, den Kommandanten der Festung, der ihn gelegentlich aufsuchte, über die Brüstung des Wehrganges des Festungsturmes zu werfen. Wie so oft bei Cesare ist es auch hier schwierig, zwischen Legende und Wahrheit zu trennen. Aber es fällt doch schwer, anzunehmen, daß Cesare so naiv war, sich von der Ermordung des Festungskommandanten den Weg in die Freiheit aus seinem schwerbewachten Gefängnis zu versprechen. Wahrscheinlicher klingt allerdings der Bericht eines Ferraresen an Lucrezia, demzufolge Cesare mit zusammengeknüpften Tüchern und Seilen zu entfliehen versuchte.[17]

Wie auch immer, das spanische Königspaar hielt es jedenfalls für angebracht, Cesare im Sommer 1505 von Chinchilla auf die in Kastilien liegende Festung La Mota von Medina del Campo zu bringen, die in jener Zeit als das sicherste spanische Staatsgefängnis galt.

Ausgerechnet dort gelang Cesare in der Nacht vom 25. zum 26. Oktober 1506 die Flucht, indem er sich an einem Seil von dem Gefängnisturm herabließ. Für denjenigen, der diesen Turm gesehen hat, ist es keine Frage, daß nur ein Mensch mit erheblichem Mut und im Zustand äußerster Verzweiflung einen solchen Versuch wagen konnte. Das Unternehmen wurde jedoch von den Wachen entdeckt, während sich Cesare abseilte. Die Wachen kappten sofort das Seil, so daß Cesare sich bei seinem Sturz erheblich verletzte. Gleichwohl gelang ihm eine abenteuerliche Flucht nach Pamplona, an den Hof seines Schwagers Jean d'Albret.

Für d'Albret war die Ankunft des immer noch gefürchteten Cesare ein Geschenk des Himmels. Sein zwischen Frankreich und Spanien liegendes kleines Königreich Navarra war von dem Konflikt der beiden Mächte nicht unberührt geblieben. Da er selbst enge Verbindung mit dem französischen Königshaus hatte, bereitete ihm der spanisch gesinnte Teil des navarresischen Adels große Schwierigkeiten. Anführer dieser Gruppe, die sich der Unterstützung Ferdinands erfreute, war Luiz de Beaumonte y Luza, Connetable von Navarra und Graf von Lerins. Mit Cesare als Generalkapitän seiner Truppen hoffte d'Albret, seines Gegners Herr zu werden. Sobald es das Wetter zuließ, marschierte der wieder genesene Cesare Anfang Februar 1507 an der Spitze von 300 Reitern und 5000 Fußsoldaten los. Sein erstes Ziel war die von Beaumontes Sohn gehaltene und wegen ihrer Nähe zu Spanien strategisch wichtige Festung von Viana. Die Lage der von Cesares Truppen eingeschlossenen Garnison wurde Anfang März immer kritischer, als die Lebensmittel knapp zu werden begannen. Zunächst vergeblich versuchte der zur Unterstützung seines Sohnes herangezogene Graf von Beaumonte, Nachschub durch den Belagerungsring zu schmuggeln. Die Kapitulation der Festung schien nur noch eine Frage von Tagen zu sein, als in der Nacht vom 11. zum 12. März ein so heftiger Frühlingssturm einsetzte, daß Cesare in dem Glauben, in dieser Nacht werde der Gegner doch nichts unternehmen, seinen Soldaten erlaubte, in ihren Unterkünften zu bleiben. Damit hatte er Beaumonte unterschätzt. Zweimal gelang es dessen Leuten, mit 60 vollgepackten Pferden die Belagerten mit Nachschub zu versorgen. Erst als Beaumonte im Morgengrauen des 12. März schon auf dem Rückweg war, wurde man in Cesares Lager auf den Gegner aufmerksam. Cesare war über die Nachricht, daß ihn ein kleiner navarresischer Provinzadliger getäuscht hatte, außer sich. Tobend warf er sich in seine Rüstung, um dem sich zurückziehenden Gegner nachzusetzen. Ein spanischer Chronist berichtet: »Als ich noch ein Kind war, hörte ich Achtzigjährige erzählen, die es ihrerseits von den Zeitgenossen des Ereignisses gehört hatten, wie Cesare schäumend vor Wut so wild aus dem Stadttor von Viana geritten ist, daß sein Pferd strauchelte und fast auf den Boden gestürzt wäre.«[18] Cesare gelang es jedoch, das Pferd hochzureißen und seine Verfolgung in so wildem Galopp fortzusetzen, daß er bald die Verbindung zu seinen Leuten verlor. Als Beaumonte auf seinem Rückzug den einsamen Reiter in der Ferne sah, ließ er zwanzig seiner besten Leute in einem Engpaß Stellung beziehen. Ihr Kampf mit Cesare endete dann, wie er bei diesem Zahlenverhältnis nur enden konnte. In den Morgenstunden des 12. März 1507 fand Cesare in einem von Anfang an aussichtslosen Kampf den Tod, den er, anders kann man seine Verfolgungsjagd schwerlich erklären, gesucht, zumindest aber nicht mehr gefürchtet haben dürfte.

Als die Nachricht vom Tode Cesares im April am Hofe von Ferrara eintraf, versuchte man sie vor Lucrezia zu verheimlichen, weil sie schwanger war. Doch als Lucrezia Gerüchte über den Tod ihres Bruders zu Ohren kamen, entschlossen sich die Este, ihr die Wahrheit zu sagen. Die Berichte aus jener Zeit heben die Fassung hervor, mit der Lucrezia die Todesnachricht aufnahm. Ihre wirklichen Gefühle über den Tod ihres Bruders hat Lucrezia, die vielleicht der einzige Mensch gewesen ist, den Cesare wirklich geliebt hat, der aber zugleich der Mörder ihres geliebten Ehemannes Alfonso von Bisceglie war, nie enthüllt.

Lucrezia, deren Ehemann man es schwerlich hätte verübeln können, wenn er sich von der ihm als Ehefrau aufgedrängten Papsttochter nun getrennt hätte, blieb Herzogin von Ferrara. Alfonso d'Este hatte nach dem Tode Ercoles 1505 die Nachfolge seines Vaters angetreten. Der erhoffte Erbprinz hatte sich freilich noch nicht eingestellt. Lucrezia war zwar 1505 Mutter eines Stammhalters geworden, aber das Kind war schon nach wenigen Wochen gestorben.

Bereits zuvor war der kleine Rodrigo, Lucrezias Kind aus ihrer Ehe mit Alfonso von Bisceglie, aus Rom weggebracht worden. Seinem Vormund, dem Kardinal von Cosenza, erschien die Lage dort so unsicher, daß er Lucrezia vorschlug, dessen Güter in Italien zu verkaufen und Rodrigo nach Spanien zu schicken. Lucrezia hatte zugestimmt, vermutlich schweren Herzens, denn erhaltene Briefe aus jener Zeit zeigen, wie sehr ihr das Schicksal ihres einzigen Kindes am Herzen lag. Vor ihrer Zustimmung zu der Abreise hatte Lucrezia noch Ercole befragt, vielleicht in der Hoffnung, dieser möge den Aufenthalt des Kindes am Hofe von Ferrara gestatten. Doch der Herzog beschränkte sich darauf, den Plan des Vormunds zu loben und hinzuzufügen, Rodrigo könne ja später selbst entscheiden, ob er nach Italien zurückkehren wolle. Rodrigo blieb dann doch wenigstens im Lande. In Neapel nahmen sich Damen des Hauses Aragon, vor allem die ehemalige Herzogin von Mailand und auch Sancia, ihres kleinen Verwandten an.[19]

Für Lucrezia mag es gleichwohl unter diesen Umständen nur ein schwacher Trost gewesen sein, daß um diese Zeit Francesco Gonzaga, der es noch verschmäht hatte, zu ihrer Hochzeit zu erscheinen, eine Schwäche für die schöne Schwägerin entwickelte. Wie weit diese Beziehung ging, ist nicht überliefert. Sicher war der schneidige Held von

Fornovo nicht für die Monogamie geschaffen. Aber der immer freundschaftlichere Briefwechsel zwischen Lucrezia und Isabella deutet darauf hin, daß sich deren Sätze in einem Brief aus dem Jahre 1506 an ihren leichtlebigen Ehegefährten kaum auf dessen Gefühle für Lucrezia bezogen:

»Kein Dolmetsch ist nötig, um mir zu sagen, daß Eure Hoheit mir schon seit langer Zeit wenig Liebe entgegengebracht haben. Da dies aber ein unerfreulicher Gegenstand ist, so will ich... nichts mehr sagen.«[20]

In freundschaftlicher Beziehung stand Lucrezia auch noch mit Pietro Bembo, der allerdings schon 1503 an den Hof von Urbino gegangen war. Möglicherweise war dem klugen Venezianer bei dem Gedanken an die Nähe Alfonsos nicht allzu wohl. Jedenfalls lassen seine zahlreichen Briefe, die er von Urbino an Lucrezia richtete, auf Gefühle für sie schließen, die kaum das Entzücken ihres Ehemannes hervorgerufen haben dürften. Diese erlegte sich dann auch in ihren eigenen Schreiben wesentlich mehr Zurückhaltung auf.

Die Briefe Pietro Bembos nahmen ungefähr um die Zeit, als die Nachricht vom Tode Cesares am Hofe von Ferrara eintraf, konventionellere Formen an. Dies mag ein Zufall gewesen sein, aber es ist keine Frage, daß sich damals auch in Lucrezias Persönlichkeit eine Wandlung vollzogen hat. Sie wurde ernster und ruhiger. Ein psychologisches Rätsel ist diese Entwicklung sicher nicht. Sie zu verstehen reicht allein schon die Lebensgeschichte der damals 27jährigen Frau aus:

Die aufgelösten Verlobungen in ihrer Kindheit mag man noch als Vorspiel der nachfolgenden Dramen ansehen. Ihr erster Ehemann verließ sie in panischer Todesangst vor Cesare. Es folgte das peinliche Scheidungsverfahren. Ihr geliebter zweiter Ehemann wurde von Cesare ermordet. Ermordet wurde auch ihr Bruder Juan, vermutlich ebenfalls durch Cesare. Von ihrem Kind Rodrigo wurde sie bei ihrer dritten Eheschließung getrennt. Dann erlitt sie eine Fehlgeburt, bei der sie selbst in Lebensgefahr schwebte. Ein Jahr später starb ihr Vater, wahrscheinlich als Opfer eines Giftanschlages. Nach einer erneuten Schwangerschaft lebte ihr Kind nur wenige Wochen. Hinzu kamen seit dem Tod ihres Vaters die Nachrichten vom ständigen Niedergang Cesares, seiner Gefangennahme und schließlich seinem Tode auf dem Schlachtfeld.

Aber die Ereignisse der Vergangenheit dürften nicht der einzige Grund für Lucrezias wachsende Zurückhaltung gewesen sein.

Wenige Monate nach dem Tode Cesares wurde sie schwanger, und die Sorge um ein gesundes Kind veranlaßte sie und ihre Umgebung, alles zu vermeiden, was die Geburt gefährden konnte. Lucrezia wurde am 4. April 1508 Mutter eines Jungen, der den Namen des Großvaters erhielt und als Ercole II. die Nachfolge Alfonsos antreten und eine Tochter Ludwigs XII. heiraten sollte.

Ercole Strozzi feierte das Ereignis mit einem Gedicht, in dem er an überschwenglichem Lob für Lucrezia, die Este und die Borgia nicht geizte. Die Verbindung zwischen Lucrezia und dem Dichter war nie abgerissen, obwohl Strozzis eigentliche Leidenschaft zu dieser Zeit Barbara Torelli gehörte, der schönen und geistreichen jungen Witwe von Ercole Bentivoglio. Er heiratete sie im Mai 1508. Das Glück des jungen Paares sollte nicht lange währen, denn am Morgen des 6. Juni fand man Strozzi von 22 Dolchstichen durchbohrt im Zentrum Ferraras tot auf.

Von dem oder den Mördern Strozzis fehlte jede Spur. Es konnte nicht ausbleiben, daß Lucrezias Verbindung mit Strozzi Anlaß zu allerlei Gerüchten gab. So verdächtigte man den Herzog, Strozzi aus Eifersucht beseitigt zu haben. Da dies aber nicht so richtig zu der Tatsache passen wollte, daß Strozzi sich schon längere Zeit vor seiner Eheschließung ganz Barbara Torelli zugewandt hatte, unterstellte man dem Herzog gleich noch als Tatmotiv Eifersucht auf die Ehefrau Strozzis. Dabei störte es nicht, daß von irgendeiner Verbindung der beiden überhaupt nichts bekannt war.

Auch Lucrezia blieb von Verdächtigungen nicht verschont. Man unterstellte ihr, den Mord veranlaßt zu haben, um zu verhindern, daß Strozzi Geheimnisse über ihre Beziehungen zu Bembo ausplauderte. Dies ist nun wirklich völlig unwahrscheinlich. Lucrezias gesamte Umgebung bestand – von wenigen Ausnahmen abgesehen – aus Leuten des Herzogs, so daß sie kaum hoffen konnte, irgendeine Affäre vor ihrem Mann geheimhalten zu können. Selbst wenn aber Strozzi um irgendein Geheimnis Lucrezias und Bembos gewußt haben sollte, welches Motiv hätte er gehabt, sich gegen beide so ungalant zu verhalten?

An die Schuld des Herzogpaares hat zumindest ein Mann nicht geglaubt, der aus langjähriger Kenntnis des Hofes von Ferrara mit den besten Einblick in dessen Geheimnisse hatte. Ariost rief 1516 in einem Gedicht Ercole Strozzi ausgerechnet als Herold des Ruhmes Lucrezias in Erinnerung. Hätte Ariost nur den geringsten Zweifel an der Unschuld Lucrezias und Alfonsos gehabt, so würde er sich als Dichter diesen Vers aus Achtung vor dem Ermordeten und als Höfling aus

Furcht vor dem Herzogpaar versagt haben. Doch Ariost erhielt ein Jahr später von Alfonso zum Lebensunterhalt eine großzügige Rente, drei Diener und zwei Pferde. Wenige Jahre später stieg er sogar unter Alfonso zum Gouverneur eines – wenn auch reichlich unwirtlichen – Gebietes des Herzogtums auf. Diese Förderung wäre Ariost sicher nicht zuteil geworden, wenn er durch seine Dichtung 1516 eine den Este peinliche Affäre aufgefrischt oder auch nur dem Hofklatsch Nahrung geliefert hätte. Man wird gut daran tun, den Gerüchten über einen Zusammenhang zwischen der Ermordung Strozzis und seinen Beziehungen zu den Este dieselbe Bedeutung beizumessen wie jenen, die Lucrezias Erkrankung während ihrer Schwangerschaft 1502 auf einen Mordanschlag der Este zurückführen wollten.

In Ferrara wurde der unaufgeklärte Mord an Strozzi bald durch Probleme ganz anderer Art verdrängt. Der Untergang Cesares hatte in der Romagna ein Machtvakuum herbeigeführt, das in ganz Europa Gelüste erweckte. Venedig hatte ein halbes Jahrhundert nach dem tragischen Ende des Dogen Francesco Foscari längst wieder Expansionsabsichten auf dem Festland und sah nun eine glänzende Möglichkeit, diese in der Romagna zu befriedigen. In ihrem Selbstbewußtsein störte es die Serenissima nicht, daß sie sich mit diesen Annektionsplänen den Papst, Maximilian sowie den französischen und spanischen König zum Gegner machte. »Die Mutter der modernen Diplomatie, beneidet und beargwohnt ohnehin, kreiste sich selber geradezu schulmäßig ein.«[21] Ferrara schloß sich der im Dezember 1508 in Cambrai von diesen Mächten unterzeichneten »Allianz gegen die Ungläubigen« ebenso an wie der Herzog von Savoyen und der Markgraf von Mantua. Den meisten Beteiligten ging es längst nicht mehr nur um die Romagna, sondern um die Vernichtung des reichen Venedig. Maximilian, im Schmieden von Luftschlössern schon immer hochbefähigt, wollte Venedig nach dessen Zerschlagung zwischen sich, dem Papst und den Königen Frankreichs und Spaniens aufteilen. Die Fugger finanzierten seine Pläne, während sie gleichzeitig in ihrer venezianischen Handelsniederlassung glänzende Geschäfte machten.

Im April 1509 rückten die Franzosen mit 40000 Mann, darunter 15000 schwere Reiter und 8000 Schweizer Söldner, in Oberitalien ein. Die Unterstützung durch die übrigen Verbündeten scheint zu diesem Zeitpunkt nicht sehr stark gewesen zu sein.[22] Gleichwohl gelang es den Verbündeten, die etwa gleichstarken Kräfte der Venezianer am 14. Mai bei Agnadello in der Lombardei zu schlagen.

Auch wenn diese Schlacht heute zu Recht als der Anfang vom Ende der Vormachtstellung Venedigs angesehen wird, so war die Republik damals längst nicht am Ende. Dies bekam im August desselben Jahres vor allem Ferrara zu spüren, als ein venezianisches Flottengeschwader die Stadt vom Po her anzugreifen versuchte. Ein Seekampf der Städte Ferrara und Venedig auf den Wassern des Po mag zwar heute eher wie ein Operettenkrieg wirken. Für das Ferrara jener Epoche bedeutete es jedoch den Angriff der neben Spanien und Portugal stärksten Seemacht Europas. Für den kriegerischen Kardinal Ippolito Este war dies Grund genug, sein geistliches Gewand mit der Admiralsrüstung zu tauschen und den venezianischen Angriff dank wirkungsvoller Unterstützung durch Alfonso und dessen Artillerie vom Lande her abzuschlagen.

Wenig später wurde Lucrezia am 25. August 1509 Mutter eines zweiten Sohnes, der den Namen des Kardinals Ippolito erhielt. Das Kind sollte später ebenfalls als Kardinal nach Rom gehen, wo noch heute die prächtige Villa d'Este in Tivoli an ihn erinnert.

Vor Lucrezia schien zum ersten Mal in Ferrara eine ruhige Zeit zu liegen. Ihre unter so ungünstigen Vorzeichen zustandegekommene Ehe mit Alfonso hatte auch die schwersten Belastungen überstanden. Weder der vollständige Verlust der Machtstellung ihres Hauses noch das lange Ausbleiben eines gesunden Erbprinzen hatten zu der vielfach erwarteten Auflösung der Ehe geführt. Beides sichere Anzeichen dafür, daß sie für Alfonso längst mehr als eine verachtete und aufgedrängte Frau war. Nicht von ungefähr übertrug ihr Alfonso die Regierungsgeschäfte, wenn er von Ferrara abwesend war. Kurz, Lucrezia war nach der Geburt von Ercole und Ippolito die unangefochtene Herzogin Ferraras.

Unangefochten schien auch die Stellung des Herzogs selbst. Verbündet mit dem Papst, Maximilian, den Königen Frankreichs und Spaniens, hatte er sich diese durch seinen Sieg über die Venezianer zu Dank verpflichtet. Als eine glückliche Familie, die unbesorgt Macht und Reichtum genießend sich ihren künstlerischen Neigungen hingeben konnte, mögen die Este vielen, vielleicht sogar sich selbst, im Spätsommer des Jahres 1509 erschienen sein. Aber nur für kurze Zeit: Es dauerte kein Jahr, bis Alfonso als Folge einer völligen Änderung der päpstlichen Politik am 9. August 1510 von Julius II. mit dem Kirchenbann belegt und sein Herzogtum als Kirchenlehen für eingezogen erklärt wurde. Als die Venezianer nach ihren Niederlagen bei Agnadello und auf dem Po einsehen mußten, daß sie ihren Gegnern militärisch unterlegen waren, besannen sie sich ihrer diplomatischen Fähigkeiten. Die Abtretung der umstrittenen romagnolischen Gebiete an den Kirchenstaat genügte zur Aussöhnung mit dem Papst. Dieser sah nun plötzlich die Gelegenheit gekommen, gemeinsam mit Venedig den Herzog von Ferrara in die Knie zu zwingen und damit den letzten unabhängigen Feudalherren des Kirchenstaates zu entmachten. Daß dieser in dem vorangegangenen Konflikt ein wertvoller Verbündeter gewesen war, focht Julius nicht weiter an. Er forderte Alfonso auf, die Liga von Cambrai aufzukündigen und seine Verbindung mit dem mächtigen Frankreich zu lösen. Als Alfonso aus guten Gründen ablehnte, ebenso vertragsbrüchig zu werden wie sein päpstlicher Oberherr, ging dieser kurzerhand mit der Verhängung des Kirchenbanns und der Entziehung des Herzogtums gegen ihn vor. Alfonso dachte nicht daran, sich den päpstlichen Wünschen zu fügen, und rüstete zum Kampf. Um Stimmung gegen das mit Ferrara verbündete Frankreich zu machen, prägte Julius damals sein berühmtes »fuori i barbari« (raus mit den Barbaren), was ihn für viele zum Nationalhelden werden ließ. Fraglos eine beachtliche Leistung für einen Mann, dessen hauptsächliches politisches Wirken von 1493 bis 1509 in der unablässigen und erfolgreichen Unterstützung der französischen Invasionen Italiens bestanden hatte. Als unmittelbare Folge dieser Kehrtwendungen durfte Italien Julius einmal für die Segnungen einer Invasion ausländischer Mächte danken. Außer den anrückenden Franzosen marschierten nun auch die Spanier im Auftrag des Papstes von Süden quer durch das ganze Land. Höhepunkt dieser Auseinandersetzungen wurde dann die mörderische Schlacht bei Ravenna am 11. April 1512, in der Frankreich und Ferrara den Spaniern mit ihren päpstlichen Hilfstruppen eine schwere Niederlage beibrachten. Entschieden hatten die Schlacht der noch blutjunge überragende französische Heerführer Gaston de Foix und die hervorragende Artillerie des Herzogs von Ferrara.[23]

Es war ein großer, aber auch ein bitterer Sieg. Als die siegreichen Truppen in Ravenna einzogen, trugen sie hinter den erbeuteten Feldzeichen des Gegners den Leichnam ihres erst 22jährigen Feldherrn. La Palice, sein Nachfolger, hatte weder das Charisma noch die Fähigkeiten des Vorgängers. Julius hatte keine Bedenken, in seiner Bedrängnis nochmals ausländische Söldner ins Land zu rufen. Dem Schweizer Kardinal Schinner, einem bewährten Söldnerführer in geistlichem Gewande, gelang es dann, die Franzosen mit seinen Landsknechten innerhalb von zwei Monaten nach der Schlacht von Ravenna aus Italien zu vertreiben.

Dem Herzog von Ferrara blieb nun nichts anderes übrig, als eine

Versöhnung mit dem verhaßten Papst zu suchen. Er ritt im Juli nach Rom und erhielt auch die Absolution vom Kirchenbann. Aber die Begleitumstände seines Aufenthaltes – er befürchtete einen Giftanschlag – veranlaßten ihn, mit Hilfe der befreundeten Colonna aus Rom zu fliehen. Die Colonna brachten ihn auf ihre Festung Marino, von wo er sich verkleidet nach Ferrara durchschlug.

Der Kampf ging weiter, und vieles deutete darauf hin, daß Lucrezia miterleben mußte, wie Julius, der schon den Untergang ihres Hauses herbeigeführt hatte, nun auch noch das Haus ihres Mannes und sie selbst vernichten würde. In dieser gespannten Lage erreichte sie die Nachricht vom Tode ihres Sohnes Rodrigo, der in Süditalien einer Krankheit erlegen war. In einem Brief schrieb sie damals: »Ich bin ganz versenkt in Bitterkeit und Tränen um den Tod des Herzogs von Biselli, meines teuersten Sohnes...«[24]

Unterdessen kämpften die Este mit aller Kraft gegen Julius II. Dieser konnte ihnen zwar herbe Verluste zufügen, aber ein entscheidender Sieg gelang ihm nicht. Sie hielten durch, bis der kriegerische Papst im Februar 1513 das Zeitliche segnete. Als die Nachricht hiervon in Ferrara eintraf, läuteten die Glocken der Kirchen. Wohl kaum als Zeichen der Trauer.

Lucrezia trat während der Kriegsjahre nur einmal aus dem Hintergrund hervor. Als die Franzosen vor der Schlacht von Ravenna durch Ferrara zogen, gab sie deren Führer einen Empfang. Unter ihnen war der berühmte Bayard, dessen Biograph hierüber berichtete: »Vor allen anderen empfing die Franzosen mit großer Auszeichnung die gute Herzogin, welche eine Perle in dieser Welt war, und alle Tage gab sie ihnen wundervolle Feste und Bankette nach italienischer Art. Ich wage es zu sagen, daß es weder zu ihrer Zeit noch früher eine glorreichere Fürstin gab als sie; denn sie war schön und gut, sanft und liebenswürdig zu allen, und nichts ist so sicher als dies, daß, obwohl ihr Gemahl ein kluger und kühner Fürst war, diese genannte Dame ihm durch ihre Liebenswürdigkeit gute und große Dienste geleistet hat.«[25]

Der Verfasser dieser Schilderung hatte als Franzose gewiß keinen Grund, Lucrezia zu schmeicheln. Gleichwohl deckt sich seine Schilderung Lucrezias im wesentlichen mit allen zeitgenössischen Berichten, die über sie erhalten sind: Nie hat Lucrezia ihre Umgebung durch bizarre Launen wie Cesare oder Arroganz und Eitelkeit wie der ermordete Juan irritiert. Sie erweckte auch nie den Eindruck, sich unangemessen in den Mittelpunkt stellen zu wollen, wie dies doch hin und wieder bei ihrer Freundin Isabella der Fall war, ganz zu schweigen von den gelegentlich die Grenzen des guten Geschmacks streifenden Anwandlungen ihrer Schwägerin Sancia. Ob als junges Mädchen, als junge Frau in der gespannten Atmosphäre bei ihrer Ankunft in Ferrara oder als gereifte Herzogin: fast immer wird Lucrezias heiteres, liebenswürdig taktvolles Auftreten hervorgehoben, mit dem sie sich auch die Zuneigung derer erwarb, die ihr anfangs ohne Sympathie, ja feindselig gegenüberstanden.

Man könnte Lucrezias Auftreten als Ausdruck charmanter Oberflächlichkeit werten. Aber hätte dies genügt, die bedeutendsten Geister ihrer Zeit wie Bembo, Strozzi und Ariost so lange an sich zu binden, ganz zu schweigen von ihrem Ehemann, der nicht gerade unter Mangel an willigen weiblichen Schönheiten zu leiden hatte? Gewiß, von allen Borgia ist Lucrezia im Grunde diejenige, über deren Gedanken und Gefühle wir am wenigsten wissen. Doch die Achtung und Bewunderung, die ihr als Herzogin von Ferrara allgemein entgegengebracht wurden, zeigen, daß sie eine ungewöhnliche Persönlichkeit gewesen sein muß.

Lucrezia wurde im April 1514 Mutter eines dritten Sohnes, und im folgenden Jahr kam mit Leonara die erste Tochter zur Welt. Nur ein Jahr später wurde mit Francesco das letzte gesunde Kind des Ehepaares geboren. Soweit es die Sorge um ihre Kinder zuließ, suchte Lucrezia immer häufiger die Stille von Klöstern, die sie ebenso großzügig unterstützte wie die Hospitäler des Herzogtums.

Im Herbst 1518 erkrankte Lucrezia, die nach ihrer fast tödlich verlaufenen Schwangerschaft vor 16 Jahren sechs Kinder geboren hatte, während einer erneuten Schwangerschaft so schwer, daß ihr niemand mehr helfen konnte. Den Tod vor Augen, schrieb die angebliche Messalina der Renaissance an Papst Leo X.:

»Heiligster Vater und mein zu verehrender Herr.

Mit aller nur möglichen Ehrfurcht der Seele küsse ich die heiligen Füße Ew. Seligkeit und empfehle mich demutsvoll in Ihre Heilige Gnade. Nachdem ich durch eine schwierige Schwangerschaft mehr als zwei Monate lang gelitten habe, gebar ich, wie es Gott gefiel, am 14. dieses Monats in der Morgenfrühe eine Tochter und hoffte, nach dieser Geburt auch von meinen Leiden befreit zu sein; doch das Gegenteil davon ist eingetreten, so daß ich der Natur den Tribut zahlen muß. Und so groß ist die Gunst, welche mir Unser gnädigster Schöpfer schenkt, daß ich das Ende meines Lebens erkenne und fühle, wie ich in wenigen Stunden ihm entnommen sein werde, nachdem ich zuvor alle die heiligen Sakramente der Kirche werde empfangen haben. Und an diesem Punkt angelangt, erinnere ich mich als Christin, obwohl eine Sünderin, daran, Ew. Heiligkeit zu bitten, daß Sie in Ihrer Gnade geruhen, mir aus dem geistlichen Schatz eine Unterstützung zuzuwenden, indem Sie meiner Seele die heilige Benediktion erteilen: Und so bitte ich Sie darum in Demut und empfehle Ew. Heiligen Gnaden meinen Herrn Gemahl und meine Kinder, welche alle Ew. Heiligkeit Diener sind.

In Ferrara am 22. Juni 1519 in der 14. Stunde Ew. Heiligkeit demütige Dienerin Lucrezia von Este.«[26]

Lucrezia starb im Beisein ihres Ehemannes in der Nacht des 24. Juni. Dieser schrieb unmittelbar nach dem Tod an seinen Neffen Frederigo Gonzaga:

»Erlauchtester Herr, mein zu verehrender Bruder und Neffe. Gott unserem Herrn hat es gefallen, in dieser Stunde die Seele der Erlauchtesten Frau Herzogin, meiner teuersten Gattin, zu sich zu rufen, was ich Ew. Exzellenz mitzuteilen nicht unterlassen kann, um unserer gegenseitigen Liebe willen, welche mich glauben macht, daß Glück und Unglück des einen auch die des anderen sind. Und nicht ohne Tränen kann ich dies schreiben, so schwer wird es mir, mich einer so lieben und süßen Gefährtin beraubt zu sehen, denn das war sie mir durch ihre guten Sitten und die zärtliche Liebe, die zwischen uns bestand. Bei so bitterem Verlust würde ich wohl in dem Trost Ew. Exzellenz eine Hilfe suchen, aber ich weiß, daß auch Sie Ihren Teil am Schmerze nehmen werden, und mir wird es lieber sein, jemand zu haben, der eher meine Tränen mit den seinigen begleitet, als mir Trostworte spendet.

Ew. Herrlichkeit empfehle ich mich. Ferrara am 24. Juni in der fünften Stunde der Nacht. Alfonsus, Herzog von Ferrara.«[27]

Der Herzog von Ferrara hat diesen Brief nach einer siebzehnjährigen Ehe mit der ihm ursprünglich so verhaßten und aufgezwungenen Lucrezia geschrieben. Dem Urteil dieses Mannes, der ein hervorragender Regent seines Landes und einer der bedeutendsten militärischen Köpfe seiner Zeit war, hinsichtlich des Charakters von Lucrezia größeres Gewicht beizumessen als einigen phantasiebegabten Schriftstellern späterer Epochen, ist sicher kein Fehler.

Nur einmal sollten die Borgia noch Geschichte machen. Ein Enkel des ermordeten Herzogs von Gandìa, der 1510 geborene Francesco Borgia, gelangte unter Karl V. zu höchsten Ehren am spanischen Hof und wurde schließlich Vizekönig von Katalonien. In dieser Eigenschaft fiel ihm die Betreuung des Leichnams seiner verstorbenen Kaiserin zu. Deren Anblick erschütterte ihn so, daß er seinem riesigen Reichtum und allen weltlichen Ehren entsagte. Er trat in den Jesuitenorden ein und befolgte dessen Ideale so, daß ausgerechnet der asketische Ignatius von Loyla ihn ermahnen mußte, seinen Körper zu schonen. Als Stellvertreter des Nachfolgers des zweiten Jesuitengenerals Laynez spielte er auf dem Konzil von Trient – wie oben schon ausgeführt – eine entscheidende Rolle bei der Verhinderung der Aufhebung des Zölibats. Später wurde er als Nachfolger von Ignatius und Laynez der dritte General des Jesuitenordens. Er galt schon seinen Zeitgenossen als Heiliger und wurde von der katholischen Kirche bereits wenige Jahre nach seinem Tode heilig gesprochen. So ist der letzte große Träger des Namens Borgia in die Geschichte als Heiliger eingegangen.

Die Borgia und die Macht der Kunst[1]

Es sind nicht viele Kunstäußerungen bekannt, die die Borgia veranlaßt haben, es gibt nur wenige Bauwerke, einige Fresken und Raumausstattungen, nur spärliche Portraits – und dann ist die Zuschreibung noch oft umstritten. Kunstwerke, die eindeutig mit dem Namen der Borgia verbunden sind, konzentrieren sich im Vatikan, dort, wo Papst Alexander VI. herrschte.

Von Papst Calixt III. (Alonso Borgia), der nur von 1455 bis 1458 sein Amt ausüben konnte, wissen wir, daß er den Künsten – auch der Dichtung – wenig Interesse entgegenbrachte. Sein kurzes Pontifikat war angefüllt mit den Anstrengungen, Konstantinopel und damit die christliche Welt durch einen Kreuzzug von den Türken wieder zu befreien. Nur wenige Zahlungen an Künstler oder Bauleute sind aus seiner Zeit belegt, und wenn, dann handelt es sich um Restaurierungsaufwendungen. Andere Aufträge an Maler dienten dem Bemalen von Standarten, dem Fertigen von Flaggen und sonstigem Zierat für die Flotte des Kreuzzuges.[2] Calixt soll auch kostbare Bucheinbände aus dem Bestand der Vatikanischen Bibliothek geopfert haben, um damit seine Vorhaben zu finanzieren.

Wir finden den Papst auf einem Fresko in der Bibliothek des Domes von Siena dargestellt (Abb.). Diese Freskenfolge aus dem Leben Pius' II. malte Pinturicchio (um 1454–1513, eigentlich Bernardino di Betto) jedoch erst in den Jahren 1502 bis 1508, also 50 Jahre nach Calixts Tod. Man kann also nur schlecht eine Übereinstimmung zwischen der Darstellung in dem sienesischen Fresko, auf dem Calixt III. den Kardinalshut an Enea Silvio de Piccolomini verleiht, und dem wirklichen Erscheinungsbild des ersten Borgia-Papstes erwarten. Gemäßigte Farbigkeit und eine geschickte Anordnung der Figuren kennzeichnen diese Arbeit. Es war aber kein Borgia der Auftraggeber, sondern eben jener Kardinal Enea Silvio de Piccolomini, der als Papst Pius II. der Nachfolger Calixts wurde. Dieser kunstverständige Papst war es auch, der eine weitere Kunstäußerung veranlaßte, geradezu forderte, die mit einem anderen Borgia in Verbindung gebracht werden kann.

Papst Pius II. wollte – wie schon in anderem Zusammenhang berichtet – seinen Geburtsort Corsignano in der Toskana, das später nach ihm benannte Pienza, zu einem ansehnlichen Bischofssitz machen. An der »Piazza Pio II.« ließ er von dem damals sehr gefragten Florentiner Baumeister Bernardo Rossellino (1409–1464)[3] Bauten im Stile der florentinischen Architektur errichten, deren auf die Situation des Ortes hin reduzierte Ausmaße den Eindruck eines begehbaren Bühnenbildes wecken. Für dieses Ensemble ließ Rodrigo Borgia 1460 den Bischofspalast errichten, gleich links von der ebenfalls neuen Kathedrale. Ihr gegenüber entstand das Rathaus und rechts von der Kirche der Palazzo der Papstfamilie de Piccolomini. Von der Terrasse dieses anmutigen Baues bietet sich der weite Blick ins Orcia-Tal. Als weiterer Palast dieses harmonischen Platzgefüges sei das Sommerhaus eines Gonzaga-Kardinals erwähnt und schließlich ein Brunnen. Nicht der Wunsch, sich ein würdiges Heim zu schaffen, machte Rodrigo Borgia zum Bauherrn, sondern er gehorchte den Repräsentierwünschen eines kunstliebenden Papstes, der durch seine eigenen geschichtlichen, geographischen und ethnographischen Werke als Schriftsteller und Publizist bedeutenden Einfluß auf die humanistischen Tendenzen der Zeit nahm. Für die Karriere Rodrigo Borgias auf dem Weg zum Papstthron war dieser Palast in der Toskana ein wichtiger Baustein.

Als Papst Alexander VI. wurde er wieder zum Bauherrn. Gleich nach seiner Wahl ließ er 1492 den ältesten Teil der vatikanischen Paläste erweitern. Und zwar schließt der »Borgia-Turm« (Torre Borgia) die Nordwestecke der älteren Palastflügel um den sogenannten »Hof des Papageien« (Cortile del Pappagallo). Bezeichnenderweise wirkt der Turm äußerlich eher als militärisches Bollwerk denn als Palast für Wohnzwecke. Nur wenige dekorative Elemente bestimmen den auf fast rechteckigem Grundriß errichteten Turm von außen: Es gibt zwei Borgia-Wappen und eine einfache Stierdarstellung, des Wappentiers der Borgia, auf der Höhe des Repräsentationsgeschosses. Mit 36 Metern Höhe überragt der Turm um 7 Meter noch den Palast von Papst Nikolaus V. (1447–1455). Über dem Keller-Sockel-Geschoß liegt das Erdgeschoß, welches mit der Bibliothek Sixtus' IV. (1471–1484) verbunden ist. Im ersten Stock befinden sich zwei Räume der sogenannten »Borgia-Gemächer« (Appartamenti Borgia), über deren Ausgestaltung noch zu reden sein wird. Im zweiten Stock werden dann später die Stanzen Raffaels (1483–1520, eigentlich Raffaello

Santi) eingerichtet. Bekrönt wird der Turm von einer nach mehreren Seiten durch Bogenstellungen geöffneten Loggia.

Weitere Bauten, die Rom Alexander verdankt, sind die Via Alessandrina, die Porta Settimiana und der »Tempel« Bramantes im Kloster von San Pietro in Montorio. Im Vatikan ließ Alexander noch den alten Torbau von Sankt Peter (Porta di San Pietro) umgestalten, der aus dem 9. Jahrhundert stammt. Das heutige Tor zeigt sich nach mehreren späteren Verbauungen wieder in dem Zustand, wie es 1492 geschaffen wurde. Zwei massige Türme, deren Ecken von ungleich großen Travertin-Blöcken begrenzt werden, flankieren den niedrigen Torbau, der ebenfalls auf einem Travertin-Sockel ruht. Über dem Torbogen das Wappen der Borgia und eine Marmortafel, auf der in kräftiger klassischer Kapitalis Alexander VI. als Bauherr genannt wird. Man vermutet Giuliano da Sangallo als Baumeister (1445–1516).[4]

Dem äußeren wehrhaften Charakter der Borgia-Bauten entspricht die üppige Ausgestaltung der Räume im Inneren. Zu den Borgia-Gemächern gehören die zwei Säle im Borgia-Turm, drei anschließende im ersten Stock des Palastes von Nikolaus V., der Pontifikalsaal im kurzen mittelalterlichen Nordflügel des Palastes und einige kleinere Privatgemächer im Westflügel. Hier hat Alexander VI. gelebt, und hier ist er gestorben.

Wir wissen, daß nach dem 15. Dezember 1492 Pinturicchio mit seinen Gehilfen die Ausmalung der Borgia-Gemächer begonnen hat. Diese Freskenzyklen sollten sein Hauptwerk werden. Über die Zuschreibung der einzelnen Fresken an Pinturicchio oder seine Mitarbeiter, von denen namentlich unter anderen Benedetto Bonfigli aus Perugia, Piero d'Andrea aus Volterra und Antonio da Viterbo, genannt Pastura, erwähnt werden, gehen die Meinungen der Forscher auseinander.

Beim Schmuck der Räume spielen verschiedene Gewerke eine wichtige Rolle, um gemeinsam den reichen Eindruck zu erzielen: Maler, Stukkateure, Vergolder, Fliesenleger, Ebenisten. Unzweifelhaft sind die Gemälde die wichtigste Komponente im Ausstattungsprogramm der Borgia-Gemächer. »In ständigem Wechsel zwischen Wirklichkeit und Erdichtetem, in einer Tonlage alchemistischer Umwandlung (der Stein der Weisen, der in Gold verwandelt) schildert Pinturicchio die verwickelte Geschichte des großen Alexander VI. Borgia. Dieser identifiziert sich sozusagen gleichzeitig mit einem Zauberer und mit Alexander dem Großen, er möchte das Bild in ein Juwel, den Stuck in Gold und die Gesamtheit des heidnischen Mythos in christlichen Glauben verwandeln, also die herrscherliche Klassik seiner Kultur (Künste, Musik, Geometrie, Mythos) in eine Dimension absoluter Universalität erheben, ein Neuheidentum.«[5]

Die Säle und ihre Werke im einzelnen: Im »Saal der Glaubensmysterien« (Sala dei Misteri) finden wir die »Auferstehung Christi« (la Risurrezione) mit dem berühmten Bild des betenden Alexander VI. (vgl. Abb. 2). »Nicht nur ist es fraglos das Werk Pinturicchios, der Künstler erreicht hier auch eine Höhe wie nie zuvor, die ihn auf eine Ebene mit den größten Portraitmalern des 15. Jahrhunderts stellt. Von der mächtigen Persönlichkeit Alexanders VI. vollständig beherrscht, läßt er hier endlich seine eigene Natur sich entfalten, und es gelingt ihm, die auffälligen Gegensätze im komplexen Charakter dieses Papstes darzustellen. Die Launenhaftigkeit, die Intelligenz, der Stolz, die Sinnlichkeit und die Empfindsamkeit, alle diese Eigenschaften sind nicht nur im Gesicht mit den ausgeprägten Zügen, sondern in den schönen, wenn auch etwas plumpen Händen und in der ganzen eindrucksvollen Gestalt porträtiert, die von den Falten eines kostbaren Chorrocks eingehüllt, aber nicht verborgen wird.«[6]

In diesem Saal erscheint das Gold in großer Fülle, und auch das heraldische Symbol der Borgia taucht wieder auf. In den Eckzwickeln Darstellungen der Propheten. Als weitere Themen der Heilsgeschichte sind hier berücksichtigt: »Verkündigung« (l'Annunziazione), »Geburt Christi« (la Natività di Nostro Signore), »Anbetung der Könige« (l'Adorazione dei Magi), »Himmelfahrt« (l'Ascensione), »Pfingsten« (la Pentecoste), »Himmelfahrt Mariä« (l'Assunzione della Vergine).

Im »Saal der Heiligen« (Sala dei Santi) bestimmt ein großes Fresko die Wand gegenüber dem Fenster: »Der Disput der hl. Katharina von Alexandrien« (la Disputa di santa Caterina d'Alessandria; vgl. Abb. 3 und Schutzumschlag). Katharina »blond und zart, steht reich gekleidet vor dem Kaiser und scheint mehr zum Spielen aufgelegt als dazu, an einer Diskussion teilzunehmen, die entschlossene Konzentration erfordern würde«.[7] Kann man sich hier der Interpretation de Campos anschließen, so scheint er mit der neuerlich aufgeführten Meinung, daß in Katharina *nicht* Lucrezia Borgia und im Kaiser *nicht* ihr Bruder Cesare Borgia dargestellt sind, allein dazustehen. Leider begründet er die aufgekommenen Zweifel an der Zuschreibung dieser Borgia-Portraits nicht, während er an der Interpretation der übrigen anwesenden Personen mit Andreas Palaelogus, dem Enkel des letzten Kaisers von

Byzanz, dem Architekten Antonio da Sangallo dem Älteren (mit Winkelmaß), Pinturicchio selbst (mit schmalem Gesicht und schwarzem Haar) und dem glücklosen Prinzen Djem, Bruder des Sultans Bajazet, festhält. Weitere Themen im »Saal der Heiligen«: »Begegnung des heiligen Abtes Antonius mit dem heiligen Eremiten Paulus« (la Visita di sant'Antonio abate a san Paolo eremita), »Heimsuchung« (la Visitazione), »Martyrium des heiligen Sebastian« (il Martirio di san Sebastiano), »Susanna und die Alten« (l'episodio della casta Susanna), »Die heilige Barbara« (la storia di santa Barbara), über der Tür finden wir eine Madonna mit Kind in einem Marmortondo, wohl von einem Schüler Mino da Fiesoles (um 1431–1484).

Das frühere Studierzimmer des Papstes, der »Saal der Künste« (Sala delle Arti), wurde in den Wölbungen mit Grotesken in vergoldetem Relief geschmückt und ist einem allegorischen Zyklus weiblicher Personifikationen von »Dialektik«, »Grammatik«, »Astrologie«, »Musik«, »Arithmetik«, »Geometrie« und »Rhetorik« gewidmet. Er soll weitgehend von Pastura geschaffen worden sein.

In den Lünetten des »Saales des Glaubensbekenntnisses« (Sala del Credo) finden sich Paare von Aposteln und Propheten, wobei von Pinturicchio allenfalls die Entwürfe stammen dürften. Der Saal trägt seinen Namen nach den Schriftrollen mit den Glaubensartikeln, die die Apostel in Händen halten.

Im »Saal der Sibyllen« (Sala delle Sibille) malten die Schüler Pinturicchios in den Lünetten Propheten und Sibyllen, und in den Wölbungen zwischen vergoldeten Reliefs taucht immer wieder der Stier der Borgia auf.

Im ersten der kleineren Privatgemächer, die vom »Saal der Künste« aus zugänglich sind, fanden sich vor einigen Jahren noch Reste von pinturicchiesker Landschaftsmalerei, ähnlich den Fresken, wie er sie im Palazzo von Domenico della Rovere in Borgo ausgeführt hatte.[8]

Mag die überladene Dekoration der Borgia-Gemächer nicht immer der Qualität der Malerei ebenbürtig sein, so muß doch verwundern, daß die Räume schon bald nach dem Tod Alexanders aufgegeben wurden. Bereits Julius II. verlegte seine Residenz um eine Etage höher, weil er nicht die ganze Zeit das Bildnis Alexanders VI. vor Augen haben wollte, wie er gegenüber seinem Zeremonienmeister Pâris de Grassis äußerte. Seitdem haftete den Räumen Fluchtartiges an, wie es Maria Donati Barcellona ausdrückte, »eine Art ›damnatio memoriae‹«[9] Im 17. und 18. Jahrhundert wurden hier anläßlich eines Konklaves Kardinäle beherbergt, zeitweise waren die Säle in einzelne Zellen unterteilt, sie dienten als Speisesäle für niedere Palastbeamte. Unter Pius VII. (1800–1823) wurden hier wieder Bilder aufbewahrt, und eine kräftige Restaurierung im Jahre 1816 setzte der Ausgestaltung und dem Erhaltungszustand der Räume erneut zu. Erst unter Papst Leo XIII. (1878–1903) wurden in einer neuerlichen, behutsamen Restaurierung die Gemächer wieder hergestellt, und damals dienten sie als Museum für eine Vielzahl von Gegenständen, ein »Museo Miscellanee«.

Heute ist in den Appartamenti Borgia ein Teil der Sammlung moderner religiöser Kunst untergebracht. Was Ende des 15. Jahrhunderts als Zeichen päpstlicher Macht geplant war, ist nun zu reicher Dekoration im Zusammenspiel mit karger zeitgenössischer Sakralkunst geworden.

Pinturicchio malte außerdem in der Engelsburg einen Saal mit Szenen aus dem Pontifikat Alexanders VI. aus; diese Fresken für den Borgia-Papst sind heute verloren, ebenso wie weitere Ausmalungen einer Zimmerflucht im Vatikan.[10]

Die Kinder Alexanders, Lucrezia und Cesare, scheinen wie schon ihr Großonkel Alfonso Borgia der Malerei und Architektur wenig Bedeutung beigemessen zu haben. Und von der Begegnung Cesares mit Leonardo da Vinci (1452–1519) im Jahre 1500 oder 1501 künden nur Pläne zur Trockenlegung der Sümpfe bei Piombino und Kartenmaterial aus der Gegend von Arezzo, heute in der Royal Library von Windsor. Nicht der Künstler Leonardo war gefragt, sondern der wissenschaftliche Erfinder und Kartograph. Die Biographin Cesares, Sarah Bradford, konstatiert Cesare allerdings ein stärkeres Interesse an der Literatur.[11]

Die Namen der Dichter und Literaten in seiner Umgebung – die zu den begehrtesten ihrer Zeit gehört haben – sagen uns heute nur noch wenig: Hieronimo Porzio, Francesco Sperulo, Pier Francesco Giustulo, Vincenzo Calmeta.

Von Lucrezia wissen wir immerhin, daß sie am Hofe von Ferrara nach ihrer Heirat mit Alfonso d'Este 1501 in einem Kreis von Dichtern und Gelehrten verkehrte. Es sei nur an Ariosto und Bembo erinnert.

In den zwanziger Jahren unseres Jahrhunderts versuchte Giuseppe Portigliotti in seiner Borgia-Biographie ein Gemälde Tizians (1477–1576, eigentlich Tiziano Vecellio), das sich damals in der Sammlung Sir Francis Cook, Richmond, befand, mit einem Portrait Lucrezia Borgias zu interpretieren, das bislang als »Sultanin von Konstantinopel« oder recht konträr als »Sklavin« betitelt war.[12] Auch wurde damals die Geliebte und spätere dritte Frau Alfonsos I., Laura Dianti,in diesem Bildnis gesehen. Portigliottis Argumentation, daß diese »Lucrezia« 1512 während eines Besuches Tizians am Hof von Ferrara entstanden sein muß, als der Maler ebenfalls Herzog Alfonso I. porträtierte, konnte überzeugen, zumal er deutliche Ähnlichkeiten zwischen Pinturicchios »Lucrezia« (hl. Katharina) im Vatikan und dem Tizian-Portrait aufzeigt.

Die heutige Forschung datiert dieses um 1523 und beschreibt es unzweifelhaft wieder als Portrait »Laura de' Dianti« (heute in Kreuzlingen, Sammlung Heinz Kisters).[13] Da selbst das Fresko Pinturicchios neuerdings als eindeutiges Portrait Lucrezias angezweifelt wird, bleiben uns kaum gesicherte Bildnisse, die die vielmals gepriesene Schönheit Lucrezias beweisen könnten.

Es scheint, daß die Borgia zwar in Übereinstimmung mit den Strömungen und Vorlieben ihrer Zeit den Künsten nicht verschlossen waren, sie aber in erster Linie als Dekoration für wirkungsvolle Auftritte im Vatikan gebrauchten – unter reichlicher Verwendung von Gold, umgeben von der immer wiederkehrenden Darstellung des Familienwappens. Zieht man Martin Heideggers (1889–1976) Äußerung über die Kunst heran, so verstanden es die Borgia durchaus – hier vor allem Papst Alexander VI. – mit ihr umzugehen, sie für ihre Ziele einzusetzen: »Die Kunst ist die im Wesen des Willens zur Macht gesetzte Bedingung dafür, daß er als der Wille, der er ist, in die Macht steigen und sie steigern kann.«[14]

Epilog

»Die Borgia werden noch lange die Untersuchung des Geschichtsschreibers und des Psychologen reizen. Ein geistreicher Freund fragte mich eines Tages, wodurch sich erkläre, daß alles, was Alexander VI. und Cesare Borgia und Lucrezia Borgia betrifft, daß jeder neu entdeckte Brief des einen oder des anderen unsere Neugierde lebhafter aufregt als ähnliches, was von manchen anderen, viel bedeutenderen Charakteren der Geschichte uns überliefert wird.«[1]

Diese Sätze, mit denen Gregorovius seine Biographie über Lucrezia Borgia 1875 eingeleitet hat, haben noch heute nichts von ihrer Aktualität verloren: Die Borgia haben zwar zwei Päpste und einen Jesuitengeneral und mit Cesare einen Heerführer gestellt, die jeder für sich ihre Spuren in der Geschichte hinterlassen haben. Aber dies vermag nicht die Faszination zu erklären, die heute noch von ihnen ausgeht, zumal Name und Bedeutung von Calixt III. und des Jesuitengenerals Francesco Borgia ohnehin nur einem kleinen Kreis von Fachleuten bekannt sind und Lucrezia, darüber ist man sich nach der grundlegenden Biographie von Gregorovius einig, als Werkzeug ihres Vaters und ihres Bruders nie eine wirklich historisch bedeutungsvolle Rolle gespielt hat.

Für den Ruf der Borgia ausschließlich verantwortlich waren ohne Frage nur Papst Alexander VI. und sein Sohn Cesare. Gewiß, Alexander war als Vizekanzler der Kirche von 1456 bis 1492 und dann während seines Pontifikates von 1492 bis 1503 einer der mächtigsten Männer seiner Epoche, und der Name seines Sohnes Cesare verkörperte für den Adel Mittelitaliens eine tödliche Bedrohung. Aber vermag die Machtstellung der beiden den Glanz ihres Namens zu erklären, wenn man bedenkt, in welchem Umfang viele der großen Herrschergeschlechter Europas – wie etwa die Habsburger und das französische Königshaus – über Jahrhunderte hinweg das Schicksal dieses Kontinents mitbestimmt haben, ohne daß der Name eines Mitglieds ihres Hauses heute noch so bekannt wäre wie der der Borgia. Dies ist auch nicht den mächtigen englischen Adelsgeschlechtern der Plantagenet und York – Richard Löwenherz und Richard III. mögen hier als Ausnahme gelten – gelungen, obwohl uns die Namen der Helden ihrer blutigen Geschichte zu einem großen Teil in den Dramen Shakespeares wiederbegegnen. Von den Welfen, die seit der Zeit Karls des Großen bis ins 20. Jahrhundert hinein die Geschichte Europas von England bis Süditalien mitbestimmt haben, ist der Allgemeinheit als bedeutende Persönlichkeit allenfalls noch der Name von Heinrich dem Löwen in Erinnerung. Und wer kennt heute überhaupt noch den Namen des gefürchteten Geschlechts der lothringischen Herzöge von Guise, deren sich das französische Königshaus im 16. Jahrhundert zeitweise nur noch durch offenen Mord zu erwehren wußte.

Sie alle und noch viele andere, deren Namen heute keiner mehr kennt, haben wesentlich tiefgreifender auf den Lauf der Geschichte Einfluß genommen als die Borgia während ihres knapp ein halbes Jahrhundert dauernden Gastspiels auf dieser Bühne. Wie immer man die geschichtliche Rolle der Borgia im einzelnen beurteilen mag, sicher ist, daß der einzigartige Klang ihres Namens sich nicht mit seiner historischen Bedeutung begründen läßt. Was aber die oben zitierte Frage des Freundes von Gregorovius noch interessanter macht, ist die erstaunliche Tatsache, daß die schwer erklärbare Faszination, die dieser Name ausstrahlt, nicht etwa auf Alexander VI. zurückgeht, der immerhin die Macht seines Geschlechtes ständig und mit größtem Erfolg vermehrt und es schließlich zu einem der mächtigsten jener Zeit gemacht hat. Die eigentliche faszinierende Gestalt ist vielmehr Cesare, der zu Lebzeiten seines Vaters nach dem Verzicht auf seine Kardinalswürde im August 1498 fünf Jahre an dessen Seite gewirkt hat und nach dessen Tode ganze drei Monate benötigte, um die von seinem Vater geschaffene gewaltige Machtposition des Hauses Borgia fast vollständig zu verspielen. Das Bild des überwiegenden Teils der Nachwelt von dem Verhältnis zwischen Alexander und Cesare trägt im wesentlichen die Züge der bekannten Schilderung Jacob Burckhardts:

»Als aber der Papst mit der Zeit unter die Herrschaft seines Sohnes geriet, nahmen die Mittel der Gewalt jenen völlig satanischen Charakter an, der notwendig auf die Zwecke zurückwirkt. Was im Kampf gegen die römischen Großen und gegen die romagnolischen Dynastien geschah, überstieg im Gebiet der Treulosigkeit und Grausamkeit sogar dasjenige Maß, an welches z. B. die Aragonesen von Neapel die Welt bereits gewöhnt hatten, und auch das Talent der Täuschung war größer. Vollends grauenhaft ist die Art und Weise, wie Cesare den

Vater isoliert, indem er den Bruder, den Schwager und andere Verwandte und Höflinge ermordet, sobald ihm deren Gunst beim Papst oder ihre Stellung unbequem wird.«[2]

An diesem Bild ist sicher eines richtig: Cesare war in der Tat der böse Dämon des Geschlechts der Borgia. Erst als und nur solange wie er eine Rolle in der Geschichte der Borgia spielte, fallen auf die Namen auch der Mitangehörigen jene Schatten der Verbrechen und Ausschweifungen, die man mit dem Namen Borgia verbindet: Bei fast allen Ereignissen, die Lucrezias zweifelhaften Ruf herbeiführten, hatte Cesare seine Hand im Spiel. Schon unmittelbar nach ihrer Trennung vom päpstlichen Hof – und damit von Cesare – erwarb sich Lucrezia am Hofe von Ferrara die Achtung und Zuneigung derer, die ihr bei ihrer Ankunft skeptisch, ja feindlich gegenübergestanden hatten. Alfonso, ihr Ehemann, ist der beste Beweis dafür. Auch Alexander galt vor Cesare den meisten seiner Zeitgenossen als weltgewandter, umgänglicher, persönlich und politisch liberal eingestellter Kirchenfürst. Ein Lebemann zwar, aber kein blutrünstiges Ungeheuer.

Wenn Cesare aber tatsächlich die alles – auch seinen Vater – beherrschende Persönlichkeit gewesen sein sollte, so stellt sich die Frage, worauf es zurückzuführen ist, daß er bereits drei Monate nach dem Tode seines Vaters politisch abgewirtschaftet hatte?

Durch fehlende Machtmittel läßt sich Cesares rascher Niedergang sicher nicht erklären: Cesare verfügte auch nach dem Tode seines Vaters noch über eine bedeutende Machtstellung: Ohne ihn bzw. die zwölf treu zu ihm stehenden spanischen Kardinäle konnte kein Kandidat zum Papst gewählt werden. Durch den Raub des größten Teils der von seinem Vater im Vatikan verwahrten kirchlichen Gelder und Edelsteine verfügte Cesare in Verbindung mit seinen anderen Gütern noch über einen beachtlichen Reichtum. An Soldaten hatte er immer noch eine Streitmacht von über 10000 Mann, zum Teil bestens ausgebildete Leute unter Waffen. Gemeinsam mit dem französischen und dem spanischen König, die ohne ihn bei der Papstwahl nichts vermochten, war Cesare auch nach dem Tode seines Vaters immer noch einer der mächtigsten Männer in Italien.

Es gelang dann auch Cesare durch seine Versöhnung mit den Colonna, die ihm nach dem Tode Alexanders drohende größte Gefahr, ein vereintes Vorgehen des römischen Adels zu bannen. Ein Erfolg für Cesare war zweifelsohne auch die Wahl des Kardinals Piccolomini zum Papst. Auf die Wahl eines spanischen Papstes konnte Cesare nicht hoffen. Hierfür hatten sich die Borgia während des Pontifikates von

Alexander zu viele Feinde geschaffen. Ihm mußte daher daran gelegen sein, die Wahl eines allzu mächtigen Kardinals, der ihm als Papst gefährlich werden konnte, wie etwa die von d'Amboise oder della Rovere, zu verhindern. Piccolomini war unter diesen Umständen für ihn einer der geeignetsten Kandidaten, und dessen Wahl war zweifelsohne auch ein Erfolg für Cesare. Völlig unverständlich ist aber, aus welchem Grund Cesare sich vor der Wahl gegenüber dem französischen König in einem Geheimvertrag verpflichtete, d'Amboise zu unterstützen. Mit diesem Geheimvertrag zog sich Cesare die Feindschaft des spanischen Königshauses zu. Zudem belastete der Geheimvertrag natürlich auch Cesares Beziehungen zu den ihm bislang treu ergebenen spanischen Kardinälen auf das schwerste.

Eingehandelt hatte sich Cesare hierfür lediglich die Zusage des französischen Königs, ihn bei der Verteidigung und Wiedereroberung seiner Gebiete in der Romagna zu unterstützen. Wie vorauszusehen war, ließ sich Ludwig mit der Einhaltung dieses Versprechens bis zur Papstwahl Zeit und hinderte nicht einmal die vertriebenen Herren Mittelitaliens, sich unter Führung Baglionis in der Liga von Perugia gegen Cesare zusammenzuschließen. Als dann am 21. September 1503 nicht d'Amboise, sondern Piccolomini mit den Stimmen der spanischen Kardinäle zum Papst gewählt wurde, hatte sich Cesare durch seine völlig unnötigen Winkelzüge sowohl die Feindschaft des französischen als auch des spanischen Königs zugezogen, ohne sich den geringsten Vorteil einzuhandeln.

Durch den Tod von Pius nur wenige Wochen später hatten sich noch einmal für Cesare Möglichkeiten ergeben, seine Fehler bei der vorangegangenen Papstwahl wenigstens einigermaßen auszumerzen. Noch standen die spanischen Kardinäle, die erkannten, daß sie ihr Zusammenhalt am besten gegen die antispanischen Strömungen jener Zeit schützen konnte, hinter Cesare. Allein, wie setzte Cesare dieses Machtkapital ein? Er hatte nichts Besseres zu tun, als einen Kandidaten zu unterstützen, den, mit gutem Grund, weder Frankreich noch Spanien noch Maximilian haben wollten: Giuliano della Rovere, den Todfeind des Hauses der Borgia, dem sein Vater Alexander zwei Jahrzehnte erfolgreich den Weg auf den Papstthron verwehrt hatte. Der weitere Verlauf der Dinge ist bereits geschildert worden.

Cesares politische Fehler nach dem Tode seines Vaters waren so unglaublich, daß schon Zeitgenossen, die ihn bestens kannten und ihm wohlgesonnen waren, wie die bereits zitierten Äußerungen des spanischen Kardinals Loris sowie von Machiavelli und des Kardinals Soderini zeigen, Zweifel kamen, ob Cesare nach dem Tode seines Vaters überhaupt noch im vollen Besitz seiner geistigen Kräfte gewesen ist. Ihnen folgend haben Cesares Verteidiger vorgebracht, Cesare habe sich damals in einer vorübergehenden Krise befunden, die ihn gehindert hätte, jene politischen und militärischen Fähigkeiten zu entfalten, die er zu Lebzeiten seines Vaters unter Beweis gestellt habe. Aber welche Fähigkeiten hat Cesare eigentlich zu Lebzeiten seines Vaters unter Beweis gestellt? War Cesare wirklich jene geniale Renaissancegestalt, die lediglich nach dem Tode Alexanders und der eigenen schweren Erkrankung im August 1503 vorübergehend ins Wanken geriet? Die Tatsache, daß es mit Cesare als Gonfaloniere der Kirche erstmals einem Papst nach langer Zeit gelang, die mächtigen Feudalherrengeschlechter im Kirchenstaat, wie die Colonna, Gaetani, Savelli, Montefeltre, Baglioni, Malatesta, Sforza, Manfredi und teilweise die Orsini, in ihre Schranken zu weisen, scheint zumindestens ein gutes Licht auf Cesares militärische Fähigkeiten zu werfen.

Maßgebend für diese Erfolge waren allerdings nicht so sehr Cesares Feldherrnfähigkeiten wie die Tatsache, daß Cesare bei diesen Eroberungszügen vom französischen König freie Hand in Mittelitalien erhalten hatte und sich zudem noch dessen Unterstützung erfreuen konnte. Dies wird deutlich, wenn man sich die drei sogenannten Romagnafeldzüge, die Cesares militärischen Ruf begründeten, genauer anschaut:

Bei dem ersten Feldzug in die Romagna gegen Caterina Sforza lag die eigentliche Entscheidungsgewalt bei Yves d'Allègre, dem der französische König 400 Lanzen und 4000 Schweizer Söldner unter dem Bailli von Dijon anvertraut hatte. Sicher wurde auch der Papstsohn, dem man ein Kommando über 100 Lanzen gegeben hatte, im Kriegsrat mit allen Ehren behandelt. Großen Einfluß dürfte er aber nicht gehabt haben. Die französischen Offiziere, die noch nicht wissen konnten, welche militärischen Fähigkeiten die Geschichte einst dem noch jungen ehemaligen Kardinal nachsagen würde, fühlten sich nur ihrem König verantwortlich und nicht Cesare. Sehr bezeichnend hierfür sind die Vorgänge bei der Gefangennahme von Caterina. Der Bailli von Dijon, dessen Leute sie in ihre Gewalt gebracht hatten, dachte nicht daran, sie an Cesare herauszugeben. Erst als sich Cesare an Yves d'Allègre wandte, rückte der Bailli die schöne Gefangene gegen den stattlichen Betrag von 4000 Dukaten an Cesare heraus. Ein etwas merkwürdiger Vorgang, wenn Cesare tatsächlich die Befehlsgewalt über die Truppen gehabt hätte. Jedenfalls weiß die Militärgeschichte nicht von allzu vielen Fällen zu berichten, in denen sich ein kommandierender Truppenführer einen wichtigen Gefangenen von einem Untergebenen erst nach Bezahlung eines stattlichen Betrages und Vermittlung eines anderen ihm unterstellten Offiziers übergeben lassen konnte. Als dann einige Tage nach dieser Episode die Franzosen sich auf die Nachricht von der Rückkehr Ludovico il Moros zurückzogen, war der ganze erste Romagnafeldzug auch schon zu Ende. Cesare wagte mit seinen eigenen Kräften nicht einmal das schon in Sichtweite liegende Pesaro von Giovanni Sforza anzugreifen.

Den im Herbst 1500 beginnenden zweiten Romagnafeldzug unternahm Cesare dann allerdings als Befehlshaber starker päpstlicher Truppen. Die reichlich fließenden Einkünfte aus dem sogenannten »Heiligen Jahr« hatten es Alexander und Cesare erlaubt, in großem Stil Kondottieri und Söldner anzuwerben. Die von Cesare befehligte Armee umfaßte rund 10000 Mann. Bei dieser Übermacht bedurfte es sicher keines besonderen Feldherrengenies, um nun Giovanni Sforza von Pesaro und Pandolfo Malatesta von Rimini zur Flucht zu veranlassen. Doch mit der Eroberung der Gebiete von Pesaro und Rimini war Cesares »Triumphmarsch« auf diesem Feldzug zu Ende. Denn nun belagerten seine Truppen zu Beginn des Novembers 1500 bis zum 25. April 1501 das von dem 15jährigen Astorre Manfredi und einem Rat der Bürger regierte Faenza. Wie fragwürdig Cesares Erfolgsaussichten waren, zeigt die Tatsache, daß sich sein Vater im April 1501 veranlaßt sah, vom französischen König 2000 Mann als Unterstützung zur Belagerung von Faenza anzufordern. Als Preis mußte er dem Kardinal von Rouen das einkömmliche Amt eines Legaten von Frankreich verleihen. Erst nach dem Eintreffen der Franzosen gaben die Belagerten dann auf.

Sicher war die Belagerung gut verteidigter Orte im Mittelalter und in der Renaissance eine Sache, der die Heerführer am liebsten aus dem Wege gingen. Insofern mögen die großen Schwierigkeiten, die Cesare bei der Belagerung von Faenza hatte, nicht gegen seine Fähigkeiten sprechen. Aber man kann bei allem Wohlwollen nicht behaupten, daß diese Belagerung nun Beweise für die überragenden Fähigkeiten des Anführers der Belagerungstruppen erbracht hätte.

Sehr viel mehr Glanz fällt auf Cesare auch nicht durch die Tatsache, daß er sich zum Abschluß dieses Feldzuges von Bentivoglio von Bologna dessen zwischen Imola und Forlì gelegenen Vorposten Castel Bolognese gegen die Zusage abtreten ließ, das übrige Territorium Bolognas unangetastet zu lassen.

Entsprechendes gilt für Cesares dritten Zug in die Romagna. Die Unterwerfung von Citta di Castello, Camerino, Perugia, Piombino und Siena war genau wie die vorangegangenen Erfolge Cesares in erster Linie Ausdruck der Überlegenheit seiner Truppen. Mit Hilfe eines Großteils der dem Vatikan aus der gesamten Christenheit zufließenden Einkünfte sowie der vollen moralischen und politischen Unterstützung des Papstes und der damit zusammenhängenden politischen und militärischen Hilfe Frankreichs die Feudalherren der Romagna zu verjagen, wäre sicher jedem nicht von allen guten Geistern verlassenen Heerführer gelungen.

Die angeblich so bedeutenden Romagnazüge Cesares waren in Wirklichkeit nichts anderes als der Kampf eines fast über unerschöpfliche Mittel verfügenden Papstsohnes gegen ihm völlig unterlegene Feudalherren. Mit den bedeutenderen Mächten Italiens hat Cesare nie ernsthaft den Kampf aufgenommen. Schon Ferrara und Bologna, die ja noch zum Kirchenstaat gehörten, waren Cesare nach eigenem Bekenntnis zu mächtig.

Über den Kirchenstaat hinaus konnte sich Cesare mit Rücksicht auf den französischen König nicht wagen. Seine zaghaften Versuche in dieser Richtung wurden sofort unterbunden. Einen Angriff auf das militärisch schwache Florenz mußte er auf Befehl des französischen Königs abbrechen, und als er Pandolfo Petrucci aus Siena vertrieb, kehrte dieser wenige Wochen später wieder zurück.

Man kann Cesare sicher keinen Vorwurf daraus machen, daß ihm die Macht Frankreichs nicht erlaubte, das Territorium des Kirchenstaates zu überschreiten. Aber ihn aufgrund seiner Erfolge gegen die über sehr viel geringere Machtmittel verfügenden Potentaten der Romagna als einen bedeutenden Heerführer sehen zu wollen, geht doch zu weit. Dies ändert natürlich nichts an der Tatsache, daß Cesare an der Spitze seiner überlegenen päpstlichen Truppen nicht nur seinen Gegnern als eine todbringende Gestalt erscheinen mußte. Cesare, und hier liegt eine der Ursachen seines furchtbaren Rufes, hat im übrigen alles getan, diesen Eindruck noch zu verstärken. Cesare können wahrscheinlich nicht mehr Verbrechen angelastet werden als vielen anderen Mächtigen seiner Zeit. Aber während diese es vorzogen, heimlich zu morden, hat man bei Cesare den Eindruck, daß er nicht nur gelegentlich seine Verbrechen, sondern vor allem auch den Schauer genoß, den sie und der damit verbundene Ruf seiner Grausamkeit hervorriefen:

Man kann die auf dem Marktplatz zu Cesena zur Schau gestellte zweigeteilte Leiche seines ehemaligen Gouverneurs der Romagna noch mit dem Streben Cesares erklären, sich von dessen Mißgriffen gegenüber der Bevölkerung zu distanzieren. Aber schon Susanne Schüller-Piroli hat zu Recht gefragt, warum Cesare die unschuldigen Manfredi und ihr Gefolge, die ja alle fast noch Kinder waren und sich fest in der Gewalt der Borgia befanden, auf so grausame Weise hat hinrichten lassen. Und warum ließ er die Leichen in den Tiber werfen, wo sie mit größter Wahrscheinlichkeit wieder auftauchen würden, obwohl er sie doch spurlos hätte beseitigen lassen können? Warum ließ Cesare Lucrezias Ehemann, den Prinzen von Bisceglie, sozusagen vor den Augen des Hofstaats des Vatikans durch Michelotto erdrosseln?

Es ist keine Frage, Cesare wollte gefürchtet werden, und dies ist ihm wie kaum einem anderen vor oder nach ihm gelungen.

Wie sich seine Neigung zur Härte und Grausamkeit auch dann durchsetzte, wenn politische Klugheit ein anderes Handeln geboten, zeigt in hervorragendem Maße jene Episode, als Yves d'Allègre von Alexander die Freilassung Caterina Sforzas forderte und sich Cesare der Freilassung mit aller Macht widersetzte. D'Allègre konnte, soviel ist klar, diese Forderung gegenüber dem Papst nur mit Einwilligung seines Königs vorbringen. Für die Borgia stellte diese Forderung sicherlich kein unzumutbares Verlangen dar. Caterina Sforza war auch in Freiheit längst kein Gegner mehr für die Borgia. Abgesehen davon, daß sie die Kerkerhaft physisch und psychisch gebrochen hatte, war sie aufgrund ihrer Grausamkeit in ihren ehemaligen Herrschaftsgebieten so unbeliebt, daß sie keine Aussicht hatte, dort jemals mit Hilfe der Bevölkerung wieder an die Macht zu gelangen. Unter diesen Umständen wäre es doch aber wohl ein Gebot der Klugheit gewesen, dem Wunsch des in Italien sowie am französischen Hof gleichermaßen einflußreichen und mit Rückendeckung des französischen Königs handelnden d'Allègre zu entsprechen. Was machte Cesare, obwohl er seinerzeit bei der Übergabe Caterinas d'Allègre versprochen hatte, sie nicht als Gefangene zu behandeln? Er kämpfte bis zum letzten bei Alexander gegen die Freilassung und äußerte später stolz gegenüber Soderini, die Tatsache, daß Caterina eine Frau gewesen sei, hätte ihn nicht davon abgehalten, sie umzubringen. Es war hier einmal mehr die Klugheit Alexanders, die eine völlig unnötige Belastung der Beziehungen der Borgia zu dem französischen Königshaus und zu dem einflußreichen d'Allègre verhinderte. Muß man sich bei einem Manne, der sich in einer derartigen Situation so wie Cesare verhält, eigentlich noch wundern, daß er nach dem Tode seines Vaters ob seiner politischen Fehler gezwungen war, die weltpolitische Bühne denkbar schnell zu räumen?

Um Cesares Persönlichkeit gerecht zu werden, sollte man sich aber auch vergegenwärtigen, daß er der erste und einzige Kardinal in der Geschichte gewesen ist, der auf den Purpur verzichtet hat, um eine Laufbahn als Militärführer einzuschlagen. Selbstverständlich durfte Cesare bei diesem Schritt aufgrund der Stellung seines Vaters mit einer glänzenden Laufbahn rechnen. Aber dieser Vater stand 1497 in dem für jene Zeit ungewöhnlich hohen Alter von 66 Jahren, und es war keineswegs sicher, ob er in der Lage sein würde, Cesare noch über einen längeren Zeitraum zu fördern. Zudem konnte auch ein noch so mächtiger Vater Cesare nicht vor den Gefahren eines Söldnerdaseins schützen. Die Tatsache, daß Cesare bei seinem ersten militärischen Unternehmen nur knapp der Gefangennahme durch Caterina Sforza entgangen ist, zeigt dies deutlich.

Wer wie Cesare bereit war, auf den Kardinalshut und die damit verbundenen Ehren, Einkünfte und Möglichkeiten – warum sollte er nicht eines Tages Papst werden – zugunsten einer unsicheren und risikoreichen militärischen Laufbahn zu verzichten, den müssen der Kampf und die damit verbundenen Gefahren fasziniert haben. Mit dieser Veranlagung, verbunden mit seiner fraglos vorhandenen Intelligenz, seiner Härte und seiner vollkommenen Skrupellosigkeit, hätte sich Cesare zwanglos in die Reihe jener großen spanischen Konquistadoren einfügen können, die durch ihre Taten und Untaten ebenfalls in die Weltgeschichte eingegangen sind. Jener überragende staatsmännische Kopf, der Cesare hätte sein müssen, um sich zwischen der Macht des französischen und des spanischen Herrschers und den Fallstricken der Kurie erfolgreich hindurchzumanövrieren, war Cesare mit Sicherheit nicht. Er war eine der großen Abenteurer- und Spielernaturen der Geschichte. Mehr aber auch nicht. Nach Spuren staatsmännischen oder militärischen Genies sucht man bei ihm vergebens.

Der Mann, der über die staatsmännischen Fähigkeiten verfügte, durch die der Name Borgia seine weltgeschichtliche Bedeutung erlangte, war fraglos Alexander VI. In die Geschichte ist Alexander jedoch nicht wegen seiner Fähigkeiten eingegangen, sondern eher als »notorischer Schandfleck« und als »Verkörperung des absolut Abgefeimten«.[3]

Gewiß, Alexander war kein Heiliger. Dies belegen schon seine zahlreichen Liebschaften und Kinder. Mätressen und Kinder waren freilich bei der Geistlichkeit jener Zeit nichts Außergewöhnliches und wurden allenfalls als Beweis für eine menschliche Schwäche betrachtet, die für sich genommen kaum Anlaß zu größerer sittlicher Empörung gab.

Die Offenheit, mit der sich Alexander zu seinen Kindern bekannte, spricht dabei ebensowenig gegen den Vater Alexander, wie die Liebe, mit der er an seinen Kindern hing und für sie sorgte.

Aber nicht nur Alexanders Kinder, auch seine übrige Verwandtschaft und die Frauen, die ihm nahestanden, hatten keinen Grund, sich über fehlende Anhänglichkeit und Unterstützung zu beklagen. Der mutige Ritt des jungen Rodrigo zu seinem sterbenden Onkel Calixt durch das von Ausschreitungen gegen die Spanier erfüllte Rom ist ein Beispiel. Ein weiteres die Unterstützung, die Alexander bis zu seinem Tode Vannozza zuteil werden ließ, auch als seine Leidenschaft für sie längst erloschen war. Das Bild von dem treusorgenden Familienvater Alexander wäre fast makellos, wenn die Mittel, deren sich Alexander bei der Förderung seiner privaten Umgebung bediente, nicht größtenteils aus Einnahmen der katholischen Kirche gestammt hätten, die teilweise unter fragwürdigsten Umständen – wie dem Ablaßhandel – aus den Taschen der Ärmsten gezogen worden waren.

Aber auch hier sollte man sich vergegenwärtigen, daß Alexander insoweit nicht grundsätzlich anders handelte als seine Vorgänger und Nachfolger. Auch ein Papst mit den unbestrittenen moralischen Fähigkeiten von Pius II. war in dieser Beziehung nicht viel besser als Alexander. Die Förderung, die dann gar Sixtus IV. den Riario angedeihen ließ, war sicher nicht weniger verwerflich als Alexanders Untaten in diesem Bereich.

Mag Alexanders Verschwendung von Kirchenmitteln für die eigene Verwandtschaft durch die Gepflogenheiten jener (und anderer) Zeiten in einem milderen Lichte erscheinen, so ist die Tatsache, daß er jenen vorlauten Zeitgenossen, der seinen Sohn Juan wegen dessen illegitimer Abkunft verspottete, kurzerhand erhängen ließ, ein Willkürakt, der gerade einem Papst besonders schlecht zu Gesicht steht.

Auch seine Fehden, vor allem mit dem römischen Adel, führte Alexander mit gnadenloser Härte. Der Tod des Kardinals Orsini in den Verliesen des Vatikans dürfte ebenso zu seinen Lasten gehen wie der Tod von Virginio Orsini und seines Sohnes in den Kerkern des Kastells von Neapel. Unschuldig war Alexander sicher auch nicht an der Hinrichtung der beiden in Senigallia gefangenen Orsini. Aber dies waren Einzelfälle, wie sie bei anderen Herrschern und auch Päpsten in zum Teil größerem Umfang vorgekommen sind, ohne daß diese sich dabei den Ruf von blutrünstigen Ungeheuern zugezogen hätten.

Wenn es sich aber nicht gerade um seine Kinder oder seine Todfeinde handelte, war Alexander ein ausgesprochen toleranter Zeitgenosse. Sein bereits zitiertes Wort: »Rom ist eine freie Stadt, in der jeder tun und lassen kann, was er will«, war sicher aufrichtig gemeint.[4] Die einfachen Leute Roms und Italiens haben Alexanders Liberalismus zu schätzen gewußt. Zu Recht hat Hans Conrad Zander zu Alexanders Popularität bemerkt: »Er war tüchtig, er war fröhlich, er war großmütig. Was immer er verbrach, im Volk blieb Alexander »der Sünder« die ganzen elf Jahre über so beliebt wie in der Stunde seiner Wahl.«[5]

Aber nicht nur dem einfachen Volk ist die liberale Grundhaltung der Borgia zugute gekommen. Es ist schließlich Alexander gewesen, der das unter seinem Vorgänger Innozenz und Kardinal della Rovere gegen den Philosophen Pico della Mirandola eingeleitete gefährliche Inquisitionsverfahren kurzerhand niederschlagen ließ. Inquisition und Hexenverfolgung waren Alexanders Sache nicht. Die berüchtigte Hexenbulle von Innozenz erging 1484 zu einem Zeitpunkt, als della Rovere Alexanders Einfluß in der Gunst des Papstes verdrängt hatte. Alexander hat nicht nur im Falle della Mirandolas versucht, den Einfluß der Inquisition zurückzudrängen. Er hat zumindest auch versucht, den Einfluß dieser verhängnisvollen Institution vor allem in seiner spanischen Heimat einzudämmen und sich dabei den Zorn des spanischen Königs zugezogen. Freilich war Alexander zu sehr weltlicher Kirchenfürst, als daß er es wegen dieser Frage zu einem offenen Konflikt mit dem spanischen Königshaus hätte kommen lassen. Gleichwohl bleibt festzuhalten: Für die Ströme von Blut, die während der Inquisition und der Hexenprozesse über Jahrhunderte geflossen sind, sind die Borgia nicht verantwortlich.

Das Blut der zahllosen Opfer menschlicher Dummheit und Perversität durch die Inquisition und Hexenverfolgung vermag die Verbrechen der Borgia natürlich nicht zu rechtfertigen. Aber immerhin sind ihre Verbrechen – von einigen Morden Cesares abgesehen – Begleiterscheinungen eines Kampfes auf Leben und Tod mit dem Adel des Kirchenstaates gewesen. Und diesen Kampf haben die Borgia keineswegs leichtfertig heraufbeschworen. Vielmehr lag diesem Kampf ein Konflikt zugrunde, der bereits mehr als ein Vierteljahrtausend zuvor in der Auseinandersetzung zwischen dem deutschen Kaiser Ludwig dem Bayern und den Päpsten Benedikt XII. und Clemens VI. seinen Anfang genommen hatte. Damals erließen die Päpste, um sich Verbündete im Kampf gegen den Kaiser zu verschaffen, eine Verfügung, in der sie den Feudalherren der Lombardei zum Reichsland gehörende Städte und Ländereien als rechtmäßigen Besitz zusprachen. Im Gegenzug verschenkte dann Ludwig der Bayer Kirchenland an Feudalherren in der Romagna und legte damit den Grundstein für die Macht der Malatesta, Montefeltre, Varano, Ordelaffi sowie der Manfredi und anderer. Machiavelli hat zu dieser Entwicklung in seiner florentinischen Geschichte angemerkt: »Dies verursachte bis zu Alexander VI. die Schwäche des Heiligen Stuhles. Alexander aber verschaffte der Kirche ihre verlorene Macht wieder, indem er die Abkömmlinge der Genannten stürzte.«[6]

Es ist aber eine Illusion, anzunehmen, daß der Verzicht auf weltliche Macht bei der Kirche zu einer Vergrößerung ihrer geistigen und moralischen Macht geführt hätte. Im Gegenteil: Die noch schwache Kirche war unter den ottonischen Kaisern des zehnten Jahrhunderts nichts anderes als ein ausführendes Organ der kaiserlichen Machtpolitik. Noch unglücklicher war das Bild, welches die Kirche im 14. Jahrhundert abgab, als sie der französische König Philipp der Schöne in seine Gewalt brachte und seinen Zwecken dienstbar machte. Bei der grausamen Zerschlagung des Templerordens spielte der damalige Papst Clemens V. auch keine bessere Rolle als die Folter- und Henkersknechte des französischen Königs. Man kann es unter diesen Umständen den Päpsten sicher nicht verdenken, wenn sie darum bemüht waren, dem Papsttum territoriale Unabhängigkeit zu verschaffen. Daß sie dabei gelegentlich Opfer ihrer Machtgelüste wurden und erheblich über das Ziel hinausgeschossen sind, steht auf einem anderen Blatt. Jedenfalls kann man es den Borgia nicht zum Vorwurf machen, daß sie im Kirchenstaat mit Erfolg jene Verhältnisse wiederherstellten, um die ihre Vorgänger über ein Vierteljahrtausend vergeblich gerungen hatten.

Wieviel gerade Alexander an der Unabhängigkeit der Kirche von weltlichen Machthabern lag, zeigt aber nicht nur sein Kampf gegen die kleinen Feudalherren des Kirchenstaates, sondern vor allem seine Auseinandersetzung in dieser Frage mit Frankreich und Spanien:

Weder als der französische König Karl VIII. am 31. Dezember 1494 noch als der spanische Befehlshaber Gonsalvo de Cordoba knapp achtzehn Monate später mit ihren Truppen in Rom standen, gab Alexander von seiner päpstlichen Stellung auch nur einen Zoll preis. Er hat diese Linie einer unabhängigen Politik zwischen den Großmächten Frankreich und Spanien trotz Cesares Hinwendung zu Frankreich beibehalten, bis er wenige Monate vor seinem Tode den endgültigen Sieg Spaniens in dieser Auseinandersetzung voraussah. Erst als sich dieser Sieg Spaniens abzeichnete, war Alexander bereit, die geistliche Macht des Papsttums mit der stärksten militärischen Macht Europas in der berechtigten Hoffnung zu verbinden, auf diesem Wege Begründer der

Dynastie des künftigen Herrscherhauses Mittel- und Norditaliens werden zu können. Dieser Plan war zwar nicht frei von einem starken persönlichen Ehrgeiz, aber er entsprach den Erfordernissen jener Zeit. Längst war in Europa, wie die Entwicklung in Spanien und Frankreich zeigte, das Zeitalter der Nationalstaaten angebrochen. Um dies zu erkennen, mußte man nur die Geschichte Italiens zwischen 1494 und 1503 betrachten. Die Heere Frankreichs und Spaniens marschierten nach Belieben durch Italien, ohne daß ihnen dessen scheinbar so mächtige Fürstentümer und Stadtstaaten nur das Geringste entgegensetzen konnten. Im Gegenteil: Das Herzogtum Mailand wurde eine leichte Beute Frankreichs, und sein letzter unabhängiger Herrscher Ludovico il Moro konnte bis zu seinem Tode als Gefangener in den unterirdischen Verliesen des französischen Königs darüber nachdenken, wie sinnvoll es von ihm gewesen war, seinen jetzigen Kerkermeister nach Italien zu rufen. Vernichtet war auch das Königreich Neapel, dessen letzter Herrscher sich noch glücklich schätzen durfte, sein Gnadenbrot in einem ihm vom französischen König verliehenen Fürstentum zu essen. Sein kleiner Sohn verbrachte sein gesamtes Leben in spanischer Gefangenschaft. Florenz überstand zwar die Wirren jener Jahre, war aber völlig von Frankreich abhängig, dessen König Karl VIII. schon 1494 den zu ihm geeilten Piero de Medici wie einen in Ungnade gefallenen Untertanen empfangen hatte. Nur Venedig und der Kirchenstaat waren in jener Epoche noch weitgehend unabhängige Mächte auf italienischem Boden. Es war diese Bedrohung der Unabhängigkeit und Freiheit Italiens, die Machiavelli zur Abfassung seines weltberühmten »Principe« veranlaßt hat. Aber weder die Berühmtheit noch der geringe Umfang der Abhandlung haben verhindert, daß der »Principe« eines der verkanntesten Werke der Weltliteratur werden sollte. Er ist aber weder ein Handbuch für Verbrechen noch ein Beitrag zur Auflösung der Moral. Vielmehr ging es dem glühenden italienischen Patrioten, der Machiavelli unzweifelhaft war, einzig und allein darum, seine Landsleute und vor allem die damals den Papst stellenden Medici von der Notwendigkeit zu überzeugen, der Macht der Nationalstaaten Frankreich und Spanien die ebenbürtige Macht eines italienischen Staates entgegenzustellen. Aus diesem Grund hat Machiavelli sein Werk 1516 Lorenzo de Medici, dem Enkel il Magnificos und Neffen des damals herrschenden Medici-Papstes Leo X., gewidmet.

Die Notwendigkeit einer Einigung Italiens zum Schutz vor der schrecklichen Invasions- und Ausbeutungspolitik Frankreichs und

Spaniens war für Machiavelli so wichtig, daß er zur Beseitigung von Widerständen und Hindernissen auch die Anwendungen verbrecherischer Mittel für erlaubt hielt. Hierin liegt die ganze »Amoralität« des »Principe«.

Warum aber wurden gerade die Borgia zum Vorbild für jenen »Principe«? Doch wohl deshalb, weil sie konsequenter als alle italienischen Fürsten jene Politik betrieben haben, die Machiavelli zum Wohl seines Vaterlandes für erforderlich hielt. Daß die Borgia das ihnen von Machiavelli unterstellte Ziel gehabt haben, zumindest Mittel- und Norditalien zu einigen, ist im übrigen auch von ihren bedeutendsten Kritikern nie in Abrede gestellt worden. Gestört haben – worauf noch eingegangen wird – insoweit lediglich ihre Motive. Die Geschichte ist andere Wege gegangen, als sie Machiavelli und Alexander VI. gehen wollten. Es trat ein, was der Papst und Italiens bedeutendster Historiker so sehr befürchtet hatten: Italien wurde im Laufe der nächsten Jahrzehnte zwar ein einheitliches Gebilde, aber nicht als unabhängiger Staat, sondern als ziemlich unbedeutender und ausgebeuteter Teil der spanisch-habsburgischen Monarchie. Lediglich der Kirchenstaat blieb formell unangetastet, aber seine Päpste waren kaum mehr als die Oberhäupter einer spanisch-habsburgischen Staatskirche. Dies sollte unter anderem, wenn auch unfreiwillig, der heiliggesprochene Jesuitengeneral Francesco Borgia deutlich machen, als er auf dem Konzil von Trient die bereits von Papst Pius IV. akzeptierte Aufhebung des Zölibats verhinderte.

Um kein Mißverständnis aufkommen zu lassen: Es wäre absurd, die Borgia und damit Alexander VI. – der für ihre Politik fast ausschließlich verantwortlich gewesen ist – zu tragischen Vorläufern und Märtyrern des italienischen Nationalstaatsgedankens hochstilisieren zu wollen. Alexander war nichts weniger als ein Märtyrer und auch kein italienischer Nationalist. Aber Alexander hat als weltlicher Staatsmann und geistliches Oberhaupt der katholischen Kirche klarer als andere die Gefahren der Zerrissenheit Italiens gesehen. Und aus diesem Grund hat Machiavelli auf die Borgia zurückgegriffen, als er seine Landsleute im »Principe« zur Schaffung jenes Nationalstaates bewegen wollte, der dann erst nach 350 Jahren Fremdherrschaft Wirklichkeit werden sollte. Als die treibende Kraft dieser Politik der Borgia ist allerdings Cesare und nicht Alexander angesehen worden. Dies geht fraglos auf Machiavelli zurück, der vor allem in dem VII. Kapitel seines »Principe« Cesare als den Mann darstellt, dem die Entmachtung der Feudalherren und die Beseitigung der damit verbundenen Mißstände im Kirchenstaat zu verdanken ist. Bei dieser Darstellung sollte man aber berücksichtigen, daß Machiavelli ein entschiedener Gegner des Kirchenstaates war, weil er in ihm einen die Einigung Italiens hindernden Fremdkörper gesehen hat. Sicher nicht zu Unrecht ist Machiavelli davon ausgegangen, daß Cesare, wenn er gekonnt hätte, den Kirchenstaat beseitigt und säkularisiert hätte. Dem zeit seines Lebens auf die Vorrangstellung der Kirche bedachten Alexander hat er dies, wohl zu Recht, nicht ohne weiteres zugetraut. Es war daher nur konsequent, wenn Machiavelli Cesares Rolle bei der Bekämpfung der Viel- und Kleinstaaterei Italiens hervorgehoben und seinen Landsleuten als leuchtendes Beispiel dargestellt hat. Freilich sollte man sich hierdurch nicht zu voreiligen Schlüssen über Machiavellis wirkliche Meinung verführen lassen.

Trotz der Vorbehalte gegen Alexander hat Machiavelli klar gesehen, daß Alexander der Kopf und Cesare lediglich ein ausführendes Organ der Borgia-Politik war. Ganz deutlich wird dies in dem XI. Kapitel des »Principe«, wo Machiavelli bei der Bewertung der Vorgänger von Julius II. die Romagnapolitik der Borgia mit dem aufschlußreichen Satz würdigt: »Dann kam Alexander VI. auf den päpstlichen Thron, der als einziger von seinen (Julius II.) Vorgängern zeigte, welche Macht ein Papst mit Geld und Truppen erreichen konnte; mit Hilfe des Herzogs Valentino führte er anläßlich des Einfalls der Franzosen alles durch, was ich eben bei der Betrachtung der Aktionen des Herzogs berichtet habe.«[7] Deutlicher läßt sich nicht zum Ausdruck bringen, daß auch nach Auffassung Machiavellis nicht die Aktionen Cesares, sondern die Politik seines Vaters die Ursache für die Erfolge der Borgia in der Romagna waren. Ähnlich äußert sich Machiavelli auch in den »Discorsi«, wo zugleich einmal mehr belegt wird, als wie legitim, ja notwendig das Vorgehen der Borgia in der Romagna empfunden wurde: »Die Romagna war, bevor Alexander VI. die kleinen Herrscher beseitigte, die dieses Land beherrschten, ein Muster für das lasterhafte Leben; beim geringsten Anlaß kam es zu den ärgsten Raub- und Mordtaten. Dies war eine Folge der Verdorbenheit der Machthaber, nicht eine Folge der verdorbenen Natur der Menschen, wie jene behaupteten.«[8] Daß diese Hochachtung vor der Romagnapolitik der Borgia auch von den Bewohnern der Romagna geteilt wurde, wird nachhaltig durch die Tatsache belegt, daß diese Cesare noch die Treue hielten, als dieser schon entmachtet war und die Vernunft es geboten hätte, sich Papst Julius II., dem Todfeind der Borgia, anzuschließen.

Der einzige Schatten, der auf den Versuch Alexanders fällt, in Italien ein zur Abwehr ausländischer Machtgelüste geeignetes Staatsgebilde zu schaffen, ist die Tatsache, daß die Borgia dabei zugleich die Grundlage für eine eigene Dynastie legen wollten. Genau wie beim neapolitanischen Investiturstreit betrieb Alexander hier eine von ihm als richtig erkannte Politik mit dem Ziel, hieraus für das eigene Haus den größtmöglichen Nutzen zu ziehen. Aber welche der wirklich bedeutenden Staatsmänner haben denn jemals bei der Verwirklichung ihrer Ziele das Wohl ihrer eigenen Häuser außer Betracht gelassen? Die Kardinäle Richelieu und Mazarin, die so viel für Frankreichs Größe getan haben, stiegen, aus bescheidenen Verhältnissen stammend, zu den reichsten und begütertsten Männern ihres Landes auf, ohne daß dies ihrem Ruf Abbruch getan hätte. Trotz aller Eigensucht bewies Alexander jedenfalls mit seiner politischen Konzeption jene geistige Überlegenheit, die ihn während seiner ganzen Laufbahn ausgezeichnet hat:

In den fast fünfzig Jahren, die er als Vizekanzler und Papst an der Spitze der Kirche stand, hat sich Alexander von den mächtigsten Herrschern und Adelsgeschlechtern genausowenig wie von den klügsten Köpfen jener Epoche auch nur einmal bezwingen lassen. Die französischen Könige Karl VIII. und Ludwig XII. scheiterten an ihm ebenso wie ihr spanischer Kollege Ferdinand. Wie standen die großen Adelsgeschlechter Italiens, die Colonna, Orsini, Gaetani, Sforza u. a. nach ihrer Auseinandersetzung mit Alexander da: teils vernichtet, teils am Rande des Untergangs. Was haben die bedeutenden Kardinäle unter den Gegnern Alexanders bewirkt: Nichts, selbst der so hochgerühmte della Rovere spielte zu Lebzeiten Alexanders lediglich eine äußerst fragwürdige und für Italien schädliche Rolle am französischen Hof. Alle seine Versuche, Alexander aus dem Sattel zu heben, scheiterten kläglich; selbst dann noch, als er 1494/95 in Rom den französischen König an seiner Seite hatte. Es ist keine Frage, daß nicht alles, was Alexander anstrebte, gut und bewunderungswürdig gewesen ist, die Art und Weise, wie er seine Pläne auch gegen seine mächtigsten Gegner durchgesetzt hat, war es allemal. Im Grunde aber war Alexander bei allen Fehlern und Schwächen – zu denen in diesem Zusammenhang auch die Liebe zu seinen Kindern gehört – immer darauf bedacht, die Unabhängigkeit der von ihm geleiteten Kirche zu wahren. Getreu seinem Wort, lieber den Papstthron und sein Leben verlieren zu wollen als Kaplan des Königs von Frankreich zu werden, hat er während seines ganzen Pontifikates erfolgreich gehandelt.

Nicht von ungefähr hat Machiavelli über den von ihm ungeliebten

Papst mit größter Hochachtung gesprochen. Hierzu noch eine Bemerkung: Der »Principe« ist dreizehn Jahre nach dem Tode Alexanders erschienen. Auf die Borgia brauchte Machiavelli also sicher keine Rücksicht mehr zu nehmen. Gewidmet war der »Principe« einem Medici und Neffen des damaligen Papstes Leo X. Wenn aber Machiavelli als einer der bedeutendsten politischen Denker der Weltgeschichte lange nach dem Tode Alexanders in einer Schrift von Alexander mit größter Hochachtung spricht, die einem Angehörigen des damals führenden italienischen Hauses der Medici gewidmet war, so zeigt dies doch deutlich, daß Alexander gerade den Gebildetsten jener Zeit nicht als die »Verkörperung des absolut Abgefeimten« erschienen ist, zu der ihn spätere Epochen gemacht haben. Die Geschichte hat es indessen vorgezogen, Alexander nicht mit den Augen Machiavellis, sondern denen des Verfassers des »Savelli-Briefes« zu sehen. Alexander hätte hierzu wohl mit der ihm in diesen Dingen eigenen hochmütigen Gleichgültigkeit geäußert:

»Dies mag jeder halten, wie er will.«

Anmerkungen

Prolog

[1] genauer Text in: »Promenades dans Rome«: Roderic Borgia, qui a été sur la terre la moins imparfaite incarnation du diable.
[2] Burchard 173
[3] Burckhardt 104; Gregorovius III., 193, kritisch hierzu Bradford 91
[4] Gregorovius III., 193
[5] Friedenthal 104
[6] Guerdan 76. Zu der Rivalität wegen Sancia siehe auch Bradford 80
[7] vgl. Bellonci 89
[8] Schüller-Piroli, Die Borgia-Päpste, 390
[9] bei Fülop-Miller 130
[10] Schüller-Piroli, Die Borgia, Die Zerstörung einer Legende, 32ff.
[11] Gregorovius III. 553
[12] Kühner 257

Die Herkunft der Borgia

[1] Schüller-Piroli, Die Borgia-Päpste, 24
[2] Gregorovius, Lucrezia Borgia, 173
[3] Hermann Schreiber 277
[4] Bellonci 13
[5] de Madariaga, Kolumbus, 161
[6] de Madariaga, Kolumbus, 201
[7] Schelle 168
[8] vgl. hierzu von Pastor, 3. Band, 1. Abt. 632–635

Von Peniscula auf den Papstthron

[1] Kühner 119–121
[2] Gregorovius II. 309
[3] vgl. von Pastor 1. Band, 659
[4] Raffalt 225
[5] bei von Pastor, 1. Band, 665, 666
[6] Schüller-Piroli, Borgia-Päpste, 27, 28

Beginn des Pontifikats von Calixt III.

vgl. hierzu Lewin 421 ff.

Die Stellung des Papsttums in der Frührenaissance

[1] Machiavelli, Geschichte von Florenz, 52
[2] Gregorovius, III, 546
[3] Chamberlin, Prologue XV
[4] Chamberlin, Prologue XIII
[5] Durant 386. Zu dieser Feststellung ist anzumerken, daß die Angaben über die Einwohnerzahlen aus dieser Zeit gelegentlich stark schwanken.
[6] Durant 386
[7] Machiavelli, Geschichte von Florenz, 60
[8] Machiavelli, Discorsi, 364
[9] Burckhardt 70
[10] Villani, Croniche VIII, 36, bei Burckhardt 71
[11] Durant 85
[12] Cleugh 12
[13] Durant 13
[14] Burckhardt 73
[15] Burckhardt 75
[16] Burckhardt 73
[17] Durant 84
[18] Burckhardt 273 ff.
[19] Burke 245
[20] Burke 254
[21] Raffalt 31
[22] Grimberg 217
[23] bei Cleugh 76 und 112
[24] bei Cleugh 113
[25] Fossi 69
[26] bei Hale 60
[27] Burke 276
[28] Burckhardt 200
[29] Cronin 29
[30] Cronin a. a. O.
[31] Grimberg 234
[32] Commynes 300
[33] Volpe 73 u. Chamberlin, Prologue XI
[34] Procacci 75
[35] Durant 51
[36] Burckhardt 12
[37] Schelle 29
[38] Burckhardt 13
[39] S. Schelle 15
[40] Schelle 16
[41] Machiavelli, Geschichte von Florenz, 295
[42] Hess, Colleoni, 252
[43] Commynes 326, 327
[44] Durant 302

[45] Lebe 78
[46] Crivellari 56
[47] Lebe 186
[48] Longworth 157
[49] Longworth 185
[50] Schelle 54
[51] Durant 363
[52] vgl. Bosl 285, 286. Gleichwohl war es Isabella von Kastilien, die Kolumbus entscheidend gefördert hat.

Hausmachtpolitik der Borgia

[1] vgl. Gregorovius III, 73

Der Kreuzfahrer

[1] s. Gregorovius III., 65
[2] Schweizer 96–98
[3] Gregorovius III., 71
[4] Schweizer 103

Der Kampf um Belgrad

[1] Schweizer 103
[2] Gregorovius III., 71

Der Tod von Calixt

[1] vgl. Gregorovius III., 74

Rodrigo Borgias

[1] Gregorovius III, 72
[2] Pastor 2. Band 9, 10

Rodrigo Borgia als Vizekanzler von vier Päpsten

[1] Gregorovius III, 79
[2] Gregorovius III, 80
[3] von Pastor, 2. Band, 209
[4] Susanne Schüller-Piroli, Die Borgia-Päpste, 99
[5] Susanne Schüller-Piroli, Die Borgia-Päpste, 98
[6] Caspare da Verona bei Schüller-Piroli, Die Borgia-Päpste 83, 84
[7] Burckhardt 32
[8] Burckhardt 428
[9] bei Burckhardt 209
[10] von Pastor 2. Band, 278
[11] Gregorovius III., 103
[12] Gregorovius III., 78
[13] Burckhardt 479
[14] Nach von Pastor 2. Band, 316 unter Bezugnahme auf Canensius beantwortete Paul entsprechende Vorhaltungen mit der Frage, »ob es denn eine kleine Sache sei, das Leben zu nehmen einem so wunderbaren Werke Gottes, wie der Mensch sei, für den die Gesellschaft lange Jahre hindurch so viel Mühe aufgewandt«? Nach derselben Quelle konnte Paul nicht einmal das Fortführen von Schlachttieren mitansehen und soll diese deshalb oft den Metzgern abgekauft haben.
[15] Gregorovius III, 114
[16] Tuchmann 83
[17] von Pastor, 3. Band, 1. Abt., 213
[18] von Pastor, 3. Band, 1. Abt., 215
[19] Cleugh 197
[20] Kühner 240

Papst Alexander VI.

[1] Sigismondo de Conti, bei Pastor, 3. Band, 1. Abt., 348, 349
[2] Jacopo Gherardi da Volterra, bei Pastor, 3. Band, 1. Abt., 348
[3] Hieronymus Porticus, bei Gregorovius, Lucrezia Borgia, 23
[4] Gaspare da Verona, bei Schüller-Piroli, Die Borgia-Päpste, 83, 84

Die Kinder Alexanders und Vannozzas

[1] Bradford 31
[2] bei Bradford 39
[3] Gianandrea Boccaccio, bei Gregorovius, Lucrezia Borgia, 61
[4] Cagnolo, bei Gregorovius, Lucrezia Borgia, 209
[5] Raffalt 63 ff.

Beginn des Pontifikats von Alexander VI.

[1] Burchard 10
[2] vgl. von Pastor, 3. Band, 1. Abt., 359
[3] Gianandrea Boccaccio, bei von Pastor, 3. Band, 1. Abt., 361
[4] Gregorovius, Lucrezia Borgia, 50
[5] Schüller-Piroli, Die Borgia-Päpste, 213, 214
[6] Burchard 26
[7] von Pastor, 3. Band, 1. Abt., 370
[8] Gregorovius III., 164
[9] von Pastor, 3. Band, 1. Abt., 384, 385
[10] Gregorovius III., 164
[11] Burchard 34, 35
[12] de Madariaga, Kolumbus, 306, 307
[13] Thomson 2
[14] Thomson 2

Die französische Invasion

[1] Commynes 284
[2] in Anlehnung an Dericum und Winker
[3] Commynes 284
[4] Commynes 284
[5] Savonarola, bei von Pastor, 3. Band, 1. Abt., 396
[6] Burchard 41
[7] Burchard 41, 42

Karl VIII. in Rom

[1] Burchard 48
[2] von Pastor, 3. Band, 1. Abt., 410
[3] von Pastor ebd.
[4] Brognolo, bei Von Pastor, 3. Band, 1. Abt., 410
[5] Von Pastor, 3. Band, 1. Abt., 411
[6] Commynes
[7] Burchard 51, 52
[8] Burchard 54
[9] Burchard 66
[10] Burchard 66
[11] Die Frage ist offen. Burckhardt 108, Lewin 493 halten eine Vergiftung Djems durch die Borgia für wahrscheinlich. Von Pastor, 3. Band, 1. Abt., 418 ff., Schüller-Piroli, Die Borgia-Päpste, 233 und Bradford 71 lehnen die Mordtheorie ab.
[12] Commynes 316
[13] von Pastor, 3. Band, 1. Abt., 423

Kampf der Borgia gegen die Orsini

[1] Bradford 344
[2] Bradford 82
[3] bei Gregorovius, Lucrezia Borgia, 96, 97

Die Ermordung des Herzogs von Gandìa

[1] Scalona an Isabella d'Este, bei Bradford 79
[2] Burchard 76
[3] Burchard 77, 78
[4] Burchard 79
[5] Bellonci 89
[6] Bellonci 89
[7] vgl. hierzu Susanne Schüller-Piroli, Die Borgia-Päpste, 254
[8] Schüller-Piroli, Die Borgia-Päpste, 253
[9] Bradford 91
[10] Burchard 83
[11] Malipiero, bei von Pastor, 3. Band, 1. Abt.
[12] Burchard 90

Savonarola

[1] Taberna, bei von Pastor, 3. Band, 1. Abt., 385
[2] Piper 16 unter Bezugnahme auf Schnitzer I, 13
[3] vgl. Schüller-Piroli, Die Borgia-Päpste, 209
[4] Savonarola, bei von Pastor, 3. Band, 1. Abt., 471
[5] Savonarola, bei von Pastor, 3. Band, 1. Abt., 470, 471
[6] von Pastor, 3. Band, 1. Abt., 472
[7] Savonarola, bei von Pastor, 3. Band, 1. Abt., 474
[8] Savonarola, bei Burke 193, 194
[9] Burke 146
[10] Burke 145
[11] Brion 101
[12] Brion 97
[13] bei Schüller-Piroli, Die Borgia-Päpste, 161
[14] bei von Pastor, 3. Band, 1. Abt., 492 1 unter Bezugnahme auf T. Böhringer, Die Vorreformatoren des 14. und 15. Jahrhunderts, Abt. IV, 2. Zürich 1858
[15] bei von Pastor, 3. Band, 1. Abt., 481 unter Bezugnahme auf »Prediche di Frate Gieronimo da Ferrara sopra Ezechiel«, Ven. 1541
[16] bei von Pastor, 3. Band, 1. Abt., 489, 490
[17] bei von Pastor, 3. Band, 1. Abt., 495 unter Bezugnahme auf Marchese im Arch. stor.
[18] bei von Pastor, 3. Band, 1. Abt., 499
[19] bei von Pastor, 3. Band, 1. Abt., 503
[20] Landucci I, 226ff.
[21] Landucci I 239
[22] Landucci I 229
[23] b. Piper 270
[24] Über Savonarolas Nachwirkungen in Literatur, Politik und Kirche siehe die Darstellung von Piper, 137–145

»Il Valentino«

[1] bei Bradford 104
[2] Gregorovius III, 200
[3] Gregorovius III, 200
[4] de Mazzeri 234
[5] von Pastor, 3. Band, 1. Abt.
[6] Schüller-Piroli, Die Borgia-Päpste, 167
[7] bei Bradford 127
[8] Burchard 108
[9] bei Guerdan 110 unter Bezugnahme auf »Histoire des choses mémorables advenue du règne de Louis XII. et de Francois I...«, Paris, 1753
[10] von Pastor 3. Band, 1. Abt., 530 unter Bezugnahme auf M. Sanuto, Diarii Venezia 1879ff

Der Italienfeldzug Ludwigs XII.

[1] Machiavelli, »Der Fürst«, 11

La Prima Donna d'Italia

[1] bei Bradford 139
[2] Schelle 10
[3] bei Guerdan 121, Bradford 142
[4] Lewin 95, 96, Bradford 143
[5] Burckhardt 21, 22 unter Bezugnahme auf Infessura, ed. Tonnasini 105
[6] Breisach 220
[7] Schelle 215
[8] Bradford 146, 147
[9] Guerdan 130
[10] nach der umstrittenen Auffassung von Burckhardt, 122, soll der siegreiche Feldherr von seinem Auftraggeber Sixtus IV. ermordet worden sein. Zur gegenteiligen Meinung siehe von Pastor, 2. Band, 589, 590
[11] Burchard 139

Machtkämpfe

[1] F. Guiccardini bei Machiavelli, Der Fürst, 135
[2] Guerdan 115
[3] Schelle 246, 247, der darauf hinweist, daß Ludovico im Donjon von Loch die noch heute sichtbaren Worte einkratzte: »Der ist nicht weise, der auf das Glück vertraut.«
[4] Bradford 155, wonach Cesare durch Behaim ein rascher Aufstieg zur Macht und ein gewaltsames Ende vorhergesagt worden sein soll.
[5] bei Gregorovius, Lucrezia Borgia, 129
[6] bei Guerdan 140
[7] Burchard 150

Cesares zweiter Romagnazug

[1] Tabanelli, Galeotto Manfredi, 110
[2] Durant 256. Es handelt sich um die Bemerkung eines Kardinals gegenüber Alexander VI.
[3] Bradford 183
[4] bei Bradford 184
[5] Bradford 186, Guerdan 159, 160
[6] Burchard 191
[7] Schüller-Piroli, Die Borgia-Päpste, 313
[8] Wie berechtigt diese Äußerung Alexanders war, zeigt das Verhalten des venezianischen Botschafters Pisani, der Julius II. während einer Auseinandersetzung drohte: »Und wir werden den Heiligen Vater zu einem kleinen Pfarrer machen, wenn er sich nicht vorsieht.« (von Pastor, 3. Band, 2. Abt., 761)
[9] Guerdan 166
[10] Burchard 166
[11] Bradford 200
[12] Gregorovius, III, 216

Eine weitere Hochzeit Lucrezias

[1] In Anlehnung an Barz 31, 32 und Gregorovius, Lucrezia Borgia, 223 ff.
[2] Zu dieser Äußerung und dem Taktieren Ludwigs XII. in dieser Frage vgl. Gregorovius, Lucrezia Borgia, 149
[3] bei Gregorovius, Lucrezia Borgia, 176
[4] bei Gregorovius, Lucrezia Borgia, 176
[5] Burchard 170
[6] Burchard 178 ff
[7] Weitere Stimmen zu dem Schreiben und seinem anonymen Verfasser bei von Pastor 3. Band, 1. Abt., 573
[8] Bellonci 156
[9] Gregorovius, Lucrezia Borgia 180, 181
[10] bei Bellonci 175
[11] Gregorovius, Lucrezia Borgia, 190
[12] Edith Ennen 197 und Gregorovius, Lucrezia Borgia, 20
[13] Bellonci 195
[14] Gregorovius, Lucrezia Borgia, 206
[15] Bellonci 198
[16] Bellonci 199
[17] von Pastor, 3. Band, 1. Abt., 105, 106
[18] Burckhardt 295
[19] Bellonci 201
[20] Gregorovius, Lucrezia Borgia, 218
[21] Ennen 197
[22] in Anlehnung an Durant 280
[23] von Pastor 3. Band, 1. Abt., 99

Lucrezia als Herzogin von Ferrara

1 Durant 269
2 bei Gregorovius, Lucrezia Borgia, 219, 220
3 bei Gregorovius, Lucrezia Borgia, 220
4 bei Gregorovius, Lucrezia Borgia, 208, 209
5 bei Gregorovius, Lucrezia Borgia, 233
6 Bellonci 214. »Der Priester« (italienisch »il Prete«) war ein Agent Isabellas
7 Bellonci 219
8 Bellonci 199

Cesares dritter Romagnafeldzug

1 von Pastor 3. Band, 1. Abt., 577, 578
2 Gregorovius, Lucrezia Borgia, 234
3 Machiavelli, Geschichte von Florenz, 257
4 de Mazzeri 214, 215
5 Soderini bei Bradford 226, die allerdings Machiavelli für den eigentlichen Verfasser hält
6 bei Bradford 237
7 Gregorovius, Lucrezia Borgia, 234, 235

Der Aufstand der Kondottieri

1 Matarazzo 6, bei Durant 256
2 Machiavelli, Discorsi, 80
3 Vasari 277
4 Schüller-Piroli, Die Borgia-Päpste, 346
5 Vasari 282
6 Machiavelli, Der Fürst, 35ff.
7 bei Barincou 20
8 Guerdan 208
9 bei Bradford 246
10 Guerdan 208
11 Machiavelli b. Barincou 115–117
12 Machiavelli bei Barincou 118, 119; entstanden im März 1503
13 Burchard 211, 212
14 Diese Vermutung äußert auch Bradford 256ff.
15 Collenuccio bei Bradford 175
16 so auch Guerdan 210, der in diesem Zusammenhang noch auf das Gerücht hinweist, de Lorqua habe sich Cesares Haß zugezogen, weil er Lucrezia bei deren Reise nach Ferrara zu nahe getreten sei.
17 Burckhardt 106
18 Bradford 334

»Als der Herzog sehr mächtig geworden war«

1 bei Bradford 263

Die Borgia zwischen Frankreich und Spanien

1 bei Bradford 279
2 Lewin 497 ff.
3 von Pastor 3. Band, 1. Abt., 593, Fußnote 1
4 von Pastor 3. Band, 2. Abt., 761
5 vgl. hierzu Lewin 322, 323, der zur Giftanwendung durch Venedig ausführt: »Die Giftanwendung im Staatsinteresse ging aber noch viel weiter. Sobald der zum venezianischen Residenten in Konstantinopel ernannte Beamte sich dorthin begab, wurden ihm eine Kassette mit Goldstücken und ein Gefäß mit Gift übergeben, beides zur Verwendung auf Anweisung. Urkunden, die in unserer Zeit im Archiv des Rats der Zehn gefunden wurden, lehren noch viel mehr. Nicht nur im Orient, sondern auch im Abendlande, überall wo das politische Interesse von Venedig nach der Meinung der rücksichtslosen oligarchischen Lenker der Republik es erforderte, wurde Gift zur Tötung hindernder Menschen verwendet. Die Forschungen in dem genannten Archiv ergaben, daß die Republik auf diesem Wege Herrscher, hohe kirchliche Würdenträger und Feldherren beseitigen ließ.«
6 bei Bradford 272
7 bei Bradford 281

Der mysteriöse Tod Alexanders VI.

1 Burchard 212
2 Burchard 213, 212
3 Burchard 216–218
4 Burchard 218
5 Lewin 491, 492
6 bei Guerdan 236
7 von Pastor 2. Band, 1. Abt., 587
8 vgl. Schüller-Piroli, Die Borgia-Päpste, 381 ff.

Lucrezia und der Tod ihres Vaters

1 bei Gregorovius, Lucrezia Borgia, 242, 243
2 bei Gregorovius, Lucrezia Borgia, 238, 239
3 bei Gregorovius, Lucrezia Borgia, 238

Cesare nach dem Tod Alexanders

1 Gregorovius III, 357
2 vgl. zum Konklave Gregorovius III, 358, 359 und von Pastor 3. Band, 2. Abt., 2, 662–668, der allerdings auf S. 665 die Zahl der teilnehmenden Kardinäle nicht mit 38, sondern mit 37 angibt.
3 Giustinian bei Bradford 298
4 Costabili bei von Pastor 3. Band, 2. Abt., 674
5 Guistinian bei von Pastor 3. Band, 2. Abt. 674
6 von Pastor 3. Band, 2. Abt., 676
7 von Pastor 3. Band, 2. Abt., 673
8 Costabili bei von Pastor 3. Band, 2. Abt., 678, 679
9 von Pastor 3. Band, 2. Abt., 679
10 von Pastor 3. Band, 2. Abt., 707
11 bei Bradford 321
12 von Pastor 3. Band, 2. Abt., 707
13 von Pastor 3. Band, 2. Abt., 709
14 bei Guerdan 250
15 so Bradford 334. Diese Version und vor allem die Frage, ob Gonsalgo gegenüber Cesare im Wort stand, ist, wie beispielsweise Guerdan 304 darlegt, äußerst umstritten.
16 bei Guerdan 260, 261
17 Bradford 341
18 Guerdan 272
19 Bellonci 248, 249
20 Durant 270
21 Lebe 208
22 Mallet 252
23 Mallet 254
24 bei Gregorovius, Lucrezia Borgia, 274
25 bei Gregorovius, Lucrezia Borgia, 273, 274
26 bei Gregorovius, Lucrezia Borgia, 290, 291
27 bei Gregorovius, Lucrezia Borgia, 292

Die Borgia und die Macht der Kunst

1 Den bisher unveröffentlichten Aufsatz »Die Borgia und die Macht der Kunst« stellte mir Roland Thomas, München, freundlicherweise zur Verfügung. J. B.
2 Deoclecio Redig de Campos, I Palazzi Vaticani, Bologna 1967, 52f.
3 Guido Biffoli, Unbekannte Toskana, Würzburg 1980, 144, Tafel 24
4 Deoclecio Redig de Campos, I Palazzi Vaticani, Bologna 1967, 81
5 Maurizio Fagiolo dell'Arco (Hrsg.), Petersdom und Vatikan, Freiburg 1983, 102
6 Deoclecio Redig de Campos, Die Kunstschätze des Vatikans, Freiburg 1974, 366
7 ebd., 365
8 Deoclecio Redig de Campos, I Palazzi Vaticani, Bologna 1967, 85
9 Maria Donati Barcellona, Die Borgia-Gemächer, in: Deoclecio Redig de Campos, Die Kunstschätze des Vatikans, Freiburg 1974, 69
10 Kindlers Malerei Lexikon, Band 10, Ausgabe München 1976, 144f.
11 Sarah Bradford, Cesare Borgia, London 1976, 184
12 Giuseppe Portigliotti, Die Familie Borgia, Stuttgart 1923, 282ff.
13 Kindlers Malerei Lexikon, Band 12, Ausgabe München 1976, 26

[14] Martin Heidegger, Holzwege, Frankfurt 1980, 222, zitiert nach: Andreas Mäckler; Was ist Kunst, Köln 1987, 116

Epilog

[1] Gregorovius, Lucrezia Borgia, 11
[2] Burckhardt 104
[3] Reinhold Schneider bei Zander 117
[4] bei Zander 118
[5] Zander 120
[6] Machiavelli, Geschichte von Florenz, 60
[7] Machiavelli, Der Fürst, 47
[8] Machiavelli, Discorsi, 364

Literatur

Ady, C. M. The Bentivoglio of Bologna, Oxford 1937

Alberiti de Mazzeri, S. Leonardo da Vinci, Düsseldorf 1987

Alvisi, E. Cesare Borgia duca di Romagna, Imola 1878

Andreas, W. Staatskunst der Venezianer im Spiegel ihrer Gesandtenberichte, Leipzig 1943

Antonetti, P. L'histoire de Florence, Paris 1976

Appollinaire, G. La Rome des Borgia, Paris 1914

Arnold, R. F. Die Kultur der Renaissance. Gesittung, Forschung, Dichtung, Berlin und Leipzig 1914

Barincou, E. Niccolo 'Machiavelli mit Selbstzeugnissen und Bilddokumenten, Hamburg 1985

Barz, P. Heinrich der Löwe, München 1980

Bellonci, M. Lucrezia Borgia, München 1979

Bèrence, F. Lucrezia Borgia, Paris 1951

Bosl, K. Europa im Mittelalter, Bayreuth 1978

Bradford, S. Cesare Borgia, Ein Leben in der Renaissance, Hamburg 1979

Breisach, E. Caterin Sforza, A Renaissance Virago, Chicago und London 1967

Brion, M. Die Medici, Eine Florentinische Familie, München 1981

Brion, M. Le Pape et le Prince, Les Borgia, Paris 1953

Brion, M. Machiavel, Paris 1948

Brion, M. Savonarola, Paris 1948

Buggelli, M. Lucrezia Borgia, Mailand 1929

Burchard, J. Diarium sive rerum urbanorum commentarii 1483 usque ad 1506, 3 Bände, Paris 1883–1885. Dasselbe in Italien: Johannis Burckardi: Liber notarum ab anno 1483–1506, a cura di Enrico Celani, Band 1 und 2 (Muratori, Rerum italicarum Scriptores, nuova ediz., t. XXX II, P. T, vol. 1 u. 2) Città di Castello 1910, 1911. Aus diesen Werken für die Epoche Alexanders VI.: Geiger, L.: Alexander VI und sein Hof. Nach dem Tagebuch seines Zeremonienmeisters Burcardus (Memoirenbibliothek 4. Serie Band 3, Stuttgart 1912). Nach der Ausgabe von L. Geiger neu herausgegeben von M. Müller: Kirchenfürsten und Intriganten, Ungewöhnliche Hofnachrichten aus dem Tagebuch des Johannes Burcardus, Päpstlichen Zeremonienmeisters bei Alexander VI. Borgia, Zürich 1985 (diese Ausgabe ist stets gemeint, wenn nur der Name Burchard zitiert ist).

Burckhardt, J. Die Kultur der Renaissance in Italien, Stuttgart 1976

Burke, P. Die Renaissance in Italien, Sozialgeschichte einer Kultur zwischen Tradition und Erfindung, Berlin 1985

Cassirer, E. Individuum und Kosmos in der Philosophie der Renaissance, Leipzig/ Berlin 1927

Carraciolo, A. Un ratto di Cesare Borgia, Neapel 1921

Cartwright, J. Isabella d'Este, London 1915

Catalano, M. Lucrezia Borgia duchessa di Ferrara, Ferrara 1921

Chamberlin, E. R. The Fall Of The House Of Borgia, London 1974
Chastel, A. Der Mythos der Renaissance, Genf 1969
Chledowski, C. von Die Menschen der Renaissance, München 1912
Chledowski, C. von Der Hof von Ferrara, München 1921
Clark, R. Leonardo da Vinci, Hamburg 1982
Cleugh, J. Die Medici, Macht und Glanz einer europäischen Familie, München 1984
Collison-Morley, L. History of the Borgias, London 1932
Commynes, Ph. de Memoiren, Stuttgart 1972
Corvo, F. Baron Chronicles of the House of Borgia, London 1912
Creighton, M. A History of Papacy during the period of the Reformation, 3. Band, London 1887
Cronin, V. The Florentine Renaissance, 1972 (veröffentlicht bei Fontana)
Davidsohn, R. Geschichte von Florenz, 4 Bände, Berlin 1896–1927
Delaborde, H. Fr. L'expédition de Charles VIII. en Italie. Histoire diplomatique et militaire, Paris 1888
De Roo, P. Material for a history of Pope Alexander VI., 5 Bände, Brügge 1924
Dericum, C. Maximilian I., Kaiser im Heiligen Römischen Reich Deutscher Nation, München 1979
Döllinger, J. J. J. Beiträge zur politischen, kirchlichen und Kultur-Geschichte der sechs letzten Jahrhunderte, Band 2 und 3, Regensburg und Wien 1863–1882
Durant, W. Die Renaissance, eine Kulturgeschichte Italiens von 1304 bis 1576, Bern 1955
Ehrle, F., e Stevenson, E. Gli affreschi dell Pinturicchio nell'Appartamento Borgia nel Palazzo Apostolico Vaticano, Rom 1897
Elliot, J. Imperial Spain 1469–1716, London 1963
Ennen, E. Frauen im Mittelalter, München 1984
Épinois, L. de H. s. L'Epinois
Erlanger, Ph. Henri III., Paris 1975
Ferguson, W. K. The Renaissance in Historical Thought, Boston 1948
Ferrara, O. Alexander VI. Borgia, Zürich und Stuttgart 1957
Ferrari, M. La Congiuria dei Pazzi, Rom 1945
Fossi, G. Florenz, Blühende Metropole der Toskana, München 1987
Freyer, H. Machiavelli, Weinheim 1986
Friedell, E. Kulturgeschichte der Neuzeit, 3 Bände, München 1960
Friedenthal, R. Luther, Sein Leben und seine Zeit, Stuttgart 1967
Fülop-Miller, R. Macht und Geheimnis der Jesuiten, München 1960
Fumi, L. Alessandro VI. et il Valentino in Orvieto, Siena 1877
Fusero, L. Vita di Cesare Borgia, Mailand 1966
Garin, E. Die Kultur der Renaissance (Propyläen Weltgeschichte, Band 6), Berlin/Frankfurt/Wien 1964
Garnett, R. A laureate of Caesar Borgia, The English Hist. Rev., XVII, S. 15–19
Gaxotte, P. Histoire des Français, Paris 1972
Geiger, L. Alexander IV. und sein Hof. Nach dem Tagebuch seines Zeremonienmeisters Burcardus (Memoiren-Bibliothek 4 Serie, 3 Band), Stuttgart 1912 s. a. Burchard, J.
Gobineau, A. Graf Die Renaissance, München o. J.
Grassis, Paris de Diarium in Döllingers Beiträgen, Band III, 363–433
Gregorovius, F. Geschichte der Stadt Rom im Mittelalter, IV Bände, München 1978
Gregorovius, F. Lucrezia Borgia, München 1982
Gregorovius, F. Das Archiv der Notare des Kapitols, in Abhandlungen der bayrischen Wissenschaften, München 1872
Grimberg, C. Le déclin du Moyen Age et la Renaissance, in Histoire universelle, Band 5, Paris 1964

Gromore, G. L'architecture de la Renaissance en Italie, Paris 1922
Guerdan, R. César Borgia, Le Prince de Machiavel, Paris 1974
Güttich, H. Die andere Lucrezia Borgia, Berg 1984
Guicciardini, F. Storia d'Italia, 5 Bände, Bari, Laterza 1929
Haslip, H. Lucrezia Borgia, London 1953
Hasse, K. P. Die italienische Renaissance. Ein Grundriß der Geschichte ihrer Kultur, Leipzig 1915
Hale, J. R. Die Medici und Florenz, Bergisch Gladbach 1981
Hay, D. Die Geschichte Italiens in der Renaissance, Stuttgart 1962
Hellmann, M. Grundzüge der Geschichte Venedigs, Darmstadt 1976
Henze, A. und *Ipser, K.* Kunstzentren Italiens, Florenz, Rom, Kunstschätze des Vatikans, Bayreuth 1975
Hergenröther, J. Handbuch der allgemeinen Kirchengeschichte, Band 2 und 3, Freiburg 1913 und 1915
Hergenröther, J. Konziliengeschichte. Nach den Quellen dargestellt, Band 8, Freiburg 1887
Herzfeld, M. Das Zeitalter der Renaissance (Ausgewählte Quellen der Geschichte der italienischen Kultur), Jena 1910–1917
Hess, E. Colleoni, Wien / Berlin / Stuttgart 1953
Hiltebrandt, Ph. Rom, Stuttgart 1944
Höfler, C. v. Don Rodrigo de Borgia (Alexander VI.) und seine Söhne Don Pedro Louis, erster, und Don Juan zweiter Herzog von Gandìa aus dem Hause Borgia, Wien 1889
Höfler, C. v. Die Ära der Bastarden am Schlusse des Mittelalters, Prag 1891
Höfler, C. v. Die Katastrophe des herzoglichen Hauses von Gandıa, Wien 1892
Hofer, J. Der Sieger von Belgrad, Historisches Jahrbuch der Görres Gesellschaft, Band II, 1931
Hösch, E. Geschichte der Balkanländer, Stuttgart 1968
Homo, L. Rome médiévale, 476–1420, Paris 1934
Huizinga, J. Herbst des Mittelalters, Stuttgart 1975
Infessura, Stef. Römisches Tagebuch, übersetzt und eingeleitet von Hermann Hefele. (M. Herzfeld: Das Zeitalter der Renaissance, 1. Serie, Bd. 8), Jena 1913
Ipser, K. s. Henze, A.
Jacob, E. F. (Hrsg): Italian Renaissance Studies, London 1960
Kienitz, F.-K. Das Mittelmeer, Schauplatz der Weltgeschichte von den frühen Hochkulturen bis ins 20. Jahrhundert, München 1976
Kindt, B. Die Katastrophe Ludovico Moros in Novara im April 1500, Greifswald 1890
Klabund Borgia, Roman einer Familie, Frankfurt 1980
Kroeber-Keneth, L. Machiavelli und wir, Stuttgart 1980
Krüger, H. Allgemeine Staatslehre, Stuttgart 1964
Kühner, H. Das Imperium der Päpste, Frankfurt 1980
Kurowski, F. Genua aber war mächtiger, München 1983
Landucci, L. Florentinisches Tagebuch 1450–1516, 2 Bände (bei Mittenfeld, Das Zeitalter der Renaissance 1 Serie, Band 5 und 6) Jena 1912, 1913
La Torre, F. Del conclave di Alessandro VI., Florenz 1933
Larner, J. The Lords of the Romagna, London 1965
Lavater-Sloman, M. Lucrezia Borgia und ihre Schatten, Zürich 1952
Lebe, R. Als Markus nach Venedig kam, Frankfurt 1980
Lee, N. Caesar Borgia, son of the Pope Alexander the Sixth, London 1980
Leonetti, A. Papa Alessandro VI. secondo documenti e carteggi del tempo, 3 Bände, Bologna 1880
L'Épinois, H. de Pape Alexandre VI., in der Revue des questions historiques XXIX, Paris 1881

Longworth, Ph. Aufstieg und Fall der Republik Venedig, Bergisch Gladbach 1974
Lucas-Dubreton, J. Les Borgia, Paris 1952
Lucas-Dubreton, J. La Renaissance italienne, Paris 1954
Machiavelli, N. Gesammelte Schriften in fünf Bänden, München 1925
Machiavelli, N. Der Fürst, Il Principe, Stuttgart 1978 (ist stets gemeint, wenn dieser Titel zitiert ist.)
Machiavelli, N. Discorsi, Stuttgart 1977 (ist stets gemeint, wenn dieser Titel zitiert ist)
Machiavelli, N. Geschichte von Florenz, Zürich 1986 (ist stets gemeint, wenn dieser Titel zitiert ist)
Madariaga, S. de Kolumbus, Entdecker neuer Welten, Stuttgart, Hamburg, München 1966
Madariaga, S. de Spanien, München 1979
Mallett, M. Mercenaries and their Masters, Totowa, New Jersey 1974
Mallett, M. The Borgias, The Rise and Fall of a Renaissance Dynasty, London 1969
Mathew, A. H. The Life and Times of Rodrigo Borgia, London 1912
Maricourt, B. de Le Procès des Borgia, Paris 1883
Mathew, A. H. The Life and Times Of Rodrigo Borgia, London 1912
Mattingly, G. Renaissance Diplomacy, London 1955
Medin, A. Il duca Valentino nelle mente di Niccoló Machiavelli, Florenz 1883
Menotti, M. Borgia, storia ed iconografia, Rom 1917
Morris, J. Großmacht Venedig, München 1981
Mereschkowski, D. S. Leonardo da Vinci, Berlin o. J.
Müller, M. s. Burchard
Müntz, E. Les Arts à la cour des Papes Innocent VIII., Alexandre VI., Pie III. 1484–1503, Paris 1898
Ollivier, P. Le Pape Alexandre VI. et les Borgia, Paris 1870
Partner, P. The Lands of St. Peter, the Papol State in the Middle Ages and the Early Renaissance, London 1972
Pastor, L. von Geschichte der Päpste, Band 1–3, Freiburg i. Brsg. 1924–1925. Die Zitate des Buches sind entnommen aus: 1. Band 5.–7. Auflage 1924, 2. Band 8. und 9. unveränderte Auflage 1925, 3. Band 5.–7. Auflage 1924
Pepe, G. La politica dei Borgia, Neapel 1946
Piper, E. Savonarola, Berlin 1983
Portigliotti, G. I Borgia, Mailand 1913
Portigliotti, G. I Condottieri, Mailand 1935
Prescott, W. H. History of the Reign of Ferdinand and Isabella the Catholic, o. J.
Procacci, G. Geschichte Italiens und der Italiener, München 1983
Raffalt, Reihard Große Gestalten der Geschichte, München 1979
Reumont, A. von Geschichte der Stadt Rom, 3 Bände, Berlin 1867–1870
Rival, P. Cesar Borgia, Paris 1931
Rodocanachi, E. Histoire de Rome. Une Cour princière au vatican pendant la Renaissance, Paris 1928
Roeder, R. The Man of the Renaissance, New York 1935
Roo s. de Roo
Roscoe, W. Leben und Regierung des Papstes Leo X., 3 Bände, Wien 1818
Sabatini, R. The Life of Cesare Borgia, London 1913
Sacerdoti, G. Cesare Borgia, Rom 1938
Sasso, G. Machiavelli e Cesare Borgia, Rom 1966
Schelle, K. Die Sforza, Essen o. J.
Schlumberger, G. L. Charlotte d'Albret, femme de César Borgia, London 1913
Schreiber, H. Halbmond über Granada, Bergisch Gladbach 1980
Schüller-Piroli, S. Die Borgia-Päpste Kalixt III. und Alexander VI., München 1980
Schüller-Piroli, S. Borgia, Die Zerstörung einer Legende, Freiburg 1963

Schweizer, G. Die Janitscharen, Salzburg 1984
Seidlmayer, M. Geschichte Italiens, Stuttgart 1962
Semerau, A. Die Condottieri, Jena 1909
Semprini, G. Pico della Mirandola, Todi 1921
Stadler, H. Päpste und Konzilien, Düsseldorf 1983
Sugenheim, S. Geschichte der Entstehung und Ausbildung des Kirchenstaates, Leipzig 1854
Symonds, J. A. Renaissance in Italy, London 1897
Tabanelli, M. Galeotto Manfredi, signore di Faenza, Faenza 1978
Tabanelli, M. La Romagna e Niccolò Machiavelli, Faenza 1975
Theimer, W. Geschichte der politischen Ideen, Bern 1955
Thomson, G. M. Sir Francis Drake, London 1972
Thuasne s. Burchard
Tuchmann, B. Die Torheit der Regierenden, Frankfurt 1984
Ugolini, F. Storia dei Conti e duchi d'Urbino. 2 Bände, Florenz 1859
Vasari, G. Lebensgeschichte der berühmtesten Maler, Bildhauer und Architekten der Renaissance, Zürich 1980
Verron, M. C. de Les Borgia, Paris 1882
Volpe, G. Le moyen âge, Paris 1977
Winkler, Elsa Margarete von Österreich, München 1977
Woodward, W. H. Cesare Borgia, London 1912
Yriarte, C. Autour des Borgia, Paris 1891
Yriarte, C. César Borgia, Paris 1889
Zander, H. L. Der Heilige und der Sünder, in: Das Papsttum, Epochen und Gestalten, München 1983, S. 117–132
Zazzeri, R. La Storia di Cesena della sua origine ai tempi di Cesare Borgia, Cesena 1890

Stammtafel

In Übereinstimmung mit dem Text wurden die Namen der spanischen Borgia der italienischen Schreibweise angepaßt.

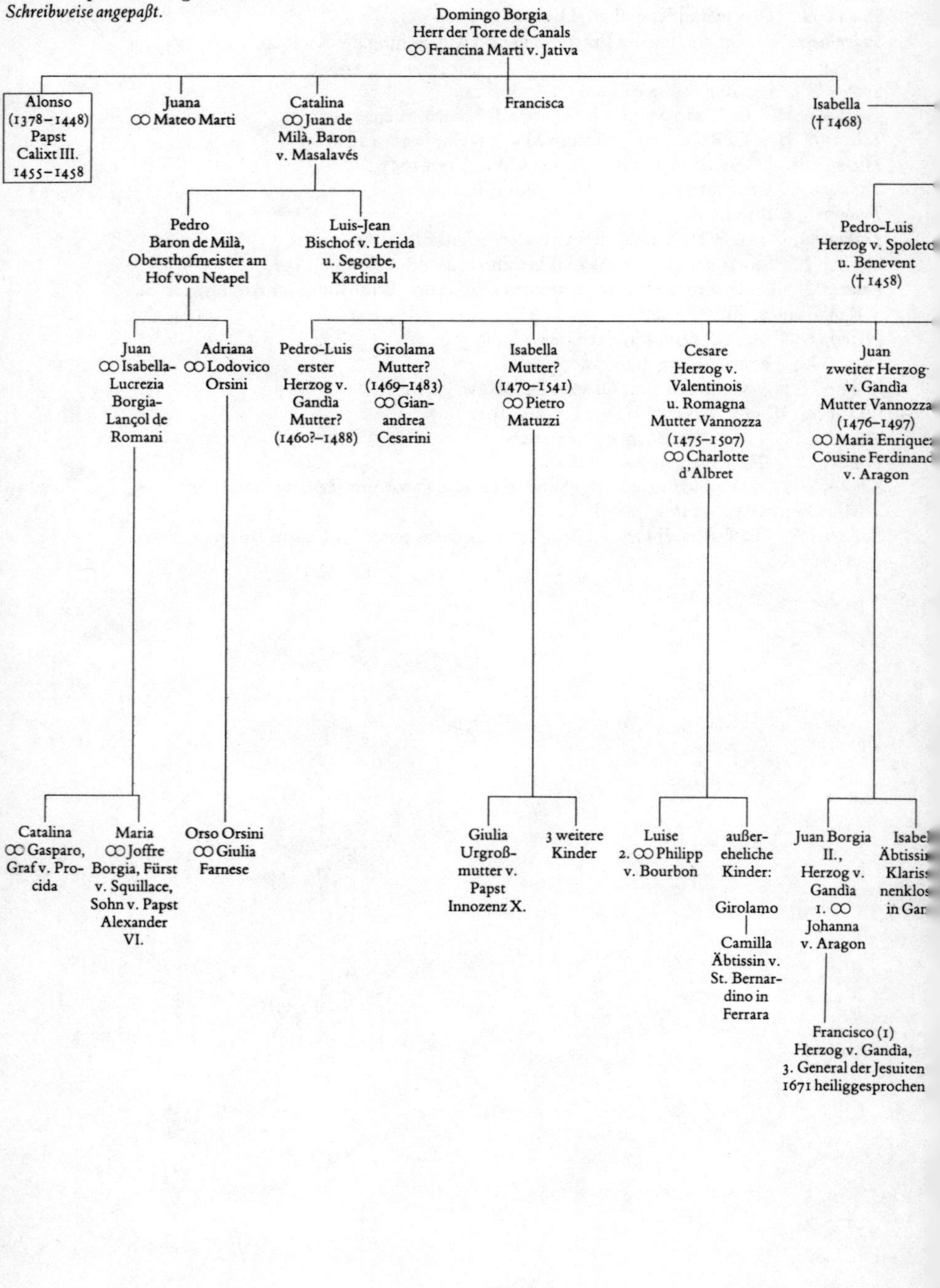

Rodrigo Borgia
Ritter v. Játiva
∞ Sibila Doms v. Valencia ?

Jofré
Ritter v. Játiva
(† 1437)

Rodrigo

Galcerán

Juana
∞ Ritter Bartolomeo Serra

Rodrigo
(1431 ?–1503)
Papst
Alexander VI.
1492–1503

Beatrice
∞ Ximen Pérez
de Arenós

Tecla
∞ Vidal de
Vilanova

Damiata

Juana
∞ Guillén Lancol
de Romani, Baron
v. Villalonga

Lucrezia
Mutter Vannozza
(1480–1519)
∞ Giovanni Sforza,
Graf v. Cotignola,
Herr v. Pesaro
∞ Alfonso v. Aragon,
Fürst v. Bisceglie
∞ Alfonso d'Este, Herzog v. Ferrara

Joffre
Fürst v. Squillace
Mutter Vannozza
(1481–1517)
1. ∞ Sancia v.
Aragon
2. ∞ Maria de Milà

mögliche
weitere
Kinder:

Laura Orsini
Mutter
Giulia
Farnese
(geb. 1492)
∞ Niccolo
della Rovere

Giovanni
Borgia
gen. Infans
Romanus
Herzog v.
Nepi u.
Camerino
(1498–1548)

Rodrigo
Borgia
Abt v.
Cicciano di
Nola
(1503–1527)

Jofré
Borgia-Lancol
de Romani,
Erbe des Familiennamens u. der
Güter in Játiva
∞ Juana de Moncada

Guillén-Ramon Borgia-Lancol
Kapitän der
palatinischen
Garde

Juan
Borgia-Lancol Erzbischof v.
Monreale,
Kardinal

Isabella-Lucrezia
∞ Juan
de Milá

weitere
Tochter

rigo (2)
Aragon
rzog v.
moneta,
ürst v.
sceglie

Alessandro
(3)

Ercole II. (3)
Herzog v.
Ferrara,
Modena u.
Reggio
∞ Renate v.
Frankreich,
Tochter Ludwigs XII.

Ippolito (3)
Erzbischof v.
Lyon, Kardinal

Alessandro
(3)

Francesco (3)

Leonora (3)
Äbtissin des
Klosters
Corpus
Domini in
Ferrara

Francesco
2. ∞ Isabella v.
Aragon

2 Töchter

Rodrigo
Kapitän
der palatinischen Garde

Juan
Erzbischof
v. Valencia,
Kardinal

Pedro-Luis
Erzbischof
v. Valencia,
Kardinal

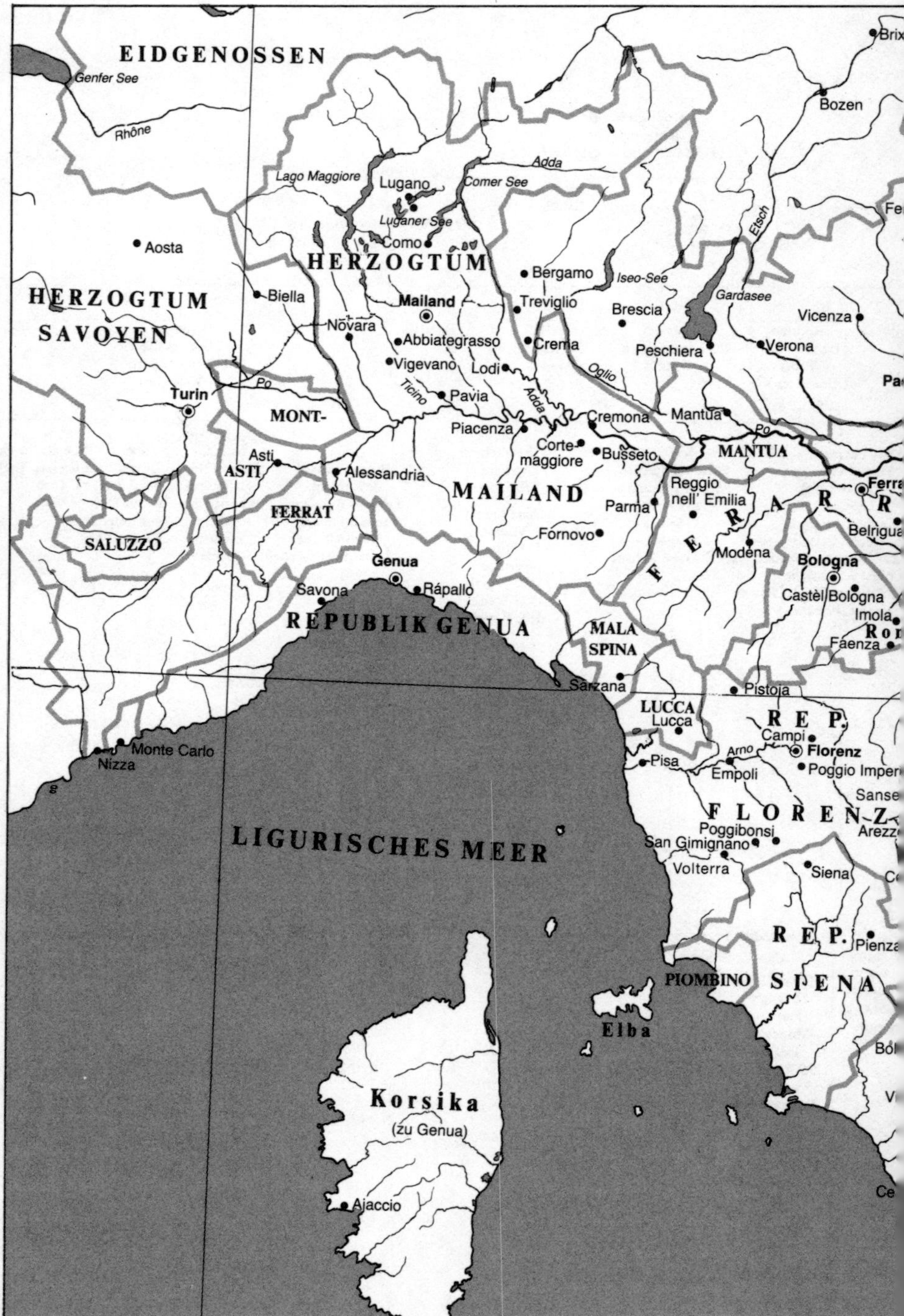

EIDGENOSSEN
Genfer See
Rhône
HERZOGTUM SAVOYEN
Aosta
Biella
Turin
Po
Lago Maggiore
Lugano
Luganer See
Comer See
Como
Adda
HERZOGTUM
MAILAND
Mailand
Novara
Abbiategrasso
Vigevano
Ticino
Pavia
Lodi
MONT-
FERRAT
ASTI
Asti
Alessandria
SALUZZO
Piacenza
Bergamo
Treviglio
Crema
Iseo-See
Brescia
Oglio
Cremona
Corte-maggiore
Busseto
Parma
Fornovo
Genua
Savona
Rápallo
REPUBLIK GENUA
Brix
Bozen
Etsch
Gardasee
Vicenza
Peschiera
Verona
Mantua
MANTUA
Reggio nell' Emilia
Modena
FERRAR
Ferra
Belrigua
Bologna
Castèl Bologna
Imola
Faenza
MALA SPINA
Sarzana
Pistoja
LUCCA
Lucca
REP.
Campi
Florenz
Arno
Pisa
Empoli
Poggio Imper
Sanse
FLORENZ
Poggibonsi
San Gimignano
Arezz
Volterra
Siena
REP. SIENA
Pienza
PIOMBINO
Elba
Monte Carlo
Nizza
LIGURISCHES MEER
Korsika
(zu Genua)
Ajaccio

Ober- und Mittelitalien am Ende des 15. Jahrhunderts
Kilometer
0
50
100
Udine
Piave
Venedig
P U B L I K V E N E D I G
Cervia
Porto Cesenático
Rimini
Santea
Pesaro
Fano
Senigallia
Ancona
Loreto
Recanati
Arcevia
Iesi
Cingoli
Macerata
Camerino
Fermo
Assisi
Foligno
Montefalco
Ascoli
Spoleto
Atri
L'Aquila
Tagliacozzo
Tivoli
Vicovaro
Velletri
Rom
Subiaco
Marino
Sermoneta
ADRIATISCHES MEER
KÖNIGREICH
NEAPEL

Italien am Ende des 15. Jahrhunderts
DEUTSCHES REICH
Regensburg
Rhein
Straßburg
Donau
Wien
Basel
Inn
Ofen
Pest
Innsbruck
Bern
Chur
Rhône
HZMA
HZM. SAVOYEN
Mailand
MAILAND
MANTUA
REPUBLIK VENEDIG
Turin
Venedig
Po
FERRARA
Genua
Bologna
REP. GENUA
LUCCA
REP. FLORENZ
Florenz
Urbino
ADRIATISCHES MEER
LIGURISCHES MEER
REP. SIENA
KIRCHEN-STAAT
Korsika
Ajaccio
Rom
Ostia
Vieste
Teano
Benevento
Manfredonia
Foggia
Capua
Bisceglie
Gaeta
Bari
KÖNIGREICH NEAPEL
Poggio Reale
Neapel
Salerno
Tarent
Potenza
Otranto
KÖNIG-REICH SARDINIEN
TYRRHENISCHES MEER
Cagliari
Cosenza
Crotone
Squillace
Messina
Palermo
Reggio
KÖNIGREICH SIZILIEN
Catania
Agrigento
Syrakus
Ragusa
Kilometer
0
100
200

Personenregister

Die Namen Papst Alexanders VI. und Cesare Borgias sind nicht im Register aufgenommen, weil sie im Buch fast durchgehend erwähnt sind.

Bildnachweis

1 Papst Calixt III. bei der Verleihung des Kardinalshutes an Enea Silvio Piccolomini
Fresko im Bibliotheksraum des Domes von Siena von Bernardino di Betto di Biaggio, genannt Pinturicchio, 1505–1507
Foto: Alinari, Florenz

2 Papst Alexander VI.
Ausschnitt aus einem Fresko in den Borgia-Gemächern des Vatikans von Bernardino di Betto di Biaggio, genannt Pinturicchio, um 1492–1495
Foto: Archiv für Kunst und Geschichte, Berlin

3 Lucrezia Borgia als hl. Katharina von Alexandrien
Ausschnitt aus einem Fresko in den Borgia-Gemächern des Vatikans von Bernardino di Betto di Biaggio, genannt Pinturicchio, um 1492–1495
Foto: Archiv für Kunst und Geschichte, Berlin

4 Cesare Borgia
Gemälde eines unbekannten Künstlers, Ende 15. Jh.
Foto: Archiv für Kunst und Geschichte, Berlin

5 Ansicht von Rom
Holzschnitt aus der Schedelschen Weltchronik, 1493
Foto: Archiv für Kunst und Geschichte, Berlin

6 Lucrezia tanzt vor ihrem Vater Papst Alexander VI. und der versammelten Hofgesellschaft
Gemälde von Hermann Kaulbach, 2. Hälfte 19. Jh.
Privatbesitz
Foto: Archiv für Kunst und Geschichte, Berlin

7 Caterina Sforza
Gemälde eines unbekannten Künstlers, um 1490 (?)
Forlì, Pinakothek
Foto: Alinari, Florenz

8 Saal der Heiligen (Sala dei Santi), eines der Borgia-Gemächer des Vatikans, Fresken von Bernardino di Betto di Biaggio, genannt Pinturicchio, um 1492–1495, »Der Disput der hl. Katharina von Alexandrien«
Foto: Scala, Florenz

Die Karten auf den Seiten 348–350 wurden von Erik Pellikan gezeichnet.

CALLWEY

Callwey Biographien

Prägende Persönlichkeiten der europäischen Geschichte

Johan Brouwer

Johanna die Wahnsinnige

Ein tragisches Leben in einer bewegten Zeit

248 Seiten mit 16 Abbildungen

Diese Biographie setzt sich mit der zwiespältigen Persönlichkeit Johannas auseinander, der Urgroßmutter des Don Carlos.

Carl J. Burckhardt

Richelieu

Gesamt-Dünndruckausgabe in einem Band. 1702 Seiten mit 54 Abbildungen. Kassette

»Burckhardt beschreibt am Beispiel Richelieus, wie regiert, er zeigt, wie Politik gemacht wird. Das ist im deutschen Fachbereich nur wenigen gelungen.«

Die Zeit

Ludwig Pfandl

Philipp II.

Gemälde eines Lebens und einer Zeit

8. Aufl. 636 Seiten mit 17 Abb.

In diesem Standardwerk wird die rätselhafte Figur Philipps II. in seinen verschiedenen Aspekten beleuchtet – sein Erbe, die beherrschende Idee seines Lebens, sein Doppelleben als Mensch und König und seine Leistung als Staatsmann.

David M. Loades

Maria Tudor

1516–1558

England unter Maria der Katholischen

616 Seiten mit 16 Abbildungen

Geoffrey R. Elton

England unter den Tudors

588 Seiten mit 20 Abbildungen und 3 Karten

VERLAG CALLWEY, Streitfeldstraße 35, 8000 München 80